1
A
B
C
D
4
M A R
Costa Verde
Pl. Concha de Artedo
Pl. S. Pedro de la Ribera
Pl. Castrillón
Pl. Portochico
Pl. Puertiella
Pl. Peña Doria
Pl. La Cueva
Pl. Vallina
Pl. Aguilar
Pl. Bozo
Pl. L. Arbosa
Pl. Cueva
Pl. Picón
Pl. Los Molinos
Pl. Escaladina
Pl. Cabretón
Pl. Portizuelo
Pl. Cadavedo
Pl. El Churin
Pl. Fontanecha
Pl. Campiechos
Pl. Quintana
Pl. Perceberos
Pl. Los Molinos
Pl. Sta. Ana
Pl. Ferreiro
Pl. Vachinas
Pl. Albuerne
Pl. Salencia
Pl. La Barquera
Pl. El Riego
Pl. El Silencio
Pl. El Castro
Pl. Veneiro (Xilo)
Pl. Las Llanas
Pl. Cazonera
Pl. La Atalaya
Pl. Focarón
Pl. Garruncho
Pl. Monielles
Pl. Cordial
Pl. Requexinos
Pl. Bayas
Pl. Quebrantos
Pl. Guardada
Cabo Busto
Cabo Vidio
Ría de Pravia
Luarca
Barcia
Caroyas
Busto
Canero
Cadavedo
Sta. Marina
Ballota
Tablizo
Novellana
Albuerne
Salamir
Soto de Luiña
Castañedo
Artedo
Cudillero
S. Esteban de Pravia
Salinas
Piedras Blancas
Muros de Nalón
Soto del Barco
Almuña
La Figal
Lago
Cortina
Modreros
Trevias
Brieves
Carcedo
Mortera
Faedal
Palancas 716
Arcallana
Sierra de los Vientos
Villarín
Villavaler
Pravia
Los Cabos
Santianes
Riberas
Peñaullán
Muñás
Malleza
Vegafriosa
Linares
Sandamias
Naraval
Busmeón
El Remedio
Navelgas
Rellanos
Ayones
Brañalonga
La Espina
Pto. de La Espina 650
Salas
Villamar
Villazón
Cornellana
Grado
Peñaflor
Castiello
Arboleya
Villatresmil
Bárcena del Monasterio
Obona
Borres
La Mortera
Tineo
Piedrafita
El Peligro
Gera
Porciles
El Pozón
La Florida
Posada
Rodical
Pola de Allande
Arganza
Tamallanes
Linares
Tebongo
Jarceley
Javita
Llamas de Mouro
Tandes
Oñón
Biescas
Corias
Cangas de Narcea
Villajimada
Trones
Llano
Limés
La Regla
Cibuyo
Sierra de Pando
Las Mestas
Las Tiendas
Carballo
Bimeda
Villacibrán
Cibea
Genestoso
Ventanueva
Vallado
Trascastro
Gedrez
Leitariegos
Pto. de Leitariegos 1.525
Cueto de Arbás 2002
Orallo
Caboalles de Abajo
Caboalles
Pto. de Cerredo
Reserva Nacional de Degaña
Fondos de la Vega de Degaña
Sierra de Degaña
Rabo de Asno 1890
Robledo de Taínas
La Nisal
Dagüeño
Sierra de Dagüeño
Sª de La Serrantina
Sª de la Cabra
Tuña
Merilles
Boinas
Balbona
Belmonte
Vigaña
Quintanal
S. Esteban
Agüera
Almurce
Llamoso
Montovo
Dolia
Ondes
Sierra de Manteca
Pontigo
Modreros
Corias
La Vega
Antoñana
Leiguarda
Soto de los Infantes
Godán
Otero
Alava
S. Martín de Lodón
Hospital
Sorribas
Ambás
Santianes
Villaldín
Yernes y Tameza
Villabre
Tolinas
Bandujo
Bustiello
Caranga
Aciera
Proaza
La Plaza (Teverga)
Santa María
Villanueva
Taja
La Torre
Riello
Alesga
Fresnedo
Torce
Páramo
Villa del Sub
Reserva Natural de Somiedo
Parque Natural de Somiedo
Pola de Somiedo
Caunedo
Perlumes
Villar de Vildas
Pigüeña
Pineda
Castro
Villaux
Veigas
Endriga
Lagos de Saliencia
Pto. de San Lorenzo 1349
Peña Micho 1766
Pto. de la Mesa 1782
Pto. de Ventana 1.587
Peña Rueda 2152
Peña Ubiña 2.411
Torrestío
Torrebarrio
Genestosa
Villargusán
Pinos
Pto. de la Cubilla 1686
Robledo de Babia
La Majúa
Cospedal
San Emiliano
Villasecino
Villafeliz
Huergas de Babia
Peña Chana 2.068
Cornon 2.188
Pto. de Somiedo 1.486
El Puerto
La Cueta
Torre de Babia
Lago de Babia
La Riera
Piedrafita de Babia
Vega de Viejos
Meroy
Lumajo
Robles de L.
Sosas de Laciana
Villager de L.
17
15
2
42
47
59
60
70
79
85
N 632
N 634
AS 15
AS 213
AS 217
AS 219
AS 227
LE 733
C 631
C 633

1
2
A
B
C
D
5
16
MAR CANTÁBRICO
Costa Verde
Pr. Ril
Pr. Portelo
Pr. Perdouro
Pr. Areoura
Pr. Area Brava
Pr. S. Pedro
Pr. Xuncos
Pr. Polas
Pr. Arealonga
Pr. Pampillosa
Pr. Peizás
Pr. Llás
Pr. A Rapadoira
Pr. Anguieira
Pr. Altar
Pr. S. Bartolo
Pr. Remior
Pr. Coto
Pr. Pena da Salsa
Pr. Balea
Pr. Fontela
Pr. Lóngara
Pr. A Pasada
Pr. S. Miguel
Pr. Catedrais
Pr. Esteiro
Pr. As Illas
Pr. Os Castros
Pl. Tapia (Anguileiro)
Pl. Reburdia
Pl. La Paloma
Pl. Serantes
Pl. Sarello
Pl. Mexota
Pl. Pantorga
Pl. Peñaronda
Pr. Areosa
Pr. Olga
Pl. Pormenande
Pl. Torbas
Pl. El Barco
Pl. Armaza
Pl. Castelo
Pl. Cambaredo
Pl. Foxos
Pl. de Navia
P. do Morago
P. do Cabo
Ría de Foz
P. de S. Bartolomeu
P. do Castro
Cabo Cebes
Pl. Represas
Pl. El Figo
Pl. Porcía
P. de La Atalaya
Cabo Blanco
P. de Permenande
Ría de Navia
Cabo S. Agustín
Pl. El Moro
Pl. Fabal
Pl. Frejulfe
Pl. Barayo
Pl. Sabugo
Pl. Otur
Pl. El Cura
Foz
Benquerencia
Reinante
Rinlo
Ría de Ribadeo
Tapia de Casariego
Campos y Salave
Valdepares
Viavélez
Loza
Ortiguera
Puerto de Vega
Barreiros
S. Estevo de Lermo
A Devesa
Barranca
Ribadeo
Villadún
Serantes
El Franco
La Caridad
Mohías
Andés
Villapedre
Vigo
Sabugo
Ove
Figueras
Barres
La Roda
Cartavio
Jarrio
Navia
Piñera
Otur
Cabarcos
Vilamartín Pequeno
Insua
Noceda
Vilela
Sta. Cruz
Castropol
Tol
Brul
Sueiro
Miudes
Coaña
Busmargalí
Valdocainzo
A Ibia
Arante
Cedofeita
Romo
Moldes
El Monte
Arancedo
Poblado Celta
Villacondide
Anleo
Vidural
Vilanova de Lourenza
O Morteiro
S. Fernando
Porto de Abaixo
Vilavedelle
Seares
Castrovaselle
La Veguiña
Mendones
Trelles
Arbón
Cabornicella
Chantado
Cárcel
Trabada
Vegadeo
La Braña
Lebredo
Sequeiro
Brañuas
Ordo
Pto. Cruz Cancela
San Román
Sante
Vilafernando
Abres
Piantón
Lagar
Trevé
Coba
Villartorey
Negrón
Serra da Cadeira
Balmonte
Serandinas
Las Viñas
Villayón
La Montaña
Candanedo
El Llano
Eo
Ouria
Meredo
Vinjoy
Penzol
Brañalibel
Rozadas
Boal
Illaso
Busmente
Minas de Romanela
Goje
La Graña
Folgueiras
Villanueva
Bullacente
Espasande
Paramios
Sierra de la Bobia
Villar de S. Pedro
Merou
Castrillón
Farlero
Doiras
Ponticiella
Burgazal
Rellanos
Figueirúa
Bres
Bobia
Silvarelle
Cedemonio
Sarceda
Sampol
Valdedo
Vilaoudriz
Taramundi
Silvallana
Pojos
Lendelforno
A Pontenova
Emb. de Doiras
Fuentes
Cabadas
Carbonel
Conforto
Teijo
Pto. de La Garganta
Bustapena
Bustantigo
Navallo
Santa Mariña
Illano
Lantero
Villar de Bullaso
Castanedo
Ferreiravella
Vilaboa
San Pedro
Salgueiras
Villanueva de Oscos
Pelayo
S. Esteban
Navia
La Mortera
Borres
Pousadoiro
Lougedo
Brañavieja
Sierra de Carondio
Sierra de Muriellos
Pto. do Marco de Alvare
Vilamide
Murias
Sta. Eulalia de Oscos
San Martín de Oscos
Argul
Muriellos
La Reigada
Porciles
Corondeño
Pto. del Palo
Ventoso
Villamarzo
Pesoz
Buslavín
Pola de Allande
Serra de Meira
Sarceda
Murias
Lago
Tamallanes
Vilardíaz
Grandas de Salime
La Figuerina
Berducedo
Pradiela
A Ribeira de Piquín
Rodil
O Trobo
Cereijeira
Emb. de Salime
Engertal
Prada
Sa de los Lagos
Iboyo
Sa de Iboyo
Castro
Folgosa
Pedraira
Robledo
Vilarmeán
Gestoselo
Villarpedre
S. Martín de Valledor
Sa de Valledor
Besullo
Trones
Neiro
Pto. do Acevo
Peñafuente
S. Salvador de Valledor
Fuentes de las Montañas
Irrondo de Besullo
LLano
Pacios
A Proba de Burón
Fonfría
Enc. de Salime
Villanueva
E. da Fonsagrada
Serra da Lastra
Piñeira
O Padrón
A Fonsagrada
Serra de Linares
Negueira de Muñiz
Sierra de Santa Ana
La Regla
Las Mestas
Alto de Cerredo
Pedrafitelas
Suarna
Barcela
Sa de Uría
Vegalagar
Cibuyo
A Braña
Vilagocende
Monasterio del Coto
Sierra de Berguedа
Sierra de Pando
Paradavella
Santa Margarita
Vieiro
Vilabol de Suarna
Marentes
Bimeda
A Lastra
Lamas de Moreira
Sa de Busto
Sierra de Cazarnosa
Alto da Fontaneira
A Fontaneira
Serra de Foncuberta
Seoane
Pto. de Connio
Moal
Ventanueva
Remedios
Baleira
Serra de Louxais
Liñares
S. Antolín de Ibias
Pradias
Santo Domingo
Lamas
Sa de Mora
Cecos
Centenales
Pueblo de Rengos
Sa do Portelo
Queizán
Envernallas
Sierra del Bonzón
Coto Nacional de Muniellos
Pto. de Rañadoiro
Gedrez
Sa de Caniellas
Pedrafita de Camporredondo
Paradela
Boiro
Galegos
Sa de Barreiro
Larón
Enarrubia
Pin
Muñis
Larxentes
Busante
Ibias
Corralín
Penamil
Navia de Suarna
Sa de Linares
Torga
Sisterna
Reserva Nacional de Degaña
Neira de Rei
Seón
Rao
Villares de Abajo
Tormaleo
Fondos de la Vega
Sierra de Degaña
Llanelo
Rebollar
N 634
N 640
E 70
AS 11
AS 12
AS 13
AS 14
AS 15
AS 21
AS 22
AS 24
AS 26
AS 28
AS 29
AS 33
AS 34
AS 210
AS 211
AS 212
AS 219
LU 124
LU 133
LU 702
LU 703
LU 710
LU 721
LU 740
LU 741
C 630
O 730
28
47
58
59
64
70

1
2
A
B
C
D
Cabo Ortegal
P. do Limo
P. dos Aguillós
San Xulián de Trebol
Praia de Mourozos
Praia de A Concha
Ría de Ortigueira
Cabo de Estaca de Bares
Pr. Area Longa
Pr. Vicedo
Pr. Bidreiro
Pr. Caolín
Pr. Xilloi
Porto de Bares
P. Maeda
Illa Coelleira
Ría do Barqueiro
Porto do Barqueiro
P. Robaliceira
Cariño
S. Andrés de Teixido
A Pedra
Praia do Castro
Praia Sarridal
Forto de Espasante
I. San Vicente
Figueroa
Sismundi
Chimparra
Seixo
San Roque de Reborredo
Ladrido
Espasante
Ortigueira
Ribeiras do Sor
Fomento
Negradas
Valle
O Vicedo
Pr. Esteiro
Pr. Portocelo
P. Mansa
P. Roncadoira
I. Ansarón
P. de Morás
Morás
Portocelo
Os Farallóns
Faro S. Cibrao
Ría de Viveiro
Mosende
Celeiro
Fazouro
Suances
A Rocha
Sumoas
Xove
Cervo
Madeiro
Esteiro
Cuíña
Mera
Senra
Corvelle
Couzadoiro
Vilariño
Río Barba
Os Hirgos
Covas
Viveiro
San Roque
Penedo 551
O Castelo
Sargadelos
Burela
Vilarrube
Cerdido
Mañón
Manxofrío
Vieiro
Valdeflores
Rigueira
A Estibada
Vilaestrofe
Vilaboa
Felgosas
A Barqueira
Bouzoso
Cristo de Paleira
Galdo
Magazos
Landrove
Viveiro (San Pedro)
Negarido
Monte
Cabanas (Sta. Mª)
Montes do Buio
Montes de Cabaleiros
Abad
Insua
As Neves
Cabanas (S. Pantaleón)
Fornos
Chavín
Pineiro
Rúa
San Xulián
Moeche
As Enchousas
As Grañas do Sor
Cristo dos Callos
Bravos
Merille
Pombal
Eoimente
Fogueira
Moncide
Grande de Xubia
S. Sadurniño
Seixas
Deveso
Pena de Francia
Pto. da Ganidoira 720
Ouro
O Loureiro
Miñotos
Requerez
Vilacampa
Ferreira
Budián
O Valadouro
Recaré
As Somozas
A Pastoriza
Freixo
O Pé da Veiga
O Sisto
S. Miguel
Fraga
Xistral
Frexulfe
Alfoz
Carballido
Igrexafeita
San Cristovo
Uceira
S. Mamede
E. de Ribeira
Rioseco
Furco
S. Antonio
Cadramón
Adelán
Pto. Cruz da Campa
Castro
Espiñaredo
Cruz de Remedio
Casateita
Muras
A Paleira
O Pereiro
Oiras
de Forgoselo
San Roque de Val
As Pontes de García Rodríguez
San Brais
Masma
Vilaballe
Neves
A Capela
Goente
Seilán
O Aborbó
Xistral 1032
Fraga Vella
Serra Toxiza
Lousada
Serra da Carba
Mondoñedo
Eume
Encoro do Eume
Torto
A Fonte
Cabreiros
Vilapedre
Romariz
Serra de Queixeiro
Piñeiro
Miraz
Pazo
Candía
Porrás
Mirón
Sasdónigas
Agamoso
Xestoso
Golariz
A Costa
O Coto
Galdao
San Xulián e San Miguel
Xermade
Bordelle
Ferreira
Corvelle
Gontán
Porto da Xesta 590
Abadín
Fraiás
Cardamil
Moreda
Ribado
Monfero
San Martiño
Trufas
Santo Adrao
Serra da Loba
Campo da Feira
Santa Baia
Piñeiro
Serra de Lourenzá
Xiao
Angustias
Tardade
Mourence
Vilalba
Carballido
Corvite
Labrada
Distriz
A Pastoriza
Sancobade
Zoñán
Moncelos
Vián
Be esar
Vilaster
Arneiro
Cambás
San Salvador
Rilleira
Buriz
Montes do Castelo
Alba
Torre
Noche
Nete
Sistallo
Muimenta
Casabranca
Outeiro
Ponte Aranga
Os Vilares
Rebordaos
Cospeito
Monte Salgueiro
S. Cibrao
Balneario de Pardiñas
Insua
Caldaloba
Bazar
Pousada
San Antonio
Parga (S. Salvador)
Parga (Sta. Cruz)
Momán
Quintela
Castro de Rei
Guitiriz
Roca
Madarela
Tamoga
Baamonde
Pacios
Trobo
Matadoso
Teixeiro
Parga
Parga (S. Breixo)
Boveda
Begonte
Saavedra
Mos
Mariz
Serra da Cova da Serpe
Pedrafita
Baldomar
As Ribeiras de Lea
O Castro
Viladonga
San Cristovo
Curtis
Sta. Eulalia
Negradas
Miraz
Donalbai
Gaioso
Rábade
Loentia
Mosteiro
Foxados
Anafreita
Uriz
Outeiro de Rei
Bonxe
Cornide
Ludrio
Grixalba
Cova 836
Rosende
San Tomé
Candai
Mondriz
Cirio
San Vitorio
Ousá
Aspai
Robra
Suegos
As Neves
Nodar
Roimil
Cima de Vila
Vicinte
San Marcos
San Paio
Teixeiro
Sobrado dos Monxes
Montes Corno do Boi
Lamas
Narla
Vilalvite
Camoira
Pedramaior
Madelos
Cotá
Ombreiro
Albeiros
Bolaño
Carballo
Prado
Friol
Devesa
Outeiro
Meilán
Castroverde
O Albeiro
Lousende
Santa Marta
LUGO
Carballido
Recesende
Xiá
Torre de San Paio
Vilachá de Mera
Alta
Montes do Bocelo
Brañas
Dolmen de Mourixosa
Paradela
Carballeira
Guimarei
Romeán
Paderne
Espasande
Toques
San Cidre
Bóveda
O Burgo
San José
Piñeiro
Adai
Vilouriz
Serra do Careón
Augas Santas
Vilamaior de Negral
Mera
Poutomillos
Calde
Piúgos
Nadela
Pedrafita
Miranda
Oleiros
Santa Comba
Coeo
Agustín
Melide
S. Ramón de Hermora
Ferreira
A Retorta
Bazar
Coeses
Laxosa
Chamoso
O Corgo
Piñeiro
Manán
Gomeán
Serra Fra
O Picato 660
Belesar
Meire
San Salvador
Entrembasaugas
Ambreixo
Forno
Mato
Filgueira
Sobrado
C 646
LC 102
C 642
LC 103
LC 101
LC 110
C 641
LC 142
C 640
C 641
C 640
LC 100
C 642
N 642
E 70
N 634
E 170
LU 120
LU 121
LU 113
LU 111
LU 170
LU 161
LU 152
LU 160
C 641
A 6
N VI
N 640
LU 233
LU 234
LU 232
LU 231
LU 612
N 540
C 546
N 547
LC 231
LC 233
35
34
44
43
47
15
17
24
14
36
12
9
31
18
32
2
2
15

1
2
A
B
C
D
7
18
C A N T Á B R I C O
Cabo de Peñas
Peñas
104
Pl. Llumeres
Pl. Bañugues
Pl. Moniello
Pl. Luanco
Pl. La Ribera
Pl. Samarincha
Pl. El Dique
Pl. Aramar
Pl. Gargantera
Pl. Bigaral
Pl. S. Pedro
Pl. Taluxa
Pl. Rebolleres
Pl. Candás
Pl. La Palmera
Pl. Carranques
Pl. Tranqueru
Pl. Xivares
Pl. S. Lorenzo
Pl. Cervigón (El Rinconín)
Pl. Peñarrubia
Pl. Serín
Pl. Cagonera
Pl. del Estaño
Pl. La Ñora
Pl. España
Pl. de Merón
Punta del Olivo
Pl. Tazones
Ría de Villaviciosa
Pl. El Puntal
Pl. Misiego
Pl. Rodiles
Cabo Lastres
Pl. Lastres
Pl. La Griega o de Colunga
Pl. La Isla
Pl. La Espasa
Pl. El Viso
Pl. Beciella
Bañugues
Santa Mª de Luanco
Luanco
Manzaneda
Viodo
Antromero
Cabo de S. Antonio
AS 238
Candás
Perlora
Cardo
Rendaliego
Cabo Torres
Pto. del Musel
Musel
Prendes
20
Logrezana
Tabaza
Verina
GIJÓN
Quintueles
Quintes
Careñes
Argüero
Tuero
Tazones
Tamón
Guimarán
Somió
Villaverde
Oles
Nubledo
Monteana
Cabueñes
Venta la Esperanza
Manzanedo
Santa Mera
La Busta
Luces
Ermita San Roque
Lastres
Cancienes
Serín
Bernueces
Deva
N 632
Arroes
AS 256
El Gobernador
El Puntal
Mar
Selorio
Campañones
Salcedo
Cenero
Porceyo
Santurio
Venta las Ranas
48
Pentanes
Venta del Pobre
Luè
Alto de Miranda
Veranes
La Pedrera
Vega
Peón
Villaverde
Priesca
Sales
Colunga
Noval
Villabona
Aguda
La Camocha
Caldones
Pedroso
Villaviciosa
Fuentes
Bayones
Pernús
La Isla
Lugo de Llanera
AS 17
A 66
AS 18
Prubia
La Figar
Alto de La Madera
314
Fano
Candanal
Nievares
Valbucar
Lugás
Pando
Coro
Cocena
Puente Agüera
AS 258
Gobiendes
Loroñe
Prado
N 632
Berbes
Varé
AS 248
Argañoso
Fabares
Mogovio
Miyeres
Viñón
Brecena
Vallés
Fano
Libardón
R. N. de Sueve
Mirador del Fito
Alea
Linares
Cayés
La Fresneda
Muño
Anes
Collada
Millares
La Vega (Sariego)
Poreño
Arboleya
Sta. Eulalia (Cabranes)
Sietes
Giranes
Fresnosa
Sueve
1161
Bodes
Cord. del Sueve
Lugones
Viella
Noreña
Pola de Siero
Aveno
S. Román
Pandenes
Castiello
Cervera
Cotariella
Cofiño
Villar
Fíos
Corrodoria
AS 140
Marcenado
La Carcabada
AS 113
Cuenya
Heria
Villo
Alto de la Llama
416
Robledo
Cereceda
Arriondas
OVIEDO
Granda
452
449
A 8
447
La Masanti
Lieres
Corros
Viobes
Bargaedo
Vallobal
Camás
El Remedio
AS 259
Colloto
Hevia
Valdesoto
Quintana
Priandi
Nava
Tresali
Carancos
AS 258
Pintueles
Soto de Dueñas
Limanes
Tiñana
Bendición
Pumarabule
N 634
65
Villamayor
Arenas
Tendi
S. Esteban de las Cruces
Tudela Veguín
30
La Paranzana
Moñeca
Carbayín
S. Julián
AS 251
Ceceda
Fuensanta
Bierces
Infiesto
Sevares
Pte. Tendi
Manzaneda
Bendones
AS 244
Gargantada
Riaño
La Cruz
Martimporra
Piloneta
Berones
Mestas
Valle
Pesquerín
Montes de Sebares
La Roza
Lago
Tospe
Anieves
Santianes
AS 111
El Carmen
Langreo
Melendreros
Arenas
Otero
Montes
Olloniego
La Venta
Rozadas
Sª de Ques
Cuerrias
Sª de Pesquerín
Llerandi
S. Tirso
Ciaño
750
La Faya de los Lobos
Condueño
Peñueco
Artedosa
Espinaredo
Sª de Faces
Caudal
El Padrún
AS 111
El Entrego
Sotrondio
Ordaliego
Espinaredo
AS 339
Vega de Sebarga
37
Rioturbio
La Nueva
Blimea
Trigueiro
1293
La Marea
Sª de Gibanielles
Sª de Aves
Loredo
La Foz
Ablaña
103
Murias
Sta. Rosa
Sta. Bárbara
Barredos
AS 254
Tozo
Riofabar
Vizcares
1421
Cazo
Ponga
Sebarga
Mieres
Vega
Canga
A 66
101
Santullano
Carcarosa
Sª de Navaliego
Pola de Laviana
Cabo
El Condado
Pto. de Amicio
908
Sellaño
Valdecuna
Fornos
NALÓN
Rioseco
Carangas
Villaestremeri
Figaredo
Turón
Turón
Urbiés
Acebal
Emb. de Rioseco
75
Emb. de Tanes
Nieves
Sª de Pandemules
Ujo
Sta. Cruz
AS 252
Tolivia
Los Tornos
Ladines
Bueres
Prieres
Taranes
Cadenaba
AS 231
Villallana
Navaliego
1105
La Colladona
850
Tanes
Orlé
Carabanzo
Caborana
Moreda
Corigos
Sª del Crespón
Campo de Caso
Tiatordos
1951
Sobrefoz
Beleño
Muñón Fondero
Boo
AS 112
Oyanco
Cabañaquinta
Buspriz
AS 17
Sª de Cárdenas
AS 230
92
Pola de Lena
Nembra
Levinco
Caleao
Belerda
Soto
Pendones
Vega del Ciego
Sta. Cristina de Lena
Canzana
Cordal de Murias
Murias
Bello
Aller
Entrepeñas
Llanos
Retriñón
1862
La Felguerina
La Foz
Cordal de Ponga
Felgueras
Sierra de Carroceda
Collanzo
Pola del Pino
El Pino
Sª de Cortegueros
Coto Nacional de Reres
Nalón
Casorvida
85
86
N 630
Santibáñez de Murias
Llamas
Felechosa
San Isidro
AS 253
Torres
2100
Peña del Viento
2060
Sª de Mangayo
Tarna
Peña Pilones
1986
Pte. de los Fierros
Parana
Sª de Conforcos
Serranía de las Fuentes de Invierno
91
Porrones de Moneo
Pto. de Tarna
1.490
LE 331
Navedo
54
Llanos de Somerón
Casomera
La Paraya
Peña Redonda
1826
Nogales
2077
Pto. de San Isidro
1.520
LE 332
Isoba
Pinar de Lillo
La Uña
C 635
Sª de Casomera
Pto. de la Coriza
1958
Pendilla de Arbás
Pto. de Piedrafita
1.683
Peña de la Laguna
1967
Pto. de Vegarada
1.560
San Isidro
Lag. Ausente
Maraña
Sª de Mampodre
Cellón
2.096
Huerna
Reserva Nacional de Mapodre
LE 321
Cofiñal
Acebedo
Pajares
Pto. de Pajares
1.379
Tonín de Arbás
Braña Caballo
2.182
Piedrafita
Redipuertas
Sª de la Cuerna
Puebla de Lillo
Arbás del Puerto
N 630
Camplongo de Arbás
Millaro de la Tercia
Piornedo
Cerulleda
Redipollos
EST. INV. VALGRANDE
Busdongo de Arbás
LE 311
Campo
Canseco
Valdelugueros
Tolibia de Arriba
Camposolillo
Lois
Villanueva de la Tercia
Cármenes
Pontedo
Redilluera
Tolibia
Rucayo
Orones

MAPA TOTAL

2001

MAPA DE CARRETERAS
ESPAÑA Y PORTUGAL
1:400.000

ANAYA TOURING CLUB

MAPA TOTAL

Impresión: Gráficas Muriel, S.A.

3ª edición: enero 2001

Depósito Legal: M-49.621-2000
I.S.B.N.: 84-8165-800-6
Impreso en España-Printed in Spain

MAPA DE
CARRETERAS
ESPAÑA Y
PORTUGAL
1:400.000

ACCESOS
MADRID Y
BARCELONA
1:200.000

ÍNDICE DE
LUGARES

SIGNOS CONVENCIONALES

	Autopista de peaje
	Autovía
	Carretera nacional
	Vías rápidas o preferentes
	Carretera autonómica de 1er orden
	Carretera autonómica de 2° orden
	Carretera local
	Otras carreteras
37	Distancias en km totales por autopista
45	Distancias en km totales
7	Distancias en km parciales
	Ferrocarril
60	Salida de las autovías y autopistas
M 216	Números de las carreteras
	Puerto de montaña
	Túnel
	Límite nacional
	Límite autonómico
	Límite provincial
	Itinerario recomendado

SANTANDER	Capitales de provincia
SABADELL	Poblaciones con más de 100.000
Torrelavega	Poblaciones con más de 25.000 habitantes
Laredo	Poblaciones de 5.000 a 25.000 habitantes
Limpias	Poblaciones de 1.000 a 5.000 habitantes
Rubalcaba	Poblaciones con menos de 1.000 habitantes

BARCELONA	Localidades de gran interés
SANTANDER	Localidades de interés
Santoña	Lugares de interés turístico o natural
Desf. de Hermida	Paraje natural
	Parque Nacional / Parque Natural
	Reserva Natural
	Curiosidad Natural
	Vista panorámica

	Edificio religioso de interés
	Ermita
	Castillo / Fortificación
	Edificio civil de interés
	Cueva / Gruta
	Ruinas históricas / Arqueología
	Parador
	Balneario
	Deporte de invierno
	Faro
	Aeropuerto

ÍNDICE DE LUGARES DE ESPAÑA

A

ÍNDICE

ÍNDICE

B

ÍNDICE

C

ÍNDICE

ÍNDICE

ÍNDICE

D

E

F

G

H

K

L

M

P

ÍNDICE

Q

R

ÍNDICE

S

ÍNDICE

U

V

ÍNDICE

ÍNDICE DE LUGARES DE PORTUGAL

A

ÍNDICE

C

D

E

F

ÍNDICE

G

H

I

N

O

P

S

ÍNDICE

ÍNDICE

X

Z

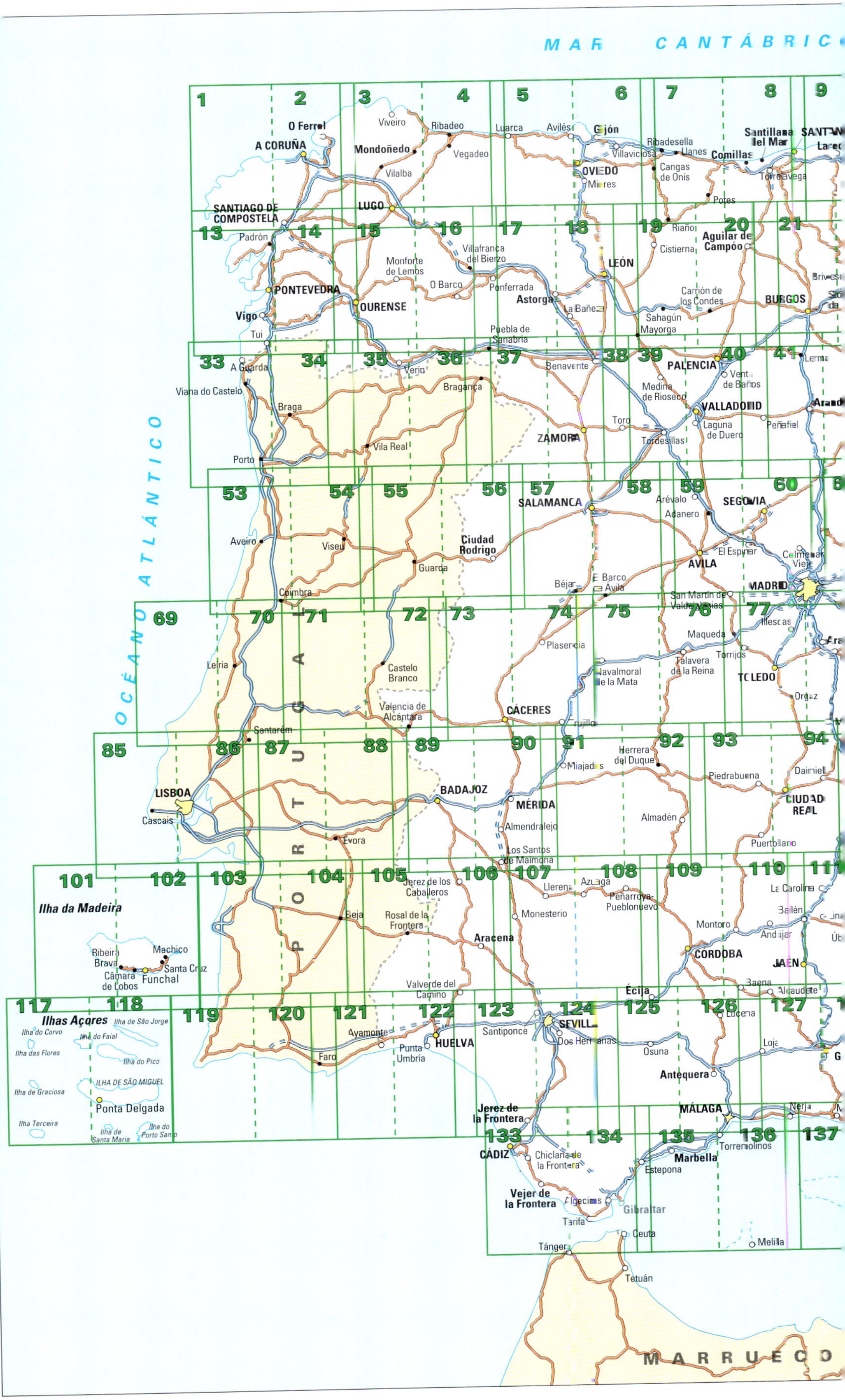
MAR CANTÁBRICO
OCÉANO ATLÁNTICO
PORTUGAL
MARRUECOS
1
2
3
4
5
6
7
8
9
13
14
15
16
17
18
19
20
21
33
34
35
36
37
38
39
40
41
53
54
55
56
57
58
59
60
69
70
71
72
73
74
75
76
77
85
86
87
88
89
90
91
92
93
94
101
102
103
104
105
106
107
108
109
110
117
118
119
120
121
122
123
124
125
126
127
133
134
135
136
137
O Ferrol
A CORUÑA
Viveiro
Mondoñedo
Vilalba
Ribadeo
Vegadeo
Luarca
Avilés
Gijón
OVIEDO
Mieres
Villaviciosa
Ribadesella
Llanes
Cangas de Onís
Comillas
Santillana del Mar
Torrelavega
Potes
SANTIAGO DE COMPOSTELA
LUGO
Padrón
Monforte de Lemos
Villafranca del Bierzo
O Barco
Ponferrada
Astorga
La Bañeza
LEÓN
Riaño
Cistierna
Aguilar de Campóo
Carrión de los Condes
Sahagún
Mayorga
BURGOS
PONTEVEDRA
OURENSE
Vigo
Tui
Puebla de Sanabria
Benavente
Medina de Rioseco
PALENCIA
Venta de Baños
VALLADOLID
Laguna de Duero
Peñafiel
Toro
Tordesillas
ZAMORA
A Guarda
Viana do Castelo
Braga
Verín
Bragança
Vila Real
Porto
Aveiro
Viseu
Guarda
Ciudad Rodrigo
SALAMANCA
Arévalo
Adanero
SEGOVIA
El Espinar
AVILA
Colmenar Viejo
MADRID
San Martín de Valdeiglesias
Illescas
Béjar
El Barco de Ávila
Coimbra
Leiria
Castelo Branco
Plasencia
Navalmoral de la Mata
Maqueda
Torrijos
Talavera de la Reina
TOLEDO
Orgaz
Valencia de Alcántara
CÁCERES
Trujillo
Santarém
LISBOA
Cascais
Miajadas
Herrera del Duque
Piedrabuena
Daimiel
CIUDAD REAL
BADAJOZ
MÉRIDA
Almendralejo
Almadén
Puertollano
Évora
Los Santos de Maimona
Jerez de los Caballeros
Llerena
Azuaga
Peñarroya-Pueblonuevo
La Carolina
Bailén
Andújar
Montoro
CÓRDOBA
JAÉN
Monesterio
Aracena
Beja
Rosal de la Frontera
Ilha da Madeira
Ribeira Brava
Câmara de Lobos
Funchal
Machico
Santa Cruz
Baena
Alcaudete
Valverde del Camino
Écija
Lucena
Ilhas Açores
Ilha do Corvo
Ilha das Flores
Ilha do Faial
Ilha de São Jorge
Ilha do Pico
Ilha de Graciosa
ILHA DE SÃO MIGUEL
Ponta Delgada
Ilha Terceira
Ilha de Santa Maria
Ilha do Porto Santo
Ayamonte
Faro
Punta Umbría
HUELVA
Santiponce
SEVILLA
Dos Hermanas
Osuna
Loja
Antequera
Jerez de la Frontera
MÁLAGA
Nerja
CÁDIZ
Chiclana de la Frontera
Torremolinos
Marbella
Estepona
Vejer de la Frontera
Algeciras
Gibraltar
Tarifa
Ceuta
Melilla
Tánger
Tetuán

1
2
A
B
C
D
Rías Altas
Ría de Cedeira
Ría de Ferrol
Ría de Ares e Betanzos
Ría da Coruña
Enseada de Orzán
P. Candieira
P. Felgueira
Cervo
Chimparra
P. de Pantín
Cedeira
San Isidro
Esteiro
P. Corbeira
Pantín
P. Frouxeira
Praia da Frouxeira
Valdoviño
Vilarrube
Cerdido
P. Sardas
Praia de Meirás
Lago
Meirás
Aviño
S. Miguel
Vilaboa
Abad
Ferrerías E. das Forcadas
C. Prior
Praia de Covas
P. Roiba
O Vilar
Baltar
Val
Sequeiro
Monte
Covas
Praia de San Xurxo
P. Lavandeira
Mermancon
Esmelle
Mandiá
Narón
Gadoi
Xubia
S. Sadurniño
Grande de Xubia
Illas Gabeiras
Praia de Doniños
Mouga
Chamorro
Serantes
S. Ramón
Igrexafeita
Naraio
San Cristovo
A Graña
P. Tiraces
C. Prioriño
S. Felipe
Ferrol
Neda
Roxal
Serra de Forgoselo
Fene
P. Segaño
P. Coitelada
A Palma
Mugardos
Maniños
Lavandeira
Chanteiro
Cervás
Ares
Piñeiro
Limodre
Val
Magalofes
As Neves
A Capela
San Roque de Val
Faro Torre de Hércules
Cabanas
Nogueirosa
Val do Eume
Caaveiro
Pontedeume
San Miguel
Andrade
Taboada
Eume
Encoro do Eume
A CORUÑA
Visma
Dexo
Mera
Veigue
Pazo de Meirás
Perbes
Os Loureiros
Ponte da Pedra
Casal de Arriba
Serra da Queixeiro
P. Langosteira
C. Cociñadoiro
Suevos
Sta. Cruz
Meiras
Sada
Castro
Miño
Vilarmaior
Torres
Vilamateo
San Xulián e San Miguel
P. das Olas
Caión
Praia de Sabón
E. de Rosadoiro
Perillo
S. Pedro de Nos
Oleiros
Bergondo
Babio
Callobre
Monfero
Arteixo
Castro de Elviña
Úxes
Culleredo
Barrañán
Armentón
Morás
Orro
Cambre
Souto
Vilouzas
Paderne
A Viña
Xiao
Lendo
Paiosaco
Mirón
Brides
Orto
Betanzos
Pazo de Irixoa
Torás
Laracha
Santa Leocadia
Veiga
Sueiro
Andeiro
Encoro de Cecebre
Piadela
Reguián
Collantres
Cabovilaño
Berdillo
Coiro
Golmar
Castelo
Torre de Celas
Vigo
Sergude
Mabegondo
Pozomillos
Coirós
Churio
Mandeo
San Salvador
Cambás
Rilleira
A Piña
S. Pedro de Soandres
Carral
Sarandons
Vivente
Oza
Castiñeiro
Ois
Aranga
Ponte Aranga
Monte Salgueiro
S. Cibrao
San Antonio
Bardaso
Sabaceda
Serra de Montemaior
Meirama
Quembre
Sumio
Herbes
Abegondo
Cerneda
Serra
San Roque
Cerceda
Cedeira
As Encrobas
Montouto
Folgoso
Presedo
Leiro
Carrés
Mendo
Regueira
San Salvador
A Silva
Aldemunde
Barcés
Vilacova
Loureda
Dordaño
Trasanquelos
A Queimada
Rodís
Queixas
Vilasenín
As Travesas
Probaos
Cesuras
Filgueira de Barranca
Os Couceiros
Santo André
San Roque de Xebriñol
Bardaos
Encoro de Vilasenín
Mesón do Vento
Visantoña
Tordoia
Xesteda
Encoro de Vilagudín
Lesta
Mercurín
Curtis
Teixeiro
Pontepedra
Cabaleiros
Leira
Olas
Lourdes
Curtis
Sta. Eulalia
San Cristovo
Dolmen Cabaleiros
Portociños
Gorgullos
Ordes
Mesía
O Viso
Foxados
Monzo
Poulo
Xanceda
Cumbraos
Curtis S. Vicente
Cidadela
Grixalba
Restande
Dolmen da Medorra
Deobalde
Pereira
Montaos
S. Nicolao
Frades
As Virtudes
Lanza
Vilasantar
Santa M.ª de Mezonzo
Cruces
San Vitorio
A Brea
Viaño Pequeno
Trasmonte
San Amaro
Alto Tambre
Celtigos
Vilariño
Benza
Morlán
Marzoa
Moar
Pontecarreira
Arceo
Sobrado dos Monxes
Trazo
Xavestre
Castelo
Garabanxa
Corredoiras
Serra do Bocelo
Montes Corno do Boi
Serra da Cova da Serpe
Montes do Cadramón
Berreo
Oroso
Aña
Buazo
Vilanova
San Blas
Dolmen de Mouruxosa
Brañas
Chaian
Vilarromariz
Pastor
O Campo
Boimorto
Paradela
Pontealbar
Berdia
A Concepción
Cardama
Sendelle
Sta. M.ª da Peregrina
N. S. de Agualada
Sigüeiro
Budiño
Filgueira
Orxal
Cuíña
Golán
Figueiras
Toques
San Cidre
Reborido
Paradela
Filgueiras
Gonzar
O Pino
Dodro
Rendal
Vilouriz
Enfesta
Castrofeito
Arzúa
Castañeda
Oleiros
Lavacolla
Cerceda
Ferreiros
Burres
Melide
San Paio do Monte
San Marcos
Pereira
O Pedrouzo
Cebreiro
Pantiñobre
Maroxo
Veiga
S. Ramón de Hermora
SANTIAGO DE COMPOSTELA
Conxo
Loxo
Quión
Brandeso
Encoro de Portodemouros
Varelas
Forno dos Mouros
Meire
Toiro
Pezobres
Mato
Iso
Mera
Tambre
Sarela
Barcés

OCÉANO ATLÁNTICO
A Costa da Morte
Illas Sisargas
C. de San Adrián
Praia de Seaia
San Adrián
F. Cuada
P. Cherpa
Malpica de Bergantiños
Vilanova
Dolmen Pedra da Arca
S. Berto
Barizo
Mens
Brantuas
Enseada da Barda
P. Eiras
Sta. Mariña
Cambre
Cerqueda
Baldaio
Corme
P. Roncudo
Nemeño
Praia Riocovo
Graña
LC 422
Buño
Razo
Leiloio
Pazos
Feira Nova
Tallo
Xornes
LC 421
Balarés
Ponteceso
Anllóns
Cances
P. da Insua
I. Tiñosa
Laxe
Canduas
LC 430
Vitureira
O Bosco
P. Catasol
LC 431
Cabana
Corcoesto
Verdes
Serantes
Castro de Borneiro
Cundins
Valenza
Cereo
Sísamo
San Xulián
Dombate
Borneiro
LC 423
LC 421
Castro
Forneos
Riobó
Torre de Allo
O Allo
Nantón
Torres de Nogueira
Agualada
28
Baio
C 552
Peños
Gándara
Dane ro
Bamiro
Lamas
Carreira
Cuns
Salto
Pedra Cuberta
Tines
Mira
Esternande
As Salgueiras
Montes
Zas
Romelle
Padreiro
55
S. Bartolomé
Santa Sabina
Castriz
Xallas
Arantón
Santa Catariña
Santa Comba
C 545
Crixoa
Brandomil
Esmorode
Freixeiro
A Pereira
A Riba
Barbeira
LC 403
As Maroñas
Corneira
A Baña
Pasadoira
Barcala
Ordoeste
Nantón
LC 444
LC 443
Monte
A Pena
Barcala
Negreira
Cabanamoura
E. de Barrié de la Maza
Pazo de Cotón
Torres de Altamira
Arzón
Linaio
Viseso
Pedrouzo (Brión)
Lueiro
Cornanda
Cando
Anxo
Serra de Outes
Entins
Santo Ourente
Ontenlos
Outes
Tremuzo 525
Silvosa
Loios
Matasueiro
Suevos
Paxareiras
13
Carnota
S. Mamede
LC 403
41
Carnota
Vilares
Caldebarcos
I. de Caldebarcos
Praia de Carnota
Praia Mar de Lira
Pino de Val
Chacín
Asenso
Beba
Santo Anxo
Virxe do Monte
Mazaricos
Dolmen de Corveira
Virxe da O
Vaos
Albores
Encoro da Fervenza
Ponte Olveira
Olveira
Olveiroa
Montes da Ruña
Brandoñas
Comarca de Xallas
Baíñas
Pedra da Arca
Serramo
Castrelo
Treos
Cambeda
Serramo
Santa Cristina
34
Vimianzo
Calo
Carantoña
Carnés
Traba
Boaño
Gundar
11
Grande
LC 433
Camelle
Serra de Pena Forcada
Arou
P. Lobeira
Pr. de Traba
C. Veo
C. Tosto
Ría de Camariñas
C. Vilán
Virxe do Monte
P. do Costado
LC 432
Ponte do Porto
Camariñas
P. del Castillo
Torres de Cereixo
P. da Barca
Muxía
San Roque
P. da Voitra
Nosa Sra. del Pilar
Moraime
Cuintáns
C. Touriñán
P. Laxial
Touriñán
Coído das Negras
Sta. Mariña
Bardullas
Nemiña
Frixe
Castro
Coucieiro
LC 440
C 552
Berdoias
Casota
LC 442
LC 441
Senande
Berdeogas
Buscelo
Dumbría
Ría de Lires
Lires
Pereiriña
Montes de Buxantes
Buxantes
San Pedro Mártir
Praia do Rostro
P. das Pardas
Cee
Brens
Castelo do Príncipe
Encoro de Sta. Uxía
P. Arnela
Sardiñeiro de Abaixo
Corcubión
Duio
A Ameixenda
C. da Nave
Redonda
Castelo do Cardeal
Ézaro
Pr. do Mar de Fóra
C 552
Fisterra
C. de Cee
Arcos
P. de Oidos
P. Cabanas
O Pindo
Monte do Pindo
C 550
C. Fisterra
Praia de Quilmas
Quilmas
Praia de Llagosteira
I. Lobeira Grande
Praia de Estorde
Praia de Quenxe
I. Lobeira Pequena
Praia de Gures
A
B
C
D
1
2

F R A N C I A
ANDORRA
MAR MEDITERRÁNEO
Nîmes
Montpellier
Toulouse
Béziers
Carcassonne
Bayonne
Pau
Tarbes
Foix
Perpignan
Portbou
Figueres
DONOSTIA/
SAN SEBASTIÁN
Hondarribia
Tolosa
VITORIA/
GASTEIZ
Haro
Estella
PAMPLONA/
IRUÑA
Tafalla
Olite
LOGROÑO
Calahorra
Alfaro
Jaca
Sabiñánigo
Ainsa
Vielha
Pont de
Suert
Graus
Sort
La Seu
d'Urgell
Puigcerdà
Ripoll
Olot
GIRONA
Vic
HUESCA
Barbastro
SORIA
Tarazona
Almazán
Alagón
Zuera
ZARAGOZA
La Almunia de
Doña Godina
Calatayud
Cariñena
LLEIDA
Fraga
Mollerusa
Cervera
Igualada
Manresa
Granollers
Malgrat
de Mar
Mataró
Badalona
BARCELONA
Bujaraloz
Caspe
Sitges
Castelldefels
Vilanova i la Geltrú
El Vendrell
Reus
TARRAGONA
Medinaceli
Alcolea
del Pinar
Daroca
Alcañiz
Tortosa
GUADALAJARA
Morella
Vinarós
TERUEL
CUENCA
Segorbe
CASTELLÓN DE LA PLANA/
CASTELLÓ DE LA PLANA
Sagunto/
Sagunt
Alarcón
Motilla del
Palancar
Utiel
Requena
Burjassot
VALENCIA
Gandía
La Roda
La Gineta
ALBACETE
Xátiva
Denia
Almansa
Alcoy
Calpe
Altea
Benidorm
Alcaraz
Yecla
Villena
Hellín
Jumilla
Cieza
Elche/
Elx
ALICANTE/
ALACANT
Molina de
Segura
Alcantarilla
Orihuela
MURCIA
Alhama de
Murcia
San Javier
Vélez
Rubio
Lorca
Cartagena
Águilas
Vera
Carboneras
ALMERÍA
Menorca
Ciutadella
de Menorca
Maó
Mallorca
Pollença
Alcúdia
Sóller
Inca
Artà
PALMA
Manacor
Santanyí
Cabrera
Eivissa
Formentera
La Palma
Santa Cruz
de La Palma
La Gomera
San Sebastián
de la Gomera
Valverde
El Hierro
Puerto
de la Cruz
SANTA CRUZ
DE TENERIFE
Tenerife
LAS PALMAS DE
GRAN CANARIA
Telde
Gran Canaria
Puerto
del Rosario
Betancuria
Fuerteventura
Alegranza
Graciosa
Arrecife
Lanzarote
Lobos
10
11
12
23
24
25
26
27
28
29
30
31
32
43
44
45
46
47
48
49
50
51
52
62
63
64
65
66
67
68
80
81
82
83
84
96
97
98
99
100
113
114
115
116
130
131
132
137
138
139-140
139
140
141
142
143
144
145
146

1
2
A
B
C
D
M A R
SANTANDER
La Magdalena
Bahía de Santander
Maliaño
Pl. El Puntal
Pl. Somo
Pl. Langre II
Pl. Langre I
Pl. Galizano
Pl. Arenilla
Pl. Cuberris Ajo
Pl. Antuerta
Pl. Los Nudistas
Pl. La Arena
Ría de Ajo
Ría de Cabo Quejo
Pl. Ardanal
Pl. El Sable
Pl. Los Barcos
Pl. Ris
Tregandín
Cabo de Ajo
Gracedo
Quejo
Isla
Soano
Noja
Ría de Conal
P. Langre
Langre
Isla Sta. Marina
Loredo
Somo
Galizano
Güemes
Ajo
S. Miguel de M.
Arnuero
Castillo
Argoños
Berria
Dueso
Faro del Pescador
Pl. Berria
Pl. San Martín
Faro del Caballo
Santoña
Pl. Regatón
Pl. La Salve
Pl. de S. Julián
Pedreña
Suesa
Carriazo
S. Bartolomé de M.
S. Mamés de M.
Escalante
Ría de Treto
Laredo
Erta. de S. Julián
Sonabia
Punta de Sonabia
Ría de Oriñón
Rubayo
Villaverde de Pontones
Omoño
Beranga
Gama
Praves
Ambrosero
Liendo
Oriñón
Islares
Cerdigo
Punta del Rabanal
Pl. Urdiales (Oriñón)
Pl. Brazomar
Pl. Dícido
Heras
Solares
S. Salvador
Hoznayo
Anero
Hazas de Cesto
Moncalian
Cicero
Adal-Treto
Colindres
Hazas
Nocina
Cerredo 643
Castro-Urdiales
Entrambasaguas
Solórzano
Riolastras
Seña
Toequiendo
Montealegre
Mioño
Hermosa
Navajeda
La Cavada
Hornedo
Fresnedo
Nates
Rada
Carrasa
Limpias
El Llano
Pomar
Sámano
Ortón
Cabárceno
Pámanes
Liérganes
Pto. Fuente de las Varas
Secadura
S. Pantaleón de Aras
Bádames
Marrón
Ampuero
Ranero
Helguera
Santullán
Cova
Penagos
Arenal
Llanos
Rucandio
Rubalcaba
La Aparecida
S. Miguel de Aras
Angustina
Carazón
Otañes
La Rigada
Somorrostro
M.ª de Cayón
Matienzo
S. Bartolomé de los Montes
Udalla
El Perujo
La Edilla
Emb. de El Juncal
Llaguno
Agera
Pto. de las Muñecas 604
Lloreda
Esles
Mirones
Miera
Pto. de Alisas 674
Sedesuto
Pto. Cruz de Uznayo
S. Bernabé
Alcomba
Rasines
Ojebar
Mañón 55
Agüero
Las Muñecas
Sa de la Matanza
La Cárcova
Riba
Ogarrio
Bárcena
Gibaja
Pondra
Torcollano
Pando
La Trinidad
El Castaño
Alén
Coterillo
Linto
Ajanedo
Socueva
Arredondo
Valle
Mentera-Barruelo
Asón
Santecilla
Ranero
Paules
Cueto
La Iglesia
Villaverde de Trucíos
Las Barrietas
Mercadillo
Llerana
Abionzo
Val de Asón
Peñas Rocias 1270
Ramales de la Victoria
Molinar
Rioseco
Herboso
Merilla
S. Roque de Río Miera
Sierra del Hornijo
Matienzo
Ambasaguas
El Callejo
Traslaviña
Beci
Bazar Etxea
Avellaneda
Villacarriedo
Selaya
S. Pedro
Rozas
Lanestosa
Treto
Sangrices
S. Esteban
Górgolas
Oxarán
Zalla
Campillo
Asrana
Aja
Hazas
Villanueva de la Presa
Pando
Pandozales
Kadagua
Balmaseda
Pisueña
Portillo de Lunada 1.350
Regules
Herada
Bernales
Mtes. de Sancho
La Concha
Río de Lunada
Cañedo
Veguilla
Rehoyos
Fresnedo
Aldeacueva
Burgueño 1043
Peñueco
Carriedo
Valcaba
Sangas
Lanzas Agudas
Bortelo
Montes de Ordunte
Nava de Ordunte
Gijano
El Berrón
Vega de Pas
Pandillo
Valnera 1.718
Montes de Valnera
Lunada
Portillo de la Sía 1.200
Los Tornos 920
Calera
Ordunte 1.104
Emb. de Ordunte
Santecilla
Opio
Viérgol
Yera
Río Trueba
Río de la Sía
Burceña
Ribota
Maltrana
Hornes
Ungo
Sta. Cruz de Mena
Sta. Coloma
Retes de Tudela
Mendi
Pedro
Romeral
Pto. de las Estacas de Trueba 1.154
Fuenterrabiosa
Nª Sª de las Nieves
S. Pelayo
Campillo de Mena
Entrambasaguas
Caniego
Medianas
Sojo
Marraya 1.389
Alto Cotero 1497
Montes de Samo
Engaña
Bárcenas
Agüera
Arceo
Irús
Terance
Barrasa
Montiano
Santiago de Tudela
Sordelz
Espinosa de los Monteros
Montecillo
Noceco
Vivanco
Villanueva
Vallejo
Villasana de Mena
Sta. Olaja
Ciella
Quintanilla del Rebollar
Barcenillas de Cerezos
Quintana de los P.
Bercedo
Leciñana
Lezana de Mena
Cadagua
Sopeñano
Barruso
Villasante
Valejuelo
El Vigo
Siones
Relloso
Sierra de Carbonilla
Quintanilla de Sotoscueva
Villabascones
Quisicedo
Ojo Guareña
Trueba
Hormillatorre
Loma de Montija
Montes La Peña
Lastras de las Eras
Castrobarto
San Miguel de Relloso
La Parte de Sotoscueva
Cueva de Ojo Guareña
Hormillalastra
Villalázara
Las Eras
Barcenillas del R.
Castresana
Villabasil
Anzó
Losa
Angulo
Busnela
Villamar
Cornejo
Pereda
Baranda
Revilla de P.
Villatarás
Villalacre
Villaventa
Lastras de la Torre
Pto. de Angulo 700
Dosante
Pedrosa
Hormillayuso
Bedón
Tabliega
Angosto
Cubillos de Losa
Quincoces de Yuso
Robredo de las Pueblas
Santelices
S. Martín
Haedo de Linares
Linares
Villanueva la Blanca
Torme
Gayangos
Fresnedo
Quintanilla de Pienza
Rosío
Paresotas
Oteo
Sa Salvada
Quintanaentello
NELA
A 8
N 634
N 629
E 70
S 430
S 423
S 411
S 412
S 401
S 522
S 510
S 501
S 503
S 533
S 531
S 551
S 521
S 530
S 540
S 534
S 554
S 572
S 571
S 570
S 564
S 563
C 6210
C 6318
BI 630
BI 636
BU 572
BU 571
BU 573
BU 570
BU 542
BU 562
BU 563
BU 550
BU 554
A 624
U 552
47
49
61
21
8

1
2
A
B
C
D
9
20
C A N T Á B R I C O
SANTANDER
Pl. S. J. La Canal
Pl. Covachos
Pl. Arnía
Pl. Portío
Pl. Cerrias
Pl. Somocuevas
Pl. Canallave
Pl. La Maruca
Pl. Virgen del Mar
Pl. El Camello
Pl. La Concha
Pl. del Sardinero
Pl. Molinicos
Pl. Mataleñas
Pl. Valdearenas
Pl. Mogro
Pl. Robayera
Pl. Usgo
Pl. Los Caballos
Pl. Cuchía (Marzán)
Pl. La Riberuca
Pl. La Ribera
Pl. La Concha
Pl. Los Locos
Pl. El Sable
Pl. S. Justa
Virgen del Mar
Isla Virgen del Mar
San Román
Soto de la Marina
Liencres
Sta. Cruz de Bezana
La Magdalena
Bahía de Santander
Ría Mogro
Ría de Suances
Punta de Carrastrada
Cabo de Oyambre
Ría de la Rabia
Ría de San Vicente
Ría de Tina Menor
Pl. El Cabo (Guerra)
Pl. Merón
Pl. El Puntal
Pl. El Rosal
Pl. Bermejo-Berrellín
Pl. de Comillas
Pl. Luaña (Cobreces)
Pl. de Oyambre
S. Vicente de la Barquera
Virgen de la Barquera
Santillán
Prellezo
Comillas
Trasierra
Liandres
Toñanes
Cóbreces
Perelada
Torriente
Ubiarco
Bárcena
Tagle
Suances
Cuchía
Miengo
Cudón
Pte. Avíos
Oreña
Santillana
Altamira
Viveda
Boo
Arce
Camargo
Muriedas
Maliaño
El Astillero
Escobedo
Oruña
Barcenilla
Parbayón
S. Salvador
Solares
La Concha
Cabárceno
Sobarzo
Requejada
Polanco
Vioño
Barreda
Torrelavega
Ganzo
Puente
S. Estéban
Quijas
Novales
Ruiloba
Fresnedo
Concha
Trasvía
La Revilla
Abaño
La Acebosa
La Cotera
Roiz
Serdio
Abanillas
Gandarilla
Labarces
Bielva
Canales
Pumalverde
Bustablado
Barcenaciones
Reocín
Mercadal
Periedo
Villan. de la Peña
Tanos
Viérmoles
Las Caldas de Besaya
Yermo
S. Pedro
La Cocina
Movellán
Treceño
Cabezón de la Sal
Ontoria
Luzmela
Ibio
Herrera de Ibio
Ibio 794
S. Miguel
S. Mateo
Cos
Rábago
La Concha
Emb. de Palomera
Bustriguado
S. Vicente del Monte
La Vega
Celis
Cueva Chufín
Cueva Micolón
Sª del Escudo de Cabuérniga
Ruente
Ucieda de Abajo
Ucieda de Arriba
Montes de Ucieda
Los Corrales de Buelna
Coo
Somahoz
Collado
Rivero
Cueva del Castillo
Puente Viesgo
Las Presillas
Vargas
Renedo
Carandia
Riosapero
Obregón
La Penilla
Sarón
Sta. Mª. de Cayón
Argomilla
Pomaluengo
Penagos
Arenal
Llanos
Liérgana
Lloreda
Esles
Sª de la Matanza
Pando
Aés
Villafufre
Vega
Coterillo
Saro
Llerana
Abionzo
Villasevil
Rasillo
Santiurde de Toranzo
Borleña
Quintana
Castillo P.
Alonos
Pedroso
Tezanos
Villacarriedo
Selaya
Celucos
Obeso
Puentenansa
Carmona
Barcenillas
La Miña
Valle de Cabuérniga
Sopeña
Terán
Renedo
Valle de Buelna
Viyayuso
Villasuso
Cosío
Tudanca
Sarceda
Reserva Nacional de Caza de Saja
San Sebastián de Grabandal
Fresneda
Viaña
Tordías 965
Los Llares
Pedredo
S. Vicente de León
Las Fraguas
Bostronizo
Cotillo
Esponzués
Calga
Arenas de Iguña
S. Vicente de T.
Ontaneda
Alceda
Verjorís
Valle
Pto. de la Braguía 720
Gamonal
Entrambasmestas
Vega
Escobosa
Vega de Pas
Santotís
El Tojo
Correpoco
Los Tojos
Colsa
Saja
Bárcena Mayor
Sª de Bárcena Mayor
Molledo
Helguera
Silió
Sel de la Carrera
Santa Olalla
Bárcena de Pie de Concha
Pando
Casares y Quevedo
Valle de Pas
San Pedro del Romeral
Sagra
La Lastra
Emb. de la Cohilla
Emb. de la Lastra
Ermita del Carmen
Parque Natural Saja-Besaya
Pujayo
San Andrés
Los Pandos
Selviejo
S. Miguel de Luena
Bollacín
Marraya 1.389
Alto Cotero 1497
Puente Pumar
Lombraña
La Concilla 1900
Sta. Eulalia
Tresabuela
Pto. de Palombera 1260
Pesquera
Rioseco
Emb. de Alsa Torina
Sª del Escudo
Sta. Olalla de Aguayo
Resconorio
Sel del Manzano
Pto. de la Magdalena 905
Montes de Sª
Pico Tres Mares 2.175
Alto Campoo
Estación Invernal Alto Campoo
Piedrasluengas
Sª del Cordel
Lantueno
San Martín de Aguayo
S. Miguel de Aguayo
Lanchares
Pto. del Escudo 1.011
Ormas
Soto
La Serna
Argüeso
Fontecha
Somballe
Servillas
Corconte
Balneario de Corconte
Busnela
Peña Labra 2.006
Proaño
Villar
Abiada
Fontibre
Salces
Fresno del Río
Villapaderne
Monegro
La Población
La Riva
Las Cabañas
Sta. Mª de Redondo
La Lomba
Espinilla
Mazandrero
Barrio
Nestares
Quintana
Villasuso
La Costana
Embalse del Ebro
Robredo de las Pueblas
San Juan de Redondo
La Población
Villacantid
Reinosa
Bolmir
Arija
Cabañas de Virtus
Virtus
Quintanaentello
Dosante
N 634
N 611
N 623
A 67
E 70
C 316
C 625
C 628
C 6314
C 6318
S 214
S 224
S 444
S 472
S 484
S 491
S 492
S 200
S 202
S 430
S 561
S 563
S 564
S 570
S 580
S 602
S 604
BU 563
57
30
42
28
46
24
39
53
47

1
2
A
B
C
D
6
19
M A R
Pl. Lastres
Pl. La Griega o de Colunga
Pl. La Isla
Pl. La Espasa
Pl. El Viso
Pl. Beciella (Barciella)
Pl. Arenal de Moris (Caravia)
Pl. La Vega
P. de la Sierra
Pl. Sta. Marina
Pl. La Atalaya
Pl. Arra
Pl. S. Antolín
Pl. Gulpiyuri
Pl. La Huelga
Pl. Guadamía
Pl. Villanueva
Pl. Cuevas del Mar
Pl. S. Antonio
P. de S. Antonio
Pl. Pestaña
Pl. Torimbia
Pl. Valle
Pl. Sovalle
Pl. Niembro
Pl. La Entrada
Pl. Xiglu
Pl. Barro
Pl. Sorraos
Pl. Troenzo Tayada
Pl. Bonzu
Pl. Palombina
Pl. Las Cámaras
Pl. Portiello
Pl. S. Martín
Pl. Almenada
C. Prieto
Pl. de Poo
Pl. de Sablón
Pl. Puerto Chico
Pl. Toró
Pl. Portiellu
Pl. Cué (Antilles)
Pl. La Ballota
Pl. Andrín
Pl. Vidiago (Novales)
Pl. Pendueles
Pl. Bislesa
Pl. Cobijero
Pl. Las Gaviotas
Pl. La Franca
Pl. Merdia
Pl. El Oso
Ermita San Roque
Lastres
Colunga
La Isla
La Vega
Berbes
S. Pedro
Cueva de Tito Bustillo
Virgen de la Guía
Ribadesella
Garaña
Llames
Villanueva
Cuevas
Naves
Niembro
Barro
Celorio
Llanes
Poo
Cué
Andrín
Puertas
Pendueles
Buelna
Pimiango
Loroñe
Prado
La Torre
El Carmen
Sardalla
Llovio
Cemango
Belmonte
Nueva
Villahormes
Posada
Rales
Balmori
Porrúa
Parres
Lledías
Mirador del Fito
Alea
Linares
Sueve
1161
Bodes
Las Coronas
Tresmonte
Cuevas
Santianes
Sinariega
Collía
Cofiño
Fíos
Arriondas
Triongo
Margolles
Sª de Escapa
Igena
Riensana
Llamigo
Los Carriles
Los Callejos
Vibaño
Santoveña
El Mazuco
S. Agustín
Mestas
Ardisana
Palacio
Meré
Debodes
S. Roque
Purón
Peña-Tú
Vidiago
Tresgrandas
Sta. Eulalia
Borbolla
Noriega
La Franca
Boquerizo
Villanueva
Alevia
Narganes
Siejo
Panes
Merodio
Suarias
Soto de Dueñas
S. Pedro
Cueva del Buxu
Tresano
Villanueva
Cangas de Onís
Cardes
Labra
Corao
Tárano
Mestas de Con
Pedroso
Benia
La Rebollada
Prado
Puertas
Asiego
Arangas
Carreña
Rozagas
Turbina 1317
Sierra de Cuera
Buenes
Alles
Llonín
Abándames
Arenas
Pte. Tendi
La Roza
Lago
Tospe
Llerandi
Montes de Sebares
Soto de Cangas
Caño
Abamia
Teleña
La Riera
Llerices
Covadonga
Gamonedo
Demués
La Molina
Iguanzo
Poo
Arenas de Cabrales
Valle de Cueto de Abajo
Mildón
Trescares
Mier
Oceño
Corigos
Montaña de Covadonga
Mirador de la Reina
Sª de Faces
Vega de Sebarga
Sames
Carbes
Sª de Amieva
Amieva
Lago Enol
Lago La Ercina
Sª de Covalierda
Camarmeña
Desfiladero
Emb. de Poncebos
Poncebos
Tielve
Obesón 1149
Tresviso
Sª de la Corta
Sª de la Collada
Desf. de la Hermida
Linares
Navedo
Fíñeras
Cicera
PICOS DE EUROPA
Cumbre de Main 1612
Sotres
Bejes
La Hermida
Cazo
Sellaño
Sebarga
Villaverde
Pienzo 1552
Ceneya
San Ignacio
Carangas
Reserva Nacional de los Picos de Europa
Picu Urriellu 2518 (Naranjo de Bulnes)
Sª Mojones
Cabañes
Pendes
Colio
Sta. Mª de Lebeña
Lebeña
Salarzón
Taranes
Cadenaba
Sª de Carangas
Beleño
Viego
Sobrefoz
Emb. de la Jocica
Desf. de los Beyos
Sª de Beza
Caín
Peña Santa 2.596
Torrecerredo 2.650
Cortés 2371
Argüébanes
Viñón
Olalla
Ojedo
Lon
Tama
Tiatordos 1951
Pendones
Cordal de Ponga
Sª de Carcedo
Soto de Sajambre
Oseja
Piedrafitas
Oseja de Sajambre
Ribota
Viernes
Pío
Cordiñanes
Lambrión 2.617
Peña Vieja 2.613
Parque Nacional de los Picos de Europa
Soto de Valdeón
Los Llanos
Posada de Valdeón
Sta. Marina
Caldevilla
Virgen de las Nieves
Fuente Dé
Brez
Tanarrio
Mogrovejo
Camaleño
Sto. Toribio de Liébana
Potes
Frama
Cambarco
Cabezón
Valmeo
Espinama
Pido
Pembe
Los Llanos
Besoy
Las Ilces
Cosgaya
Campollo
Enterría
Tollo
Dobarganes
Peña Pilones 1986
Tarna
Pto. de Tarna 1.490
Pto. del Pontón 1.280
Pto. de Panderruedas 1.450
Prada de Valdeón
Pto. de Pandetrave 1.609
Sª de Mediana
Coriscao 2.234
La Vega
Bores
Soberado
Basieda
Pesaguero
Laparte
Vendejo
Barrio
Dobres
Cucayo
Vejo
Retuerto
Cuénabres
Casasuertes
La Uña
Polvoredo
Maraña
Acebedo
Lario
Burón
Liegos
Vegacerneja
Llánaves de la Reina
Pto. de San Glorio 1.609
Portilla de la Reina
Sª de Orpiñas
Reserva Nacional de Riaño
Sª de Riaño
Sª de Mampodre
Peña Prieta 2.536
Peña Quebrada 2.001
Pico Pumar 2.065
Peña Bistruey 2.00
Pico Lezna 2.206
Caloca
Embalse de Riaño
Los Espejos de la Reina
Barniedo de la Reina
Villafrea de la Reina
Riaño
Orones
Lois
Cardaño de Arriba
Curavacas 2.520
Carrión
Sierras Albas
Lores
N 632
N 634
N 625
N 621
E 70
AS 341
AS 342
AS 340
AS 114
AS 115
AS 263
AS 264
AS 343
AS 345
AS 339
LE 244
LE 243
C 621
C 627
C 635
48
60
70
Dobra
Ponga
Sella
Cares
Deva
Duje
Casaño
Urdón
Gargantas
Gargantas del Cares
Desf. del Cares

1
2
A
B
C
D
11
C A N T Á B R I C O
Cabo de Matxitxako
San Juan de Gaztelugatxe
Pl. de Aritzatzu
Pl. Gorliz
Pl. Plentzia
La Cantera de Barrica
Isla Villano
Cabo Villano
Punta Armintza
Pl. Armintzekoalde
Punta Basorda
Pl. de Bakio
Pl. de Laida
Pl. de Laga
Pl. Lapatxa (Natxitua)
Pl. de Ea
Pl. Ogeia Bedarona
Pl. Ogeia
Pl. Isuntza
Pl. Quincoces
Pl. Carraspio
Pl. Arrigorri
Pl. Saturraran
Pl. Burumendi
Pl. Mutriku
I. de Ízaro
Cabo Ogoño
Punta Ermitxo
Punta de Ea
Cabo Montenegro
P. de Sta. Kataliñe
Punta Ampenarri
Punta Fraile Harria
Arminza
Gorlitz
Plentzia
Barrika
Sopelana
Goyerri
Urduliz
Elorza
Berango
Getxo
Leioa
Las Arenas
Erandio
Sestao
BARAKALDO
BILBAO
Sondika
Loiu
Derio
Zamudio
Otxarkoaga
Etxebarri
Basauri
GALDAKAO
Larrabetzu
Lezama
Mungia
Bermeo
Mundaka
Bakio
S. Pelayo
Arana
Zubiaur
Jata 601
Pto. de Sollube
Sollube 686
Arronategui
Emerando
Urizar de Lemoniz
S. Lorenzo de Maruri
Andraka
Butrón
Ugarte
Billela
Gatica
Laukiz
Atxuri
Unbe
Lauro
Gamiz-Fika
Fika
Goitiolza
S. Miguel
Meñaka
Larrauri
Jainco-Oleaga
Arrieta-Libano
Fruniz
Betako
Alday
Botiola
Oñarte
Olavarri
Errigoiti
Meacaur Morga
Muxika
Ugarte
Bizkargi 562
Astelarra
Goikolexea
Aldana
Gorocica-Elixaldea
Zugastieta
Azarosas
San Miguel
Sukarrieta
Busturia
Axpe
S. Cristóbal
Gauteguiz de Arteaga
Murueta
Kortezubi
Forua
Gernika-Lumo
Ajangiz
Arana
Marmiz
Mendata
Akorda
S. Pedro
Elantxobe
Ibarrangelua
Ea
Basechetas
Natxitua
Bedarona
Ispaster
Basetxeta
Ereño
Gabika
BI 638
Solarte
Oleta
Guizaburuaga
Santimamiñe
Renteria
Oma
Zabala
Icazurietas
Navarniz
Loyola
Olabe
Aulesti
Ibarrola
Berreño
Arbacegui
Albiz
Balcón de Vizcaya
Gerrikaiz
Bolibar
Lekeitio
Licona
Mendexa
Urrutia
Amoroto
Asterrica
Ondarroa
Saturraran
Mutriku
Deba
Berriatua
Ubilla
Urberuaga
Amalloa
Olatz
Astigarribia
Zubero
Malax
Meabe
Santa Eufemia
Markina-Xemein
Larruscain
S. Andres de Etxebarria
Azpilgoeta
Mendaro
Lastur
Alto de Urcárregui
Barinaga
Altzola
Elgoibar
Alto de Azkárate 396
Arrate
S. Roque
S. Lorenzo
Placencia
Eibar
Ermua
Goitana
Aguinaga
Iturreta
Ziortza
Arta
Oiz 1028
Guerana
Pto. Trabakua 430
Osma
Mallabia
Magunas
Ajuria
Ibarruri
Autzagane
Amorebieta-Echano
Astepe
Orobios
Goiuria
Garay
Iurreta
Berriz-Olacueta
Eizaga
Zaldibar
E. de Aixola
Goimendi
Matiena
Durango
Abadiño
Izurza
Mañaria
Apatamonasterio
Mendiola
Axpe
Marzana
Iguria
Santiago
Arrazola
Leitz
Mendraca
Elorrio
Berrio
Pto. de Campazar 457
Elgeta
Ubera
Anguiozar
Bergara
Osintxu
Balsago
Elosua
Antzuola
Urretxu
Pto. Deskarga 487
Atxondo
Aitlluitz 1035
Urquiola
Pto. de Urkiola 700
Santos Antonios
Anboto 1296
Udalaitz 1123
Udala
Garagarza
Veneras
S. Prudencio
Arrasate
Sagrado Corazón
Legazpia
Zubillaga
Garibay
Ganzaga
Sta. Agueda
Echagüen
Ibarra
Azcoaga
Galartza
Olaeta
Aréjola
Torreauso
Arretxabaleta
Oñati
Olabarrieta
Uncella
Aozaraza
Otxandio
Uribarri
Zabola
Apozaga
Garagalzaga
Eskoriatza
Goronaeta
Uribarri
Aloña 1320
Alto Udana 521
Mazmela
E. de Albina
Marin
Pto. Salinas
Bolivar
E. de Urkulu
Arkotxa
Zaratamo
Gutiolo
Bekea
Gumucio
Usansolo
Lemoa
Arraibi
Bedia
Ereño
Urquizu
Igorre
Euba
Bernagoitia
Orozqueta
S. Kristobal
Vicarregui
Sierra del Duranguesado
Oba
Arostegieta
Indusi
Ceanuri
Alzusta
Undurraga
Ipiñaburu
Anteparaluceta
Pto. de Barazar 604
Mekoleta
Ubidea
Sta. Lutzi
Emb. de Urrunaga
Emb. de Gorbea
Gorbea 1475
Macizo de Gorbea
Echagüen
Arzuaga
Areatza
Ugarana
Castillo-Elejabieta
Ermitabarri
Arantzazu
Arilza
Zubialde
San Martín
Aresandiaga
Ugao-Miraballes
Arrigorriaga
Marquio
Zollo
Arkotxa
Alonsótegui
La Cuadra
E. de Nocedal
E. del Regato
El Regato
Sodupe
Azkarai
Zaldu
Okonda
Arrankudiaga
Aracaldo
Areta
Llodio
Sta. Águeda
Larrazabal
La Concepción
Luyando
San Bartolomé
Murueta
Zubiaur
Orozko
Olabarri
Bengoechea
S. Martín
Ibarra
Gallartu
Urigoiti
E. de Llodio
San Roke
Murga
Olabazar
Onzono
Larrimbe
Larrekor
Amurrio
Mendeica
Lezama
Saracho
Olameni
Uzquiano
Inoso
Bideko
Ziorraga
Arbaiza
Berganza
Barambio
Supelegor
Recandi
Baia
A 8
E 70
N 634
N 637
N 240
BI 3151
BI 2120
BI 631
BI 633
BI 623
BI 3608
GI 627
GI 621
GI 632
GI 2632
GI 3360
A 625
A 624
A 68
14
21
22
25
28
30
32
40
43
12
17

Sardiñeiro de Abaixo
Duio
C. da Nave
A Ameixenda
Redonda
Castelo do Cardeal
Pr. do Mar de Fóra
Fisterra
C. de Cee
P. de Oídos
P. Cabanas
C. Fisterra
O Pindo
Praia de Quilmas
Quilmas
Praia de Llagosteira
I. Lobeira Grande
Praia de Estorde
Praia de Quenxe
I. Lobeira Pequena
Praia de Gures
Monte do Pindo
Ézaro
Arcos
Montes da Ruña
Caldebarcos
I. de Caldebarcos
Vilares
Carnota (S. Mamede)
Praia de Carnota
Carnota
Ría de Corcubión
Praia Mar de Lira
I. Forcados
P. dos Remedios
Lira
Lestón
Abelleira
Muros
Lariño
P. Insua
Praia de Lariño
P. de Lens
Louro
Praia Ancoradoiro
P. Carreiro
P. Borneira
Praia da Vouga
Praia de Louro
P. San Francisco
P. Fogareiro
P. de Cedeira
P. Cabeiro
P. Asagrada
Porto do Son
P. de Castro
Ría de Muros e Noia
Olveira
Mazaricos
Santo Anxo
Virxe do Monte
Beba
Asenso
Pino de Val
Chacín
Paxareiras
Suevos
Matasueiro
Loios
Outes
Silvosa
Tremuzo
525
Tal
Esteiro
Miñortos
Portosín
Noia
Serra de Outes
Ponte Nafonso
Roo
Serantes
Barro
Negreira
Cabanamoura
A Pena
Barcala
Santa Ouréente
Arzón
Liñaio
Lueiro
Cando
Cornanda
Toxosoutos
Lesende
Vilacova
Lousame
San Roque
Confurco
Macenda
Cures
Nebra
Serra da Barbanza
Mallón
Araño
Ponte Beluso
Taragona
Rianxo
Leiro
Castro de Baroña
Abuín
Praia Xudemil
Queiruga
P. Calleira
Caamaño
Ribasieira
A Madanela
P. Prado do Río
Praia Río Sieira
Xuño
A Curota
Lampón
Boiro
Praia de Basoñas
C. Teira
Seráns
S. Benito
Muro
Lesón
Aldeavella
Angustia
Abanqueiro
Praia Espiñeirido
P. Gorgo
Olveira
Oleiros
Palmeira
A Pobra do Caramiñal
Xobre
C. Cruz
Pazo de Xunqueiras
P. de Cabo
P. Cabalo
C. Corrubedo
P. Pedra de Vaias
Corrubedo
Pr. de Lagoa
Pr. do Castro
Artes
Pr. do Coroso
Ribeira (Sta. Uxía)
Castiñeiras
Montevixán
Aguiño
C. Falcoeiro
I. de Sagres
P. Covasa
I. de Vionta
P. dos Lagos
I. de Sálvora
P. Pirula
Ría de Arousa
A Illa de Arousa
Vilanova de Arousa
Vilagarcía de Arousa
Vilaxoán
Cambados
I. da Toxa
O Grove
P. Meloxo
Meloxo
O Grove (S. Vicente)
S. Vicente do Mar
P. Abelleira
Pr. da Lanzada
Nosa Sra. de la Lanzada
P. Corveiro
P. Faxilda
Pr. de Pociña
P. Xuvenco
P. Liñeiro
Ons
Illa de Ons
P. da Porta
I. de Onza
P. Montalvo
Portonovo
P. Carela
Sanxenxo
Dorrón
Raxó
Samieira
Combarro
Marín
Ría de Pontevedra
Aguete
Seixo
Moledo
C. Udra
Beluso
Bueu
P. de Couso
Bon
Menduíña
Vilanova
P. Vixía
Aldán
Donón
C. de Home
Cangas
Moaña
Darbo
S. Roque
Parque Natural das Illas Cíes
I. de Monteagudo ou do Norte
Cíes
Agudo
Illas Cíes
P. Subrido
Nerga
P. Balea
Pr. de Figueiras
Pr. de Rodas
I. do Faro ou do Medio
Ría de Vigo
VIGO
Bouzas
Alcabre
Pr. de Samil
I. de San Martiño ou do Sur
Pereira
173
I. de Toralla
I. de Boeiro
Coruxo
Oia
Pr. dos Muiños
P. da Meda
I. Estelas
Panxón
Priegue
Nigrán
Castelo de Monte Real
Baiona
C. Silleiro
Virxe da Roca
Baredo
Sabarís
Gondomar
Belesar
P. Centinela
Nande
A Torre
S. Cibrán
Porto de Mougás
Mougás
Viladesuso
P. Orelluda
Pedornes
Torroña
Oia
Burgueira
Barrantes
Mabia
Loureza
Vilachán
San Xián
Portocelo
Pena Agoeira
Tomiño
Valença do Minho
Tui
Pexegueiro
Tebra
P. N. do Monte Aloia
Porriño
Mos
O Galiñeiro
Chenlo
Mosende
Redondela
Océano Atlántico
Cruz
Fonteira
Abesedo
1
2
33
A
B
C
D

12
1
2
St-Girons-Plage
St-Girons
Linxe
Etang de Léon
Castets
Taller
Léon
Laluque
A
Moliets-et-Maa
Messanges
Cluquetardit
23
D 947
Etang de Soustons
Buglose
Vieux-Boucau-les-Bains
Magescq
Pontonx-s-l'Adour
23
Soustons
St-Paul-lès-Dax
Adour
15
N 124
Dax
St-Geours-de-Maremne
Seignosse
Tosse
Tercis-les-Bains
St-Pandelon
Hossegor
33
St-Vincent-de-Tyrosse
Saubusse
Capbreton
N 10
St-Lon-les-Mines
B
St-Martin-de-Hinx
Port-de-Lanne
A 63
N 117
36
Boucau
Tarnos
St-Martin-de-Seinanx
Peyrehorade
Sorde-l'Abbaye
Adour
Abbaye d'Arthous
D 5
Bayonne
Salies-de-Béarn
Biarritz
Anglet
Bidache
D 936
55
St-Pierre-d'Irube
D 28
D 911
21
A 63
D 933
Bidart
Labastide-Clairence
Guethary
Sauveterre-de-Béarn
Luz
33
D 932
Ustarritz
Ciboure
20
Hasparren
D 918
St-Pée-sur-Nivelle
Cambo les Bains
Ascain
Souraïde
31
C
Garris
Sare
La Rhune 900
Ainhoa
Cueva de las Brujas
Dornaku
Leorlaz
Landivar
Urusquieta 844
34
Vera de Bidasoa
Telleria
Zugarramurdi
Urdazubi-Urdax
Bidarray
D 918
Ostabat-Asme
Lurriztederra
NA 4400
Etxalar
Pto. de Otsondo 574
Iparla 1048
43
Orizki
N 121 B
NA 2655
Gorramakil 1090
32
D 933
Azkua 784
Castillo de Izcolegui
Urrasun
Amaiur-Maia
Pto. de Izpegui 672
Lacarre
Chapelle St-Antoine
Ordia
Señorío de Bertiz
Azpilkueta
Apaioa
Erratzu
Legate 870
Arizkun
NA 2600
Iñarbil
St-Etienne-de Baigorry
St-Jean-Pied-de-Port
Donestebe-Santesteban
Mugairi
Gorostapalo
Aintzialde
Oharriz
Lekaroz
Elbete
Valle de Baztán
Elizondo
Oronoz
Narbarte
Arraioz
Irurita
Berro
Oieregi
Legasa
Ziga
Gartzáin
Beartzun
Vallée des Aldudes
Banca
Gaztelu
Zigaurre
Urrisca 986
Pekotxeta
Arnegui
Askarraga
Zozaia
NA 2540
Peña de Alba 1076
Azoleta
Luzaide-Valcarlos
Aniz
Berroeta
Aldudes
Argaray 1226
Gaindola
D
Almándoz
N 121 A
NA 172
Luzaide
Desfiladero
Roncesvalles
Chapelle St-Sauveur
Castillo de Velate
Ocoro 1259
Sayoa 1428
Source de la Nive
Iraty
Pto. de Belate 847
Urkulu 1423
Pto. de Ibañeta 1057
25
48
Mediano
Coto Nacional de Kintoa
Olaberri
Ortzanzurieta 1565
Fábrica de Orbaitzeta
Larrau
N 121 A
N 138
Orreaga-Roncesvalles
25
N.S. de las Nieves
Lantz
Valle de Anue
Sorogáin-Lastur
N 135
Valle de Aezkoa
Ori 2017
Embalse de Eugi
Zilbeti
Aurizberri-Espinal
Auritz-Burguete
NA 2030
Irati
Irati
E. de Irabia
Pto. de Larrau 1573
Aritzu
Eugi
Orbaitzeta

M A R C A N T Á B R I
DONOSTIA-SAN SEBASTIÁN
Ondarroa
Mutriku
Deba
Zumaia
Guetaria
Zarautz
Orio
Usurbil
Hernani
Pasai S. Pedro
Pasai S. Juan
Lezo
Rentería
Oiatzun
Irun
Hondarribia
Hendaye
Cabo Higer
Punta Amuitz
Punta Blosnar
Punta Ternuia
Jaizkibel
Monte Igeldo
Igeldo
Faro Igeldo
Lasarte-Oria
Andoain
Villabona
Tolosa
Anoeta
Azpeitia
Azkoitia
Zestoa
Elgoibar
Bergara
Zumárraga
Urretxu
Legazpia
Oñati
Arrasate
Beasain
Ordicia
Lazkao
Segura
Idiazabal
Zaldibia
Leitza
Goizueta
Sierra de Aralar
Txindoki
Irumugarrieta
Aloña
Alto Udana
Pto. Deskarga
Pto. Bidania
Pto. de Uitzi
Pl. Arrigorri
Pl. Saturraran
Pl. Burumendi
Pl. Mutriku
Pl. Oncabeltz
Pl. de Deba
Pl. Gaztetape
Pl. Santiago
Pl. Itzurun (S. Telmo)
Pl. Gros (La Zurriola)
Pl. de la Concha
Pl. de Ondarreta
Punta Fraile Harria
Punta de Aitzandi
Punta de Mompás
Punta Turrulla
Ría de Orio
Bahía de Txingudi
Pl. de Hondarribia
Las Cinco Villas de la Montaña

SANTIAGO DE COMPOSTELA
Melide
Arzúa
A Estrada
Silleda
Lalín
O Carballiño
OURENSE
Ribadavia
Celanova
Mondariz
Ponteareas
A Cañiza
Monção
Salvaterra de Miño
Serra do Candán
Montes do Testeiro
Monte do Seixo
Serra do Cando
Serra Castelada
Montes da Paradanta
Serra do Leboreiro
Montes de Cexo
Serra do Faro
Embalse de Portodemouros
Alto de Sto. Domingo
Alto do Candán
Alto do Paraño
Alto da Fontefría
Alto do Vieiro
Alto do Forriolo
Pto. El Marco
Avión
Penarada
Giestosa
Outeiro Alvo
N 525
N 541
N 640
N 120
A 52
C 531
C 540

17
Parque Natural de Somiedo
Pto. de Connio 1315
Moal
Genestoso
Vallado
Trascastro
Coto Nacional de Muniellos
Pueblo de Rengos
Pto. de Rañadoiro 1181
Gedrez
Sª de Caniellas
Larón
Monasterio de Hermo
Leitariegos
Pto. de Leitariegos 1.525
Cueto de Arbás 2002
Pto. de Somiedo 1.486
El Puerto
La Cueva
Peña Chana 2.068
Corralin
Torga
Sisterna
Sierra de Degaña
Reserva Nacional de Degaña
Fondos de la Vega de Degaña
Tormaleo
Llanelo
Teso Mular 1.884
Rebollar
Degaña
Cerredo
Pto. de Cerredo 1.359
Caboalles de Abajo
Caboalles de Arriba
Orallo
Villager de L.
Sosas de Laciana
Villablino
Robles de L.
Lumajo
Meroy
Vega de Viejos
Lago de Babia
La Riera
Piedrafita de Babia
Villaseca de Laciana
Cabrillanes
Quintanilla
Peñalba de los Cilleros
Luiña
Pto. de Cienfuegos 1.686
Guimara
Trascastro
Chano
Sª del Padrón
Peranzanes
Faro
Cariseda
Corredoira
Suertes
Fresnedelo
Tejedo del Sil
Rabanal de Abajo
Rabanal de Arriba
Llamas de L.
Rioscuro
El Villar de Santiago
Villarino del Sil
Emb. de Las Rozas
Cuevas del Sil
Palacios del Sil
Emb. de Villar de Santiago
Vivero
Los Bayos
Pto. de la Magdalena 1.434
Lazado
Villabandir
Anllares del Sil
Anllarinos del Sil
Susañe del Sil
Corbón del Sil
Matalavilla
Sª de las Vallas
Salientes
Montronodo
Murias de Paredes
Senra
Fodicol
Villanueva de Omaña
Ancares
Candín
Villasumil
Sorbeira
E. de Matalavilla
Valseco
Sorbeda del Sil
S. Pedro de Paradela
Páramo del Sil
Salentinos de la Tejera
Catoute 2.111
Vegapujín
Fasgar
Posada de Omaña
Omañón
Villar de Omaña
Torrecillo
Barrio de la Puente
Villaverde
Reserva Nacional de los Ancares Leoneses
Lumeras
Bárcena del Bierzo
Lillo del Bierzo
Santa Cruz del Sil
Villar de Otero
Fontoria
Penoselo
Otero de Naragantes
Villamartín del Sil
Sierra de Gistreo
Colinas del Campo de Martín Moro
Urdiales
Maizán
S. Martín de Moreda
Vega de Espinareda
Fabero
Sésamo
S. Pedro Mallo
Matarrosa del Sil
Pardamaza
Librán
S. Miguel de L.
Langre
Berlanga del Bierzo
Tombrio de Arriba
Tombrio de Abajo
Villar de las Traviesas
Robledo de las Traviesas
Igüeña
Tremor de Arriba
Espina de Tremor
Murias de Ponjos
Valle de Finolledo
El Espino
San Pedro de Olleros
S. Vicente
Ocero
Toreno
Noceda
Quintana de Fuseros
San Justo de Cabanillas
Cabanillas
Pobladura de las Regueras
Tabladas
Los Barrios de Nistoso
Villar
Paradiña
Espanillo
Fresnedo
Valdelaloba
El Bierzo
Losada
Boeza
Almagarinos
Pobladura de Somoza
S. Miguel de Arganza
San Juan de la Mata
Sancedo
Finolledo
Sta. Marina del Sil
Arlanza
Arganza
Cabañas de la Dornilla
Pradilla
El Valle
Rozuelo
Folgoso de la Ribera
Tremor de Abajo
Brañuelas
Villagatón
Culebros
Cuilós
Magaz de Arriba
Cabañas Raras
Cubillos del Sil
Rodanillo
Emb. de Bárcena
Viñales
Santibáñez del Toral
San Román de Bembibre
Bembibre
La Ribera
Requejo
Villamecá
Pieros
Magaz de Abajo
Sta. Ana
Hervedeo
Cortiguera
Congosto
Matachana
Albares de la Ribera
La Silva
Valbuena de la Encomienda
Cacabelos
La Válgoma
Bárcena
Almázcara
S. Pedro Castañero
Las Ventas de Albares
Torre del Bierzo
Porqueros
Camponaraya
Narayola
Columbrianos
San Miguel
Fuentes Nuevas
Compostilla
Castropodame
Sta. Marina de Torre
Manzanal del Puerto
Pto. de Manzanal 1.225
Ucedo
Flores del Sil
Calamocos
Turienzo Castañero
San Andrés de las Puentes
San Facundo
Rodrigatos de la Obispalía
Carracedelo
Posada del Bierzo
Onamio
Parada Solana
Sta. Cruz de Montes
Veldedo
Benamarías
Dehesas
Ponferrada
Campo
Molinaseca
Combarros
Villaverde de la A.
Villalibre
Priaranza del Bierzo
Toral de Merayo
San Lorenzo
Riego de Ambrós
Paradasolana
Viforcos
Quintanilla de Combarros
Rimor
San Esteban de Valdueza
Villar de los Barrios
Meruelo
Las Solanas
Arganoso
Otero
Villaobispo de Otero
Santalla del B.
Zuela
Valdecañada
Acebo
Manjarín
La Maluenga
Rabanal Viejo
Borrenes
Villavieja
Villanueva de Valdueza
Valdefrancos
Espinosa de Compludo
Foncebadón
Rabanal del Camino
Brazuelo
Pradorrey
La Chana
Cornatel
S. Clemente de V.
Compludo
Castrillo de los Polvazares
Orellán
Voces
S. Cristóbal de Valdueza
El Ganso
Montes de Valdueza
Manzanedo de V.
Andiñuela
Sta. Marina de S.
Sta. Catalina
Montes Aquilianos
Guiana 1.843
Bouzas
Prada de la Sierra
Villar de Ciervos
Sta. Colomba de Somoza
Pedredo
Murias de Rechivaldo
Pombriego
Santalavilla
Peñalba de Santiago
Valdemanzanas
Tabladillo
S. Martín de Agostedo
Benuza
Yebra
Llamas de Cabrera
Pobladura de la Sierra
Piedras Albas
Busnadiego
Murias de Pedredo
Maragatería
Val de S. Lorenzo
Sotillo de Cabrera
Alto El Morredero 1.950
Alto de las Portillinas 1.950
Molinaferrera
Chana de Somoza
Lucillo de Somoza
Villalibre de Somoza
Valdespino de S.
Santiago Millas
Sigüeya
Filiel
Quintanilla de Somoza
Boisán
Luyego de Somoza
Lagunas de Somoza
Lomba
Noceda de Cabrera
Sierra del Teleno
Odollo
Valdespino
Villar de Golfer
Curillas
Silván
Castrillo de Cabrera
Sacedo
Teleno 2.185
Priaranza de la Valduerna
Destriana
Robledo
Marrubio
Montes de León
Corporales
Tabuyo del Monte
Castrillo de la Valduerna
Nogar
Forna
Castrohinojo
Robledo de S.
Quintanilla de L.
Baillo
Sierra del Pinar
Pozos
Trabazos
La Baña
Encinedo
Losadilla
Manzaneda
Torneros de Jamuz
La Cuesta
Santa Eulalia de Cabrera
Villarino
Iruela
Truchas
Cunas
Morla de la Valdería
Quintanilla de Flórez
Palacios de Jamuz
Truchillas
Valdavido
Quintanilla de Yuso
Villar del Monte
Alto del Peñón 1.840
Sª de la Cabrera Baja
Sierra de la Cabrera
Peña Negra 2.114
Torneros de la Valdería
San Ciprián
Escuredo
Castrocontrigo
Nogarejas
Pobladura de Yuso
Vega del Castillo
Barrio de Rábano
Rábano de Sanabria
Murias
S. Martín de Castañeda
Vigo
Cerdillo
San Justo
Doney de la R.
Carbajalinos
Villarejo de la Sierra
Quintanilla
Justel
Villaverde
Trefacio
Villarino
Rozas
S. Juan de la Cuesta
Donado
Espadañedo
Muelas de los Caballeros
Cubo de Benavente
Congosta
Galende
Quintana
Cervantes
Monterrubio
Utrera de la Encomienda
Gramado
Sotillo
El Puente
Sampil
Robleda
Rosinos de la Requejada
Letrillas
Donadillo
S. Román
Cobreros
Barrio
Castro
Paramio
Villar
Anta
Carbajales de la E.
Dornillas
Uña de Quintana
Moldezuelas de la Carballeda
Ferreros
Fiocenejos
Lanseros
Peque
Santibáñez de Vidriales
Carracedo
AS 211
AS 212
AS 15
AS 213
C 631
C 633
LE 733
LE 492
LE 493
LE 712
LE 711
LE 463
LE 461
LE 142
LE 164
LE 151
LE 141
LE 133
LE 111
C 622
ZA 114
ZA 104
A 52
A6
N VI
1
2
5
16
37
A
B
C
D

16
1
2
4
17
36
A
B
C
D
S. Antolín de Ibias
Centenales
Sierra del Bonzón
Coto Nacional de Muniellos
Pto. de Rañadoiro 1181
Teso Mular 1.884
Pto. de Cienfuegos 1.686
Fontaneira
Baleira
Cellán de Mosteiro
Barreiros
A Pumarega
Pedrafita de Camporredondo
Sa do Portelo
Serra de Louxais
Liñares
Sa de Mora
Queizán
Paradela
Galegos
Navia de Suarna
Penamil
Sa de Barreiro
Larxentes
Sa de Liñares
Sierra de Borde
Busante
Torga
Villares de Abajo
Tormaleo
Llanelo
Corralín
Sisterna
Sa de Puñago
Folgosa
O Picato
Vilartelín
Porto de Campo de Árbore 717
Neira de Rei
O Lago
Seón
Son
Sa de Murias
Murias de Camín
Vilaquinte
Sa Mingatón
Baloutа
Miravalles 1.969
Guimara
Trascastro
Chano
Peranzanes
Sa del Padrón
Cariseda
Ferreiros
Baralla
Pousada
Penamaior
Riba de Neira
Laxes
O Cereixal
Becerreá
Cruzul
Oselle
Vilachá
Liber
Pontes de Gatín
San Román (Cervantes)
Quindous
Sa da Granda do Roxo
Sa de Pradela
Suarbol
Piornedo
Donís
Sa de la Corredoira
Tejedo de Ancares
Suertes
Fresnedelo
Vilaesteva 888
Galegos
Vilaesteva
Ousón
Guillén
Guilfrei
Agüeira
Cancelada
Mosteiro
Río
Seteventos
Ferreiros de Valboa
As Nogais
Vilanova
Sa da Fiosa
Sa Aguilleira
A Degrada
Albergue dos Ancares
Cela
Serra dos Ancares
Pereda de Ancares
Candín
Villasumil
Sorbeira
Lumeras
Bárcena del Bierzo
Louseiro
Pintín
Toldaos
Rodís
Fillobal
Serra do Piornal
Doncos
Castelo de Agustín da Grupa
Noceda
Doiras
Noceda
Vilarello
Reserva Nacional dos Ancares
Peñarrubia 1.826
Sierra de Ancares
Tejeira
Porcarizas
Burbia
Reserva Nacional de los Ancares Leoneses
Penoselo
Villar de Otero
Fontoria
Triacastela
Renche
Samos
Serra de Rañadoiro
Fonfría
Alto do Poio 1463
N VI
Pedrafita do Cebreiro
Pto. de Pedrafita
Pto. O Portelo 1068
Castañeiras
Villariños
S. Martín de Moreda
Vega de Espinareda
Sésamo
Serra do Oribio
S. Antonio
Hospital
San Pedro
O Cebreiro
El Castro
La Braña
Cantejeira
Pumarín
Villar de Acero
Valle de Finolledo
El Espino
Vilarxoán
Foilebar
Montes de Louzara
Linares
La Faba
Pacios
Balboa
Lamagrande
Veguellina
San Pedro de Olleros
S. Vicente
S. Roque
Meiraos
Santalla
S. Tirso
Las Herrerías
Ruitelán
Ambasmestas
Cela
Sotelo
Paradaseca
Paradiña
Espanillo
Ferrería
Seoane
S. Antonio
Lindoso
Vega de Valcarce
Pradela
Pobladura de Somoza
S. Miguel de Arganza
San Juan de la Mata
Campo de Liebre
Villasinde
Moldes
San Fiz do Seo
Trabadelo
Pereje
Puente de Rey
Arganza
Paxaro 1610
Busmayor
Barjas
Parada de Soto
Villar de Corrales
Moral de Valcarce
Corrales
Villafranca del Bierzo
Quilós
Pieros
Magaz de Arriba
Magaz de Abajo
Folgoso do Courel
Sta. Eufemia
Parada dos Montes
Vilamor
Quintela
Cadafresnas
Dragonte
Cacabelos
Villadecanes
Camponaraya
Hervededo
La Válgoma
Vilarbacú
Villarubín
Viariz
Hornija
Corullón
Otero
Carracedo
Narayola
Fuentes Nuevas
A Seara
Serra do Courel
Alto do Boi 995
Gestoso
Arnadelo
Oencia
Cabeza de Campo
Villamartín de la Abadía
Toral de los Vados
Flores del Sil
Arnado
Outeiro
Castropepe
Paradela del Río
Carracedelo
Posada del Bierzo
Dehesas
Ponferrada
Vilar de Lor
Revide
Fisteus
Montouto 1.546
Serra dos Cabalos
Sobrado
Friera
Requejo
Villadepalos
Villaverde de la A.
Priaranza del Bierzo
Villalibre
Toral de Merayo
A Ermida
Quiroga
Sequeiros
As Neves
Lusio
Cabarcos
Oulego
Portela de Aguiar
El Carril
Cancela
La Barosa
Rimor
Carucedo
Santalla de B.
Zuela
Serra da Enciña da Lastra
Robledo
Biobra
Lago de Carucedo
Covas
Borrenes
Villavieja
Encoro de Sequeiros
S. Vicente
Cernego
S. Xulián
Rubiá
N 120
A Veiga de Cascallá
La Chana
Cornatel
Orellán
Voces
Las Médulas
Salas de la Ribera
Yeres
Montes Aquilianos
Guiana 1.843
Vilaster
Vilamartín de Valdeorras
Córgomo
O Castro
Entoma
Sobradelo (Carballeda de Valdeorras)
Quereño
Vega de Yeres
Castroquilame
Pombriego
Montefurado
A Rúa
Valencia
A Proba
O Barco de Valdeorras
E. de Pumares
Puente de Domingo Flórez
Santalavilla
Alto de Trives 758
Enc. de Montefurado
Petín
Encoro de Santiago
Carballal
Santigoso
Carballeda
A Medua
Viladequinta
San Pedro de Trones
Benuza
Yebra
Llamas de Cabrera
Seadur
Freixido
E. de Sta. Baia
Candeda
Casoio
A Portela
Sotillo de Cabrera
Pineiro
Alto da Ermida 560
Sigüeya
Trives
Larouco
Portomourisco
S. Fiz
Serra da Chaira
Lomba
Sobrado
Chandoiro
Lentellais
O Cristo
Prada
Casaio
Silván
Manzaneda
O Bolo
Encoro de Prada
Ricosende
San Xil
Serra do Eixe
As Ermidas
Vilaseco
Placín
E. de S. Miguel
Curra
Lamalonga
Vilanova
Forna
Reigada
Cambela
Trabazos
Pradolongo
Alto do Covelo 1052
Covelo
A Veiga
Requeixo
A Ponte
Pena Trevinca 2124
Peña Survia 2.127
La Baña
Losadilla
Cernado
Mormentelos
Chaguazoso
Tabazoa de Hedroso
Serra Calva
Santa Eulalia de Cabrera
Mourisca
Santo Estevo
Viana do Bolo
Moncalvo 2.025
E. de Vega de Conde
Sa de la Cabrera
Vilariño de Conso
Froxais
Santo Antonio
S. Agustín
Rubiás
Mosexos
Quintela de Humoso
Pradorramisquedo
Embalse de S. Sebastián
Porto
E. de Vega del Tera
L. de los Peces
San Ciprián
Barrio de Rábano
Parque Natural del Lago de Sanabria
S. Martín de Castañeda
Murias
Vigo
Cerdillo
Rábano de Sanabria
Pradocabalos
Santo Cristo
S. Pedro
Cepedelo
E. de Valdesirgas
E. de Garandones
E. de Cárdena
Moncabril
San Justo
Trefacio
Carracedo da Serra
Pexeiros
S. Xoán
Barjacoba
Emb. de Puente Porto
Ribadelago
L. de Sanabria
Villarino
Rozas
Bouza
Sever
Pías
Lag. de Sotillo
Galende
Quintana
Serra do Canizo
Villanueva de la Sierra
Sotillo
S. Román
El Puente
Sampil
A Gudiña
O Canizo
Alto do Canizo
A 52
Las Hedradas
Portillo del Padornelo 1.360
Avedillo
Cobreros
Castro
S. Miguel de Lomba

15
LUGO
Carballido
Lousende
Santa Marta
Vilachá de Mera
Alta
Brañas
Montes do Bocelo
Dolmen de Mouruxosa
Paradela
Figueiras
Toques
San Cidre
Vilouriz
Serra do Careón
Cuíña
Golán
Oleiros
Melide
Veiga
Torre de San Paio
Carballe ra
Guimarei
Bóveda
O Burgo
San José
Piúgos
Nadela
Coeo
Santa Comba
Augas Santas
Vilamaior de Negral
Mera
Poutomillos
Calde
LU 231
Ferreira
A Retorta
O Picato
660
N 540
Bazar
Eslesar
Coeses
Piñeiro
Laxosa
Manán
Chamoso
S. Ramón de Hermora
Meire
Ambreixo
Entrambasaugas
San Salvador
Filgueira
Mato
Meixide
N 547
C 540
Forno dos Mouros
Varelas
Pezobres
A
Santiso
Mourazos
Brocos
Sambreixo
Camiño
Palas de Rei
Guntín
Lousadela
Grolos
Lousada
Santa Cruz de Glolos
San Román
Quinte
Sabarei
Campo
Maceda
Neira
Cerceda
Santa Euxea
Ourol
Mosteiro
Cela
Moscán
A Pobra de San Xulián
E. de Belesar
Vilarmosteiro
O Páramo
Saá
Goián
Lousadela
Vilapedre
Friolfe
Páramo
877
Frades
Céltigos
36
A Baíña
Berredo
S. Ramón
Santalla
Borraxeiros
Coence
Albá
LU 221
Vilanova
Pazo de Lameiros
Salgueiros
Noveliúa
Leborei
Penas
Rio
Narón
Nespereira
C 535
San Marcos
Goldrame
Portomarín
San Marcos
Serra do Farelo
Val
Brántega
Sª de Órrea
Rodís
Pto. El Marco
649
Amarante
Agolada
Antas de Ulla
N 640
Monterroso
Montes da Vacaloura
Castro
Meixonfrío
LU 613
San Lourenzo
Biville
C 535
Maside
Barbadelo
Sarria
Cello
Cangas
Cadrón
Monte
Frameán
Arxiz
38
Torre
Encoro de Belesar
Paradela
Barán
San Xosé
Vilamaior
Oural
Oura
642
Castro de Rei
LU 642
14
16
A Veiga
Goiás
Cristimil
Anxo da Garda
Guillar
Verín
Olveda
LU 212
Moreda
LU 611
Taboada
Taboada dos Freires
Castelo
Insua
Serra de Cabezas
Vilela
Alto do Faro
968
Monte
Mato
Adá
Vilela
Segán
Currelos
S. Antonio
As Neves
Serra das Penas
Cervela
Virxe das Dores
35
Noceda
Vilasouto
Rubián
Lín
Gruchave
C 533
Rodeiro
Río
36
Argozón
Muradelle
LU 211
Arcos
Pedrafita
Sabadelle
Vilaesteva
A Broza
Vales
B
A Rocha
Amedo
Asperelo
Laxe
Requeixo
C 533
Ribas de Miño
Xuvencos
Piñeiro
Bóveda
Laiosa
Sanguiñedo
Alto de Sto. Domingo
741
Pena de Francia
914
Faro
1181
Serra do Faro
Chantada
Asma
Vilatán
Marrube
Mosteiro
Freituxe
Canedo
O Castro (Dozón)
Brigos
Camporramiro
Diomondi
Setevento
San Roque
Ribas
Pequenas
Piño
56
Pobadura
Pereira
Belesar
C 533
Escairon
O Saviñao
32
Vilalpape
LU 546
Devesa
Conforco
Asma
Cartelos
Santiago de Arriba
Fión
Tor
Fornelas
Oseira
Laxas
Castro
Vilaúxe
Nogueira de Miño
Arxuá
Tuiriz
Baamorto
A Corna
Grobas
Carballeda
A Barrela
Castro
E. dos Peares
Castillón
Moreda
San Antonio
Cereixa
14
37
Erbedeiro
Recemendes
Chavaga
Lousado
Peña da Sela
Piñor
Cotelas
LU 201
Carballedo
Búbal
Eiré
Vide
Distriz
Monforte de Lemos
Pazos do Monte
N 540
Vilaquinte
Besteiros
Pantón
Mañente
Boedes
Covas
S. Cristovo de Cea
O Rio
N 120
Deade
Siós
Piñeira
Gullade
Canedo
Sindrán
Pol
Biduedo
OR 204
Pitón
As Casarizas
Cristovo
48
Serode
Cangas
A Pereira
Neiras
Arcos
S. Facundo
Vilamarín
N 540
Canaval
Sober
Refoxo
Vilachá
O Carballiño
Mandrás
N 525
Gueral
Uceille
Vilarrubín
A Peroxa
M. de S. Paio
Os Peares
Frontón
Acedre
Gundivós
N 541
Garabás
Dacón
Maside
Tamallancos
Albán
N 120
Monasterio de Santo Estevo de Ribas de Sil
Penalba
Encoro de S. Pedro
Cañones do Sil
Sto. Estevo
Bolmente
LU 601
Doade
Amoeiro
Cambeo
Vilarchao
Graices
Luintra (Nogueira de Ramuín)
Ribas de Sil
Encoro de Santo Estevo
Vilachá
Troncecha
28
O Trevoedo
Liñares
Bóveda
Coles
Liñares
Pinol
Parada de Sil
A Teixeira
Sta. Tegra
O Ivedo
C
Freás
Parada
Gustei
Melias
Cerreda
San Antonio
Punxín
O Viñao
Beiro
Trasalba
Campo
Faramontaos
Bouzas
Caxide
Chandrexa
Pedra de Sil
Boazo
San Paio
Castro Caldelas
Ourantes
Palmés
Cudeiro
Eirasvedras
Untes
OURENSE
Velle
E. de Velle
Sabadelle
Loña do Monte
Meda
1316
Nosa Sra. do Monte
A Lama
Encoro de Chandrexa
C 536
75
O Burgo
Razamonde
Fea
Quenlle
Mugares
A 52
Piñor
O Pereiro de Aguiar
Moreiras
Covas
San Pedro de Rocas
As Paradellas
Vilariño Frío
Valilongo
S. Martiño
Astariz
OR 402
Toén
Moreiras
Rairo
Aderrasa
C 536
Esgos
Alto do Couso
701
Xunqueira de Espadanedo
Encoro de Leboreiro
Valdepereira
Trellerma
Barbadás
Picouto
O Cumial
O Pinto
Niñodaguia
OR 104
Alto do Rodicio
956
Leboreiro
A Bouza
Xestosa
San Cibrao das Viñas
Sobrado do Bispo
Rioseco
Zorelle
Baldrei
Serra do Burgo
Rabal
Trelle
Bentraces
OR 101
San Tomé
Soutopenedo
Paderne de Allariz
A Piúca
Maceda
Montederramo
A Seara
As Teixugueiras
Loiro
Mesón de Calvos
OR 103
Candedo
Parderrubias
Taboadela
Cantoña
Gabín
Encoro de Chandrexa
Sabucedo
A Mezquita
Augas Santas (Santa Mariña)
Salgueiros
Baños de Molgas
Serra de San Mamede
Outomuro
Espiñoso
A Manchica
A Merca
N 525
OR 102
Sta. Eufemia
Os Milagres
O Mundil
Sta. Baia
26
Urrós
Arnoia
Xunqueira de Ambía
Altos de Sanmón
Requeixo
Seixo
1707
Mosteiro
Alfeoz
A Lampaza
Freixo
Entrambosríos
Allariz
Pazó
Cerdeira
Penadiz
Ramirás
Fechas
Corvillón
Nanín
39
Pambre
OR 404
Vilanova dos Infantes
OR 300
Monte de S. Cibrao
Penamá
927
Alto de Allariz
776
Rebordechao
Acevedo do Río
Castromao
Celanova
A Bola
Serra do Fial das Corzas
Milmanda
Moreira
Veiga
Barracel
N. S. das Portas Abertas
Casasoa
Vilar de Barrio
Arnoia
Arnela
D
Domés
C 531
Sorga
Alto do Forriolo
842
Piñeira
Coedo
Nosa Sra. da Portela
Codosedo
OR 112
Prado
Castro de Cexo
Montes de Cexo
O Forriolo
Pazos
Verea
Ourille
Pedrosa
29
Parada de Outeiro
Sandiás
Cortegada
A Albergueria
Camba
1045
N 540
Rairiz de Veiga
Lagoa de Antela
Trandeiras
Perrelos
Tamicelas
As Ribas
Alto do Vieiro
856
Morgade
A Pena
Sarreaus
Freande
Cerdedelo
OR 441
A Sainza
Vilar de Santos
C 531
Soutelo Verde
Trez
OR 110
Xinzo de Limia
A 52
1
Limia
N 525
Abavides
Zos
35
2
Laza
OR 113
Bande
A Feira Nova
OR 301
As Lamas
Laroá
Escornabois
Baldriz
Parada do Monte
Quintela
Sabucedo
Canade
Moreiras
Trasmiras
Retorta
Fonteíria
OR 301
Porqueira

Reserva Natural de Somiedo
Reserva Nacional de Mapodre
Pto. de Ventana 1.587
Peña Rueda 2152
Peña Ubiña 2.411
Pto. de la Cubilla 1686
Sa de los Grajos
Túnel de Negrón
Pto. de Pajares 1.379
Cellón 2.096
Pto. de la Coriza 1958
Peña Redonda 1826
Pto. de Piedrafita 1.683
Peña de la Laguna 1967
Pto. de Vegarada 1.560
Nogales 2077
Sa de Casomera
Sa de la Cuerna
Sa de la Filera
Emb. de Barrios de Luna
Emb. de Casares
Collada de Aralla 1.536
Villamanín
Busdongo de Arbás
La Pola de Gordón
La Robla
Alto del Rabizo 1.160
Valdelugueros
Boñar
Las Hoces
La Magdalena
Benllera
Carrizo de la Ribera
Rioseco de Tapia
Emb. de Selga-Ordás
Llamas de la Ribera
San Andrés del Rabanedo
LEÓN
Villaobispo
Armunia
La Virgen del Camino
Valverde de la Virgen
Santovenia de la Valdoncina
Onzonilla
Villaquilambre
Ruinas Romanas
Mansilla de las Mulas
Mansilla Mayor
Villadangos del Páramo
Benavides de Órbigo
Santa Marina del Rey
Hospital de O.
Veguellina de O.
Santa María del Páramo
Valencia de Don Juan
Villamañán de la Vega
Laguna de Negrillos
La Bañeza
Dehesa de S. Llorente (VA)
Valdemorilla
Mayorga
Casas Viejas 1.000
Sa de Carpurias
Vegas 1.061
A
B
C
D
1
2
6
19
38
A 66
N 630
N 601
N 120
N 621
N VI
C 626
C 623
C 621
LE 311
LE 313
LE 420
LE 441
LE 442
LE 443
LE 412
LE 413
LE 411
LE 510
LE 512
LE 521
LE 522
LE 523
LE 542
LE 114
LE 451
VA 542
VA 530
P1

Parque Natural Saja-Besaya
Reinosa
Matamorosa
Bolmir
Retortillo
Cervatos
Sopeña
Celada-Marlantes
Fombellida
Montes Claros
Bustasur
Malataja
Pto. Pozazal 989
Arroyal
Aldea de Ebro
Bustidoño
Embalse del Ebro
Emb. de Alsa Torina
Los Pandos
Selviejo
S. Miguel de Luena
Bollacín
Rescaño
Sel del Manzano
Pto. del Escudo 1.011
Pto. de la Magdalena 905
Montes de Somo
Pto. de las Estacas de Trueba 1.154
Marraya 1.389
Alto Cotero 1497
Espinosa de los Monteros
Quintanilla del Rebollar
Barcenillas de Cerezos
Quintanilla Valdabascones
Quisicedo
Hormillatorre
Hormillalastra
Ojo Guareña
Cornejo
Hornillayuso
Pereda
Baranda
Bedón
Gayangos
Fresnedo
Torme
Campo
Mozares
Casillas
Villaconparada de F.
Quintanilla
Miñón
Villarcayo
Cigüenza
Sta. Cruz de Andino
Horna
Tubilla
Escanduso
Escaño
Brizuela
Leva
Balneario de Corconte
Corconte
Las Cabañas
Robredo de las Pueblas
Busnela
Dosante
Pedrosa
Santelices
S. Martín de las Ollas
Villamartín
Puentedey
Valdebodres
Salazar
Quintanabaldo
Villabascones de Bezana
Cubillos del Rojo
Bezana
Torres de Abajo
Torres de Arriba
Hoz de Arreba
Pradilla
San Martín del Rojo
Peñalba de M.
Manzanedo
Argés
Rioseco
Incinillas
Villalaín
Bisjueces
Hocina
Ebro
Pto. de Carrales 1.000
Villanueva-Carrales
Bricia
Barrio de Bricia
Landraves
Campino
Crespo
Cueva de M.
Población de Arreba
Arreba
S. Miguel de C.
Rucandio
Cilleruelo de Bricia
Ruanales
Riopanero
La Serna
Cejancas
Espinosa de Bricia
Presillas
Valderías
Ailanes
Gallejones
Barriolacuesta
Tubilleja
Haedo del Butrón
Valdenoceda
Puente Arenas
El Almiñé
Pto. de la Mazorra 1.000
Toba de Valdivieso
Dobro
Condado
Cuevas
Valhermosa
Villanueva-Rampalay
Quintanilla-Colina
Porquera del Butrón
Pesquera de Ebro
Cubillo del Butrón
Pesadas de Burgos
Orbaneja del Castillo
S. Martín de Elines
Villaescusa de Ebro
Escalada
Quintanilla Escalada
Villota de Elines
Valdelateja
Huidobro
Nocedo
Huéspeda
Escóbados de Arriba
Escóbados de Abajo
Villaescusa de Butrón
Rucandio
Hozabejas
Aguas Cándidas
Padrones de Bureba
Salas de Bureba
Villalta
Quintanas de Hormiguera
Valdeprados del Río
Arcera
Loma Somera
Población de Arriba
Población de Abajo
Bustillo del Monte
Bárcena de Ebro
Villanueva de Henares
Navamuel
Canduela
S. Cristóbal del Monte
Villanueva de la Nía
Cubillo de Ebro
Campo de Ebro
Arantiones
Ruerrero
Polientes
Rocamundo
Sobrepeña
Puente del Valle
Olleros
Sobrepenilla
Lorilla
Montecillo
Castrillo de Valdelomar
Revilla
Bascones
Respenda
Villaescobedo
Páramo de La Lora
Sargentes de la Lora
San Felices
Valdeajos
Ayoluengo
Covanera
Sedano
Tubilla del Agua
Gredilla de Sedano
Moradillo de Sedano
Loma
Quintana
Mozuelos de Sedano
Terradillos de Sedano
Nidáguila
Masa
Cernégula
Castril de Lences
Lences
Abajas
Altotero 1.125
Poza de la Sal
Fuencaliente de Lucio
Mundilla
Llanillo
Arcellares
Barrio Panizares
Hoyos del Tozo
Tablada de Rudrón
S. Andrés de Montearados
Sta. Coloma de Rudrón
Bañuelos de Rudrón
Moradillo del Castillo
Quintanas de Valdelucio
Pedrosa de V.
Corralejo
Basconcillos del Tozo
Prádanos del Tozo
Rebolledo de Traspeña
Solanas de Valdelucio
S. Mamés de Albar
Trashaedo
Villamartín de Villadiego
Humada
S. Martín de Humada
Amaya 1.362
Ordejón de Abajo
Ordejón de Arriba
Talamillo del Pozo
Sta. Cruz del Tozo
Fuente-Urbe
Sta. Cruz
La Piedra
Quintana del Pino
Urbel del Castillo
Peones
Congosto
Los Valcázares
S. Miguel
Pto. de Páramo de Masa 1.050
Montorio
Quintanilla Sobresierra
Castrillo de Rucios
Hontomín
Lermilla
Quintanarruz
Rublacedo de Abajo
Melgosa
La Molina de Ubierna
Peñahorada
Tobes y Rahedo
Temiño
Robredo-Temiño
Riocerezo
Pto. de La Brújula 981
Villavedón
Sotresgudo
Riopáraiso
Barrios de Villadiego
Palazuelos de Villadiego
Villanueva de Puerta
Fuencivil
La Nuez de Arriba
Quintanilla de la Presa
Coculina
Villusto
Villabilla de Villadiego
Boada de V.
Hormazuela
Acedillo
S. Pantaleón del Páramo
Ruyales del Páramo
Sandoval de la Reina
Barruelo
Villahernando
Bustillo del Páramo
Espinosilla de San Bartolomé
Arenillas de Villadiego
Villaute
Villalibado
Borcos
Huérmeces
Villanueva de Odra
Tapia
Villadiego
Solano
Los Tremellos
San Martín de Ubierna
Ubierna
Castromorca
Olmos de la Picaza
Villahizán de Treviño
Villanoño
Villamorón
Tobar
Susinos del P.
Avellanosa del P.
Las Celadas
Ros
Santibáñez-Zarzaguda
Miñón
Las Rebolledas
Villaverde-Peñahorada
Villamayor de Treviño
Sordillos
Villegas
Mancilles
La Nuez de Abajo
Mansilla de Burgos
Quintanaortuño
Rioseras
Villasidro
Pedrosa del Páramo
S. Pedro Samuel
Zumel
Sotopalacios
Vivar del Cid
Sotrage
Celada de la Torre
Grijalba
Villorejo
Lodoso
Marmellar de Arriba
Arroyal
Quintanilla de Vivar
Hurones
Padilla de Abajo
Sasamón
Cañizar de Argaño
Citores del Páramo
Palacios de Benaver
Pedrosa de Río Urbel
Páramo del Arroyo
Villarmero
Villayerno-Morquillas
Cótar
Rubena
Olmillos de Sasamón
Villanueva de Argaño
Sta. Mª Tajadura
Quintanadueñas
Villagonzalo
Villatoro
Villimar
Villafría de Burgos
Atapuerca
Villasandino
Villandiego
Yudego
Isar
Las Quintanillas
Villalbilla
Tardajos
BURGOS
Castañares
Orbaneja Riopico
Cardeñuela-Riopico
Ibeas de Juarros
Castrillo de Murcia
Castellanos de Castro
Hornillos del Camino
Rabé de las Calzadas
S. Mamés de Burgos
Las Huelgas
La Cartuja
Cardeñajimeno
Villasilos
Hontanas
Hormaza
Frandovínez
Villagutiérrez
Buniel
Cardeñadijo
Castrillo de Juarros
Cuzcurrita de Juarros
S. Millán
Mozoncillo
Castrillo de Cabezón
Castrojeriz
Iglesias
Medinilla
Cabia
Villagonzalo-Pedernales
Carcedo
S. Pedro de Cardeña
Villaquirán de la Puebla
Tamarón
Estepar
Albillos
Villariezo
Modúbar de la Cuesta
Cueva de Juarros
Salguero
Hinestrosa
Celada del Camino
Arroyo de Muño
Cayuela
Viñamiel de Muño
Arcos
Sarracín
Saldaña
Modúbar de la Emparedada
Modúbar de San Cebrián
Vallunquera
Villaldemiro
Quintanilla-Somuño
Sant Ustie
Mazuelo de Muño
Villanueva-Matamala
Olmosalbos
Revillarruz
Villaquirán de los Infantes
Torrepadierne
Arenillas de Muño
Pedrosa de Muño
Humienta
San Juan
Revilla del Campo
Los Balbases
Pampliega
Mazuela
Cojóbar
Villalbilla
Villazopeque
Palazuelos de M.
Olmillos de M.
Presencio
Villafuertes
Villangómez
Hontoria de la Cantera
San Quirce
Cubillo del Campo
Vallegara
Vizmalo
Barrio de Muño
Belbimbre
Villaverde-Mogina
Revenga
Villaverde del Monte
Valdorros
Torrelara
Revilla-Vallegera
Villodrigo
Ciadoncha
Nª Sª de Vascones
Montuenga
Madrigalejo del Monte
Madrigal del Monte
Cuevas de S. Clemente
Quintanilla de las Viñas
Santa María del Campo
Mahamud
Villahizán
Zael
Villamayor de los Montes
Valles de Palenzuela
Arlanzón
Arlanza
Urbel
Rudrón
Ubierna
Brullés
Odra
Hormazuela
Cogollos
Carabias
Vena
Pisuerga
N 611
N 627
N 623
N 629
N 232
N 120
N 620
N 234
N I
E 5
E 80
A I
BU 627
BU 601
BU 622
BU 640
BU 630
BU 631
BU 641
BU 404
BU 410
BU 401
BU 100
BU 102
BU 800
BU-V-4043
C 627
C 6318
S 614
S 611
S 612
S 620
S 621
BU 642
BU 574
BU 563
BU 562
BU 560
BU 542
1
2
A
B
C
D
9
20
41

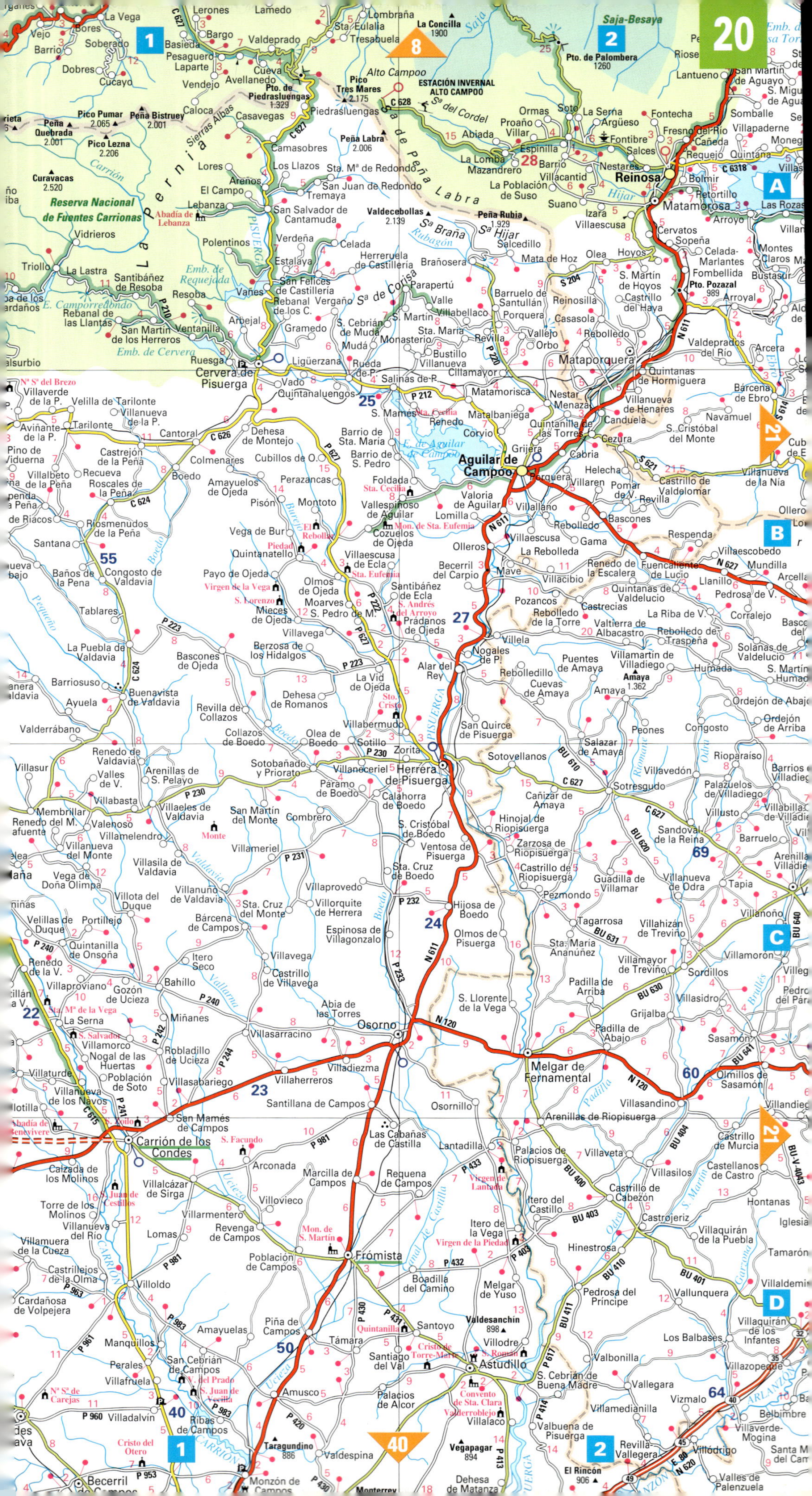
La Vega
Vejo
Bores
Barrio
Soberado
Dobres
Cucayo
Lerones
Bargo
Basieda
Pesaguero
Laparte
Vendejo
Lamedo
Valdeprado
Cueva
Avellanedo
Lombraña
Sta. Eulalia
Tresabuela
La Concilla
1900
Saja
Saja-Besaya
Pto. de Palombera
1260
Pto. de Piedrasluengas
1.329
Piedrasluengas
Pico Tres Mares
2.175
Alto Campoo
ESTACIÓN INVERNAL ALTO CAMPOO
Sª del Cordel
Pico Pumar
2.065
Peña Bistruey
2.001
Peña Quebrada
2.001
Pico Lezna
2.206
Curavacas
2.520
Carrión
Reserva Nacional de Fuentes Carrionas
Sierras Albas
La Pernía
Caloca
Casavegas
Camasobres
Lores
Los Llazos
Areños
El Campo
Lebanza
Abadía de Lebanza
Vidrieros
Triollo
La Lastra
Santibáñez de Resoba
Resoba
Emb. de Requejada
Polentinos
Vañes
E. Camporredondo
Rebanal de las Llantas
San Martín de los Herreros
Ventanilla
Arbejal
Emb. de Cervera
Ruesga
Cervera de Pisuerga
Peña Labra
2.006
Sª de Peña Labra
Sta. Mª de Redondo
San Juan de Redondo
Tremaya
San Salvador de Cantamuda
Verdeña
Estalaya
San Felices de Castillería
Rebanal de los C.
Vergaño
Gramedo
Celada
Herreruela de Castillería
Valdecebollas
2.139
Sª Braña
Rubagón
Sª de Corisa
Peña Rubia
1.929
Sª Hijar
Brañosera
Salcedillo
Parapertú
Valle
Villabellaco
S. Martín
Sta. María
S. Cebrián de Mudá
Mudá
Monasterio
Rueda de P.
Ligüerzana
Vado
Quintanaluengos
Salinas de P.
Revilla
Bustillo
Villanueva
Cillamayor
Matamorisca
Barruelo de Santullán
Porquera
Vallejo
Orbo
Mata de Hoz
Reinosilla
Casasola
Rebolledo
Mataporquera
Abiada
Proaño
Villar
Ormas
Soto
Espinilla
La Serna
Argüeso
Fontibre
Salces
Fontecha
Fresno del Río
Cañeda
Requejo
Quintana
La Lomba
Mazandrero
Barrio
Villacantid
Nestares
Reinosa
Bolmir
Retortillo
Hijar
La Población de Suso
Suano
Izara
Villaescusa
Matamorosa
Cervatos
Sopeña
Celada-Marlantes
Fombellida
Pto. Pozazal
989
Arroyal
Hoyos
Olea
S. Martín de Hoyos
Castrillo del Haya
Lantueno
San Martín de Aguayo
Somballe
Villapaderne
Emb. del Ebro
Las Rozas
Arroyo
Montes Claros
Bustasur
Valdeprados del Río
Arcera
Ebro
Quintanas de Hormiguera
Bárcena de Ebro
Navamuel
S. Cristóbal del Monte
Villanueva de Henares
Nestar
Menaza
Canduela
Cezura
Cabria
Quintanilla de las Torres
Grijera
Aguilar de Campoo
E. de Aguilar de Campoo
S. Mamés
Sta. Cecilia
Renedo
Matalbaniega
Corvio
Barrio de Sta. María
Barrio de S. Pedro
Foldada
Vallespinoso de Aguilar
Valoria de Aguilar
Lomilla
Mon. de Sta. Eufemia
Cozuelos de Ojeda
Villallano
Porquera
Villaren
Pomar de V.
Revilla
Helecha
Castrillo de Valdelomar
Villanueva de la Nía
Bascones
Rebolledo
Gama
Villaescusa
La Rebolleda
Olleros
Becerril del Carpio
Mave
Villacibio
Renedo de la Escalera
Fuencaliente de Lucio
Respenda
Villaescobedo
Mundilla
Arcellares
Llanillo
Pedrosa de V.
Quintanas de Valdelucio
Castrecias
Pozancos
Rebolledo de la Torre
Valtierra de Albacastro
La Riba de V.
Rebolledo de Traspeña
Corralejo
Solanas de Valdelucio
S. Martín Humada
Humada
Villela
Nogales de P.
Alar del Rey
Rebolledillo
Puentes de Amaya
Villamartín de Villadiego
Amaya
1.362
Cuevas de Amaya
Ordejón de Abajo
Ordejón de Arriba
Congosto
Peones
Salazar de Amaya
San Quirce de Pisuerga
Sotovellanos
Rioparaíso
Barrios de Villadiego
Palazuelos de Villadiego
Villavedón
Sotresgudo
Cañizar de Amaya
Odra
Villusto
Villabilla de Villadiego
Sandoval de la Reina
Barruelo
Hinojal de Riopisuerga
Zarzosa de Riopisuerga
Castrillo de Riopisuerga
Guadilla de Villamar
Villanueva de Odra
Tapia
Pezmondo
Tagarrosa
Villahizán de Treviño
Villanoño
Sta. María Ananúñez
Villamayor de Treviño
Villamorón
Sordillos
Padilla de Arriba
Grijalba
Villasidro
Sasamón
Padilla de Abajo
Melgar de Fernamental
Olmillos de Sasamón
Villasandino
Arenillas de Riopisuerga
Castrillo de Murcia
Villandiego
Palacios de Riopisuerga
Villaveta
Villasilos
Castellanos de Castro
Castrillo de Cabezón
Itero del Castillo
Castrojeriz
Hontanas
Villaquirán de la Puebla
Iglesias
Tamarón
Hinestrosa
Pedrosa del Príncipe
Vallunquera
Villaldemiro
Villaquirán de los Infantes
Los Balbases
Valbonilla
Villazopeque
Vallegara
Vizmalo
Belbimbre
Villamedianilla
Villaverde-Mogina
Villodrigo
Revilla-Vallegera
Santa María del Campo
Valles de Palenzuela
El Rincón
906
Arlanzón
Garganta
Villavieja
Dehesa de Montejo
Cubillos de O.
Colmenares
Cantoral
Tarilonte
Villanueva de la P.
Velilla de Tarilonte
Villaverde de la P.
Nª Sª del Brezo
Aviñante de la P.
Pino de Viduerna
Castrejón de la Peña
Recueva
Villalbeto de la Peña
Roscales de la Peña
Boedo
Amayuelos de Ojeda
Perazancas
Montoto
Pisón
Vega de Bur
El Rebollar
Piedad
Quintanatello
Riosmenudos de la Peña
Santana
Congosto de Valdavia
Baños de la Peña
Villaescusa de Ecla
Sta. Eufemia
Santibáñez de Ecla
S. Andrés del Arroyo
Olmos de Ojeda
Moarves
S. Pedro de M.
Prádanos de Ojeda
Payo de Ojeda
Virgen de la Vega
S. Lorenzo
Mieces de Ojeda
Villavega
Tablares
Pequeño
La Puebla de Valdavia
Bascones de Ojeda
Berzosa de los Hidalgos
La Vid de Ojeda
Barriosuso
Buenavista de Valdavia
Ayuela
Dehesa de Romanos
Revilla de Collazos
Sto. Cristo
Villabermudo
Valderrábano
Collazos de Boedo
Olea de Boedo
Sotillo
Zorita
Herrera de Pisuerga
Renedo de Valdavia
Arenillas de S. Pelayo
Valles de V.
Villabasta
Sotobañado y Priorato
Villaneceriel
Páramo de Boedo
Calahorra de Boedo
Villasur
Membrillar
Renedo del M.
Valenoso
Villamelendro
Villaeles de Valdavia
San Martín del Monte
Monte
Combrero
S. Cristóbal de Boedo
Ventosa de Pisuerga
Villanueva del Monte
Vega de Doña Olimpa
Villasila de Valdavia
Villameriel
Sta. Cruz de Boedo
Villota del Duque
Villanuño de Valdavia
Sta. Cruz del Monte
Villaprovedo
Villorquite de Herrera
Hijosa de Boedo
Velillas de Duque
Portillejo
Bárcena de Campos
Espinosa de Villagonzalo
Olmos de Pisuerga
Quintanilla de Onsoña
Renedo de la V.
Itero Seco
Villavega
Castrillo de Villavega
Villaproviano
Gozón de Ucieza
Bahillo
Vallarna
S. Llorente de la Vega
Sta. Mª de la Vega
La Serna
Miñanes
Abia de las Torres
Osorno
S. Salvador
Villamorco
Nogal de las Huertas
Población de Soto
Robladillo de Ucieza
Villasarracino
Villadiezma
Villaturde
Villasabariego
Villaherreros
Villanueva de los Nabos
Osornillo
Santillana de Campos
San Mamés de Campos
Abadía de Benevívere
Zoilo
Carrión de los Condes
S. Facundo
Las Cabañas de Castilla
Lantadilla
Calzada de los Molinos
Arconada
Marcilla de Campos
Requena de Campos
Virgen de Lantada
S. Juan de Cestillos
Villalcázar de Sirga
Villovieco
Torre de los Molinos
Villarmentero
Villanueva del Río
Lomas
Revenga de Campos
Mon. de S. Martín
Villamuera de la Cueza
Frómista
Itero de la Vega
Virgen de la Piedad
Población de Campos
Castrillejos de la Olma
Villoldo
Boadilla del Camino
Melgar de Yuso
Cardañosa de Volpejera
Piña de Campos
Amayuelas
Támara
Santoyo
Quintanilla
Valdesanchín
898
Villodre
Manquillos
San Cebrián de Campos
Santiago del Val
Cristo de Torre-Marte
S. Román
Astudillo
S. Cebrián de Buena Madre
Perales
Villafruela
V. del Prado
S. Juan de Vecilla
Nª Sª de Carejas
Amusco
Palacios de Alcor
Convento de Sta. Clara
Valderroblejo
Villalaco
Valbuena de Pisuerga
Villadalvín
Ribas de Campos
Cristo del Otero
Taragundino
886
Valdespina
Vegapagar
894
Dehesa de Matanza
Becerril de Campos
Monzón de Campos
Monterrey
Carrión
Ucieza
Valdavia
Boedo
Burejo
Pisuerga
Canal de Castilla
Riomance
Padilla
Brullés
Garganta
San Martín
A
B
C
D
1
2
8
21
40
22
23
24
25
27
28
50
55
60
64
69
C 627
C 628
C 626
C 624
C 615
P 210
P 212
P 220
P 222
P 223
P 227
P 230
P 231
P 232
P 233
P 240
P 241
P 242
P 244
P 403
P 405
P 411
P 413
P 414
P 420
P 430
P 431
P 432
P 433
P 617
P 953
P 960
P 961
P 963
P 981
P 983
N 611
N 627
N 120
N 620
E 80
C 6318
S 204
S 514
S 621
BU 400
BU 401
BU 403
BU 404
BU 410
BU 411
BU 610
BU 620
BU 630
BU 631
BU 640
BU 641
BU V-4043

19
91
1
2
7
Pto. de Tarna
1.490
Pto. del Pontón
1.280
Pto. de San Isidro
1.520
Urones de Moneo
Fuentes de Invierno
Nogales
Pto. de Vegarada
1.560
San Isidro
Lag. Ausente
Reserva Nacional de Mampodre
Pinar de Lillo
Sª de Mampodre
La Uña
Retuerto
Cuénabres
Casasuertes
Maraña
Polvoredo
Acebedo
Lario
Burón
Vegacerneja
Sª de Riaño
Reserva Nacional de Riaño
Portilla de la Reina
Isoba
Cofiñal
Liegos
Redipuertas
Cerulleda
Puebla de Lillo
Redipollos
Embalse de Riaño
Sª de la Cuerna
Camposolillo
Lois
Los Espejos de la Reina
Barniedo de la Reina
Villafrea de la Reina
Riaño
Boca de Huérgano
Valdelugueros
Tolibia de Arriba
Tolibia de Abajo
Rucayo
Emb. de Porma
Ornones
Pallide
Reyero
Salamón
Las Salas
Horcadas
Carande
Siero de la Reina
Valverde
A
Genicera
Valverde
Valdeteja
Primajas
Viego
Remolina
Pto. el Pando
Pto. de Monteviejo
1.433
Tejerina
Nocedo de Curueño
Oville
Valdecastillo
Corniero
Crémenes
Argovejo
Villayandré
Prioro
Besande
Alto de las Portillas
1.275
Otero de Guardo
Valdorria
Correcillas
Cerecedo
Valdepiélago
Otero de Curueño
Adrados
Boñar
35
Valdoré
Verdiago
Ferreras
Caminayo
Campohermoso
La Mata de la Riba
La Vega de Boñar
Llama de Colle
Aleje
Ocejo de la Peña
La Vecilla
Grandoso
Olleros
Sabero
La Mata de M.
Morgovejo
La Cándana de C.
Palazuelo de Boñar
San Adrián
Las Bodas
Sotillos de Sabero
Saelices de Sabero
Sta. Olaja de la Varga
E. Otero de Valdetuéjar
Peña Corada
1.823
Renedo de Valdetuéjar
La Sota de V.
Velilla del Río Carrión
E. de Velilla de Guardo
18
Vegaquemada
La Devesa
Barrillos
La Ercina
Yugueros
Cistierna
San Martín de V.
Valderrueda
Cristo de la Cinta
Sopeña de C.
El Corral de las Arrimadas
La Acisa de las Arrimadas
La Serna
Sorriba
Prado de la Guzpeña
Tarani
Soto de V.
La Espina
Guardo
Muñeca
Pardesivil
Pedrún de Torío
La Mata de Curueño
Palacio de Valdellorma
San Pedro Foncollada
Valmartino
Puente Almuhey
Cegoñal
Intorcisa
Lugán
Vidanes
El Valle de las Casas
La Llama
Sta. Colomba de Curueño
Gallegos de Curueño
Valporquero
Modino
Sta. Olaja de la Acción
Villamorisca
Mantinos
La Vega de Almanza
S. Pedro de Cansoles
San Bartolomé de Rueda
Pesquera
Cebanico
Cabrera de Almanza
B
Barrillos
Barrio de Nª. Sª.
Ambasaguas de Curueño
Santibáñez de Rueda
Villapadierna
La Riba
Villalba de Guardo
Sta. Mª. del Monte del Condado
Devesa de Curueño
Carbajal de Rueda
45
Palacios de Rueda
Mondreganes
63
Vegas del Condado
Vegas
1.061
Garfín
Quintanilla de Rueda
Espinosa de Almanza
Fresno de Río
Sotovenia del Monte
Villamayor del Condado
Villacidayo
Vegas de Monasterio
Represa del Condado
Valdealcón
Cubillas de Rueda
Almanza
Villafeliz
San Cipriano
San Vicente del Condado
Villanofar
S. Cipriano de Rueda
Pino del Río
Villalboñe
Sahechores
Llamas de R.
Solanilla
Valduvieco
Gradefes
58
Villacil
Castrillo de Porma
Cifuentes de Rueda
Herreros de Rueda
Castromudarra
Acera de la Vega
Navafría
Valdefresno
Sta. Olaja de P.
Casasola de R.
Villaverde de Arcayos
Renedo de Valderaduey
Villosilla de Vega
Paradilla de la Sobarriba
Santibáñez
Villarmún
Mellanzos
Quintana de Rueda
Villaverde la Chiquita
Valdavida
Arcachueja
Villaburbula
Villamondrín de la Rueda
Valdepolo
Quintana de Monte
Villamartín de Don Sancho
Velilla de Valderaduey
Castrillo de Valderaduey
Poza de la Vega
Villafañé
Palazuelo de Eslonza
San Miguel de Escalada
La Aldea del Puente
Villaselán
S. Andrés de la Regla
Vega de los Árboles
Mozos de Cea
Carvajal de Valderaduey
Villasabariego
Valle de Mansilla
Villalquite
Saelices del Payuelo
Castroañe
Villota del Páramo
Marne
Villiguer
Villacontilde
Villamizar
Sta. María del Río
Villazanzo de Valderaduey
Villadiego de Cea
Villapún
Mansilla Mayor
Villafalé
Villomar
Sta. Mª. del Monte de Cea
Villavelasco de Valderaduey
San Martín del Otero
Villaverde
Mansilla de las Mulas
Villacintor
Villacalabuey
Saelices del Río
Santervás de la Vega
Villacelama
Reliegos
Valdearcos
Valdesaneros
Bustillo de Cea
Villarrobejo
Villanueva de las Manzanas
Villamuñío
Banecidos
San Pedro de Valderaduey
Villarrodrigo de la Vega
C
Luengos
Valdearcos
Villamarco
Castellanos
Cea
Malillos
Santas Martas
El Burgo Ranero
Calzadilla de los Hermanillos
Villamol
Sotillo de Cea
Joara
Villambrán de Cea
San Martín del Valle
Rebollar de los Oteros
Grajalejo de las Matas
Villalmá
S. Martín de la Cueza
Villanbroz
Corbillos de los Oteros
39
Villapecenil
Codornillos
Lagartos
San Llorente del Páramo
Villamoratiel de las Matas
Gusendos de los Oteros
Bercianos del Real Camino
Calzada del Coto
Villalebrín
Terradillos de los Templarios
Villa de los Oteros
Fontanil
Santa Cristina de Valmadrigal
Matallana
Vallecillo
Sahagún
La Peregrina
S. Nicolás de Real Camino
Moratinos
Ledigos
40
S. Pedro
Pobladura
Pajares de los Oteros
Castrotierra de Valmadrigal
Gordaliza del Pino
S. Pedro de las Dueñas
Población de Arroyo
Calzadilla de la Cueza
Matadeón de los Oteros
Villeza
Escobar de Campos
Valdesaz de los Oteros
Castrovega de Valmadrigal
Valdespino de Vaca
Grajal de Campos
Villemar
Arroyo
Quintanilla de los Oteros
Valverde Enrique
San Miguel de Montañán
Galleguillos de Campos
Villelga
49
Villalcón
Jarilla de las Matas
Melgar de Arriba
Villacreces
Pozuelos del Rey
San Román de la Cuba
Valdespino Cerón
Dehesa de S. Llorente (VA)
Fáfilas
Zalamillas
Albires
Zorita de la Loma
Villada
Pozo de Urama
Abastillas
Villabraz
Matanza de los Oteros
43
Monasterio de Vega
Melgar de Abajo
Abastas
Valdemorilla
35
D
Castilfalé
Izagre
Santervás de Campos
Santa Cruz
Villacidaler
Añoza
Saelices de Mayorga
Vega de Ruiponce
Cisneros
Valdemora
Virgen del Emparedado
Villalba de la Loma
Villacarralón
Boadilla de Rioseco
Cristo de Arenillas
Fuentes de Carbajal
Cabezón de Valderaduey
Virgen del Carmen
La Caseta
807
Mayorga
Villagómez la Nueva
Fontihoyuelo
Mazuecos de Valdeginate
S. Miguel
Gordaliza de la Loma
Villanueva de la Condesa
Guaza de Campos
Gordoncillo
Castrobol
Virgen de Fuentes
Hermanos de Campos
2
Castroponce
39
Bustillo de Chaves
Frechilla
Urones de Castroponce
Becilla de Valderaduey
Villalón de Campos
N 621
N 625
N 601
N 120
C 611
C 615
C 626
LE 331
C 635
LE 313
LE 232
LE 241
LE 231
LE 213
LE 251
LE 521
LE 522
LE 542
LE 941
LE 942
LE 321
VA 934
VA 941
VA 940
VA 933
VA 930
VA 932
VA 542
VA 530
VA 522
VA 523
P 931
P 934
P 971
P 972
P 973
P 962
P 924
P 923
P 951
C 613
C 621
C 624

Amurrio
Orduña
Peña Orduña 900
Sª Salvada
Macizo de Gorbea
Gorbea 1475
Emb. de Gorbea
Zubiaur
Orozko
Llodio
Arceo
Irús
Medianas
Montiano
Villanueva
Lezana de Mena
Montes La Peña
Relloso
San Miguel de Relloso
Sª de Carbonilla
Pto. de Angulo 700
Angulo
Aro 1178
Villasana de Mena
Quincoces de Yuso
Castrobarto
Castresana
Villabasil
Villaventín
Lastras de la Torre
Paresotas
Návagos
Momediano
Robredo de Losa
Gobantes
Perex
Villaluenga
S. Llorente
Villacián
Río de Losa
San Martín de Losa
Fresno de Losa
Mambliga
Valluerca
Acebedo
Hollaza
Berberana
Murita
Mijala
Villalba de Losa
Pto. de Orduña 900
Tertanga
Artómaña
Délica
Unzá
Gújuli
Oyardo
Izarra
Abecia
Andagoya
Belunza
Amezaga
Guillerna
Luquiano
Anda
Aperregui
Sª de Arrato
Murguia
Zárate
Manurga
Ondátegui
Olano
Jugo
Domaiquia
Apodaca
Letona
Mendarozqui
Legarda
Mandojana
Huerto Arriba
Huerto Abajo
Sendadiano
San Antonio
Luna
Arriano
Echevarri
Ullibarri
Jócano
Sta. Eulalia
Sª de Arkamo
Osma
Astúlez
Fresneda
Cárcamo
Guinea
Barrón
Artaza
Ormijana
Atiega
Escota
Salinas de Añana
Basquiñuelas
Arbigano
Morillas
Subijana
Zuazo de Cuartango
Apricano
Sª de Badaia
Villodas
Trespuentes
Mártioda
Mendoza
Margarita
Lermand
Ariñez
Nanclares de la Oca
Gomecha
Zumelzu
Berrostegui
Subijana de Alava
Montevite
Ollavarre
Anúcita
Villaluenga
Lasierra
Hereña
Tuyo
Villanueva de la Oca
Zurbitu
Argazón
La Puebla de Arganzón
Ocilla
Golernio
S. Esteban de Treviño
Añastro
Treviño
Estavillo
Cucho
Muergas
Lacervilla
Ayuda
Armentia
Dordóniz
Villanueva Tobera
S. Martín de Zar
Tobera
Portilla
S. de Portilla
Payueta
Inglares
Berganzo
Ocio
Sta. Cruz del Fierro
Salinillas de Buradón
Toloño 1264
Sª de Toloño
San Felices
Briñas
San Ginés
Labastida
Rivas de Tereso
Peciña
Abalos
San Vicente de la Sonsierra
Haro
Gimileo
Ollauri
Briones
Cuzcurrita
Zarratón
Rodezno
Los Mártires
San Asensio
Cidamón
Buen Suceso
S. Torcuato
Bañares
Hervías
Santo Domingo de la Calzada
Hormilleja
Hornilla
Azofra
Nájera
Tricio
Alesanco
Cirueña
Ciriñuela
Torrecilla sobre Alesanco
Cordovín
Cárdenas
Arenzana de Abajo
Badarán
Meave
Baños de Río Tobía
Ledesma
Bobadilla
Villarejo
Villar de Torre
Berceo
Estollo
Monast. de Suso
S. Millán de la Cogolla
Villaverde de Rioja
Matute
Lugar del Río
Tobia
Pedroso
S. Quiles 1342
Anguiano
La Magdalena
Sª de las Peñas del Oro
Sierra de Pradilla
Monasterio de Valvanera
Sª de San Lorenzo
Venta de Viniegra
Tabladas
Brieva de Cameros
Ventrosa
Viniegra de Abajo
Sierra de Camero Nuevo
El Rasillo
Ortigosa
Peñaloso
Cuervo 1882
Mansilla
Emb. de Mansilla
Canales de la Sierra
Villavelayo
Huerta de Arriba
San Juan
Monterrubio de Demanda
Barbadillo de Herreros
Barbadillo del Pez
Vallejimeno
Riocavado de la Sierra
El Manquillo 1415
Sierra de Mencilla
Pineda de la Sierra
Valle del Sol
Tañabueyes
Tinieblas
Iglesiapinta
San Millán de Lara
Jaramillo
Sierra de San Millán
San Millán 2132
Reserva Nacional de la Sierra de la Demanda
SIERRA DE LA DEMANDA
Coto Nacional de Ezcaray
Ermita de la Soledad
Casa de la Sierra
Umbría
Gatón
Posadas
S. Lorenzo 2271
EST. INV. VALDEZCARAY
Valdezcaray
Chilizarrias 1825
Ayabarrena
Azarrulla
S. Antón
Zaldierna
Urdanta
Ezcaray
Valgañón
Zorraquín
Pradoluengo
Fresneda de la Sierra Tirón
Sta. Cruz del Valle Urbión
Valmala
Alarcia
Villamudria
Garganchón
Rábanos
Sta. Olalla del Valle
San Vicente del Valle
Villagalijo
Espinosa del M.
Eterna
Emb. de Urquiza
Emb. de Arlazón
Haedillo
Alba
Pto. de La Pedraja 1130
Villafranca Montes de Oca
Puras de Villafranca
San Félix
Nª Sª de Oca
Villambistia
Espinosa del Camino
Tosantos
Belorado
S. Miguel de Pedroso
S. Cristóbal del Monte
S. Clemente del Valle
Fresneña
Viloria de Rioja
Bascuñana
Villamayor del Río
Castildelgado
Redecilla del Camino
Ibrillos
Quintanar de Rioja
Montes de Ayago
Montes de Yuso
Santurde
Santurdejo
S. Asensio de los Cantos
Ojacastro
Uyarra
Amunartia
Pazuengos
Gallinero de Rioja
Manzanares de Rioja
Cañas
Canillas
Villarta Quintana
Morales
Corporales
Grañón
Villalobar de Rioja
La Abeja
Nª Sra. de la Peregrina
Herramélluri
Velasco
Leiva
Tormantos
Redecilla del Campo
Cerezo de Riotirón
Quintanaloranco
Loranquillo
Fresno de Riotirón
Castil de Carrias
Carrias
Bañuelos de Bureba
Prádanos de Bureba
Briviesca
Salinillas de Bureba
Revillalcón
Quintanillabón
Aguilar de B.
Cameno
Grisaleña
Zuñeda
Quintanilla San García
Vallarta de Bureba
Valluércanes
Villarta
Siete Mojones 798
Penilla 789
San Millán de Yécora
Treviana
Ochánduri
Cuzcurrita-Río Tirón
Baños de Rioja
Castañares de Rioja
Tirgo
Cihuri
Casalarreina
Fonzaleche
Sajazarra
Anguciana
Junquera
Villaseca
Foncea
Cellorigo
Fonseca 981
Galbárruli
Castilseco
Villalba de Rioja
Ternero
Herrera
Sta. Cruz del Fierro
Irción
Bugedo
S. Miguel
Valverde de Bardauri
Bayas
Zambrana
Miranda de Ebro
Orón
Moriana
Encío
Ameyugo
Pancorbo
Desfiladero
Altable
Villanueva de Teba
Sta. María-Ribarredonda
Silanes
Miraveche
Cubo de B.
Calzada de B.
Berzosa de B.
La Vid de B.
Fuentebureba
Busto de B.
Quintanaélez
Navas de Bureba
Cascajares de B.
Solduengo
Barrio de Díaz Ruiz
Las Vegas
Vileña
Terrazos
Zangandez
La Molina del Portillo del Busto
La Aldea del Portillo del Busto
Sierra de Oña
La Parte de Bureba
Montes Obarenes
Barcina de los Montes
Penches
Villanueva de los Montes
Ranera
Tobera
Valderrama
Sª de Pancorbo
Cubilla
Frías
Quintanaseca
Quintana-María
Montejo de Cebas
Barcina del Barco
S. Martín de Don
Sobrón
Emb. de Sobrón
Orbañanos
Tobalinilla
Puentelarrá
Soportilla
Fontecha
Bozoo
Santa Gadea del Cid
Ayuelas
Montañana
Suzana
Leciñana del Camino
Guinicio
Caicedo Yuso
Molinilla
Turiso
Villabezana
Salcedo
Comunión
Rivavellosa
Armiñón
Quintanilla
Igay
Manzanos
Leciñana de la Oca
S. Miguel
Caicedo Sopeña
Pobes
Arreo
Viloria
Villambrosa
Alcedo
Bergüenda
Bachicabo
Tuesta
Espejo
Villamaderne
Barrio
Nograro
Quejo
Villanañe
Villanueva de Valdegovía
Gurendes
Carranca
S. Millán
Valpuesta
Basabe
Corro
Mioma
Bóveda
Tobillas
Lahoz
Sª Peñagobia
Quintanilla
Arroyo de San Zadornil
San Zadornil
Villafría de San Zadornil
Lalastra
Vallegrull 1230
Ribera
Las Viadas
Herrán
Rufrancos
La Prada
Pedrosa de T.
Villamardones
Montecabezas
Quintana-Entrepeñas
Lechedo
Hierro
Valujera
Villavedeo
La Orden
Extramiana
La Revilla de Herrán
Leciñana de Tobalina
Bascuñuelos
Promediano
Villaescusa de Tobalina
Plágaro
Gabanes
Quintana-Martín Galíndez
Mijaraluenga
Santocildes
Lomana
Renedo
Santotís
Arroyuela
Virues
Palazuelos
Castriciones
Bóveda de la Ribera
Criales
S. Pantaleón de Losa
Nª Sª de Sociruelos
Villate
Barriga
Teza
Lastras de Teza
Villota
Calzada
Oteo
Anzó
Cuesta
Villalacre
Salmantón
Madaria
Aguinaga
Ledoño de Arriba
Belandia
Saracho
Mendeica
Lezama
Olabazar
Murga
Respaldiza
Quejana
Menoyo
Maroño
Oceca
Erbi
Sojo
Menegaray
Sojoguti
Llantano
Luyando
Concepción
Larrimbe
Larrelor
Bideko
Olameni
Uzquiano
Inoso
Ziorraga
Barambio
Berganza
Arbaiza
Onzono
Ibarra
Urigoiti
Gallartu
S. Martín
Supelegor
Ceanuri
Alzusta
Undurraga
Ipiñaburu
Pto. de Barazar 604
Ubidea
Echagüe
Murua
Marquina
Sarria
Altube
Vitoriano
N. Sra. del Oro
Zaitegui
Artaza
Guereña
Otazu
Esquibel
Crispijana
Cebolleros
Prádanos
Alcocero de Mola
Cueva-Cardiel
Villamóndar
Villalbos
Villanasur-Río de Oca
Villalómez
Cerratón de Juarros
Turrientes
Monzoncillo de Oca
Monumento al General Mola
Castil de Peones

Peña de Alba 1076
Aldudes
Argaray 1226
Azoleta
Luzaide-Valcarlos
Gaindola
12
Source de la Nive
Chapelle St-Sauveur
Iraty
Sayoa 1428
Ocoro 1259
Urkulu 1423
Coto Nacional de Kintoa
Olaberri
Pto. de Ibañeta 1057
Ortzanzurieta 1565
Fábrica de Orbaitzeta
Larrau
Orreaga-Roncesvalles
Sorogáin-Lastur
N.S. de las Nieves
Irati
Ori 2017
Pto. de Larrau 1573
Embalse de Eugi
Eugi
Zilbeti
Aurizberri-Espinal
Auritz-Burguete
Valle de Aezkoa
Bizkarreta-Gerendiáin
Lintzoain
Mezkiritz
Orbaitzeta
Bosque de Irati
E. de Irabia
Iragi
Urtasun
Pto. de Erro 801
Erro
Ureta
Orbara
Aria
Hiriberri-Villanueva de Aézkoa
Abodi
Usetxi
Leranotz
Saigós
Esnotz
Lusarreta
Sierra de Oss
Garralda
Aribe
59
Ntra. Sra. de Muskilda
Izalzu
Pto. de Lazar 1120
Etsain
Inbuluzketa
Zubiri
Ozondritz
Villanueva Arrieta
Garaioa
Abaurrepea-Abaurrea Baja
Ochagavía
Osterriz
Aintzioa
Imízcoz
Olaldea
Pto. de Abaurrea 1012
Sª de Ustarroz
Sarasibar
Saragüeta
Abaurregaina Abaurrea Alta
Valle de Salazar
Uztárroz
Irure
Errea
Ardaiz
Urdíroz
Gorráiz
Oroz-Betelu
Ezcároz
Espoz
Uriz
Lacabe
Azparren
Jaurrieta
Santa Agueda
Santa Cruz
Ilúrdotz
Zaldaiz
Urricelqui
Zandueta
Artozqui
Oronz
Isaba
Egultabi
Zunzarren
Artze
Nagore
Muniain
Equiza
Esparza
Sª de Atuzcarraz
Valle del Roncal
Sª de Arrigorri
Sagaseta
Iloz
Usoz
Areta
Ibilcieta
Sarriés
Ntra. Sra. de Arguiloain
Urzainqui
Elcano
Echálaz
Leyún
Zalba
Sª de Zariquieta
Aritsu
Huarte
Eransus
Laboa
Orbaiz
Itoiz
Ezcay
Jacoisti
Ayechu
Igal
Sª de San Miguel
Egüés
Mendióroz
Oscáriz
Ripalda
Güesa
Vidángoz
Roncal
Sarriguren
Azpa
Ustárroz
Beortegui
Olaberri
Izal
Navarzate
Ardanaz
Lizoáin
Górriz
Ongoz
Garde
Yelz
50
Erdozain
Adoáin
Aranguren
Lerruz
Urroz
Villanueva
Aoiz
Ecániz
Gallués
Iciz
Laquidáin
Ecay
Javerri
Eparoz
Guindano
Uscarrés
Ilundáin
Idoate
Larequi
Racas-Alto
35
Góngora
Lizárraga
Liberri
Meoz
Irurozqui
Lizárraga
Labiano
Artáiz
Zuza
Aós
Villanueva de Lónguida
Ozcoidi
Zabalza
Pto. de las Coronas 951
Unciti
Ardanaz
Murillo de Lónguida
Artajo
Imirizaldu
Elorz
Cemborain
Beroiz
S. Estéban de Ugarra
Aspurz
Navascués
Zuazu
Iriso
Turrillas
Nardués-Andurra
Ariel
Napal
Burgui
Zabalegui
Zabalceta
Najurieta
Otano
Artieda
Grez
Berroya
Alto de Iso 670
Ezperun
Yárnoz
Monreal
Alzórriz
Urbicáin
Muguetajarra
Induráin
Murillo
Ripodas
Orradre
Iso
Sª de Illón
Monte de La Peña 1.294
Higa 1295
Sal. de Ibargoiti
Idocin
Apardués
S. Vicente
Arboniés
Domeño
Bigüézal
Salvatierra de Escá
Sierra de Alaitz
Zabalza
Lacáun
Gerguitáin
Celigueta
Tabar
Adanza
Usún
Foz de Arbayún
Castillo-Nuevo
Lorbes
36
Sª de Tabar
Aldunate
Sierra de Leyre
Sª de Orba
E. de Mairaga
Abínzano
Izco
Pto. de Loiti 724
Nardués
Lumbier
Arangoiti 1356
Sigüés
Bariáin
Iriberri
Leoz
Sª de Izco
Foz de Lumbier
Monasterio de Leyre
Tiermas
Escó
57
Asó-Veral
Iracheta
Sambaiza
Liédena
Yesa
Miramont
Amunarrizqueta
Uzquita
Artariáin
San Pelayo
Leache
E. de Yesa
Emb. de Yesa
Ruesta
Artieda
Mianos
Orisoain
Amatriáin
Moriones
Sada
Aibar
22
Javier
Olleta
Ayesa
Sangüesa
Undués de Lerda
Maquirriáin
Lerga
Eslava
Pto. de Cuatro Caminos 84
Undués-Pintano
Eagüés
de Guerinda
43
Gabardera
Pintano
Pto. de Lerga 732
Gallipienzo Nuevo
San Martín de Unx
Gallipienzo
Cáseda
Urriés
Navardún
Valle de Onsella
Gordués
Sª de San Pedro
Torre de Peña
Isuerre
Lorigás
Ujué
Sos del Rey Católico
Gordún
Sierra de Peña
Lobera de Onsella
Redondiaga
Aragón
Peña de Aragón
Virgen de Serún
Santo Domingo 1.57
Bco. Pozo Pastor
Mamillas
Pto. de Sos 856
Santo Domingo
La Blanca
Barués
San Isidro del Pinar
Vigas 701
Novellacos
Laguna de Pitillas
Sofuentes
Castillo de Barués
Arba de Luesia
Sª de Luesia
Murillo el Fruto
Biel
Santacara
Carcastillo
Castiliscar
Luesia
Mélida
Monasterio de la Oliva
Figarol
Uncastillo
Fuencalderas
76
Rada
Emb. de Valdelafuén
Riguel
Malpica
Arba de Biel
Alera
Bárdenas Reales
Layana
Los Bañares
Asín
Orés
Embalse del Ferial
Sádaba
El Frago
Monasterio de Cambrón
Mausoleo de la Sinagoga
Biota
Castillo de Doña Blanca de Navarra
Bárdenas Blancas
Sª de Luna
Emb. de S. Bartolomé
Cubillar
Castillo de Villaverde
Farasdués
Monasterio de Ntra. Sra. del Yugo
Bco. Grande
Emb. de Bolaso
Pinsoro
El Bayo
Arguedas
Rivas
Luna
Bárdena del Caudillo
Bárdenas Negras
Ntra. Sra. de Monlora
Sta. Anastasia
Ejea de los Caballeros
Valareña
45
Portillo de Sta. Margarita
Erla
NA 172
NA 138
NA 135
NA 2520
NA 2330
NA 140
NA 2030
NA 172
NA 2040
NA 178
NA 2130
NA 137
NA 213
NA 231
NA 150
NA 2100
NA 2103
NA 2112
NA 2340
NA 2400
N 240
NA 178
NA 2200
A 137
NA 127
NA 540
NA 5410
NA 5110
NA 534
NA 132
NA 5310
NA 5300
A 127
A 1601
A 1602
Z V 5701
A 2601
A 2603
NA 5330
NA 124
NA 5500
Z V 5512
Z V 5511
A 1202
A 1204
A 1201
A 1103
A 125
NA 134
24
A
B
C
D
1
2

24
PAMPLONA
Burlada
Villava
Ansoáin
Berriozar
Barañáin
Cizur Mayor
Huarte
Noáin
Estella
Puente la Reina
Tafalla
Olite
Caparroso
Marcilla
Peralta
San Adrián
Calahorra
Alfaro
Castejón
Corella
Valtierra
Arguedas
Cadreita
Villafranca
Milagro
Funes
Falces
Lerín
Lodosa
Sesma
Allo
Arnedo
Autol
Quel
Pradejón
Rincón de Soto
Aldeanueva de Ebro
Andosilla
Cárcar
Sartaguda
Larraga
Artajona
Mendigorría
Miranda de Arga
Carcastillo
Santacara
Pitillas
Ujué
Leitza
Lekunberri
Irurtzun
Sierra de Aralar
Sierra de Andía
Urbasa
Sierra del Perdón
Sierra de Alaitz
Valle de Ulzama
Valle de Anue
Bárdenas Reales
Bárdenas Negras
Sierra de Yerga
Embalse de Eugi
Embalse del Ferial
Laguna de Pitillas
A 15
A 68 E 804
N 121
N 111
N 240
N 232
N 135
Pto. del Perdón 679
Pto. de Lizarrusti 615
Pto. de Lizarraga 1031
Pto. de Belate 847
Pto. de Erro 801
Pto. de Lerga 732
Montejurra 1045
Yerga 1101
Higa 1295
Vigas 701
Monasterio de Irache
Monasterio de la Oliva
Castillo de Doña Blanca de Navarra
Ntra. Sra. de Eunate
Santuario de S. Miguel
Monasterio de Iranzu
Monasterio de S. José
11
25
44
A
B
C
D
1
2

VITORIA-GASTEIZ
LOGROÑO
Haro
Nájera
Arrasate
Oñati
Legazpia
Urretxu
Zumárraga
Beasain
Ormaiztegi
Idiazábal
Segura
Eskoriatza
Otxandio
Salvatierra
Araya
Albéniz
Llarduya
Nanclares de la Oca
Armiñón
Miranda de Ebro
Treviño
Peñacerrada
Labastida
Briñas
San Vicente de la Sonsierra
Samaniego
Laguardia
Elciego
Lapuebla de Labarca
Cenicero
Fuenmayor
Navarrete
Oion
Viana
Lardero
Villamediana de Iregua
Albelda de Iregua
Ribafrecha
Murillo de Río Leza
Agoncillo
Arrúbal
Entrena
Sojuela
Nalda
Islallana
Viguera
Torrecilla en Cameros
Nestares
Ortigosa
Villanueva de Cameros
Pradillo
El Rasillo
Anguiano
Matute
Tobía
Bobadilla
Badarán
Cárdenas
Azofra
Hormilla
Uruñuela
Huércanos
Sotés
Ventosa
Torremontalvo
Briones
San Asensio
Santo Domingo
Ezcaray
Cirueña
Alesanco
Berceo
Estollo
S. Millán de la Cogolla
Ventrosa
Viniegra de Abajo
Brieva de Cameros
Sierra de Cantabria
Montes de Vitoria
Montes de Iturrieta
Montes Izkiz
Sierra de Aizkorri
Sierra de Urkilla
Sierra de Elgea
Macizo de Gorbea
Sierra de Moncalvillo
Sierra de Camero Nuevo
Sierra de la Hez
Sierra de Toloño
Sierra de Codés
Gorbea 1475
Aizkorri 1544
Capildui 1180
Moncalvillo 1495
Peña del León 1382
Toloño 1264
Herrera 1110
Pto. de Vitoria 720
Pto. de Azáceta 890
Pto. de Opakua 1025
Pto. de Urkiola 700
Pto. de Barazar 604
Pto. de Arlabán 616
Pto. Salinas 592
Codés 1417
Muelago 1469
S. Quiles 1342
N 1
N 111
N 120
N 232
N 240
N 622
E 804
A 68
A 1
Emb. de Urrunaga
E. de Ullibarri
Emb. de González Lacasa
E. de Salobre
Ebro
Najerilla
Iregua
Leza
Inglares
Zadorra
Bayas
Ega
Monasterio de Valvanera
Santo Espíritu
Cumbres de Serradero
Sierra del Hayedo de Santiago
A
B
C
D
1
2
10
22
43
44

26
1
2
A
B
C
D
27
46
Arette
Sarrance
N 134
55
Bedous
Accous
Piedra de San Martín 1750
de Anilarra
Etsaut
Urdos
Izeste
Louvie-Juzon
29
Bielle
Laruns
les Eaux-Bonnes
les Eaux-Chaudes
Gabas
D 918
Arbéos
Ferrières
Argelès-Gazost
Agos-Vidal
N 21
48
Aurcun
Arrens-Marsous
D 920
Cauterets
Pont-d'Espagne
Parc National des Pyrénnes
Balaitús 3.146
Aguas Limpias
Emb. de Respumoso
Emb. Bachimaña
Picos del Infierno 3.076
Emb. Bramatuero
Macizo de Vignemale
Baños de Panticosa
Emb. La Sarra
Pto. del Portalet 1.794
El Formigal
Formigal
Sallent de Gállego
Emb. de Lanuza
Lanuza
A 136
32
Escarilla
A 2606
Caldarés
I. de Brazato
Emb. de Escarra
Sandiniés
Panticosa
Tramacastilla de Tena
El Pueyo de Jaca
Emb. de Tramacastilla
Saqués
Emb. de Búbal
Reserva Nacional de Viñamala
Piedrafita de Jaca
Búbal
Hoz de Jaca
Sierra Tendeñera
Polituara
Valle de Tena
GÁLLEGO
Mon. de Sta. Elena
Biescas
Gavín
23
N 260
Pto. de Cotefablo 1.423
Linás de Broto
Viu
Fragén
Torla
A 135
Oto
Yésero
Orós Alto
Espierre
Barbenuta
Orós Bajo
Otal
El Serrablo
Sarvisé
Oliván
Susín
Casbas de Jaca
Ayerbe de Broto
Lárrede
Escartín
Basarán
Cortilla
Cilla
Bergua
Asín de Broto
Isún de Basa
Sta. Orosia
Valle de Basa
Sa de Cancias
Berroy
Lardiés
Borrastre
Fiscal
S. Just
Sobás
Fanlillo
Yebra de Basa
S. Julián de Basa
Orús
Espín
Cancías 1.929
Sa de Portiello
Sandiás
Ceresola
Fenillosa
Sa del
Zuriza
Ibón de Lacherito
Sa de los Cuellos de Lenito
HU 2131
Sa de Bernera
Reserva Nacional de los Valles Visaurín
Visarín 2.668
Ibón de Estanés
Candanchú
Pto. de Somport 1.640
Astún
Ibón de Tortiellas
Coto Nacional del Anayet
Sa del Vedao
Siresa
Hecho
Sa de Maito
Sa de Aísa
Osia
Arañones
Canfranc-Estación
I. de Samán
N 330 E7
Canfranc
Emb. de Ip
Urdués
Valle de Hecho
Aragüés del Puerto
Sa de los Dos Ríos
Sierra de Luesia
Estarrón
S. Adrián de Sasabe
Jasa
HU 211
HU 212
Aísa
Villanúa
34
Coto Nacional de la Garcipollera
Sa de Limes
Lucía
A 1602
Aragón Subordán
A 176
Esposa
Aratorés
Sinués
Borau
Cenarbe
Iguacel
Aurín
Aso de Sobremonte
Betés
Acín
Acumuer
Asún
Yosa de Sobremonte
Biniés
Embún
A 2605
Araguas del Solano
Castiello de Jaca
Bescós de Garcipollera
Villanovilla
Asqués
Sa de Baraguas
Isín
Escuer
Canías
Ipás
Badaguás
Arguisal
Engracia de Jaca
Somanes
Novés
Guasillo
Asieso
Lerés
Javierregay
Banaguás
Baraguás
Borres
Larrés
Sorripas
Sta. Cilia de Jaca
Ascara
Abay
Guasa
Espuéndolas
12
25
Jaca
N 330 E7
Pardinilla
N 260
Reina
N 240
Canal de Berdún
Baros
Martillué
Senegués
A 132
Binacua
Navasa
Cartirana
Aurín
Latas
Sta. Cruz de la Serós
Atarés
Sabiñánigo
Alastúey
Pto. de Oroel 1.080
Oroel 1.770
Virgen de la Cueva
Sardás
Osán
San Juan de la Peña
A 1603
Ara
Abena
Allué
Arbués
Sa de San Juan de la Peña
Botaya
A 1205
Emb. de Jabarrella
Peternoy
Bernués
Artaso
Arto
Ena
Osia
Moro
Orna de Gállego
Ipiés
Hospital de Ipiés
Sa de Santa Isabel
Centenero
Sieso de Jaca
Latras
Lasieso
Castillo de Lerés
Villobas
Cañargo
Arruaba
Gillué
Lanavé
Salinas de Jaca
Sta. María de la Peña
44
Anzánigo
Triste
GÁLLEGO
Javierrelatre
Caldearenas
Layés
Emb. de Javierrelatre
Ordovés
Molino de Villobas
A 1604
Guarga
Solanilla
Aineto
Secorún
S. Felices
Emb. de la Peña
Yeste
Omiste
Rasal
La Trinidad
Aquilué
S. Vicente
Serué
Matriz
S. Esteban de Guarga
Lasaosa
Sa de Aineto
Azpe
Binueste
Agüero
Murillo de Gállego
Mallos Riglos
Sta. Marina
Pusilibro 1.597
Sa de Javierre
Bentué de Rasal
Pto. de Monrepós 1.262
N 330 E7
Sa de Belarre
Bentué de Nocito
Abellada
Cast. de Loarre
Sa de Loarre
Garona
54
Linas de Marcuello
Sta. Engracia
V. de la Peña
Lúsera
Nocito
Used
Bara
Loarre
Sarsamarcuello
Arguis
Concilio
A 1202
Aniés
Sierra Caballera
Emb. de Arguis
Sa de Gratal
Belsué
Emb. de Sta. Mª de Belsué
Sierra de Guara
Guara 2.078
A 132
A 1206
Emb. de Cifuens
Sa de la Gabardiella
Guatizalema
Sta. Eulalia de Gállego
Ayerbe
Emb. de la Nava
Sotón
Bolea
Nueno
Flumen
Emb. de Vadiello
S. Cosme y S. Damián
Emb. de Calcón
Sierra de Estronad
Loscorrales
A 125
Quinzano
A 1206
Puibolea
Arascués
Sabayés
Vadiello
Santa Gilia
Erés
Losanglis
Venta
Lierta
Piedramorrera
Nisano
Lienas
S. Julián de Banzo
Sta. Eulalia la Mayor
La Almunia del Romeral
Bastarás
Biscarrués
Plasencia del Monte
Esquedas
Igriés
Apiés
Barluenga
Ardisa
Emb. de Ardisa
Riel
A 132
28
Sasa de Abadiado
Castilsabás
Cosculláno
Aguas
A 1227
Panzano
A 1228
Yaso
Labata
Sierra de los Blancos
A 1207
Banastás
Yéqueda
N 330 E7
Fornillos de Apiés
Ayera
Loscertales
Sipán
HU V 5211
La Mezquita
Lupiñén
Chimillas
Arbaniés
Ibieca
Sieso de Huesca
Casas de Espes
Puendeluna
Ortilla
Alerre
Loporzano
Mon. de Mte. Aragón
Bandaliés
Castejón de Arbaniés
Montmesa
Huerrios
Quicena
Liesa
Junzano
Hoya de Huesca
Banariés
Tierz
Siétamo
HU V 5011
HU 521
Cuarte
HUESCA
N 240
Velillas
Angüés
Tormos
Orús
N 330 E7
Pompenillo
Bellestar del Flúmen
Ola
Torres de Montes
Pilas
A 121

1
2
A
B
C
D
28
26
19
16
44
50
78
32
53
43
49
57
Coumont
St-Lizier
St-Girons
Clermont
Lescure
Rimont
D117
la Bastide-de-Sérou
Cadarce
St-Jean-de-Verges
Foix
Roque les-Case
Eycheil
Lacourt
Massif de l'Arize
Mongaillard
Celles
St-Paul-de-Jarrat
Mercus-Garrabet
Montagne
les Bordes-sur-Lez
Soueix
Vic
Masat
le Port
Saurat
Surba
Tarascon-sur-Ariège
Ercé
Grotte de Niaux
Bouan
Capoulet
les Cabannes
Ustou
Aulus-les-Bains
Couflens
Vicdessos
Pic de Clavera 2.677
Noguera Pallaresa
Mont-roig 2.840
Pic de Colatx 2.568
L. de Certascan
F R A N
Etang de Gnioure
Etang d'Izourt
Pica d'Estats 3.143
E. de Soulcem
Etang de Soulcem
Alòs de Gil
Vall de Cardós
Gil
Borèn
Reserva Nacional de Alto Pallars-Aran
E. de Graus
Graus
Noarre
Lladorre
Mare de Déu de les Ares
Isavarre
Cerbi
Sorpe
Gavàs
Unarre
C 142
Valencia d'Aneu
Esterri d'Aneu
Son
Escalarre
Lavorre
Jou
E. de La Torrasa
La Guingeta d'Aneu
Berros Jusa
Espot
Estais
St. Pere del Burgal
Ribera de Cardòs
Super Espot
Escalò
Aineto
Tavascan
Vall Ferrera
Vallferrera
Lladorre
Lladròs
L. de Cheus
Sa de Monteixo
Esterri de Cardòs
Arros
Aynet de Cardòs
Areu
Tor
Noris
L 510
L 504
Ainet de Besan
Alins
Araòs
Serra de la Mànega
Arcalis
A N D O R R
Soldeu
Canillo
Arinsal
Ordino
La Massana
Pic d'Aòs 2.406
ANDORRA-LA-VELLA
Encamp
Les Escaldes
Aos
Escart
Estaon
Aidi
E. Negre
Pic de Mainera 2.096
E. de Cubieso
E. de Estagento
Trivia
Glorieta
Bordes de Conflent
Farrera de Pallars
Llavorsí
Montsent de Pallars 2.883
Vall de Llesui
Caregue
C 147
Sta. Magdalena
Sa del Teix
Civis
Asnurri
Sant-Julia-de-Loria
Reserva Nacional de Cerdanya
Pic Negre 2.605
Surp
Rodès
Montenartó
Llesui
Aiguabella
Roní
Braní
Bernui
Altron
Rialb de Noguera
St. Joan de l'Erm
Seix
Solanell
Senders
Ars
La Farga de Moles
Arcavell
Bescaran
Aranser
Tallò y Villella
Vall Fosca
Solana
Olp
El Pujal
Enviny
La Bastida de Sort
Sort
Sa de Rubió
Tossal de l'Orri 2.437
St. Andreu
Serra d'Arcavell
N 145
Anserall
Estamariu
Torres de Alàs
El Pont de Bar
Aristot
N 260
Mont-ròs
Pobellà
Embonui
Montradit de Baix
Vilamur
Rubiò
Coll. del Cantó 1.725
Canturri
Carmeniu
Pallerols
Castellciutat
La Seu d'Urgell
Toloriu
Bar
Escos
Tornafort
Soriguera
Avellanet
Montferrer
Alàs
Arsèguel
Cerc
Artedó
Cava
Baro
Malmercat
Junyen
Gulls del Cantó
Parroquia d'Hortò
Adral
Ansorell
El Quer Foradat
Arcalís
Bretui
Baèn
St. Sebastià
Solans
El Pla de Sant Tirs
El Ges
Cadí 2.567
Montcortès
Gerri de la Sal
Espaén
St. Quirí
Noves de Segre
Busen
Els Castells
Trejuvell
Taús
La Guardia d'Ares
Els Hostalets
Tost
Torà
Adraén
Serra del
Parque Nacional de Cadí-M
Desfiladero de Collegats
Sa de Cuberes
Castellar
Colldarnat
Fornols
Josa de Cadí
Gòsol
Tuixén
Hortoneda de la Conca
Serra del Boumort
Cabó
El Vilar
El Pujal
Montan
Lavansa
Sorribes
Ossera
Pallars Jussa
Garganta de Trespons
Pessonada
Organyà
Fígols d'Organyà
L'Alzina
La Coma
Port del Comte
Serra d'E
Aramunt
Herva
Savina
Carreu
Sa de Carreu
Montanisell
Coll. de Boixols 1.380
Coll de Nargó
L 401
Perles
Alinyà
La Pedra
St. Leir de Casavella
Abella de la Conca
Boixols
Les Masies
Canelles
Sa del Port de Comte
Coll. de Jou 1.470
La Casan de Val
Orcau
L 511
Llinars
Puig Sobirà 1.924
St. Llorenç de Morunys
Guixens
St. Romà d'Abella
Coll. de Faidella 1.250
Valldarques
Sant Martí de la Plana
Serra d'Aubenç
Cambrils
Odèn
Figuerola d'Orcau
Rialb
Emb. de Oliana
Coscollet 1.610
C 1313
Sa de Busa
Busa
La Vall d'Ora
Isona
Sial
Llordà
Conques
C 1412
Biscarri
Gavarra
Cortiuda
Montpolt
Timoneda
LV 4241
L 912
Covet
Els Obacs
Benavent
Sta. Cecilia
St. Salvador de Toló
Toló
Coll. de Comiols 1.102
El Puig
Peramola
Tragó
Oliana
de Oliana
La Llena
Lladurs
Tentellant

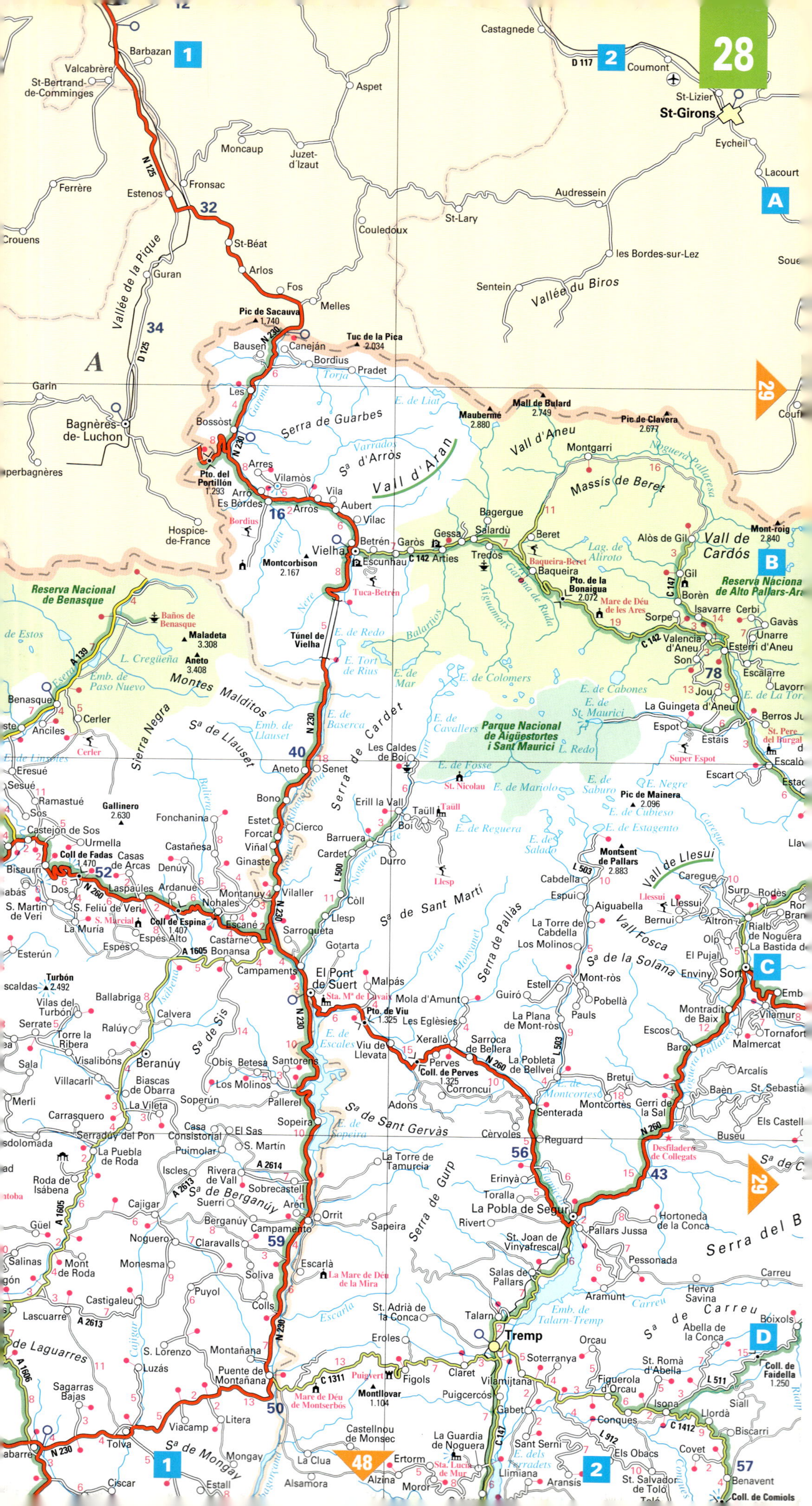
Castagnede
D 117
Coumont
St-Lizier
St-Girons
Eycheil
Lacourt
Barbazan
Valcabrère
St-Bertrand-de-Comminges
Aspet
Moncaup
Juzet-d'Izaut
N 125
Ferrère
Estenos
Fronsac
32
Audressein
St-Lary
Couledoux
Crouens
St-Béat
les Bordes-sur-Lez
Soue
Arlos
Guran
Vallée de la Pique
Sentein
Vallée du Biros
Fos
Melles
Pic de Sacauva 1.740
34
D 125
N 230
Caneján
Tuc de la Pica 2.034
Bausen
Bordius
Pradet
Torja
A
Garin
Les
E. de Liat
Mall de Bulard 2.749
Maubermé 2.880
Pic de Clavera 2.677
Bagnères-de-Luchon
Serra de Guarbes
Bossòst
Varrados
Sa d'Arròs
Vall d'Aran
Vall d'Aneu
Montgarri
Noguera Pallaresa
perbagnères
Arres
Vilamòs
Pto. del Portillón 1.293
Arró
Es Bòrdes
Vila
Massís de Beret
Arròs
Aubert
16
Vilac
Bordius
Hospice-de-France
Joeu
Bagergue
Salardú
Beret
Alòs de Gil
Vall de Cardós
Mont-roig 2.840
Betrén
Garòs
Gessa
Vielha
Montcorbison 2.167
Escunhau
C 142
Arties
Tredòs
Baqueira-Beret
Baqueira
Lag. de Aliroto
Gil
Pto. de la Bonaigua 2.072
C 147
Borèn
Reserva Nacional de Alto Pallars-Aran
Reserva Nacional de Benasque
Baños de Benasque
Tuca-Betrén
Nere
Aiguamotx
Garona de Ruda
Mare de Déu de les Ares
Isavarre
Cerbi
Gavàs
Sorpe
Maladeta 3.308
Túnel de Vielha
E. de Redo
Balarties
Valencia d'Aneu
Unarre
Esterri d'Aneu
de Estos
A 139
Esera
L. Cregüeña
Aneto 3.408
E. Tort de Rius
E. de Mar
E. de Colomers
Son
78
Escalarre
Emb. de Paso Nuevo
Montes Malditos
Jou
Lavorre
E. de Cabones
E. de La Torre
Benasque
Cerler
Anciles
Sierra Negra
Sa de Llauset
Emb. de Llauset
N 230
E. de Baserca
Sa de Cardet
E. de Cavallers
Parque Nacional de Aigüestortes i Sant Maurici
E. de St. Maurici
La Guingueta d'Aneu
Espot
Estais
Berros Jussà
St. Pere del Burgal
Cerler
Super Espot
L. Redo
E. de Linsoles
40
Aneto
Senet
Les Caldes de Boí
E. de Fosse
Tort
Escaló
Eresué
Sesué
Ramastué
Sos
Gallinero 2.630
Fonchanina
Bono
Erill la Vall
St. Nicolau
E. de Mariolo
E. de Saburo
E. Negre
Pic de Mainera 2.096
E. de Cubieso
Escart
Estac
Castejón de Sos
Urmella
Estet
Forcat
Cierco
Taüll
Boí
E. de Reguera
E. de Estagento
Castañesa
Viñal
Barruera
E. de Salado
Montsent de Pallars 2.883
Llav
Bisaurri
Coll de Fadas 1.470
Casas de Arcas
52
Denúy
Ginaste
Cardet
Durro
L 503
Vall de Llesui
Caregue
N 260
Laspaúles
Ardanuè
Montanuy
Vilaller
Noguera Ribagorzana
Llesp
Cabdella
Surp
Rodés
Dos
S. Martín de Veri
S. Feliu de Veri
Nohales
Còll
L 500
Espui
Aiguabella
Llessui
La Muria
S. Marcial
Coll de Espina 1.407
Escané
Llesp
Sa de Sant Martí
Sa de Pallàs
La Torre de Cabdella
Bernui
Altron
Rialb de Noguera
Espés
Espés Alto
Castarné
Sarroqueta
Vall Fosca
Los Molinos
Olp
La Bastida d
Esterún
A 1605
Bonansa
Gotarta
Erta
Monyasort
El Pujal
Campaments
El Pont de Suert
Sa de la Solana
Enviny
Sort
Turbón 2.492
Isábena
Malpás
Estell
Mont-ròs
scaldas
Ballabriga
Sta. Mª de Lavaix
Mola d'Amunt
Guiró
Pobellà
Emb.
Vilas del Turbón
Calvera
Sa de Sis
Pto. de Viu 1.325
Les Esglèsies
Pauls
Montradit de Baix
Vilamur
Serrate
Ralúy
Torre la Ribera
E. de Escales
Viu de Llevata
La Plana de Mont-ròs
Escos
Tornafort
Xerallo
Sarroca de Bellera
L 503
Malmercat
Sala
Visalibóns
Beranúy
Obis
Betesa
Santorens
Perves
Coll. de Perves 1.325
La Pobleta de Bellveí
Baro
Villacarli
Biascas de Obarra
Los Molinos
Corroncui
Bretui
Arcalís
Merli
La Vileta
Soperún
Pallerol
Adons
Senterada
E. de Montcortès
Montcortès
Gerri de la Sal
Baèn
St. Sebastià
Carrasquero
Sa de Sant Gervàs
Els Castell
Serraduy del Pon
Casa Consistorial
El Sas
Sopeira
E. de Sopeira
Cèrvoles
Reguard
N 260
Buseu
sdolomada
La Puebla de Roda
S. Martín
Puimolar
A 2614
La Torre de Tamurcia
56
Desfiladero de Collegats
Sa de C
Roda de Isábena
Iscles
A 2613
Rivera de Vall
Sobrecastell
Sa de Berganúy
Sa de Gurp
Erinyà
Toralla
43
Suerri
Arén
La Pobla de Segur
Hortoneda de la Conca
Cajigar
Güel
Berganúy
Orrit
Rivert
Pallars Jussa
Serra del B
Campamento
Sapeira
Noguero
Claravalls
59
St. Joan de Vinyafrescal
Pessonada
Salinas
Mont de Roda
Monesma
Soliva
Escarlà
La Mare de Déu de la Mira
Salas de Pallars
Carreu
Puyol
Aramunt
Herva
Savina
Castigaleu
Colls
St. Adrià de la Conca
Talarn
Emb. de Talarn-Tremp
Sa de Carreu
Lascuarre
A 2613
Escarla
Abella de la Conca
Boixols
Tremp
Orcau
de Laguarres
S. Lorenzo
Montañana
Eroles
Soterranya
D
Coll. de Faidella 1.250
Luzás
Puente de Montañana
C 1311
Puigvert
Figols
Claret
Vilamitjana
Figuerola d'Orcau
St. Romà d'Abella
L 511
A 1606
Sagarras Bajas
13
Mare de Déu de Montserbós
Montllovar 1.104
Puigcercós
Isona
Sial
50
Litera
Gabet
Conques
C 1412
Llordà
Viacamp
Castellnou de Monsec
La Guardia de Noguera
Sant Serni
L 912
Els Obacs
Biscarri
Tolva
N 230
Sa de Mongay
Mongay
La Clua
48
Ertorm
Sta. Lucía de Mur
E. dels Terradets
Covet
57
Ciscar
Estall
Alsamora
Alzina
Moror
Llimiana
Aransís
St. Salvador de Toló
Benavent
Coll. de Comiols
Tremp
1
2
A
B
C
D
29

Lourdes
Bagnères-de-Bigorre
Agos-Vidalos
Argelès-Gazost
Ferrières
Arbéos
Aurcun
Arrens-Marsous
Soulom
Cauterets
Pont-d'Espagne
des Pyrénnes
Sere
Sassis
Esterre
Barèges
Tourmalet
2115
Campan
Ste-Marie-de-Campan
Gripp
Payolle
Hèches
Sarrancol n
Ilhet
Arreau
Gucnan
F R A N C
Gèdre
Gavarnie
Aragnouet
Tramezaïgues
Túne de Bielsa
Valle de Bielsa
Picos del Infierno
3.076
Emb. Bachimaña
Emb. Bramatuero
Baños de Panticosa
I. de Brazato
Panticosa
El Pueyo de Jaca
Reserva Nacional de Viñamala
Macizo de Vignemale
Bujaruelo
Sierra Tendeñera
Hoz de Jaca
Circo de Cotatuero
Casas Berges
Las Tres Sorores
Monte Perdido
3.348
Emb. de Marbore
I. de la Larri
Sa de Liena
Chisagues
Espierba
Parzán
Valle de Pineta
Bielsa
Javierre
L. de Urdiceto
Reserva Nacional de los Circos
Sierra Marqués
Valle de Ordesa
Parque Nacional de Ordesa y Monte Perdido
Garganta de Añisclo
Sa de las Sucas
Garganta de Escoain
Gavín
Yésero
Linás de Broto
Pto. de Cotefablo
1.423
Viu
Fragen
Torla
Broto
Oto
Buesa
Sarvisé
Sa de Asín
Valle de Vio
Fanlo
Nerín
Escuaín
Revilla
Tella-Sin
Salinas de Sin
Señes
Sin
Serveto
Gistain
S. Juan de Plan
Saravilla
Valle de Gistain
Lafortunada
Hospital
Bestué
Puértolas
Espierre
Barbenuta
Otal
Orós Bajo
Oliván
Susín
Casbas de Jaca
El Serrablo
Ayerbe de Broto
Sierra de Bolave
Ceresuela
Vio
Buerba
Belsierre
Sa de la Corona
Cajol
Yeba
Basarán
Cortilla
Escartín
Cilla
Bergua
Asín de Broto
Valle de Basa
Sa de Cancias
Sasé
Berroy
Fiscal
Lardiés
Arresa
Muro
Borrastre
S. Juste
Tricas
S. Martín de Solana
Lavelilla
Javierre de Ara
Alacort
Jánovas
Ascaso
S. Vicente
Puyarruego
Escalona
Morillo de S. Pietro
Muro de Bellos
Araguás
Labuerda
Boltaña
Sierra Sardanera
Sierra Ferrera
Cotiella
S. Lorién
Torrelisa
S. Victorian
Los Molinos
Fosado Alto
Atiart
Samper
La Cabezonada
Lacort
Foradada de Toscar
Coll de Foradada
Fuendelcampo
Muro de Roda
Ainsa Sobrarbe
Banastón
Arro
Charo
Guaso
Latorrecilla
Serrato
Gerbe
Morillo de Tou
Coscojuela de Sobrarbe
Tierrantona
Buetas
Cancías
1.929
Ligüerre de Ara
Albella
S. Felices de Ara
Planillo
Silves
Aguilar
Sa de Portiello
Sa del Galardón
Pto. del Sarrablo
1.291
Campodarbe
Sieste
Sandias
Orús
Espín
Ceresola
Fenillosa
Gillué
Cañargo
Laguarta
Villobas
Arruaba
Molino de Villobas
Solanilla
Aineto
Secorún
Matidero
Torroyuela del Obice
Morcat
Torruéllola de la Plana
El Pueyo de Morcat
Lasaosa
Sa de Aineto
Esteban de Guarga
Azpe
Binueste
Bibán
Alastrué
Las Bellostas
Sta. María de Buil
Camporrotuno
Emb. de Mediano
El Humo de Muro
Morillo de Monclús
Formigales
Belarre
Bentué de Nocito
Abellada
Letosa
Bagüeste
Castellazo
La Pardina
Palo
Salinas de Trillo
Sta. Liestra y S. Quilez
Bara
Used
Nocito
Otín
Sarsa de Surta
El Coscollar
Arcusa
Castejón de Sobrarbe
Latorre
Mediano
Samitier
Troncedo
Trillo
Sierra de Guara
Guara
2.078
Sa de Balces
Sta. Ma de la Nuez
Paules de Sarsa
Mondot
Rodellar
Pto. de Eripol
880
Eripol
Olson
Lamata
Sa de Campanúe
Perarrua
Pedruel
Almazorre
Bertorz
Hospitaled
Escanilla
Las Almunias
Sevil
1.378
Lecina
Barcabo
Sa de Olsón
Pto. del Fino
857
Abizanda
Emb. de El Grado I
Pano
Torre de Obato
Panillo
Puy de Cinca
Sa de Torón
Vadiello
S. Cosme y S. Damián
Emb. de Calcón
Santa Gilia
La Trinidad
Sta. Eulalia la Mayor
La Almunia del Romeral
Bastarás
Panzano
Yaso
Morrano
Sa de Sevil
Suelves
Naval
Grustán
Graus
Torreciudad
Secastilla
Coscullano
Aguas
Labata
Castilsabás
Loscertales
Ayera
Sipán
Arbaniés
Ibieca
Sieso de Huesca
Casbas de Huesca
Bierge
Abeniella de Liena
Radiquero
Asque
Alquézar
Colungo
Salinas de Hoz
El Grado
La Puebla de Castro
Artasona
Bandalies
Castejón de Arbaniés
Liesa
Junzano
Adahuesca
Buera
Sa de Salinas
Hoz de Barbastro
Coscojuela de Fantova
Olvena
Siétamo
Velillas
Abiego
Huerta de Vero
Salas Altas
Salas Bajas
Moniesa
Enate
Ola
Torres de Montes
Angüés
Azlor
Aguinaliu
26
47
A
B
C
D
1
2

1
2
A
B
C
D
31
50
Sautel
Laroque d'Olmes
Chalabre
Montjardin
Alet-les-Bains
Montazels
Serres
Albières
le Peyrat
Lavelanet
Puibert
Bélesta
les Bordes
Nébias
D 117
D 620
Soulatge
Coubières-sur-Cinoble
Coudons
Quillan
Belvis
D 118
St-Martin-Lys
Cauidès-de-Fenouillèdes
St-Paul-de-Fenouillet
Belcaire
Roquefeuil
Puilaurens
Axat
Rodome
Tabe
Prades
Caussou
Ansignan
Roquefort-de-Sault
Ste-Colombe-sur-Guette
Sournia
Rouze
Usson
Mijanès
Escouloubre
Ascou
-les-Thermes
le Pla
Quérigut
C I A
Mosset
Marquixanes
Mérens-les-Vals
Etang de Naguille
Puyvalador
Prades
St-Michel-de-Cuxa
Formiguères
Villefranche-de-Conflent
Taurinya
Matemale
N 116
Corneilla-de-Conflent
Lac des Bouillouses
Etang de Lanous
Lac de Matemale
Olete
Vernet-les-Bains
Escaro
Thùes-entre-Valls
Thùes-les-Bains
la Llagonne
Porta
Font-Romeu
Mont-Louis
Py
Mantet
Chaos-de-Targasonne
D 618
N 20
Puig Pedròs 2.911
Puig Farinos 2.569
Enveitg
Ur
Llívia
Gorguja
Saillagouse-Llo
Roc Roig 2.225
Guils de Cerdanya
Rigolisa
Merangue
Saneja
Pic de la Dona 2.704
Pic de Eyne 2.864
Costabona 2.465
la Preste
Sa de Torreneules
Vallter
Sa de Costabona
Puigcerdà
Bolvir
N 260
Age
Ger
Eller
Greixer
Saga
Vilallobent
Nª Sª de Nuria
Nuria
Sa de Catllar
Espinavell
Queixans
Olopte
Astoll
Cortàs
Isòvol
Escadarchs
Urtx
Puigmal 2.913
Reserva Nacional de Freser i Setcases
Setcases
Coll.
Alp
N 152
Catllar
Cros
Molló
Rocabruna
Prats
Das
Baltarga
Queralbs
Sa de Gorrablanc
Coll de Tosses 1.800
Vilallonga
Masella
C 1411
El Serrat
Tregura de Dalt
Llanars
C 151
Bor
Riu de Pendis
Urús
La Molina
Molina
Dòrria
Ventolà
Pardines
Camprodón
Túnel del Cadí
Super Molina
Toses
Fornels
Nava
Planoles
Ribes de Freser
Serra de Cavallera
St. Antoni
Sa de Malfo
Tossa 2.536
Coll. de Pal 2.110
Campelles
St. Martí de Surroca
St. Martí de Ogassa
Sant Pau de Segúries
Coll. de Capsacosta 915
C 146
Castellar de N'Hug
El Baell
Bruguera
Ogassa
St. Salvador de Bianya
Greixer
Parc Natural del Cadí-Moixeró
B 403
Balneari Montagut
La Vall de Bianya
Sa de Moren
Gombrèn
C 153
St. Joan de les Abadesses
La Pobla de Lillet
Bagà
Guardiola de Berguedà
Saldes
Maçaners
B 400
B 402
GI 402
Pto. de Marolla 1.090
El Cortal
GI 401
Campdevànol
Sant Pere Despuig
Llobregat
St. Julià de Cerdanyola
Sa de Catllarás
Sa de Sant Marc
Col. Rocafiguera
Coll. de Canes 1.130
Coll. de Santigosa 1.064
Coll. de Coubet 1.010
Malanyeu
Ripoll
N 260
Vallfogona de Ripollès
Riudaura
B 401
Vallcebre
St. Jaume de Frontanyà
Sant Bernabé de les Tenes
La Pinya
Rasos de Peguera
Castell de l'Areny
Sa de Matamala
C 149
C 152
Serra de Milany
St. Privat d'En Bas
Figols Vell
Figols de les Mines
La Nou de Berguedà
Matamala
Palmerola
El Mallol
Siuret
Peguera 1.989
C 1411
Les Lloses
Sta. Maria de Besora
Cercs
Vilada
Borredà
Sa de Sta. Magdalena
Puigsacalm 1.515
Joanetes
E. de la Baélls
Margançol
Alpens
Vidrà
Espinalbet
Sora
Montesquiu
Els Hostalets d'En Bas
St. Quirze del Pedret
Nª Sª de Queralt
Alou
St. Quirze de Besora
Nª Sª de Bellmunt
Sa de Curull
Sa de Viure
St. Agustí de Llucanès
Berga
La Quar
Cussons
St. Pere de Torelló
Lluïssa de Vall
St. Martí
Oris
St. Vicenç de Torelló
C 153
Avià
La Colonia Rosal
Capolat
St. Boi de Llucanès
Torelló
Olvàn
Conangrell
Grauges
Sagàs
La Blava
L'Esquirol
Cantonigròs
C 149
L'Espunyola
L'Ametlla
C 154
Llucà
Perafita
Vinyoles d'Oris
Sta. Maria de Corcó
Torregassa
Rectoría de San Pablo
Gironella
St. Martí d'Albars
BV 460
Sobremunt
St. Hipòlit de Voltregà
Espadamala
Manlleu
St. Martí Sescorts

33
13
53
1
2
A
B
C
D
OCÉANO ATLÁNTICO
Costa Verde
Viladesuso
P. Orelluda
Pedornes
Torroña
Cristelos
Oia
Burgueira
Barrantes
Mabia
Loureza
San Xián
Vilachán
Tomiño
Forcadela
Pena Agoeira
Portocelo
Acevedo
Santa Comba
Goián
Rebordelo
Fornelos
O Rosal
Punta de Bazar
Panceiteo
Tabagón
As Eiras
Vila Nova de Cerveira
Gondarém
Pr. Area Grande
Pr. de Fedorento
A Guarda
A Sándara
A Pasaxe
Seixas
Lanhelas
Sopo
Monte de Sta. Trega
341
Camposancos
Vilar de Mouros
Caminha
Covas
P. dos Picos
RÍO MIÑO
Praia de Moledo
Venade
Arga de São João
Moledo do Minho
Azevedo
Vila Praia de Âncora
Âncora
Riba de Âncora
Cabração
Orbacém
Serra de Arga
823
Freixieiro de Soutelo
Montaria
Afife
Amonde
Praia de Afife
Sta. Luzia
549
Vilar de Murteda
Montedor
Carreço
Troviscoso
Outeiro
Sta. Luzia
Cardielos
Areosa
Meadela
Torre
VIANA DO CASTELO
Sta. Marta de Portuzelo
Darque
Geraz do Lima
Deocriste
Praia de Cabedelo
Anha
Vila Franca
Vila Fria
Vila de Punhe
Barroselas
Amorosa
Alvarães
Castelo do Neiva
Gilheta
Fragoso
Antas
Forjães
Belinho
Palme
Vila Chã
Carapeços
Mar
Marinhas
Curvos
Palmeira de Faro
Abade de Neiva
Praia de Suave Mar
Esposende
Perelhal
Praia de Ofir
Gemeses
Fão
Barcelinhos
Vila Seca
Apúlia
Fonte Boa
Barqueiros
Milhazes
Cristelo
Cávado
Faria
Crias
Pedra Furada
Estela
Navais
Laundos
Macieira de Rates
Aguçadoura
Rates
Praia de Sto. André
Amorim
A Ver-o-Mar
Rio Mau
Póvoa de Varzim
Junqueira
Touguinha
Bagunte
Vila do Conde
Azurara
Árvore
Macieira da Maia
Vilarinho
Vairão
Praia de Árvore
Mindelo
Monte de São Gens de Cicai
Areia
Gião
Modivas
Vila Chã
Guilhabreu
Labruge
Vilar do Pinheiro
Praia de Labruge
Lavra
Guardeira
Vila Nova da Telha
Moreira
Praia de Agudela
Maia
Perafita
Sta. Cruz do Bispo
Gueifães
Praia de Boa Nova
Custóias
Leça da Palmeira
Matosinhos
Sra. da Hora
PORTO
Vila Nova de Gaia
Canidelo
Lavradores
Madalena
Valadares
Vilar de Paraíso
Miramar
Francelos
Perozinho
Praia da Aguda

1
2
A
B
C
D
MEDITERRÁNEO
MAR
Costa Brava
ate
lage
ès
oussillon
n-Plage
elès-Plage
Collioure
Port-Vendres
Cap Bèar
28
Banyuls-sur-Mer
N 114
Cerbère
Cap Cerbère
Pto. d'Els Balitres 170
Portbou
Colera
N 260
Cap Lladró
Grifeu
Cap Ras
Quirc Colera
Valleta
Sa de Rodes
Vilamaniscle
Virgen del Campo
El Port de Llançà
Llançà
Punta s'Arenella
Garriguella
La Vall de Sta. Creu
35
Vilajuïga
Pau
St. Pere de Rodes
Pedret
Marzà
Palau-saverdera
Estació
Vilanova
Vilaüt
Torre del Vent
El Port de la Selva
La Selva de Mar
Cap Gros
El Golfet
GI 613
Tudela
Cap de Creus
Cala de Culip
Port Lligat
GI 614
Cadaqués
GI 610
El Mas Fumats
Mas Buscà
17
Roses
Canyelles
Santa Margarita
Puig Rom
Punta Falconeta
Punta de la Figuera
Cap Norfeu
Castelló d'Empúries
Empuriabrava
Fortià
Ruimors
Parc Natural dels Aiguamolls de l'Empordà
La Bomba
Vilamacolum
St. Pere Pescador
Torroella de F.
L'Armentera
Saldet
Montiró
St. Martí d'Empúries
Empúries
L'Escala
adamat
Les Corts
Riells
Montgó
Albons
GI 632
Tor
Sobrestany
Bellcaire d'Empordà
Verges
GI 640
TER
Ullà
L'Estartit
GI 641
Illes Medes
Torroella de Montgrí
Ultramort
Gualta
Serra de Daró
GI 644
GI 650
Parlavà
Ullastret
Fontanilles
Daró
Castell d'Empordà
36
Palau Sator
St. Julià de B.
Peratallada
St. Feliu
Pals
Els Masos
Begur
Sa Punta
Sa Riera
Aiguafreda
Sa Tuna
Platja Tres Platgetes
Cala de las Ratas
Cala de Portbou
Platja de Claper
Platja d'En Goixa
Platja de Colera
Platja de Garbet
Pl. Cap Ras
Pl. Canyelles
Pl. Grifeu
Pl. El Port
Pl. La Farella
Pl. El Cap del Llop
Platja de l'Erola
Cala Tamariua
Platja de La Ribera
Platja de Portlligat
Platja Es Pianc
Platja Es Poal
Platja de Ses Oliveres
Platja Gran (Es Portal)
Platja del Port d'Alguer
Platja del Llane
Platja de Sa Conca
Cala Joncols
Cala Canadell
Cala La Pelosa
Cala Calitjar
Cala Montjoi
Cala Rostella
Cala Murtra
Platja Canyelles Grosses
Platja Canyelles Petites
Platja Els Palangrers
Platja La Perola
Platja de Rastell
Platja Salatar
Platja Sta. Margarida
Platja La Rovina
Platja d'Empuriabrava
Platja de Can Comes
Platja St. Pere Pescador
Platja El Riuet d'Empuries
Platja de St. Martí
Platja Les Muscleres
Platja El Portitxol
Platja El Rec del Molí
Cala de la Creu
La Platja
Port d'En Perris
Punta de Trencabraços
Cala Montgó
Punta del Castell
Cala Pedrosa
Punta de les Salines
Cap de la Barra
Platja de l'Estartit
Platja de Mas Pinell
Platja de Pals
Platja del Racó
Platja de l'Illa Roja
Platja de Sa Riera
Platja de Aiguafreda
Platja de Sa Tuna
52

Félines-Termenes
Albières
Laroque-de-Fa
Maisons
Auriac
Feuilla
Fitou
Tuchan
Soulatge
Paziols
Coubières-sur-Cinoble
Vingrau
Etang de Leucate
Salses
Cauidès-de-Fenouillèdes
St-Paul-de-Fenouillet
Maury
52
D 117
Cases-de-Pene
Rivesaltes
St-Laurent-de-la-Salanque
Estagel
Ansignan
Montner
Baixas
Pia
Bompas
Pèzilla-de-Conflet
St-Esteve
PERPIGNAN
Sournia
Pézilla-la-Rivière
Cabestany
Millas
N 116
24
le Soler
Toulouges
Ille-sur-Têt
19
D 615
Corbère-les-Cabannes
Bouleternère
Mosset
Marquixanes
Vinca
Lloupia
D 612
Bages
Elne
Prades
St-Michel-de-Cuxa
Villefranche-de-Conflent
Boule-d'Amont
Fourques
Taurinya
St-André
D 618
Corneilla-de-Conflent
Baillestavy
la Bastide
Oms
le Boulou
Vernet-les-Bains
Taulis
St-Martin-de-Fenollar
Céret
37
Py
Arles-sur-Tech
Amélie-les-Bains-Palalda
le Perthus
Mantet
Requesens
St. Julià dels Torts
Cantallops
La Jonquera
23
Roc de Fraussa 1.450
Prats-de-Mollo
Puig del Tourn 1.145
La Vajol
Agullana
Costabona 2.465
la Preste
D 115
St-Laurent-de-Cerdans
Maçanet de Cabrenys
Darnius
Buscarós
Capmany
Sª de Costabona
Tapis
Espinavell
Coll. d'Ares 1.513
Coustouges
Setcases
Emb. de Boadella
Biure
Vilarnada
Catllar
Molló
Rocabruna
Serra de la Boixeda
St. Llorenç de la Muga
Boadella d'Empordà
Font de Molins
Cros
Vilallonga
Beget
St. Sebastià
St. Aniol
St. Joan de Musols
Albanyà
Terrades
Llanars
Camprodon
Sª de Bestracà
Serra de la Cirera
Vilarig
Palau Surroca
St. Antoni
Cavallera
42
Sª de Malforat
Oix
Sadernes
Nª Sª del Mont
St. Martí Sesserres
Cistella
Vilanant
St. Martí de Surroca
Sta. Bàrbara
Sales de Llierca
Lladó
Taravaus
Ogassa
Sant Pau de Segúries
Coll. de Capsacosta 915
St. Salvador de Bianya
Beuda
Sequera
Palera
Tortellà
Cabanelles
Fols
Navata
Maià de Montcal
St. Joan de les Abadesses
La Vall de Bianya
St. Joan les Fonts
Montagut
Argelaguer
Castellfollit de la Roca
Queixàs
44
N 260
Sant Pere Despuig
C 153
St. Jaume de Llierca
Besalú
C 150
Dosquers
Crespià
Coll. de Santigosa 1.064
Coll. de Coubet 1.010
La Canya
La Farrès
Esponellà
GI 554
Vallfogona de Ripollès
32
Riudaura
Beguda
St. Julià 907
Collet
La Pinya
Olot
Batet
Parc Natural de la Garrotxa
Serinyà
Les Anglades
Centenys
Gallinérs
Bàscara
Serra de Milany
St. Privat d'En Bas
Sarit Roc
El Sallent
El Torn
St. Miquel de Campmajor
45
Fontcoberta
Vilademuls
Siuret
St. Miquel del Corb
GI 524
Els Arcs
Vilavenut
El Mallol
Les Preses
Santa Pau
Burgeroles
Mieres
St. Martí de C.
Porqueres
Banyoles
Vilamarí
Joanetes
Volcán de Can Tia
Sta. Maria
Falgons
Les Olives
Vidrà
Puigsacalm 1.515
St. Esteve d'En Bas
Pto. de Bas
Sant Aniol de Finestres
Pujarnol
Cornellà de Terri
Nª Sª de Bellmunt
Els Hostalets d'En Bas
Camós
Cors
Prades
Sª de Curull
Pto. de Uria
Sant Feliu de Pallerols
Sª de Finestres
Rocacorba 994
Palol de Revardit
Medinyà
La Salut
Les Encies
Riudellots
Bordils
St. Pere de Torelló
Les Planes d'Hostoles
Adri
La Mota
St. Vicenç de Torelló
67
Pruit
St. Martí de Llémena
Canet d'Adri
Cartellà
Celrà
Torelló
L'Esquirol
Cantonigròs
Llorà
Sarrià de Ter
St. Julià de Ramis
Nª Sª del Far
51
Taialà
Espadamala
Sta. Maria de Corcó
Rupit
St. Martí Sacalm
Amer
Les Serres
Sta. Afra
Domeny
Sª dels Àngels
Madremanya
Manlleu
St. Martí Sescorts
St. Pere de Casserres
E. Pasteral
Sant Gregori
GI 531
Salt
GIRONA

34
14
35
54
Porto
Troviscoso
Penso
Lapela
Porto de Outeiro de Augas
Caldelas
Troporiz
Longos Vales
Ceivães
Cousso
Cubalhão
Lamas de Mouro
Portelinha
Serra do Laboreiro
Corchos
As Ribas
Vieiro
Monte do Faro
565
Gondomil
Moreira
Sago
Segude
Podame
R. Mouro
Riba de Mouro
Gave
Giestoso
1335
Portos
A Fraga
Pias
Boivão
Trute
Merufe
Tangil
Castro Laboreiro
Parada do Monte
Bande
Quintela
Barroças e Taias
Outeiro Alvo
1314
Portela do Lagarto
975
Anhões
Sta. Marinha
Senderiz
OR 301
Xordos
784
Abedim
Vez
Serra da Peneda
Ameijoeira
Valdemir
Lobeira
80
Gondelim
Sistelo
Ntra. Sª. da Peneda
Monte do Quinxo
Queguas
Baños
Insalde
Extremo
Peneda
1416
Gavieira
Guxinde
Facos
Sta. Comba
Barrio
Souto
Portela
Venceáns
Torneiros
A Pousa
Cerde
Padornelo
39
R. de Cabreiro
Rouças
A Pereira
Grou (San Mamede)
Mugueimes
A
Paredes de Coura
Aboim das Choças
Cabreiro
Pedrada
1416
Serra do Soajo
R. Castro Laboreiro
Bouzadrago
O Valorio
As Conchas
A Herdadiña
Muiños
Entrimo
Porqueiros
Xendive
As Maus de Salas
Bico
Carracolva
Adrão
A Illa
Olelas
Ganceiros
Gondoriz
Várzea
Lantemil
N 540
Encoro de Salas
887
Aguiã
Couto
Mezio
Paradela
Buscalque
Aceredo
Lobios
Pazos
Requiás
Tourém
Rio Frio
Soajo
Manín
Giela
Cabana Maior
Parada
Lindoso
Padrendo
Vilameá
Serra do Pisco
Arcos de Valdevez
Ermelo
Cidadelhe
B. do Alto Lindoso
Rio Caldo
Nosa Sra. do Xurés
Bárrio
Miranda
Vale
Parque Nacional da Peneda-Gerês
Serra de Sta. Eufemia
Torneiros
Serra do Xurés
Gerês
Souto
Britelo
Pitões das Júnias
São Jorge
Lima
Ermida
OR 312
Serra Amarela
Távora
Refoios do Lima
Jolda
Ponte da Barca
Entre Ambos-os-Rios
1361
Portela de Home
Minas dos Carris
Sezelh
18
Bravães
Touvedo
Paço Vedro de Magalhães
Vila Chã
Serra
Parque Nacional da Peneda-Gerês
Gandra
Crasto
Sampriz
Germil
B. das Vilarinho das Furnas
308-1
B. de Paradela
Covelães
Ponte de Lima
Azias
Geira
1469
Outeiro
São Pedro
Serdedelo
Brufe
Portela de Leonte
855
Fiães do Rio
Fornelos
Boalhosa
721
Oural
Aboim da Nóbrega
Meixões de Cima
Cibões
Homem
Campo de Gerês
Junceda
Serra do Gerês
Paradela
Nª. Sra. de Fátima
Fervidelas
Godinhanços
Portela de Vade
Valdreu
Vilar
Santiago Peregrino
Covide
Caldas do Gerês
Ponteira
Pisões
65
Chamoim
Fraga Negra
863
Gerês
Vila da Ponte
Rio Mau
Terras de Bouro
Oriz
Citânia de Calcedonia
Covelo do Gerês
Reigoso
Pico de Regalados
Vilar da Veiga
Cabril
Ponte
Souto
B. de Salamonde
Cávado
Ferral
Pondras
B
Marrancos
Nevolgide
34
Caldelas
Nta. Sª. d'Abadia
Rio Caldo
Louredo
Salamonde
Buivães
Termas de Caldelas
Goães
Bouro
Valdosende
Ventosa
Caniçada
B. da Venda Nova
Escariz
Citânia
Vila Verde
Caires
Parada do Bouro
São Bento
Venda Nova
Pereira
Moure
34
Laje
Verim
B. da Caniçada
1261
Borralha
Dornelas
Soutelo
Rendufe
Amares
São João de Rei
Cerdeirinhas
Vieira do Minho
Serra da Cabreira
Salto
Serra do Barroso
Prado
Cávado
Monsul
Serzedelo
Cervães
Palmeira
Covelas
Rendofinho
Anissó
B. de Guilhofrei
Torrinheiras
1190
Serra
Lama
Adaúfe
Pinheiro
Fonte Arcada
Rossas
Seixa
1174
São Fructuoso de Montélios
Este
Póvoa de Lanhoso
Guilhofrei
Padim da Graça
BRAGA
Bom Jesus do Monte
Travaços
Bucos
Magusteiro
Martim
Monte Sameiro
572
Sobreposta
Sobradelo da Goma
Celeiro
Vilar de Cunhas
Citânia de Briteiros
Ave
Arosa
Aboim
Rio Douro
Tadim
Celeiros
Garfe
Sta. Mª. Madalena
Longos
Briteiros
Monte
Queimadela
Chacim
Esporões
Sande
Gonça
Pedraído
Várzea Cova
Cabeceiras de Basto
Sta. Eulália
21
Escudeiros
22
Caldelas
Travassós
Revelhe
Cavês
Sta. Maria
Caldas das Taipas
São Torcato
Moreira do Rei
Faia
Pedraça
Nine
Vale
Pousada Nª. Sra. da Oliveira
Estorãos
Arco de Baulhe
22
Vermil
Brito
Mesão Frio
Arões
Fornelos
Gandarela
Vila Nune
C
Gavião
Joane
Guimarães
Fafe
São Gens
Atei
Pousada de Saramagos
Ronfe
Silvares
Infantas
Cepães
Quinchães
Lameira
Canedo de basto
Requião
Vermoim
Selho
Antime
Caçarilhe
Gondar
Penha
617
Armil
Rego
Fermil
Oliveira
Nespereira
Tabuadelo
24
Silvares
856
Nª. Sra. do Viso
Ntra. Sra. da Graça
Avidos
Delães
Serzedelo
542
Regadas
Celorico de Basto
Mondim de Basto
Vilar de Ferreiros
Caldas de Saúde
Riba d'Ave
Jugueiros
Areias
Aves
Lordelo
Vizela
Trofa
Sta. Quitéria
467
Borba da Montanha
Santo Tirso
Caldas de Vizela
Torrados
Felgueiras
572
Carvalho
Paradança
Sra. do Assumpção
Rebordões
Campo
Sta. Eulália
Fervença
Ermelo
Monte Córdova
Roriz
Lustosa
Moreira do Castelo
Codeçoso
Rebordelo
Couto
Redundo
Raimonda
Barrosas
Longra
Caramos
Vila Cova da Lixa
Pardelhas
Vaquei
1315
Citânia de Sanfins
Carvalhosa
Figueiró
580
Airães
Fridão
Canadelo
Alto de Velão
35
Reguenga
Meixomil
Sousela
207
Ponte Nova
Vila C
Paços de Ferreira
Freamunde
Ferreira
Silvares
Lousada
21
Mancelos
13
Gatão
Vila Chão
Campeã
Agua Longa
Seroa
Frazão
Caíde de Rei
Travanca
São Gonçalo
Amarante
Alto do Espinho
895
Aboadela
IP 4
Sobrosa
Meinedo
Vila Meã
Padronelo
Gondar
E 82
Pousada de São Gonçalo
38
Soutelo
Lordelo
Bitarães
Novelas
Regadas
23
Bustelo
Ansiães
Sobrado
Ferreira
Vila Cova de Carros
Paredes
Salvador do Monte
Jazente
Candemil
Marão
1415
Gandra
37
Mouriz
Penafiel
Toutosa
Gouveia
34
Fornelo
Serra do Marão
Valongo
Campo
36
Guilhufe
Cete
Marco de Canaveses
Caldas de Canaveses
Várzea de Ovelha
Carneiro
D
São Pedro da Cova
Recarei
Paço de Sousa
Rãs
Luzim
556
Tâmega
Tabuado
970
Loivos do Monte
995
Teixeira
Sedielos
Sobreira
Fonte Arcada
Abragão
Soalhães
Baião
Ovil
Vila Marim
Aguiar de Sousa
Oldrões
Avessadas
Gestaço
Oliveira
Termas de São Vicente
Mesão Frio
Fontelas
Lagares
Boelhe
Paredes de Viadores
Viariz
Sousa
Sta. Comba
Pinheiro
Paredes
Vila Boa do Bispo
Sta. Leocádia
Gove
Sta. Marinha do Zêzere
Tresouras
Caldas de Moledo
Covelo
São Vicente Entre-os-Rios
Favões
Sta. Cruz do Douro
Loivos
Barqueiros
Peñajóia
Foz do Sousa
Ameixede
Ariz
Sande
Paços de Gaiolo
Frende
Samodães
B. de Crestuma-Lever
Capela
B. de Torrão
Vila de Alpendurada
Ribadouro
Anreade
Fontoura
Barrô
Cambres
Entre-os-Rios
Espadanedo
São Cristóvão de Nogueira
Oliveira do Douro
Caldas de Aregos
Resende
Fonte da Mesa
1122
Melres
São Martinho
Lame

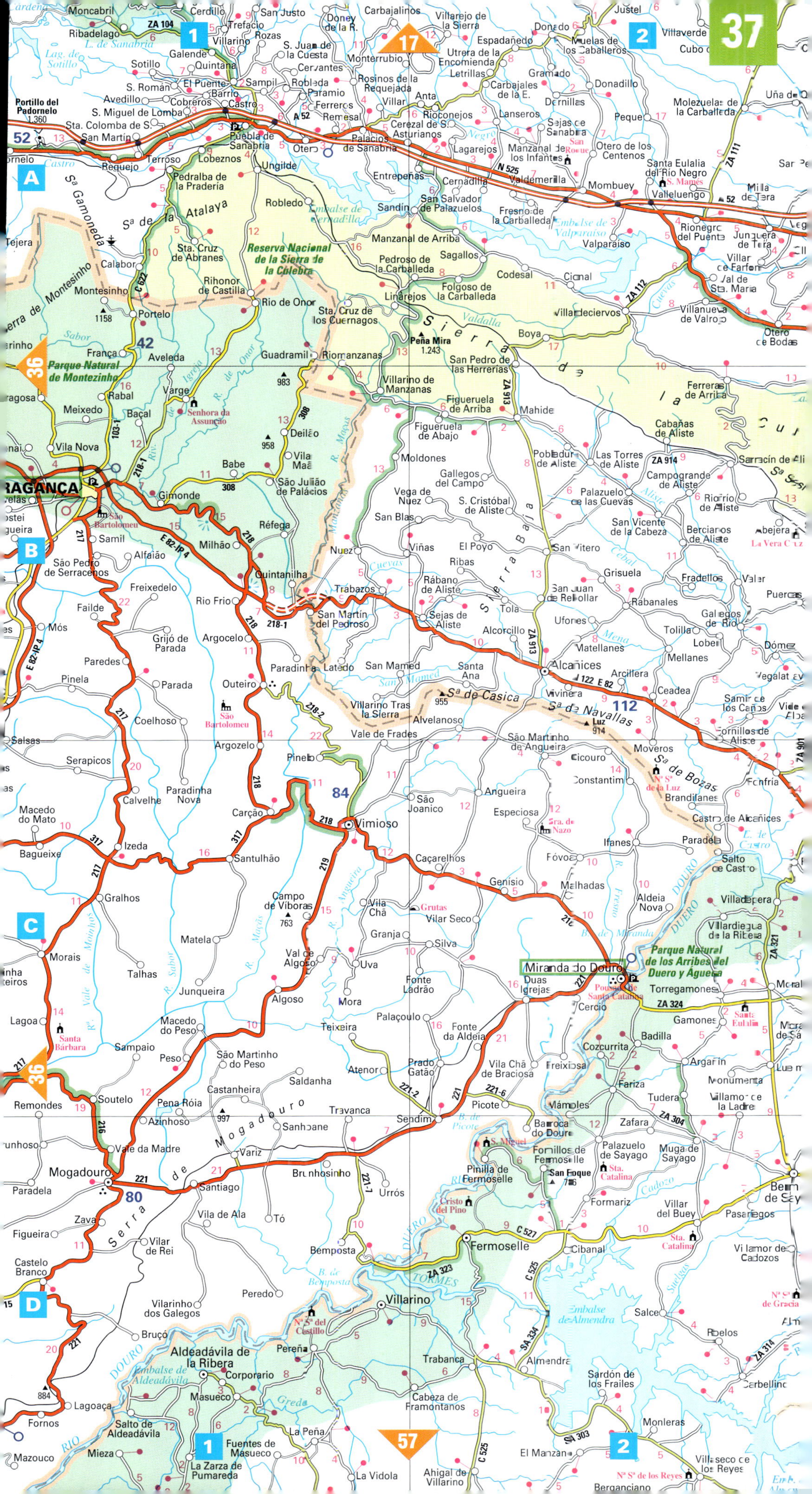

Moncabril
Ribadelago
Cerdillo
San Justo
Trefacio
Vilariño
Rozas
Galende
Quintana
L. de Sanabria
Sotillo
S. Román
El Puente
Sampil
Cobreros
Barrio
Castro
Avedillo
S. Miguel de Lomba
Portillo del Padornelo
Sta. Colomba de S.
San Martín
Puebla de Sanabria
Requejo
Terroso
Lobeznos
Otero
Ungilde
Pedralba de la Pradería
Robledo
Sª Gamoneda
Sª de la Atalaya
Sta. Cruz de Abranes
Rihonor de Castilla
Reserva Nacional de la Sierra de la Culebra
Rio de Onor
Calabor
Montesinho
Portelo
Parque Natural de Montezinho
França
Aveleda
Rabal
Meixedo
Baçal
Varge
Senhora da Assunção
Guadramil
Riomanzanas
Deilão
Vila Nova
Babe
São Julião de Palácios
Gimonde
Réfega
Milhão
Quintanilha
São Bartolomeu
Samil
Alfaião
São Pedro de Serracenos
Freixedelo
Failde
Rio Frio
Mós
Grijó de Parada
Argocelo
Paredes
Parada
Pinela
Outeiro
Coelhoso
Salsas
Serapicos
Calvelhe
Paradinha Nova
Argozelo
Pinelo
Carção
Macedo do Mato
Bagueixe
Izeda
Santulhão
Vimioso
Gralhos
Campo de Víboras
Matela
Morais
Talhas
Junqueira
Algoso
Val de Algoso
Lagoa
Santa Bárbara
Macedo do Peso
Sampaio
Peso
São Martinho do Peso
Saldanha
Castanheira
Remondes
Soutelo
Pena Róia
Azinhoso
Sanhoane
Vale da Madre
Variz
Mogadouro
Paradela
Santiago
Brunhosinho
Urrós
Vila de Ala
Tó
Zava
Figueira
Vilar de Rei
Serra de Mogadouro
Castelo Branco
Bemposta
Peredo
Vilarinho dos Galegos
Bruçó
Aldeadávila de la Ribera
Corporario
Masueco
Lagoaça
Fornos
Salto de Aldeadávila
Embalse de Aldeadávila
Mieza
Mazouco
La Zarza de Pumareda
Fuentes de Masueco
La Peña
La Vidola
Pereña
Villarino
Trabanca
Cabeza de Framontanos
Ahigal de Villarino
Almendra
Embalse de Almendra
Sardón de los Frailes
El Manzano
Monleras
Villaseco de los Reyes
Berganciano
Fermoselle
Cibanal
Formariz
Villar del Buey
Pasariegos
Bermillo de Sayago
Villamor de Cadozos
Salce
Robelos
Carbellino
Fornillos de Fermoselle
Pinilla de Fermoselle
San Roque
Palazuelo de Sayago
Muga de Sayago
Barroca do Douro
Picote
Vila Chã de Braciosa
Sendim
Travanca
Atenor
Prado Gatão
Teixeira
Fonte da Aldeia
Palaçoulo
Fonte Ladrão
Mora
Uva
Granja
Silva
Vilar Seco
Vila Chã
Caçarelhos
Genísio
Malhadas
Miranda do Douro
Duas Igrejas
Cércio
Pousada de Santa Catalina
Parque Natural de los Arribes del Duero y Águeda
Torregamones
Gamones
Badilla
Cozcurrita
Argañín
Fariza
Mámoles
Tudera
Zafara
Villamor de la Ladre
Villadepera
Villardiegua de la Ribera
Moralina
Salto de Castro
Castro de Alcañices
Paradela
Aldeia Nova
Ifanes
Fóvoa
Angueira
Especiosa
São Joanico
Constantim
Cicouro
São Martinho de Angueira
Vale de Frades
Alvelanoso
Villarino Tras la Sierra
Sª de Casica
Sª de Navallas
Sª de Bozas
Alcañices
Vivinera
Arcillera
Moveros
Brandilanes
Fonfría
Ceadea
Mellanes
Lober
Tolilla
Rabanales
Matellanes
Ufones
Grisuela
San Vitero
San Juan de Rebollar
Tola
Sejas de Aliste
Alcorcillo
Rábano de Aliste
Ribas
El Poyo
Viñas
Trabazos
San Martín del Pedroso
Nuez
Latedo
Paradinha
San Mamed
Santa Ana
San Blas
Vega de Nuez
S. Cristóbal de Aliste
Gallegos del Campo
Moldones
Figueruela de Abajo
Figueruela de Arriba
Villarino de Manzanas
Mahide
Sierra de la Culebra
Peña Mira
San Pedro de las Herrerías
Boya
Linarejos
Sta. Cruz de los Cuernagos
Folgoso de la Carballeda
Pedroso de la Carballeda
Sagallos
Manzanal de Arriba
Codesal
Cional
Villardeciervos
Villanueva de Valrojo
Otero de Bodas
Ferreras de Arriba
Cabañas de Aliste
Poblador de Aliste
Las Torres de Aliste
Campogrande de Aliste
Palazuelo de las Cuevas
San Vicente de la Cabeza
Riofrío de Aliste
Bercianos de Aliste
Sarracín de Aliste
Fradellos
Valer
Gallegos de Río
Dómez
Samir de los Caños
Fornillos de Aliste
Sandín
San Salvador de Palazuelos
Fresno de la Carballeda
Valparaíso
Embalse de Valparaíso
Entrepeñas
Cernadilla
Embalse de Cernadilla
Valdemerilla
Mombuey
Valleluengo
Rionegro del Puente
Junquera de Tera
Villar de Farfón
Val de Sta. María
Milla de Tera
Santa Eulalia del Río Negro
Otero de los Centenos
Manzanal de los Infantes
Sejas de Sanabria
Lanseros
Lagarejos
Palacios de Sanabria
Cerezal de S.
Asturianos
Rioconejos
Anta
Villar
Rosinos de la Requejada
Remesal
Ferreros
Paramio
Robleda
Cervantes
S. Juan de la Cuesta
Doney de la R.
Carbajalinos
Monterrubio
Villarejo de la Sierra
Espadañedo
Utrera de la Encomienda
Letrillas
Carbajales de la E.
Gramedo
Donado
Muelas de los Caballeros
Donadillo
Dornillas
Peque
Molezuelas de la Carballeda
Justel
Villaverde
Cubo
Uña de Quintana
Bragança
Sabor
Douro
Duero
Tormes

36
16
37
56
A
B
C
D
1
2
Serra do Canizo
A Gudiña
O Canizo
Alto do Canizo 1067
Alto de Herosa 908
Mesón de Herosa
Pentes
Tameirón
Campobecerros
Veiga de Nostre
Serra das Teixeiras
Parada da Serra
As Vendas da Barreira
Alto de Fumaces 855
Ríos
Marcelín
Pousada
Castrelo de Abaixo
Progo
Lamasdeite
Arzoá
Vilardevós
Soutocovo
Sa das Penas Libres
Soutochao
Vilar Seco de Lomba
Atrave
Florderrei
Arzádigos
Segirei
Quirás
Cisterna
Pinheiro Novo
Seixas
Santalha
Tuizelo
Gestosa
Sandim
Penso
Edral
Candelo
Espinhoso
Curobos
Vilar da Lomba
São Jomil
São Vicente
Travancas
Roriz
Dadim
Cimo de Vila de Castanheira
Sanfins
Tronco
Pedome
Nozelos
Lebução
Fiães
Bouçoães
Rebordelo
Sonim
Soutilha
Sta. Valha
Fornos do Pinhal
Bouça
Fradizela
Possacos
Valpaços
Vale de Telhas
Vale de Gouvinhas
Vale de Salgueiro
Cabanelas
Miradezes
Abambres
Rio Torto
Mirandela
Golfeiras
Carvalhais
Romeu
Vale de Couço
Vilar de Ledra
Vila Verdinho
Cedães
São Salvador
Marmelos
São Pedro
Frechas
Vila Verde
Freixeda
Trindade
Cachão
Vilarinho das Azenhas
Vale Frechoso
Sta. Comba de Vilariça
Vilarelhos
Vila Flor
Samões
Freixiel
Lodões
Sampaio
Nozelos
Carvalho de Egas
Mogo de Ansiães
Vale de Torno
Seixo de Manhouses
Nabo
Horta da Vilariça
Mourão
Castedo
Fonte Longa
Vilarinho da Castanheira
Cabeça Boa
Foz do Sabor
Lousa
Rego da Barca
Pocinho
Torre de Moncorvo
Felgueiras
Açoreira
Larinho
Felgar
Souto da Velha
Carviçais
Mós
Reboredo
Estevais
Adeganha
Cardanha
Gouveia
Ferradosa
Picões
Cerejais
Sendim da Serra
Alfândega da Fé
Valverde
Eucisia
Pombal
Sambade
Vales
Soeima
Gebelim
Sa de Bornes
Bornes
Vale de Asnes
Caravelas
Grijó de Vale Benfeito
Vale Benfeito
Vilar do Monte
Ladainho 1174
Chacim
Olmos
Balsemão
Castelãos
Carrapatas
Cortiços
Macedo de Cavaleiros
Vale de Prados
Amendoeira
Sezulfe
Alvites
Mascarenhas
Avantos
Podence
Lamas de Podence
Corujas
Sta. Combinha
B. do Azibo
Valdrez
Vinhas
Salselas
Sendas
Quintela de Lampaças
Vale de Nogueira
Salsas
Edroso
Ferreira
Arcas
Espadanedo
Murçós
Agrochão
Vilarinho de Agrochão
Lamalonga
São Pedro Velho
Vale das Fontes
Erverdosa
Negreda
Eiras Maiores
Mêlhe
Penhas Juntas
Edrosa
Nunes
Ouzilhão
Vilar de Peregrinos
Vila Boa de Ouzilhão
Carrazedo
Zoio
Celas
Moz de Celas
Lanção
Soutelo Mourisco
Sta. Comba de Rossas
Rebordainhos
Rebordãos
Nogueira
Sortes
Mós
Serra de Nogueira
BRAGANÇA
Castro de Avelãs
Gostei
São Pedro de Serracenos
Samil
Alfaião
São Bartolomeu
Freixedelo
Failde
Grijó de Parada
Paredes
Pinela
Parada
Coelhoso
Serapicos
Calvelhe
Paradinha Nova
Izeda
Macedo do Mato
Bagueixe
Gralhos
Limãos
Morais
Talhas
Paradinha de Besteiros
Lombo
Lagoa
Santa Bárbara
Peredo
São Gonçalo
Saldonha
Porrais
Castro Vicente
Remondes
Soutelo
Brunhoso
Mogadouro
Vale da Madre
Paradela
Salgueiro
Vilar Chão
Sendim da Ribeira
Parada
Valverde
Sardão
Figueira
Zava
Castelo Branco
Meirinhos
Vilar de Rei
Vilarinho dos Galegos
Bruçó
Lagoaça
Fornos
Mazouco
Aldeadávila de la Ribera
Salto de Aldeadávila
Mieza
Masueco
La Zarza de Pumareda
Serra de Mogadouro
Matela
Junqueira
Macedo do Peso
Peso
Sampaio
Azinhoso
Pena Róia
Variz
Santiago
Vila de Ala
Vinhais
Sobreiro de Cima
Sobreiro de Baixo
Vila Verde
Castrelos
Conlelas
Vila Boa
Paço
Travanca
Vilar de Ossos
Serra da Coroa
Coroa 1272
Montouto
Moimenta
Manzalvos
Cádavos
Castromil
Esculqueira
Sa del Marabón
Hermisende
San Ciprián
Castrelos
Sa Tejera
La Tejera
Sa Gamoneda
Calabor
Sa de la Atalaya
Sta. Cruz de Abranes
Montesinho
Serra de Montesinho
Portelo
França
Aveleda
Varge
Rabal
Baçal
Meixedo
Senhora da Assunção
Parque Natural de Montezinho
Vilarinho
Parâmio
Fresulfe
Mofreita
Sta. Cruz
Espinhosela
Carragosa
Donai
Vila Nova
Gimonde
Pexeiros
Carracedo da Serra
Bouza
Cepedelo
Barjacoba
Sever
Pías
Villanueva de la Sierra
Las Hedradas
Hedroso
Chanos
Lubián
Aciberos
Padornelo
Portillo del Padornelo 1.360
San Martín
Requejo
Terroso
Lobeznos
Pedralba de la Pradería
Moncabril
Ribadelago
S. Román
Avedillo
Cobreros
S. Miguel de Lomba
Sta. Colomba de S.
O Pereiro
A Vilavella
A Canda
Alto de la Canda 1.262
A Mezquita
A 52
N 525
E 82-IP 4
IP 4
Rio Sabor
DOURO
Embalse de Aldeadávila

Xinzo de Limia
Rairiz de Veiga
A Sainza
Vilar de Santos
Morgade
A Pena
Sarreaus
Freande
Soutelo Verde
Porto de Outeiro de Augas
As Ribas
Alto do Vieiro
Serra do Leboreiro
A Fraga
Parada do Monte
Bande
Quintela
A Feira Nova
Sabucedo
Ganade
As Lamas
Abavides
Zos
Laroá
Escornabois
Baldriz
Pto. das Estivadas
As Estibadas
Fetorta
Arcucelos
Nocedo do Val
Vences
Castrelo do Val
Mixós
Albarellos
Monterrei
Verín
Senderiz
Valdemir
Lobeira
Baños
Facos
Sta. Comba
Torneiros
Grou (San Mamede)
As Conchas
Xordos
Porqueira
S. Mamede
Os Blancos
Moreiras
Trasmiras
Viladervei
Virxe dos Remedios
Vilar de Lebres
Cualedro
Barrio
Cerdedo
A Pousa
Mugueimes
Covas
Muiños
A Herdadiña
Xendive
Ganceiros
Porqueirós
As Maus de Salas
Calvos de Randín
San Lourenzo
Rubiás dos Mixtos
Baltar
Niñodaguia
Lucenza
S. Martiño
Vilaza
Requeixo
Oimbra
Embalse de Salas
Requiás
Tourém
Randín
Vilamaior da Boullosa
Sª do Larouco
Pedrosa
Sarin
Flariz
A Madanela
Medeiros
Casas dos Montes
Tamaguelos
Lobios
Pazos
Vilameá
Nosa Sra. do Xurés
Serra do Xurés
Serra do Pisco
Serra da Pena
Sendim
Cabeço Alto
Padroso
Pardornelos
Serra do Larouco
A Xironda
Vilar de Perdizes
Sarto André
Vedeferre
Bousés
Pitões das Júnias
Gerês
Antigas mamoas
Paço de los Fidalgos de Vilar de Perdizes
Gralhas
Solveira
Mourilhe
Meixedo
Minas dos Carris
Parque Nacional da Peneda-Gerês
Sezelhe
Montalegre
Soutelinho da Raia
Vilarelho da Raia
Vilela Seca
Mandim
Covelães
B. de Paradela
B. do Alto Cávado
São Vicente da Chã
Pedrario
Sarraquinhos
Meixide
Ervededo
Outeiro
São Pedro
Gralhós
Calvão
Bustelo
Feces de Abaixo
Paradela
N. Sra. de Fátima
Fiães do Rio
Castanheira
Viade de Baixo
Fervidelas
Morgade
Cortiço
Arcos
Calzada romana
Sanjurge
Ardãos
Seara Velha
Soutelo
Grabados rupestres
Outeiro Seco
Santo Estêvão
Ponteira
B. do Alto Rabagão
Pisões
Vilarinho
Negrões
Carvalhais
Cervos
Serra de Leiranco
Ponte romano de Trajano
Vale de Anta
Chaves
Faiões
Cabril
Covelo do Gerês
Reigoso
Vila da Ponte
Bobadela
Sapelos
Caldas de Chaves
Curalha
Ferral
Lama Chã
Lavradas
Alturas do Barroso
Sapiãos
Granja
Redondelo
Nantes
Ruivães
Pondras
B. da Venda Nova
Armada
Vilarinho Seco
Carvalhelhos
Beça
Pedrinha
Boticas
São Pedro de Agostém
Venda Nova
Pereira
São Salvador de Viveiro
Caldas Santas de Carvalhelhos
Quintas
Avelhe
Vilela do Tâmega
Carvela
Borralha
Dornelas
Ruinas romanas
Vilar
Codessoso
Pinho
Legarelhos
Serra da Cabreira
Salto
Barroso
Campos
Arcossó
Termas de Vidago
Vidago
Nogueira da Montanha
France
Torrinheiras
Covas do Barroso
Canedo
Vila Verde
Moreiras
Loivos
Capeludos
Freixeda
Oura
Sta. Leocádia
Santiago de Ribeira de Alhariz
Seixa
Gondiães
Bucos
Magusteiro
Monteiros
Bragado
Vila do Conde
Serapicos
São João da Corveira
Sabroso
Valoura
Serra da Pradela
Rio Bom
Argemil
Rio Douro
Vilar de Cunhas
Pensalvos
Vreia de Bornes
Sto. Aleixo de Além Tâmega
Parada de Monteiros
Minheu
Carrazedo de Montenegro
Padrela e Tazém
Chacim
Bragadas
Sta. Marinha
Pedras Salgadas
Afonsim
Valugas
Várzea Cova
Cabeceiras de Basto
Ribeira de Pena
Cavês
Faia
Portela de Sta. Eulália
Sta. Marinha da Montanha
Pedraça
Loure
Arco de Baúlhe
Telhela de Baixo
Vila Pouca de Aguiar
Penabeice
Cemeterio medieval
Soutelo de Aguiar
Gouvães da Serra
Curros
Vale de Égua
Vila Nune
Cerva
Atei
Gandarela
Telões
Freiria
Cidadelha de Jales
Tresminas
Castelo dos Mouros
Limões
Castelo roqueiro de Aguiar
Zimão
Cerdeira
Alfarela de Jales
Valongo de Milhais
Canedo de Basto
Caçarilhe
Fermil
Ntra. Sra. da Graça
Alvacia
Macieira
Soutelinho
Vilares
Carvas
Salgueiros
Vreia de Jales
Tâmega
Celorico de Basto
Mondim de Basto
Vilar de Ferreiros
Bilhó
Vila Chã
Marco
Ruinas romanas
Murça
Serra de Alvão
Samardã
Cabreiro
Carva
Palheiros
Quedas
Vilarinho de Samardã
Torre de Pinhão
Fiolhoso
Paradança
Lamas de Olo
Codaval
Noura
Moreira do Castelo
Ermelo
Fervença
São Tomé do Castelo
Souto de Escarão
Serra de Vilarelho
Figas
Parque Natural do Alvão
Escariz
Rebordelo
Pardelhas
Vaqueiro
Adoufe
Balsa
Ribalonga
Pegarinhos
Fridão
Canadelo
Alto de Velão
Borbela
Lamares
Paradela de Pinhão
Sta. Eugénia
Vila Cova
VILA REAL
Mouços
Vilar de Maçada
Vila Chã
Chã
Carlão
Vila Chão
Alto do Espinho
Parada de Cunhos
Solar Mateus
Mateus
Ludares
São Lourenço de Ribapinhão
Campeã
Constantim
Amarante
Aboadela
Pousada de São Gonçalo
Torgueda
Folhadela
Vale de Nogueiras
Souto Maior
Sanfins do Douro
Franzinhal
Caldas de S. Lourenço
Gondar
Soutelo
Louredo
Portela
São Martinho de Antas
Alijó
São Lourenço
Amieiro
Bustelo
Ansiães
Marão
Cumieira
Sabrosa
Andrães
Sabroso
Passos
Favaios
Granja
Candemil
Fontes
Sever
Vilarinho de São Romão
Celeiros
São Mamede de Ribatua
Carneiro
Serra do Marão
Medrões
Lobrigos
Alvações do Corgo
Paradela de Guiães
Castedo
Castanheiro
Abaças
Vilela
Sedielos
Santa Marta de Penaguião
Guiães
Provesende
Vilarinho de Cotas
Tua
Ribalonga
Loivos do Monte
Teixeira
Vila Marim
A-vações de Corgo
Vilarinho dos Freires
Linhares
Ovil
Galafura
Covas do Douro
Pinhão
Gestaço
Oliveira
Loureiro
Poiares
Gouvinhas
Viariz
Mesão Frio
Fontelas
Peso da Régua
Ervedosa do Douro
Soutelo do Douro
Nagozelo do Douro
Tresouras
Caldas de Moledo
B. da Régua
Douro
Valença do Douro
Sta. Marinha do Zêzere
Loivos
Penajóia
Folgosa
Adorigo
Sta. Cruz do Douro
Barqueiros
Samodães
Frende
Cambres
Sande
Valdigem
Vila Seca
Sta. Leocádia
São João da Pesqueira
Anreade
Fontoura
Barrô
Fonte da Mesa
Fontelo
Coura
Castanheiro do Sul
Resende
Lamego
Aldeias
Armamar
Barcos
Tabuaço
Caldas de Aregos
São Martinho
Penude
Figueira
Pinheiros
Vilar

38
18
1
2
Ayoó de Vidriales
S. Miguel
Fuente Encalada
Alcibilla de Nogales
Alija del Infantado
Saludes de Castroponce
San Adrián del Valle
Villaquejida
Campazas
Gordoncillo
Villageriz
Arrabalde
Coomonte
Maire de Castroponce
Robladura del Valle
Matilla de Arzón
Villafer
Cimanes de la Vega
Barcial de la Vega
Valderas
San Pedro de la Viña
Rosinos
V. del Campo
Villaferrueña
S.ª de Carpurias
Fresno de la Polvorosa
La Torre del Valle
Barcianos de la Vega
S. Miguel del Esla
Tardemézar
Moratones
San Andrés
Sta. María de la Vega
Morales de Rey
Vecilla
Villabrázaro
Sta. Colomba de las Carabias
Brime de Sog
Granucillo
San Esteban
Cunquilla
San Isidro
Manganeses de la Polvorosa
San Cristóbal de Entreviñas
San Miguel del Valle
Roales
Pozuelo de Vidriales
Brime de Urz
Cabañas
Quintanilla de Urz
Almucera
Quiruelas de Vidriales
Valdescorriel
Fuentes de Ropel
San Vicente 837
Sta. Marta
Sitrama
Micereces de Tera
Colinas de Trasmonte
Benavente
Camarzana de Tera
Sta. Cristina de la P.
Villanueva de Azoague
Quintanilla del Moral
Santa Croya de Tera
Santibáñez de Tera
Aguilar de Tera
Villanázar
Castrogonzalo
El Portazgo
Villanueva del Campo
Pumarejo de Tera
Melgar de Tera
San Pedro de Zamudia
Virgen de la Vega
Navianos de Valverde
Santa Colomba de las Monjas
Castropepe
Vega de Villalobos
Sta. María de Valverde
Mózar
Arcos de la Polvorosa
Valdehunco
Villanueva de las Peras
Villaveza de Valverde
Morales de Valverde
Barcial del Barco
San Esteban del Molar
Villalobos
Bercianos de Valverde
Burganes de Valverde
Milles de la Polvorosa
La Velilla
Prado
Litos
Pueblica de Valverde
Friera de Valverde
Villaveza del Agua
Vidayanes
Quintanilla del Olmo
Olmillos de Valverde
Cerecinos de Campos
106
Portillo de Sazadón 820
L. S.ª de las Cavernas
Bretocino
Bretó
Santovenia
San Agustín del Pozo
Revellinos
Nacional Sierra de la Culebra
Tapioles
Villalpando
Faramontanos de Tábara
Villafáfila
Lag. de Barillos
L. Salina Grande
S. Lorenzo
Tábara
La Tabla
Campanario 1.020
Moreruela de Tábara
Sta. Eulalia de Tábara
Granja de Moreruela
Otero de Sariegos
Villárdiga
S.ª de las Carbas
Monasterio de Moreruela
Lag. de las Salinas
San Martín de Valderaduey
Escober de Tábara
Villarrín de Campos
Pozuelo de Tábara
Ferreruela de Tábara
S.ª Roldana
Riego del Camino
Cañizo
San Martín de Tábara
Navianos de Alba
Fontanillas de Castro
Manganeses de la Lampreana
Valle
Olmillos de Castro
Perilla de Castro
Villalba de la Lampreana
Losacio
Belver de los Montes
Maquiz de Alba
San Cebrián de Castro
Pajares de la Lampreana
Castronuevo
S. Pedro de las Cuevas
Arquillinos
Coronas 807
Sequillo
Losilla
Cerecinos de Carrizal
Pobladura de Valderaduey
Muga de Alba
S.ª de Cantadores
Santa Eufemia del Barco
Piedrahita de Castro
Aspariegos
Bustillo del Oro
Carbajales de Alba
Montamarta
Malva
N.ª S.ª del Tovar
Vezdemarbán
Manzanal del Barco
N.ª S.ª del Carmen
Moreruela de los Infanzones
Benegiles
Pinilla de Toro
Videmala
Emb. de Ricobayo
Palacios del Pan
Fuentesecas
Abezames
Villalube
Torres del Carrizal
N.ª S.ª de Gracia
Cerezal de Aliste
San Pedro de la Nave
Almendra
Andavías
Tierra del Pan
Gallegos del Pan
Pozoantiguo
Villardondiego
El Campillo
Valdeperdices
Molacillos
Villanueva de los Corchos
Cubillos
Algodre
del
Matilla la Seca
La Hiniesta
Roales
Monfarracinos
Ricobayo
Valcabado
Coreses
Fresno de la Ribera
Villalcampo
Muelas del Pan
N.ª S.ª de la Consolación
Monte la Reina
Toro
Tagarabuena
ZAMORA
Villaralbo
Villalazán
Cristo
Emb. de Villalcampo
Carrascal
Pueblo
Villaseco
Almaraz de Duero
San Pelayo
Moraleja del Vino
Madridanos
Peleagonzalo
San Román de los Infantes
Morales del Vino
Arcenillas
Bamba
Casaseca de las Chanas
Valdefinjas
Tardobispo
Entrala
Sanzoles
Arcillo
Pereruela
Pontejos
Pueblica de Campeán
Gema
Fadón
Las Enillas
El Perdigón
Cazurra
Sogo
Malillos
San Marcial
Duero
Peleas de Abajo
Jambrina
Venialbo
Villabuena del Puente
Sobradillo de Palomares
Casaseca de Campeán
Mogátar
Corrales
Tierra del Vino
Piñuel
Villanueva de Campeán
El Piñero
Santa Clara de Avedillo
Tamame
Cabañas de Sayago
San Miguel de la Ribera
El Pego
La Bóveda de Toro
Fuentespreadas
Peleas de Arriba
Fuentelcarnero
Figueruela de Sayago
Cuelgamures
Arguijillo
Peñausende
Valparaíso
Guarrate
El Maderal
Escuadro
Muñuela de Sayago
Mayalde
El Cubo de la Tierra del Vino
Villamor de los Escuderos
Fuentelapeña
Alfaraz
Teso Santo 985
Fuentesaúco
Castrillo de la Guareña
Santiz
Villaescusa
Moraleja de Sayago
58
Valdelosa
Palacios del Arzobispo
Castillejo 926
62
Villanueva de
A
B
C
D
39
42
60
33
56

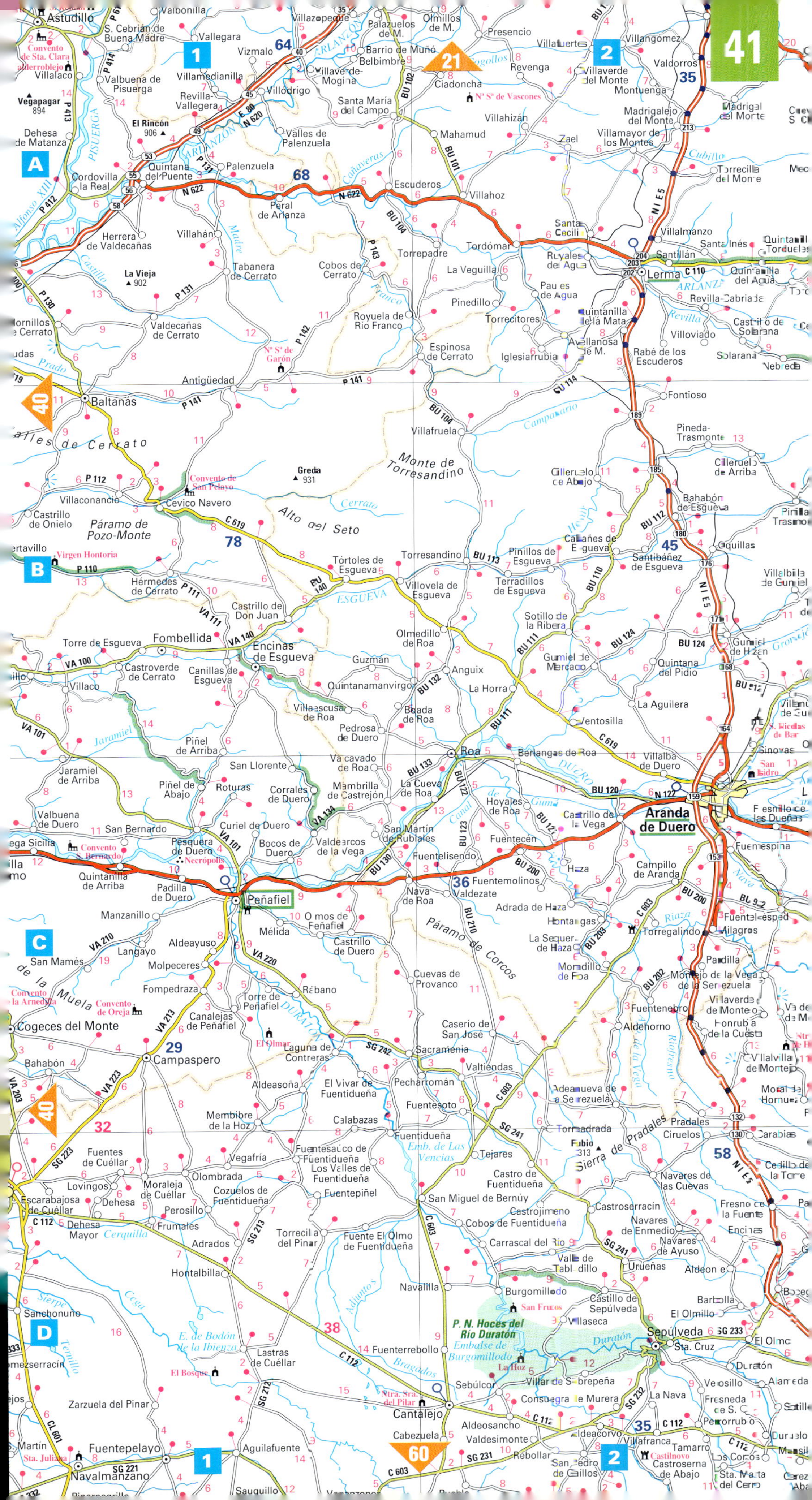
Astudillo
S. Cebrián de Buena Madre
Vallegara
Villazopeque
Palazuelos de M.
Olmillos de M.
Presencio
Villangómez
Convento de Sta. Clara
Villalaco
Valbuena de Pisuerga
Villamedianilla
Vizmalo
Barrio de Muñó
Belbimbre
Villaverde del Monte
Valdorros
Montuenga
Vegapagar 894
Revilla-Vallegera
Villodrigo
Santa María del Campo
Ciadoncha
Revenga
Nª Sª de Vascones
Madrigalejo del Monte
Madrigal del Monte
El Rincón 906
Villahizán
Dehesa de Matanza
Valles de Palenzuela
Mahamud
Zael
Villamayor de los Montes
PISUERGA
ARLANZÓN
Cordovilla la Real
Quintana del Puente
Palenzuela
Escuderos
Villahoz
Torrecilla del Monte
Peral de Arlanza
Herrera de Valdecañas
Villahán
Torrepadre
Tordómar
Santa Cecilia
Villalmanzo
Santa Inés
Ruyales del Agua
Santillán
Lerma
Quintanilla del Agua
La Vieja 902
Tabanera de Cerrato
Cobos de Cerrato
La Veguilla
Pinedillo
Pau es de Agua
Revilla-Cabriada
Quintanilla de la Mata
Hornillos de Cerrato
Valdecañas de Cerrato
Royuela de Río Franco
Torrecitores
Villoviado
Castillo de Solarana
Espinosa de Cerrato
Iglesiarrubia
Avellanosa de M.
Rabé de los Escuderos
Solarana
Nª Sª de Garón
Antigüedad
Fontioso
Baltanás
Villafruela
Pineda-Trasmonte
Valles de Cerrato
Monte de Torresandino
Greda 931
Cilleruelo de Abajo
Cilleruelo de Arriba
Convento de San Pelayo
Villaconancio
Cevico Navero
Bahabón de Esgueva
Castrillo de Onielo
Páramo de Pozo-Monte
Cerrato
Alto del Seto
Cabañes de Esgueva
Oquillas
Virgen Hontoria
Tórtoles de Esgueva
Torresandino
Pinillos de Esgueva
Santibáñez de Esgueva
Hérmedes de Cerrato
Villovela de Esgueva
Terradillos de Esgueva
Castrillo de Don Juan
ESGUEVA
Sotillo de la Ribera
Torre de Esgueva
Fombellida
Encinas de Esgueva
Olmedillo de Roa
Gumiel de Hizán
Castroverde de Cerrato
Canillas de Esgueva
Guzmán
Anguix
Gumiel de Mercado
Quintana del Pidio
Villaco
Quintanamanvirgo
La Horra
La Aguilera
Villaescusa de Roa
Boada de Roa
Pedrosa de Duero
Ventosilla
Jaramiel
Piñel de Arriba
Roa
Berlangas de Roa
Villalba de Duero
Sinovas
Jaramiel de Arriba
San Llorente
Valcavado de Roa
DUERO
San Isidro
Piñel de Abajo
Roturas
Corrales de Duero
Mambrilla de Castrejón
La Cueva de Roa
Hoyales de Roa
Castrillo de la Vega
Aranda de Duero
Fresnillo de las Dueñas
Valbuena de Duero
San Bernardo
Curiel de Duero
San Martín de Rubiales
Fuentecén
Convento S. Bernardo
Pesquera de Duero
Necrópolis
Bocos de Duero
Valdearcos de la Vega
Fuentelisendo
Haza
Campillo de Aranda
Fuentespina
Quintanilla de Arriba
Padilla de Duero
Peñafiel
Nava de Roa
Fuentemolinos
Valdezate
Adrada de Haza
Manzanillo
Olmos de Peñafiel
Mélida
Hontangas
Torregalindo
Fuentelcésped
Milagros
Castrillo de Duero
Páramo de Corcos
La Sequera de Haza
Riaza
Aldeayuso
Langayo
San Mamés
Molpeceres
Cuevas de Provanco
Moradillo de Roa
Pardilla
Montejo de la Vega de la Serrezuela
Fompedraza
Torre de Peñafiel
Rábano
Convento de la Armedilla
Convento de Oreja
Cuesta de la Muela
Canalejas de Peñafiel
Fuentenebro
Villaverde de Montejo
Aldehorno
Honrubia de la Cuesta
Cogeces del Monte
Caserío de San José
El Olmar
Laguna de Contreras
Sacramenia
DURATÓN
Campaspero
Bahabón
Valtiendas
Villalvilla de Montejo
Aldeasoña
El Vivar de Fuentidueña
Pecharromán
Aldeanueva de la Serrezuela
Moral de Hornuez
Membibre de la Hoz
Fuentesoto
Calabazas
Fuentidueña
Torreadrada
Pradales
Ciruelos
Carabias
Fuentes de Cuéllar
Vegafría
Fuentesaúco de Fuentidueña
Emb. de Las Vencias
Tejares
Fuente 313
Sierra de Pradales
Castro de Fuentidueña
Navares de las Cuevas
Cedillo de la Torre
Lovingos
Moraleja de Cuéllar
Olombrada
Los Valles de Fuentidueña
Escarabajosa de Cuéllar
Dehesa
Cozuelos de Fuentidueña
Fuentepiñel
San Miguel de Bernuy
Castroserracín
Fresno de la Fuente
Dehesa Mayor
Cerquilla
Perosillo
Frumales
Castrojimeno
Cobos de Fuentidueña
Navares de Enmedio
Navares de Ayuso
Adrados
Torrecilla del Pinar
Fuente El Olmo de Fuentidueña
Carrascal del Río
Valle de Tabladillo
Urueñas
Aldeonte
Hontalbilla
Navalilla
Burgomillodo
Sierpe
Cega
Sanchonuño
San Frutos
Castillo de Sepúlveda
Villaseca
Barbolla
El Olmillo
P. N. Hoces del Río Duratón
Embalse de Burgomillodo
Sepúlveda
Sta. Cruz
El Olmo
E. de Bodón de la Ibienza
Fuenterrebollo
Lastras de Cuéllar
La Hoz
Duratón
Villar de Sobrepeña
El Bosque
Sebúlcor
Consuegra de Murera
La Nava
Velosillo
Fresneda de S.
Zarzuela del Pinar
Ntra. Sra. del Pilar
Cantalejo
Aldeosancho
Aldeacorvo
Villafranca
Perorrubio
Cabezuela
Valdesimonte
Tamarro
Fuentepelayo
Aguilafuente
Rebollar
Castrillo
Castroserna de Abajo
Navalmanzano
San Pedro de Gaíllos
Sta. María del Cerro
Sta. Juliana
Martín
Sauquillo
A
B
C
D
1
2
21
40
60
N 622
N 620
E 80
N I E5
C 110
C 112
C 603
C 619
P 412
P 413
P 414
P 130
P 131
P 141
P 142
P 143
P 112
P 110
P 111
BU 101
BU 102
BU 104
BU 110
BU 111
BU 112
BU 113
BU 114
BU 120
BU 122
BU 123
BU 124
BU 130
BU 132
BU 133
BU 140
BU 200
BU 202
BU 203
VA 100
VA 101
VA 111
VA 134
VA 140
VA 210
VA 213
VA 220
VA 223
SG 205
SG 212
SG 213
SG 221
SG 223
SG 231
SG 232
SG 233
SG 241
SG 242
CL 601

40
La Caseta
Perales
Villafruela
San Cebrián de Campos
Amusco
Palacios de Alcor
Astudillo
S. Cebrián de Buena Madre
Paredes de Nava
Villadalvín
Ribas de Campos
Taragundino
Valdespina
Vegapagar
Valbuena de Pisuerga
Revilla-Vallegera
Cristo del Otero
Becerril de Campos
Monzón de Campos
Monterrey
Dehesa de Matanza
El Rincón
Fuentes de Nava
Villaumbrales
S. Gregorio
Husillos
C A M P O S
Fuentes de Valdepero
Villajimena
Cordovilla la Real
Quintana del Puente
Calderón
Valdesalce
Cascón de la Nava
Grijota
Villamediana
Herrera de Valdecañas
Villahán
Castromocho
Mazariegos
Valdeolmillos
Torquemada
Revilla de Campos
Villamartín de Campos
PALENCIA
Villalobón
La Vieja
Mirador T. de Campos
Pedraza de Campos
Autilla del Pino
Magaz
Reinoso de Cerrato
Hornillos de Cerrato
Valdecañas de Cerrato
Paradilla del Alcor
Nª Sª de Villaverde
Villaviudas
Paredes de Campo
Monte El Viejo
Villamuriel de Cerrato
Soto de Cerrato
Calabazanos
Antigüedad
Baltanás
Rayaces
Sta. Cecilia del Alcor
Ampudia
Venta de Baños
Baños de Cerrato
Hontoria de Cerrato
Postil
Valles de Cerrato
Monte de La Torre
Nª Sª de Arconada
La Trapa
San Isidro de Dueñas
Tariego de Cerrato
Valle de Cerrato
Nª Sª de Guadalupe
Quintanilla de Trigueros
Dueñas
Mencía
Villaconancio
Convento de San Pelayo
Cevico Navero
Maderano
Cevico de la Torre
Castrillo de Onielo
Páramo de Pozo-Monte
Cubillas de Santa Marta
Páramo de los Infantes
Trigueros del Valle
V. de Onecha
Vertavillo
Virgen Hontoria
Nª Sª de Gaceta
Corcos
Madrazos
Alba de Cerrato
Cortas de Blas
Hérmedes de Cerrato
Torozos
San Pedro
Valoria la Buena
Cubillas de Cerrato
Población de Cerrato
Granja Muedra
Cigales
San Martín de Valvení
Torre de Esgueva
Fombellida
San Andrés
Peña
Esguevillas de Esgueva
Amusquillo
Castroverde de Cerrato
Canillas de Esgueva
Mucientes
Cabezón de Pisuerga
Piña de Esgueva
Villaco
Villafuerte
Fuensaldaña
Villa Romana
Páramo de Valderrueda
Villanueva de los Infantes
Santovenia de Pisuerga
Villarmentero de Esgueva
Castrillo-Tejeriego
Jaramiel
Piñel de Arriba
Yacimientos
Olmos de Esgueva
Castronuevo de Esgueva
Montes de Valderrobledo
Jaramiel de Arriba
Piñel de Abajo
Rotura
Zaratán
Renedo
ESGUEVA
Villavaquerín
Casasola
Villabáñez
Olivares de Duero
Valbuena de Duero
San Bernardo
Curiel
VALLADOLID
Vega Sicilia
Convento S. Bernardo
Pesquera de Duero
La Cistérniga
Sardón de Duero
Quintanilla de Onésimo
Necrópolis
Arroyo
Sto. Cristo
DUERO
Quintanilla de Arriba
Padilla de Duero
Peñafiel
Pinar de Antequera
Tudela de Duero
Canal del Duero
Laguna de Duero
V. del Villar
Traspinedo
Manzanillo
Herrera de Duero
Santibáñez de Valcorba
Valimón
Altos de la Muela
Aldeayuso
Langayo
El Otero
San Mamés
Asorona
Boecillo
La Parrilla
Molpeceres
Viana de Cega
Campasco
Convento de la Armedilla
Fompedraza
Convento de Oreja
Aldeamayor de San Martín
Canalejas de Peñafiel
CEGA
Montemayor de Pililla
Cogeces del Monte
Aldealbar
Campaspero
La Pedraja del Portillo
Portillo
Bahabón
Castillas
Arrabal de Portillo
Camporredondo
Torrescárcela
Castro Prehistórico
Aldea de San Miguel
Santiago del Arroyo
Viloria
Membribre de la Hoz
Sieteiglesias
Mojados
San Miguel del Arroyo
Virgen de Henar
Matapozuelos
Megeces
San Cristóbal de Cuéllar
Fuentes de Cuéllar
Vega
Villalba de Adaja
Cogeces de Íscar
Vallelado
Torregutiérrez
Cuéllar
Lovingos
Moraleja de Cuéllar
Olombrada
Mata de Cuéllar
Escarabajosa de Cuéllar
Dehesa
Cozuelos de Fuentidueña
Alcazarén
El Cristo
Dehesa Mayor
Cerquilla
Perosillo
Hornillos
Íscar
Frumales
Adrados
Pedrajas de San Esteban
Chañe
Eresma
Remondo
Arroyo de Cuéllar
Hontalbilla
Sangrera
Convento de La Mejorada
Fresnada de Cuéllar
Campo de Cuéllar
Sancho nuño
Sierpe
Villaverde de Íscar
ADAJA
El Rey
Olmedo
Narros de Cuéllar
E. de Bodón de la Ibienza
Chatún
Gomezserracín
Llano de Olmedo
Fuente el Olmo de Íscar
El Bosque
La Zarza
Villeguillo
Samboal
Pinarejos
Zarzuela del Pinar
Fuente-Olmedo
San Pelayo
Bocigas
Ciruelos de Coca
Ramiro
Pirón
S. Martín
Sta. Juliana
Fuentepelayo
Almenara de Adaja
Fonseca
Coca
Mudrián
Aguilafuente
Fuente de Santa Cruz
Navas de Oro
Navalmanzano
Villagonzalo

Villaornate
Fuentes de Carbajal
Mayorga
Cabezón de Valderaduey
Villacarralón
Virgen del Carmen
Medina de Rioseco
Fontihoyuelo
Villaquejida
Campazas
VA 542
Castrobol
VA 530
19
Villagómez la Nueva
Villanueva de la Condesa
Virgen de Fuentes
Villafer
LE 510
Gordoncillo
N 601
Castroponce
Gordaliza de la Loma
Bustillo de Chaves
Herrín de Campos
Guaza de Campos
Valdemanes de la Vega
LE 542
VA 930
VA 932
Barriones de la Vega
Lirones de Castroponce
Becilla de Valderaduey
VA 923
LE 511
Valderas
La Unión de Campos
VA 522
Puente Romano
Villalón de Campos
San Miguel del Esla
LE 541
VA 541
N 610
VA 520
N 610
S. Bernardino
Villacid de Campos
Villafrades de Campos
Cuenca de Campos
Sequillo
ZA 514
Cea
LE 513
LE 524
Valdunquillo
Villavicencio de los Caballeros
Gatón de Campos
Virgen de la Salud
San Miguel del Valle
Roales
Valdescorriel
LE 512
Ceinos de Campos
Fuentes de Ropel
ZA 513
ZA 512
San Vicente 837
ZA 524
Bolaños de Campos
VA 504
Villalán de Campos
C 611
VA 921
Villabaruz de Campos
Quintanilla del Moral
N 610
Villanueva del Campo
Convento de S. Francisco
Morales de la Reina
P 913
Castrogonzalo
Vega de Villalobos
ZA 511
Castroverde de Campos
ZA 504
Aguilar de Campos
Castil de Vela
Valdehunco
Tamariz de Campos
Villalobos
Barcial de la Loma
Villamuriel de Campos
Pedrosa
Azadón
La Velilla
Villardefallaves
VA 523
Berrueces
VA 920
Belmonte de Campos
Meneses de Campos
Prado
Quintanilla del Olmo
ZA 503
Palazuelo de Vedija
N 601
Villanueva de S. Mancio
Cerecinos de Campos
C 612
Villamayor de Campos
Santa Eufemia del Arroyo
Villafrechós
C 612
VA 913
Palacios de Campos
VA 912
Revellinos
Medina de Rioseco
Montealegre
N VI
Villaesper
Tapioles
Villalpando
Quintanilla del Monte
Cabreros del Monte
Morales de Campos
C 612
Lag. de Barillos
Salina Grande
Virgen de Arenales
Sequillo
Valdenebro de los Valles
Sardanedo 854
Villárdiga
Cotanes del Monte
Pozuelo de la Orden
Villabrágima
Valverde de Campos
San Martín de Valderaduey
Tordehumos
San Blas
VA 910
Cañizo
C 612
Monte de la Mata
La Tega
C 519
Canal de Macías Picavea
VA 511
La Mudarra
Valderaduey
Villanueva de los Caballeros
Villagarcía de Campos
Castromonte
VA 510
N 601
Bajoz
C 611
VA 5503
Belver de los Montes
San Pedro de Latarce
Urueña
Nª Sª de la Anunciada
La Santa Espina
ZA 714
Coronas 807
Sequillo
Villardefrades
N-VI
Almaraz de la Mota
Monte de San Lorenzo
Peñaflor de Hornija
Pobladura de Valderaduey
Villavellid
Santa María
Montes
Castromembibre
San Pelayo
Bustillo del Oro
Nª Sª del Tovar
San Cebrián de Mazote
Barruelo
Wamba
Malva
Vezdemarbán
Nª Sª de Tiedra
Pobladura de Sotiedra
C 519
Tiedra
Torrecilla de la Torre
Torrelobatón
Castrodeza
Ciguñuela
Pinilla de Toro
Adalia
Fuentesecas
Abezames
Mota del Marqués
Villasexmir
VA 514
Marrundiel
Hornija
San Salvador
Valle
Benafarces
Robladillo
Pozoantiguo
Nª Sª de Gracia
Villalbarba
N-VI
Gallegos de Hornija
Villán de Tordesillas
Villardondiego
C 519
Villalonso
Vega de Valdetronco
Matilla la Seca
Marzales
Velliza
ZA 713
ZA 712
Villavendimio
Casasola de Arión
Pedrosa del Rey
Bercero
Cerecuelo
VA 500
Velilla 833
Velilla
Villavieja del Cerro
Matilla de los Caños
Pedrosa de la Abadesa
Tagarabuena
Villalar de los Comuneros
Villamarciel
Monte la Reina
Toro
Morales de Toro
VA 660
N 122 E 82
Villaester de Arriba
Tordesillas
Cristo
Villaester de Abajo
San Miguel del Pino
Puebla
Hornija
Torrecilla de la Abadesa
Los Llanos de la Peña
Peleagonzalo
C 112
San Román de Hornija
Canal de Tordesillas
E. de la Peña
Duero
El Piornal
C 159
Torre de Duero
N 620 E 80
N VI
Valdefinjas
Pollos
Sanzoles
ZA 613
Villafranca de Duero
Foncastín
S. José
Rueda
Regueral
C 112
VA 600
Duero
Trabancos
Valdecebras
La Seca
Venialbo
Castronuño
Torrecilla del Valle
Villabuena del Puente
Rodilana
ZA 610
ZA 601
VA 601
Siete Iglesias de Trabancos
Nava 788
Zapardiel
El Pego
La Bóveda de Toro
Pitanza
Nava del Rey
S. Cristóbal
Guareña
C 112
Alaejos
Villaverde de Medina
Medina del Campo
Guarrate
ZA 604
ZA 602
VA 602
VA 802
Nª Sª de la Casita
Romaguilardos
C 159
Vadillo de la Guareña
N 620 E 80
Tobar
VA 803
Nueva Villa de las Torres
Manga
Fuentelapeña
ZA 620
Castrejón
El Campillo
Fuentesaúco
Turiego
Castrillo de la Guareña
VA 804
Brahojos de Medina
Villaescusa
Torrecilla de la Orden
Velascálvaro
Rubí de Bracamonte
C 605
ZA 603
58
Fresno el Viejo
Carpio
Bobadilla del Campo
VA 801
Castillejo
Tarazona
Páramo
VA 800

1
2
22
A
B
C
D
43
61
Villamiel de la Sierra
Sierra de Mencilla
Valle del Sol
BU 820
El Manquillo 1.415
Casa de la Sierra
Ermita de la Soledad
de Ezcaray
Mansilla
Mazuecos
Quintanilla Cabrera
Tinieblas
Villoruebo
Tañabueyes
Umbría
Monterrubio de Demanda
Gatón
Canales de la Sierra
Viniegra de Abajo
Emb. de Mansilla
Iglesiapinta
Riocavado de la Sierra
LR 113
C 113
San Juan
Villavelayo
Paules de Lara
Lara de los Infantes
San Millán de Lara
Barbadillo de Herreros
Huerta de Arriba
Quintanilla de las Viñas
Campolara
Nª Sª de las Viñas
Rupelo
Jaramillo de la Fuente
Barbadillo del Pez
Vallejimeno
Huerta de Abajo
BU 821
Tolbaños de Abajo
Tolbaños de Arriba
Brinzola 1.728
Pto. de Zariegos 1.060
N 234
Mambrillas de Lara
Villaespasa
Vizcaínos
Jaramillo Quemado
Hoyuelos de la Sierra
Porrilla
de Covarrubias
Hortigüela
Arroyo de Salas
Sierra de Neila
Lag. Negra de Neila
Neila
Collado de Quintanar 1.400
Urbión
BU 901
48
Cascajares de la Sierra
S. Pedro de Arlanza
Pinilla de los Moros
Pedroso
Terrazas
Monasterio de la Sierra
Mirador de S. Francisco
Tres Provincias 2.049
Retuerta
Barbadillo del Mercado
Castrovido
Reserva Nacional de la Sierra de la Demanda
Picos de Urbión
Urbión 2.229
Contreras
Salas de los Infantes
Palazuelo
BU 822
Lag. Larga
Lag. Helada
La Revilla
Castrillo de la Reina
Haedo
BU-P-8221
Quintanar de la Sierra
Necrópolis
Villanueva de Carazo
Hacinas
Arlanza
Sª de la Umbría
Santibáñez de Val
Sto. Domingo de Silos
Regumiel de la Sierra
Duruelo de la Sierra
BU 900
Barriosuso
Garganta de Yecla
Carazo
Palacios de la Sierra
Sto. Domingo de Silos
Valdosa 1.412
Gete
Vilviestre del Pinar
Canicosa de la Sierra
Pto. del Hierro 1.135
SO 851
Covaleda
BU 911
Hortezuelos
Moncalvillo
Cabezón de la Sierra
Ciruelos
Abejón
Briongos
Mamolar
Pinilla de los Barruecos
Reserva Natural de Urbión
BU 841
Espinosa de Cervera
Doña Santos
Lobos
La Gallega
Rabanera del Pinar
Santiago
Aldea del Pinar
Ebrillos
Esgueva
Arauzo de Miel
C 611
Navas del Pinar
Hontoria del Pinar
Nª Sª de Brezales
BU 921
Huerta del Rey
Espejón
Sª del Costalazo
San Leonardo de Yagüe
Navaleno
Pto. Mojón Pardo 1.234
91
Caleruega
Arauzo de Salce
BU 910
Espeja de S. Marcelino
SO 960
La Blanca
BU 923
Arauzo de Torre
La Hinojosa
Casarejos
Vadillo
Talveila
Muriel Viejo
Peñalba de Castro
Clunia
Quintanarraya
Orillares
S. Jerónimo
Muñecas
Sta. María de las Hoyas
P. Natural del Cañón del Río Lobos
Herrera de Soria
Baños de Valdearados
Coruña del Conde
Sto. Cristo
Hinojar del Rey
Espeja
Guijosa
SO 961
Ardal 1.215
Sta. Lucía
Arandilla
Quintanilla de Niño Pedro
SO 962
Fuentecaliente del Burgo
S. Bartolomé
SO 920
Cubilla
La Fuente
Alcubilla de Avellaneda
S. Juan de Cañicera
Remedios
Sª de Nafría
Nafría de Ucero
Aylagas
Chico
Muriel de la Fuente
Brazacorta
Alcoba de la Torre
Cristo del Campillo
Fuentearmegil
Cubillos
Valverde
Santervás de El Burgo
Ucero
Fuentecantales
Virgen del Valle
Peñaranda de Duero
Casanova
BU 933
Zayas de Bascones
Zayuelas
Valdelinares
Valdeavellano de Ucero
Abioncillo de Calatañazor
San Juan del Monte
Cuzcurrita de Aranda
Perales
Zayas de Torres
Valdeabín
Valdemaluque
Blacos
BU 330
BU 924
Villálvaro
Veguilla
Torreblacos
Bocigas de Perales
Berzosa
Sotos del Burgo
La Esperanza
S. Isidro
Valdelubiel
Torralba del Burgo
Valdealvillo
Virgen
La Vid
N 122
El Cubo
Rejas de S. Esteban
Matanza de Soria
Barceba
Zuzones
Alcozar
Barcebalejo
Velasco
Santiuste
52
Langa de Duero
Madre de Rejas
Los Perales
Quintanilla de Tres Barrios
S. Roque
Velilla de S. Esteban
Boós
Escobosa
Virgen de Paúl
Soto de San Esteban
Osma
El Burgo de Osma
Valdenarros
S. Julián
Valdenebro
Sequillo
S. Lorenzo
Almacedo
San Esteban de Gormaz
Uxama
Argaela
Lodares de Osma
Castillejo de Robledo
Aldea de S. Esteban
Alcubilla del Marqués
Bayubas de Arriba
Valdanzo
Pedraja de S. Esteban
SO 160
C 116
Peñalba de S. Esteban
Atauta
La Rasa
El Enebral
Bayubas de Abajo
Miño de San Esteban
Olmillos
Duero
C 114
39
Valdanzuelo
Fuentecambrón
Piquera de S. Esteban
Inés
Navapalos
Quintanas de Gormaz
Hortezuela
Gormaz
Cenegro
Vildé
Morales
Carrascosa
47
Castroboda
N 110
Recuerda
Villanueva de Gormaz
Alconadilla
Aldeolengua de Sta. María
Morcuera
V. de los Dolores
Quintanas Rubias de Abajo
Langilla
Torremocha de Ayllón
Fresno de Caracena
Alconada de Maderuelo
Mazagatos
Sta. Celicia
Humilladero
Quintanas Rubias de Arriba
Magdalena
Carrascosa de Abajo
Galapagares
Campo de San Pedro
Riaguas de S. Bartolomé
Ayllón
Torraño
Paones
Riahuelas
Sta. María de Riaza
Carrera
Ligos
Pozuelo
Nograles
Brías
Corral de Ayllón
Pinturas Rupestres
La Perera
Abanco 1.279
Cascajares
Saldaña de Ayllón
Hoz de Abajo
Hoz de Arriba
Abanco
Pajares de Fresno
Francos
Cuevas de Ayllón
Liceras
Caracena
Madruédano
Alalo
Montejo de Tiermes
Tiermes
Fresno de Cantespino
Ribota
Valvieja
Río Aguisejo
Torresuso
Valderromán
Sauquillo de Paredes
SO 161
Estebanvela
Noviales
San Juan
Aldealázaro
Santibáñez de Ayllón
Rebollosa de S. Pedro
Tarancueña
S. Miguel
Retortillo
Lumias
Aldeanueba del Monte
38
Villacorta
Sierra de Grado
Ruinas Romanas
Tiermes
Torrevicente
Goméznarro
Cincovillas
El Negredo
Sotillo de Caracena
Valdenedizo
Alquité
Madriguera
Grado del Pico
Losana
Castro
Retortillo de Soria
SO 162
Martín Muñoz de Ayllón
Sarracín
El Muyo
CM 110
Bañuelos
Riaza
Ntra. Sra. de Hontanares
Villacadima
Sierra de Pela
Miedes de Atienza
GU 145
Romanillos de Atienza
Riofrío de Riaza
Campisábalos
61
Laguna de Somolinos
Hijes
CM 1005
SG 112
Somolinos
Ujados
Alpedroches
SG 114
Lillas
Cantalojas
Pto. de la Quesera 1.737
Zarzas
Condemios de Arriba
Albendiego
CM 110
San Benito
Galve de Sorbe
Condemios de Abajo
Cañamares

Alfaro
Castejón
Arguedas
Eárdenas Negras
25
24
1
2
El Bayo
Bárdena del Caudillo
Sta. Anastasia
Valareña
A 125
Ejea de los Caballeros
Portillo de Sta. Margarita
EBRO
NA 134
N 113
A 15
29
N 232
NA 6810
NA 160
NA 125
Bco. Tudela
Sabinar
Loma Negra
646
Tudela
NA 126
Cardete
El Purguer
NA 6830
NA 6710
Murchante
Cabanillas
Fustiñana
Fontellas
El Bocal
Canal de Tauste
Escorón
Valdenovillas
NA 6900
21
NA 501
A 68 E 804
30
Ribaforada
El Ginestar
Sancho Abarca
40
Cascante
Lag. de Lor
Buñuel
NA 5200
A 127
Tulebras
Ablitas
Barillas
Monteagudo
Emb. de Dehesa
Malón
Novallas
Santa Engracia
Novillas
Cortes
44
N 121
Tórtoles
Vierlas
Cunchillos
Tauste
A 126
Torrellas
Tarazona
Mallén
C. de Lodosa
ZP-1147
Queiles
Sta. Cruz de Moncayo
El Buste
Fréscano
Gallur
Pradilla de Ebro
Grisel
Pto. de Lanzas Agudas
681
Monasterio de la Misericordia
Bisimbre
Agón
Boquiñeni
Femol nos
Martín de la Jgen del M.
Huecha
Lituénigo
Maleján
Borja
A 1302
N 122
San Sebastián
Luceni
Alcalá de Ebro
Trasmoz
Vera de Moncayo
Bulbuente
39
Albeta
Ainzon
Bureta
Magallón
Alberite de S. Juan
23
Cabañas de Ebro
Litago
Monasterio de Veruela
Ambel
Valjunquera
Pedrola
50
del Moncayo
Z 373
Alcalá de Moncayo
Pozuelo de Aragón
Bco. del Bayo
Santuario del Moncayo
Añón de Moncayo
Z 371
Fuendejalón
Z V 3221
Figueruelas
Pinseque
Grisén
Bco. de la Peñuelza
Talamantes
A 1303
Oitura
A 1301
A 121
Pleitas
Bárboles
Peñas de Herrera
Tabuenca
A 122
Bardallur
Purujosa
Pto. de la Chavola
902
Plasencia de Jalón
Z 354
Urrea de Jalón
Sa de Nava Alta
Calcena
Sa del Tablado
Trasobares
Bco. de Rané
Montolar
502
Lumpiaque
Rueda de Jalón
Castillo de la Rota
JALÓN
Tierga
Santuario de Ródanas
Épila
Oseja
Santa Bárbara
Aranda de Moncayo
Emb. de Maidevera
A 2302
A 1305
La Muela
Salillas de Jalón
Berbedel
Aranda
Mesones de Isuela
Lucena de Jalón
88
Jarque
Virgen de la Sierra
Sierra de la Virgen
Gotor
Illueca
Nigüella
Calatorao
Brea de Aragón
Cabrera
1.433
Arándiga
Ricla
A 1304
N II E 90
Viver de la Sierra
Sestrica
Villanueva de Jalón
Chodes
de Cabañas
Morés
Purroy
Morata de Jalón
La Almunia de Doña Godina
Valmorao
Virgen de la Fuente
Morés
1.168
Saviñán
A 1503
Pto. de Morata
708
Alfamén
N 330
Aniñón
Embid de la Ribera
Paracuellos de la Ribera
El Frasno
Alpartir
Cervera de la Cañada
Torralba de Ribota
Ribota
Z 384
Pietas
Almonacid de la Sierra
Longares
86
Sa de Armantes
Aluenda
Pto. de Cabero
764
Antigua Bilbilis
Huérmeda
Inogés
Sierra de Vicort
Sta. Cruz del Río
A 1505
Cosuenda
Virgen de Lagunas
Nª Sª de las Viñas
Balcón de Pilatos
Calatayud
A 1504
Sedilés
Tobed
Sierra de Algairén
Aguarón
Cariñena
Ateca
Terrer
Torres
Villalba de Perejil
Pto. de Aguarón
A 1504
Paracuellos de Jiloca
Belmonte de Calatayud
Castejón de las Armas
A 2505
Valtorres
Orera
Codos
Encinacorba
Paniza
N 234
Maluenda
Mara
Ruesca
Picos de Codos
1.274
Carenas
La Vilueña
Velilla de Jiloca
A 202
Pto. de Paniza
925
Munébrega
Morata de Jiloca
Miedes de Aragón
Sa Modorra
A 1306
Aladrén
Emb. de La Tranquera
Olves
40
Fuentes de Jiloca
64
Perejiles
Cerveruela
Nuévalos
Langa del Castillo
Torralbilla
Vistabella
Alarba
Montón
Villarreal de
A
B
C
D

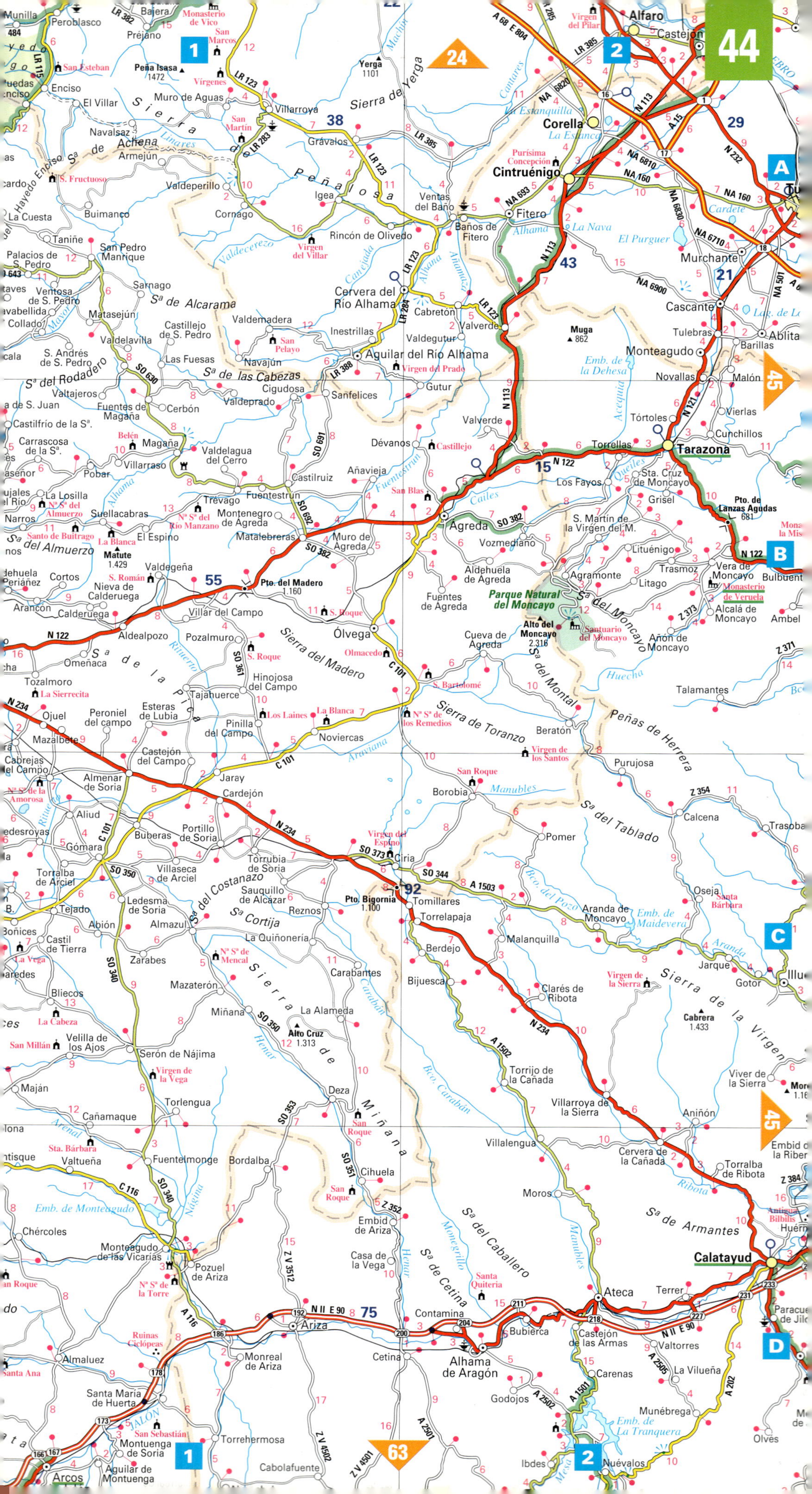
24
45
45
63
1
2
A
B
C
D
1
2
Munilla
Peroblasco
Bajera
Préjano
Monasterio de Vico
San Marcos
Peña Isasa
1472
Vírgenes
San Esteban
Enciso
El Villar
Muro de Aguas
Villarroya
Navalsaz
Sierra de Achena
Armejún
San Martín
S. Fructuoso
Valdeperillo
Cornago
Buimanco
La Cuesta
Taniñe
Palacios de S. Pedro
San Pedro Manrique
Sarnago
Sª de Alcarama
Ventosa de S. Pedro
Matasejún
Collado
Valdelavilla
Castillejo de S. Pedro
S. Andrés de S. Pedro
Las Fuesas
Sª del Rodadero
Valtajeros
Fuentes de Magaña
Cerbón
Castilfrío de la Sª.
Carrascosa de la Sª.
Belén
Magaña
Valdelagua del Cerro
Villarraso
Pobar
La Losilla
Nº Sª del Almuerzo
Suellacabras
Narros
Santo de Buitrago
La Blanca
El Espino
Sª del Almuerzo
Matute
1.429
Valdegeña
Cortos
S. Román
Nieva de Calderuega
Arancón
Calderuega
Aldealpozo
N 122
Omeñaca
Tozalmoro
La Sierrecita
Sª de la Pica
N 234
Ojuel
Mazalbete
Peroniel del campo
Esteras de Lubia
Cabrejas del Campo
Nº Sª de la Amorosa
Almenar de Soria
Aliud
Gómara
Buberas
Portillo de Soria
Torrubia de Soria
Villaseca de Arciel
Torralba de Arciel
Tejado
Ledesma de Soria
Abión
Castil de Tierra
La Vega
Zarabes
Almazul
Sª del Costanazo
Sª Cortija
Bliecos
La Cabeza
Mazaterón
Miñana
San Millán
Velilla de los Ajos
Serón de Nájima
Virgen de la Vega
Maján
Torlengua
Cañamaque
Sta. Bárbara
Valtueña
Fuentelmonge
Emb. de Monteagudo
Chércoles
Monteagudo de las Vicarías
Pozuel de Ariza
Nº Sª de la Torre
Ruinas Ciclópeas
Almaluez
Santa Ana
Santa María de Huerta
San Sebastián
Montuenga de Soria
Arcos
Aguilar de Montuenga
Torrehermosa
Cabolafuente
Monreal de Ariza
Ariza
N II E 90
75
Yerga
1101
Sierra de Yerga
38
Grávalos
Peñalosa
Igea
Ventas del Baño
Baños de Fitero
Rincón de Olivedo
Virgen del Villar
Cervera del Río Alhama
Cabretón
Valverde
Inestrillas
Valdemadera
San Pelayo
Navajún
Sª de las Cabezas
Aguilar del Río Alhama
Virgen del Prado
Valdegutur
Gutur
Cigudosa
Valdeprado
Sanfelices
Dévanos
Castillejo
Añavieja
Castilruiz
Fuentestrún
Trévago
Nº Sª del Río Manzano
Montenegro de Ágreda
Matalebreras
Muro de Ágreda
Pto. del Madero
1.160
55
Villar del Campo
S. Roque
Pozalmuro
Sierra del Madero
Ólvega
Olmacedo
Hinojosa del Campo
Tajahuerce
Los Laines
La Blanca
Pinilla del Campo
Noviercas
Nº Sª de los Remedios
Castejón del Campo
Jaray
Cardejón
Ciria
Virgen del Espino
Pto. Bigornia
1.100
92
Sauquillo de Alcázar
Reznos
La Quiñonería
Nº Sª de Mencal
Carabantes
Sierra de Miñana
La Alameda
Alto Cruz
1.313
Deza
San Roque
Bordalba
Cihuela
Embid de Ariza
Casa de la Vega
Cetina
Contamina
Alhama de Aragón
Godojos
Ibdes
Alfaro
Castejón
Virgen del Pilar
Corella
La Estanquilla
Purísima Concepción
Cintruénigo
Fitero
La Nava
El Purguer
Murchante
Cascante
29
21
43
Muga
862
Tulebras
Monteagudo
Emb. de la Dehesa
Barillas
Ablitas
Malón
Novallas
Vierlas
Tórtoles
Cunchillos
Torrellas
Tarazona
15
Los Fayos
Sta. Cruz de Moncayo
Grisel
Pto. de Lanzas Agudas
681
Ágreda
S. Martín de la Virgen del M.
Vozmediano
Lituénigo
Trasmoz
Vera de Moncayo
Monasterio de Veruela
Bulbuente
Aldehuela de Ágreda
Agramonte
Litago
Fuentes de Ágreda
Parque Natural del Moncayo
Sª del Moncayo
Alto del Moncayo
2.316
Santuario del Moncayo
Alcalá de Moncayo
Añón de Moncayo
Ambel
Cueva de Ágreda
Sª del Montal
Talamantes
S. Bartolomé
Sierra de Toranzo
Beratón
Virgen de los Santos
Peñas de Herrera
Purujosa
San Roque
Borobia
Sª del Tablado
Calcena
Trasobares
Pomer
Aranda de Moncayo
Emb. de Maidevera
Oseja
Santa Bárbara
Tomillares
Torrelapaja
Malanquilla
Berdejo
Bijuesca
Clarés de Ribota
Jarque
Gotor
Illueca
Virgen de la Sierra
Sierra de la Virgen
Cabrera
1.433
Torrijo de la Cañada
Villarroya de la Sierra
Viver de la Sierra
Aniñón
Villalengua
Cervera de la Cañada
Torralba de Ribota
Embid de la Ribera
Moros
Sª de Armantes
Antigua Bilbilis
Huérmeda
Calatayud
Sª del Caballero
Sª de Cetina
Santa Quiteria
Ateca
Terrer
Paracuellos de Jiloca
Bubierca
Castejón de las Armas
Valtorres
Carenas
La Vilueña
Munébrega
Emb. de La Tranquera
Nuévalos
Olves

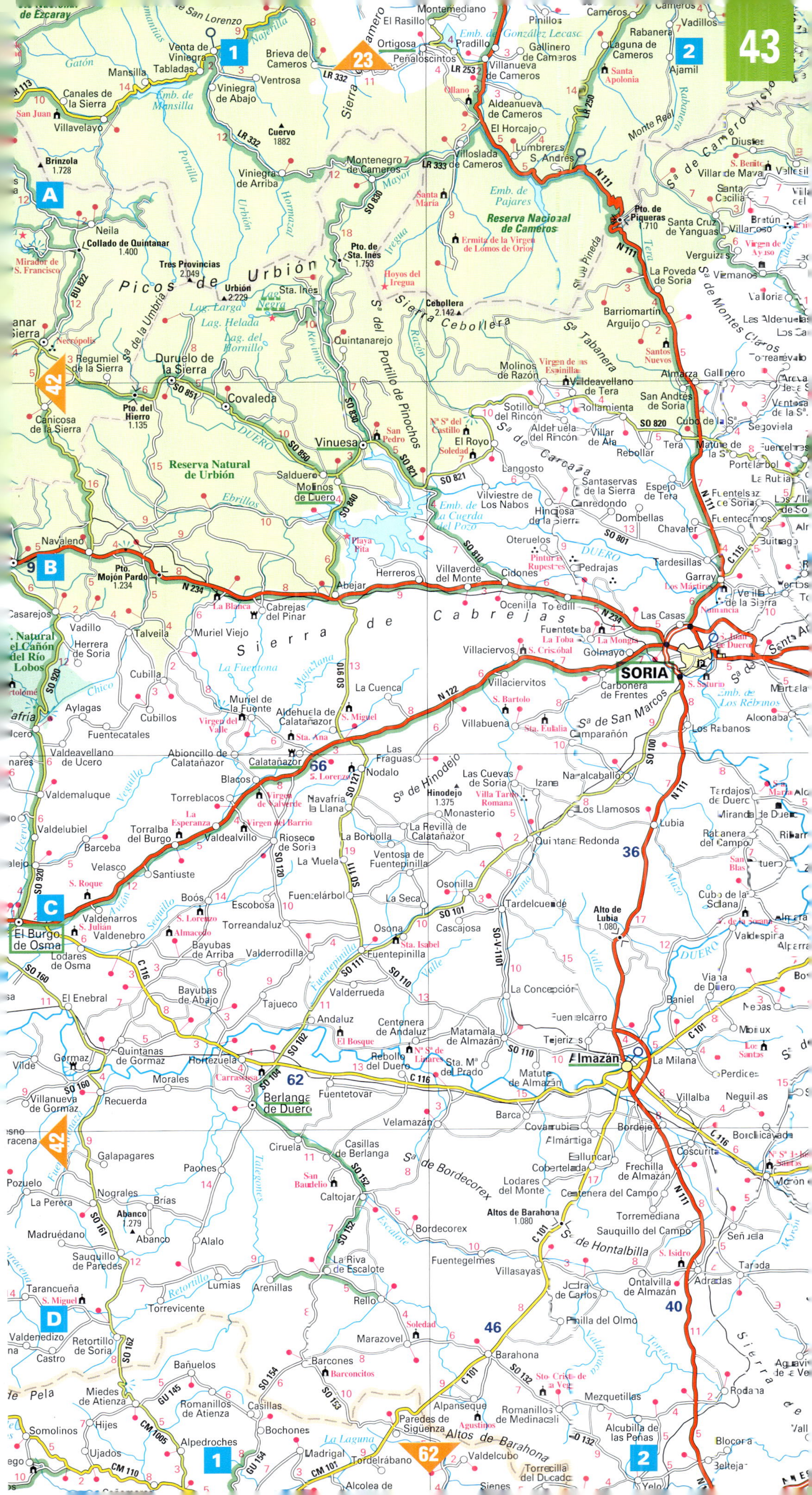
Venta de Viniegra
Tabladas
Mansilla
Brieva de Cameros
Ventrosa
Viniegra de Abajo
Emb. de Mansilla
Canales de la Sierra
San Juan
Villavelayo
Cuervo 1882
Brinzola 1.728
Viniegra de Arriba
Montenegro de Cameros
Villoslada de Cameros
El Rasillo
Montemediano
Ortigosa
Peñaloscintos
Pradillo
Emb. de González Lacasa
Gallinero de Cameros
Villanueva de Cameros
Ollano
Aldeanueva de Cameros
El Horcajo
Lumbreras
S. Andrés
Pinillos
Cameros
Rabanera
Laguna de Cameros
Santa Apolonia
Ajamil
Vadillos
Monte Real
Sª de Camero Viejo
Diustes
S. Benito
Villar de Maya
Vellosillo
Santa Cecilia
Bretún
Villarijo
Santa Cruz de Yanguas
Virgen de Ayuso
Verguizas
Vizmanos
Valloria
Las Aldehuelas
Los Campos
Pto. de Piqueras 1.710
Emb. de Pajares
Reserva Nacional de Cameros
Santa María
Ermita de la Virgen de Lomos de Orios
Neila
Collado de Quintanar 1.400
Mirador de S. Francisco
Tres Provincias 2.049
Picos de Urbión
Urbión 2.229
Lag. Larga
Lag. Negra
Lag. Helada
Lag. del Hornillo
Sta. Inés
Pto. de Sta. Inés 1.753
Hoyos del Iregua
Cebollera 2.142
Sierra Cebollera
Sª Tabanera
La Poveda de Soria
Barriomartín
Arguijo
Santos Nuevos
Quintanarejo
Sª del Portillo de Pinochos
Necrópolis
Regumiel de la Sierra
Duruelo de la Sierra
Sª de la Umbría
Canicosa de la Sierra
Pto. del Hierro 1.135
Covaleda
Molinos de Razón
Virgen de las Espinillas
Valdeavellano de Tera
Rollamienta
Almarza
Gallinero
San Andrés de Soria
Cubo de la Sª
Matute de la Sª
Sotillo del Rincón
Aldehuela del Rincón
Villar del Ala
Rebollar
Tera
Nª Sª del Castillo
El Royo
Soledad
San Pedro
Vinuesa
Reserva Natural de Urbión
Salduero
Molinos de Duero
Ebrillos
Duero
Sª de Carcaña
Langosto
Santaservas de la Sierra
Espejo de Tera
Canredondo
Vilviestre de los Nabos
Hinojosa de la Sierra
Dombellas
Chavaler
Emb. de la Cuerda del Pozo
Playa Pita
Navaleno
Pto. Mojón Pardo 1.234
Oteruelos
Pinturas Rupestres
Pedrajas
Tardesillas
Garray
Los Mártires
Numancia
Herreros
Villaverde del Monte
Cidones
Abejar
Ocenilla
Toledillo
Las Casas
La Blanca
Cabrejas del Pinar
Sierra de Cabrejas
Fuentetoba
La Toba
La Monjía
S. Juan de Duero
Casarejos
Vadillo
Talveila
Muriel Viejo
Herrera de Soria
Villaciervos
S. Cristóbal
Golmayo
SORIA
Carbonera de Frentes
S. Saturio
Emb. de Los Rábanos
Martialay
Natural Cañón del Río Lobos
Cubilla
La Fuentona
Majadalana
La Cuenca
Villaciervitos
S. Bartolo
Villabuena
Sta. Eulalia
Sª de San Marcos
Camparañón
Los Rábanos
Aldealafuente
Chico
Aylagas
Cubillos
Muriel de la Fuente
Virgen del Valle
Aldehuela de Calatañazor
S. Miguel
Fuentecantales
Sta. Ana
Valdeavellano de Ucero
Abioncillo de Calatañazor
Calatañazor
Las Fraguas
S. Lorenzo
Nodalo
Blacos
Sª de Hinodejo
Las Cuevas de Soria
Villa Tardo Romana
Hinodejo 1.375
Izana
Naválcaballo
Valdemaluque
Torreblacos
Virgen de Valverde
Navafría
La Llana
Monasterio
Los Llamosos
Tardajos de Duero
Miranda de Duero
Valdelubiel
La Esperanza
Virgen del Barrio
Torralba del Burgo
Valdealvillo
Rioseco de Soria
La Borbolla
La Revilla de Calatañazor
Quintana Redonda
Lubia
Rabanera del Campo
San Blas
Barceba
Velasco
Santiuste
La Muela
Ventosa de Fuentepinilla
Osonilla
Cubo de la Solana
Alto de Lubia 1.080
S. Roque
Boós
S. Lorenzo
Almacedo
Escobosa
Fuentelárbol
La Seca
Tardelcuende
Valdenarros
S. Julián
Valdenebro
Torreandaluz
Osona
Sta. Isabel
Cascajosa
Valdespina
Almarza
El Burgo de Osma
Lodares de Osma
Bayubas de Arriba
Valderrodilla
Fuentepinilla
Valle
V. de la Sopena
Viana de Duero
Baniel
Nepas
Moñux
El Enebral
Bayubas de Abajo
Tajueco
Valderrueda
La Concepción
Andaluz
El Bosque
Centenera de Andaluz
Matamala de Almazán
Nª Sª de Linares
Tejerizas
Fuentelcarro
Almazán
La Milana
Los Santos
Perdices
Gormaz
Quintanas de Gormaz
Hortezuela
Carrascosa
Rebollo de Duero
Sta. Mª del Prado
Matute de Almazán
Vildé
Morales
Berlanga de Duero
Fuentetovar
Villalba
Neguillas
Villanueva de Gormaz
Recuerda
Velamazán
Barca
Covarrubias
Almántiga
Bordeje
Borchicayada
Galapagares
Ciruela
Casillas de Berlanga
Sª de Bordecorex
Balluncar
Cobertelada
Frechilla de Almazán
Coscurita
Nª Sª de los Santos
Pozuelo
La Perera
Nograles
Brías
Paones
San Baudelio
Caltojar
Lodares del Monte
Centenera del Campo
Morón
Abanco 1.279
Abanco
Madruédano
Alaló
Bordecorex
Altos de Barahona 1.080
Torremediana
Sauquillo del Campo
Señuela
Sª de Hontalbilla
Sauquillo de Paredes
Retortillo
Lumías
Arenillas
La Riva de Escalote
Fuentegelmes
Villasayas
S. Isidro
Ontalvilla de Almazán
Adradas
Taroda
Tarancueña
S. Miguel
Torrevicente
Rello
Jodra de Cardos
Pinilla del Olmo
Valdenedizo
Retortillo de Soria
Castro
Marazovel
Soledad
Barahona
Sierra de ...
Bañuelos
Barcones
Barconcitos
Sto. Cristo de la Vega
Mezquetillas
Rodana
Miedes de Atienza
Romanillos de Atienza
Casillas
Alpanseque
Agustinos
Romanillos de Medinaceli
Alcubilla de las Peñas
Hijes
Paredes de Sigüenza
Altos de Barahona
Somolinos
Bochones
La Laguna
Blocona
Ujados
Alpedroches
Madrigal
Tordelrábano
Valdelcubo
Torrecilla del Ducado
Beltejar
Alcolea de
Sienes
Yelo
Reserva
N 111
N 122
N 234
C 116
C 101
SO 820
SO 830
SO 840
SO 850
SO 851
SO 810
SO 801
SO 821
SO 910
SO 920
SO 100
SO 101
SO 102
SO 104
SO 110
SO 111
SO 120
SO 121
SO 132
SO 152
SO 153
SO 154
SO 160
SO 161
SO 162
SO-V-1101
LR 113
LR 253
LR 250
LR 332
LR 333
BU 822
GU 145
GU 154
CM 1005
CM 110
CM 101
23
42
62
66
36
40
46
A
B
C
D
1
2

46
HUESCA
ZARAGOZA
Hoya de Huesca
Llanos de la Violada
Zuera
Almudévar
Gurrea de Gállego
Tardienta
Grañén
Leciñena
Perdiguera
Alcubierre
Lanaja
Montes de Perdiguera
Sierra de Lanaja
Sierra de Alcubierre
Montes de Villamayor
Montes de Alfajarín
Montes de Pin de Farlete
Altos del Vedado
Altos de Castelar
Villanueva de Gállego
Utebo
Monzalbarba
Alfajarín
Puebla de Alfindén
Villamayor
Montañana
El Burgo de Ebro
Fuentes de Ebro
Pina de Ebro
Quinto
Gelsa
Velilla de Ebro
Mediana
Belchite
Azaila
Lécera
Plana de Zaragoza
Altos de la Cruz del Zapatero
Sierra Gorda
Fuendetodos
Cuarte de Huerva
María de Huerva
Botorrita
Jaulín
Valmadrid
Puebla de Albortón
Azuara
Letux
Almonacid de la Cuba
Codo
Almochuel
Vinaceite
La Zaida
La Alforque
Cinco Olivas
Farlete
Monegrillo
Osera de Ebro
Aguilar de Ebro
Nuez de Ebro
Villafranca de Ebro
Venta de Sta. Lucía
26
47
65
70
103
A
B
C
D
1
2

Montllovar
1.104
Puigcercós
Gabet
Isona
Siall
Coscollet
1.610
Emb. de Oliana
Castellnou de Monsec
La Guardia de Noguera
Sant Serni
Conques
Lloràs
Biscarri
Gavarra
Cortiuda
Oliana
Ertorm
Sta. Lucía de Mur
E. dels Terradets
Llimiana
Els Obacs
St. Salvador de Toló
Covet
Benavent
Coll. de Comiols
1.102
El Puig
Peramola
Trago
Sa de Oliana
Alzina
Moror
Cellers
Aransís
Toló
Sant Cristòfol
Serra del Montsec
Matasolana
Sant Salvador del Bosc
Pallerols
Orgen
Castellar de la Ribera
Altès
Bassella
Mare de Déu de Pedra
L'Ametlla
Comiols
Palau
Castellnou de Bassella
Vilanova de Meià
Folquer
Pinell de Solsonès
Ager
Règola
Baronia de St. Oisme
Peralbà
Sta. Maria de Meià
Llucars
Torrec
Montmagastre
La Torre
Tiurana
Mirabell
Rva. de Madrona
Fontllonga
Figuerola de Meià
Sant Mamet
1.388
Sa de Sant Mamet
Garsola
Montargull
E. de Rialp
Sant Climenç
Fontdepou
Emb. de Camarasa
Boada
La Serra
Gualter
Sa de Pubill
Santa Linya
Alentorn
Vall-llebrera
Anya
Ports
Vilanova de l'Aguda
Sallent
St. Miquel de Mas de Forn
Perecam
La Maçana
Alòs de Balaguer
Baldomar
Vilves
Collfred
Les Avellanes
E. d'Alòs
Vernet
Artesa de Segre
Ribelles
Lloverola
Sa Mont-roig
Tabac
St. Jordi
Rubió
Montsonís
Oliola
Sanauja
Vilanova de Les A.
St. Llorenç de Montgai
Bellpuig de Avellanes
Bellpuig
Camarasa
Foradada
Serò
Plandogau
L'Alzina
Sta. Maria
Vilalta
Biosca
Tudela de Segre
Cabanabona
Cubells
Emb. de St. Llorenç
Montclar d'Urgell
La Torre de Flavia
Doncell d'Urgell
Guardiola
Salvanera
Palou de Sanoujo
L'Aguda
Emb. de Balaguer
Canal d'Urgell
Coscò
Guarda-si-venes
Talteüll
Torà
Gerb
Butsenit d'Urgell
Mafet
Les Puelles
Massoteres
Palau de Ploràs
Balaguer
St. Jordi
La Sentiu del Sió
Monzgai
Pradell de Sió
Preixens
Agramunt
Reuant
Florejacs
Guissona
Puigverd d'Agramunt
St. Guim de la Plana
La Ràpita
Bellmunt d'Urgell
El Pilar d'Almenara
459
Castellnou
Les Pallargues
Gra
Torrefeta
Ivorra
Ossó de Sió
Montalcó d'Agramunt
Sisteró
Concabella
Vilver de S.
El Llor
El Pa
Portell
Pene les
Bellcaire d'Urgell
Castellserà
Canal d'Urgell
Bellver de Sió
Hostafrancs
El Guspí
Vallfogona de Balaguer
Els Falcons
La Guardia d'Urgell
Sta. Maria de M.
Riudovelles
Torroja de Segarra
Riber
La Prenyanosa
St. Ramon
Alta-Riba
Sta. Fe de S.
Estaràs
Malgrat
Castelldelremei
Bellestar
Almassor
La Fuliola
El Tarròs
Claravalls
Montcortès
Les Oluges
Térmens
Torre Blanca
Linyola
Tornabous
Muller
La Cardosa
Castellnou d'Oluges
La Figuerosa
Els Arcs
Valverd
Montalé i M.
Seana
El Canós
Tordera
Montfalcó Murallat
St. Domi
Vilanova de la Barca
El Poal
La Cendrosa
Ivars d'Urgell
Barbens
Altet
Fonolleres
Curullada
Cervera
Montpalau
Bellvís
Vila-sana
Castellnou de Seana
Anglesola
Tàrrega
S. Pere el Gros
St. Pere Arquels
La Rabassa
Briancó
El Palau d'Anglesola
Bell-lloc d'Urgell
Vilagrassa
El Taladell
Ondara
Coll de la Panadella
Alcoletge
Fondarella
Mollerussa
Golmés
Bellpuig d'Urgell
Granyena de S.
Rubinat
S. Antoli i Vilanova
Gramuntell
Bellmunt de Segarra
Els Alamús
Sidamon
Verdú
Montornès de Segarra
El Mas de Bondia
Montoliu de S.
Pavia
Talavera
Torre-Ribera
Vensillo
Miralcamp
Vilanova de Bellpuig
Preixana
Cabestany
Suró
Civit
Torregrossa
Margalet
L'Ametlla de Segarra
Guimerà
Montargull
Artesa de Lleida
Belianes
S. Martí de Maldà
Nalec
Ciutadilla
Vallfogona de Riucorb
Llorac
La Cirera
Juneda
Puiggròs
Canal d'Urgell
Maldà
Rocafort de Vallbona
La Pobla de Ferran
Savallà de Comtat
Sta. Coloma de Queralt
Rauric
Puigverd de Lleida
Arbeca
Puig de Corb
458
Llorenç
Vallbona de les Monges
Passanant
Conesa
Sant Gallard
Miravall
Les Borges Blanques
Els Omellons
Els Omells de Na Gaia
Rocallaura
Belltall
Forés
Les Piles de Gaià
Sta. Engracia
Puntills
Castelldans
La Floresta
L'Espluga Calva
Montblanquel
Rocafort de Queralt
Biure
St. Bonifaci
Senant
Sa del Tallat
Solivella
Valverd de Queralt
St. Miquel
Montbrió de la Marca
Fulleda
Seguer
Ollers
Sarral
Vallespinosa
L'Albagés
Blancafort
Vinaixa
Tarrés
Pira
Selmella
L'Espluga de Francolí
M. D. dels Prats
La Guardia dels Prats
Barberà de la Conca
Cabra del Camp
El Pont d'Armentera
Cervià de les Garrigues
L'Albi
La Sisquella
Vimbodí
Poblet
Montblanc
Figuerola del Camp
Els Torms
Mas del Perdo
Comelfrai
619
El Vilosell
Sant Miquel
Les Masies
Prenafeta
El Pla de Sta. Maria
St. Ferran de Gaià
Juncosa
Mas del Nogueret
La Pobla de Cérvoles
Vallclara
L'Illa
Pto. de L'Illa
581
Santes Creus
Sa de la Llena
Vilanova de Prades
Muntanyes de Prades
Rojals
Vilaverd
Fontscaldes
Aiguamúrcia
Bellaguarda
El Pinatell de Rojals
La Riba
Masmoles
Ulldemolins
Farena
Prades
St. Llorens
Alió
Vila-rod
St. Antoni d'Ulldemolins
Albarca
Pto. de Albarca
774
L'Abellera
Capafonts
Barrulles
La Cadeneta
Picamoixons
Valls
Puigpelat
Rodonyà
Brafim
Margalef
E. Margalef
La Febró
Mont-ral
Bosquet
Sa de l'Enveстida
Masó
Bisbal de Falset
Serra del Montsant
Cornudella de Montsant
Siurana de Prades
Remei
Bellavista
Montferri
La Marera de Montsant
E. Siurana
La Mussara
Alcover
Nulles
Vilabella del Camp
Scala Dei
Gallicant
Vallmoll
Cabassers
Venta de Pibill
Los Castillejos
L'Albiol
El Milà
La Masó
Renau
St. Roc
Arbolí
Vilaplana del Camp
El Rourell
Les Gunyoles
Sant Foc
Vespella de Gaià
La Vilella Baja
La Vilella Alta
Poboleda
Les Morères
La Selva del Camp
El Calvari
Els Garidells
La Secuita
Pto. de Alforja
641
Alforja
St. Blai
Almoster
Vilallonga del Camp
Puigdelfí
Els Masos de Vespella
La Figuera de Falset
Torroja del Priorat
La Garrancha
L'Aleixar
El Morell
Perafort
El Catllar de Gaià
Gratallops
La M. de Déu de Puigcerver
Puntarrons Castellvell
Pobla de Mafumet
Pallaresos Park
Els Pallaresos
La Riera de Gaià
Lloà
Pto. de Teixeta
546
Porrera
Les Borges del Camp
Maspujols
Sta. Ana
St. Ramon
Constantí
S. Pere i S. Pau
Senyoria de Tamarit
Mas Font Famolenca
Pradell de la Teixeta
Riudecols
Les Voltes
La Grassa
Els Montgons
Masd'En Cosme
Bellmunt del Priorat
Falset
Duesaigües
Riudoms
Reus
Molnars
L'Argentera
Tamarit
Mèdol
Siurana
Francolí
Segre
Noguera Pallaresa
Sió
Corb
Set
Ondara
Llobregós
Brugent
Glorieta
Anguera
Riudovelles
Gaià
Montsant
E. Vilella
Farfanya
Pallerols
Sallent
Coscollada
Salada
Conques
Segueres
Boix
A
B
C
D
1
2
29
48
67
23
24
28
33
37
51
56
57
18
20
21
12
13
14
C 1412
C 1313
C 147
L 912
L 911
L 512
L 913
L 904
C 148
LV 3025
LV 3024
C 240
L 310
L 311
L 314
L 313
L 303
L 210
L 214
L 243
L 241
L 234
L 201
L 200
C 233
C 242
LP 2015
LV 9224
LV 2014
LV 7031
LV 7011
L 701
N II
A 2
E 90
N 240
N 420
T 200
T 222
T 230
T 232
T 233
T 241
T 242
T 700
T 701
T 702
T 704
T 710
T 711
T 713
T 730
T 732
T 740
C 246
T 223
T 204
T 1313
A 7
E 15
504
510
489
453
447
8
7
10
11
33
34

La Puebla de Castro
Pueyo de Marguillén
Torres del Obispo
Sagarras Bajas
28
Montllovar
1.104
Mare de Déu de Montserbós
Viacamp
Litera
50
2
Gabet
Olvena
Emb. de Barasona
N 123
Aler
Benabarre
N 230
Tolva
Sa de Mongay
Mongay
La Clua
Castellnou de Monsec
Ertorm
Sta. Lucia de Mur
E. dels Terradets
Sant Serni
Llimiana
35
Aguinaliu
Juseu
Ciscar
Estall
Alsamora
Alzina
Moror
Cellers
Sa de Carrodilla
Estada
Caladrones
Montalco
Buñero
1.109
Purroy de la Solana
Pilzán
Serra del Mon
Estadilla
Caserras del Castillo
Sa de Sabinós
Fet
Mare de Déu de la Pertusa
Mare de Déu de Pedra
L'Ametlla
Estaña
Noguera Ribagorçana
Noguera Pallaresa
A
Alins del Monte
Calasanz
E. de Canelles
Finestras
Agullo
L 904
Ager
Règola
Baronia de St. Oisme
Peralta
Fonz
Gabasa
Estopiñán del Castillo
56
Figuerola de Meià
Peralta de la Sal
Zurita
Saganta
Fontllonga
A 2215
La Mora
N 230
Camporrells
Els Masos
Sa de Montclús
Fontdepou
Emb. de Camarasa
Azanúy-Alíns
Baélls
Nachá
Emb. de Sta. Anna
Vilamayor
Santa Linya
La Maçana
49
A 1237
Alcana
Alberola
Tartareu
A 2216
Baldellou
A 2218
Sa de Sant Miquel
Les Avellanes
Sa Mont-roig
Tabac
St. Jordi
E. d'Al
Canal de Aragón y Cataluña
S. Esteban de Litera
Rocafor
Alcampell
Sa de Coscollá
Castillonroy
Boix
Vilanova de Les A.
Bellpuig de les Avellanes
Els Vilosos
Os de Balaguer
Bellpuig
St. Llorenç de Montgai
SEGRE
Camarasa
58
A 1240
Nª Sª del Patrocinio
Tamarite de Litera
Albelda
Emb. de St. Llorenç
Emb. de Balaguer
Canal d'Urgell
A 133
A 140
Binéfar
Andaní
Ivars de Noguera
A 140
Serra Llarga
Algayón
Alfarràs
Castelló de Farfanya
Gerb
C 147
C 1313
Algerri
C 148
Balaguer
St. Jordi
La Sentiu del Sió
La Ràpita
Esplús
Las Pueblas
Altorricón
Almenar
B
C 148
Bellcaire d'Urgell
N 240
50
A 2217
L 902
N 230
Canal de Pinyana
Farfanya
LV 9224
Ráfales
A 1239
Albesa
Vallfogona de Balaguer
Els Fa
Almacelles
Alguaire
Menàrguens
Roa
Vilanova de Segrià
La Portella
LV 9225
Bellestar
Linyola
Valonga
A 1241
Canal d'Aragó i Catalunya
LP 9221
Torrelameu
Térmens
El Vilot
Vencillón
Suquets
Rosselló
Benavent de Segrià
Corbins
Els Arcs
Torre Blanca
28
Vilanova de la Barca
El Poal
El Pla de la Font
Torrefarrera
N 240
L 802
Raimat
Torre-serona
Bellvís
Alpicat
El Palau d'Anglesola
de Cinca
Giminells
Llívia
Alcoletge
Bell-lloc d'Urgell
48
L 801
Les Basses d'Alpicat
Gualda
Granyena
N II
Fondarella
Canal de Valmanya
Les Torres de Sanui
Sidamon
Mollerussa
A 1234
Montagut
LLEIDA
Torre-Ribera
Els Alamús
Zaidín
Valmanya
L 800
Els Magraners
N 240
Vensillo
Miralcamp
Butsènit
6
La Bordeta
Torregrossa
Margalet
L 200
de Cinca
30
Montoliu de Lleida
Albatàrrec
L 702
Miralsot de Abajo
Alcarràs
28
Sudanell
6
Artesa de Lleida
Puigverd de Lleida
Juneda
Puiggròs
Menorcas
Fraga
NII
Torres de Segre
13
Ser
Les Borges Blanques
Miravall
13
A 2 E 90
Soses
Sunyer
Alfés
21
LV 7021
Castelldans
C
Emb. de Seca
Sa de Cardiel
A 242
Aitona
Emb. d'Utxesa
Aspa
A 2 E 90
LV 7031
12
Alcanò
C 230
E. de Burgebut
El Cogul
Torrente de Cinca
Seròs
Barri de la Canadienca
Massalcoreig
Avinganya
Sarroca de Lleida
L'Albagès
Escarp
SEGRE
C 242
N 211
Granyena de les Garrigues
L 700
C 233
Cervia de les Garrigues
Torrebesses
El Soleràs
LV 7011
La Sisquella
La Granja d'Escarp
Vall Major
Montnegre
404
St. Jaume
C 242
Els Torms
Mas del Perdó
Comelfrai
619
Mequinenza
Llardecans
L 701
Juncosa
La Pobla de Cérvoles
Maials
St. Antoni Abad
Mas del Nogueret
Penjat
438
La Granadella
Bellaguarda
C 242
Vallcarce
Mas del Merino
Bovera
Ulldem
Sa de Mequinenza
A 1411
Alto de los Autos
434
Almatret
19
Cana
T 713
E. Margalef
Montsant
St. Antoni d'Ulldemolins
Margalef
La Mare de Deu del Remei
La Palma d'Ebre
Bisbal de Falset
Serra del Montsant
La Marera de Montsant
Cornudella de Montsant
D
San Jorge
C 230
73
C 233
T 703
Sa de Gorrraptes
Cabassers
Scala Dei
Venta de Pibill
EBRO
Nª Sª del Pilar
Emb. de Riba-roja
Riba-roja d'Ebre
St. Roc
T 702
Siurana
Fayón
Emb. de Flix
La Vilella Baja
La Vilella Alta
T 702
Poboleda
T 741
Sa de la Fatarella
Flix
Cornudellet
E. Vilella
Sa del Rovelló
La Figuera de Falset
T 711
Torroja del Priorat
T 740
La Garr
E. del Berrús
T 714
T 730
Gratallops
Nonaspe
La Torre de l'Espanyol
Lloà
Porrera
St. Pau
66
Vinebre
Sa del Tormo
T 732
Siurana
T 710
Mas Font
Famolenca
Mas d'En Cosme
47
1
La Pobla de Massaluca
T 733
Ascó
El Molar
2
Bellmunt del Priorat
Falset
La Fatarella
A 2411
Algas
Matarraña
T 731
T 730

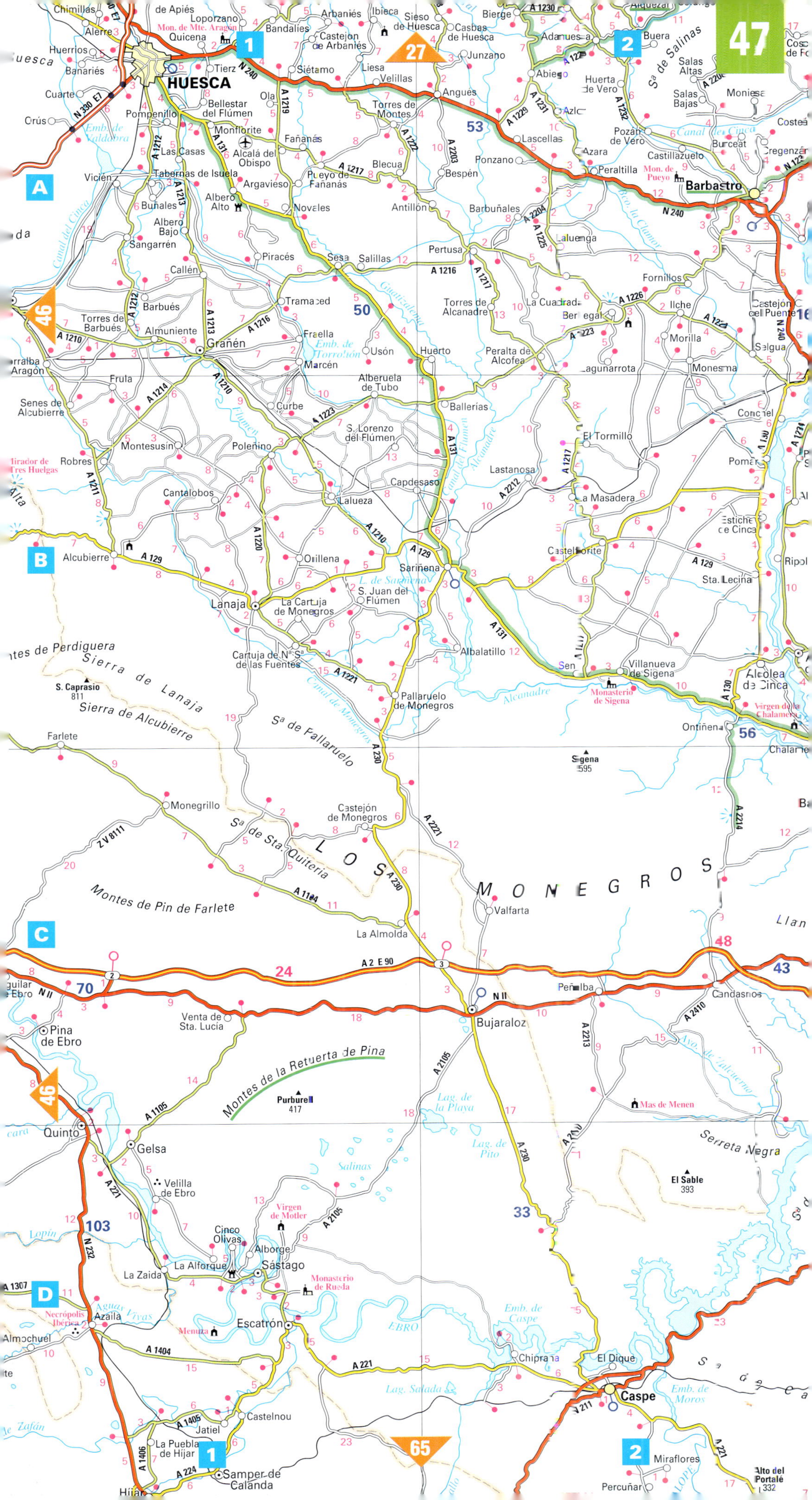
HUESCA
Chimillas
Alerre
Huerrios
Banariés
Cuarte
Crús
Quicena
Loporzano
Mon. de Mte. Aragón
Tierz
Pompenillo
Bellestar del Flúmen
Monflorite
Alcalá del Obispo
Las Casas
Tabernas de Isuela
Vicién
Buñales
Albero Alto
Albero Bajo
Sangarrén
Argavieso
Novales
Piracés
Callén
Barbués
Torres de Barbués
Almuniente
Grañén
Tramaced
Fraella
Emb. de Torrollón
Marcén
Usón
Huerto
Frula
Senes de Alcubierre
Montesusín
Robres
Mirador de Tres Huelgas
Polenino
Curbe
Alberuela de Tubo
S. Lorenzo del Flúmen
Ballerías
Capdesaso
Lalueza
Cantalobos
Orillena
Sariñena
Alcubierre
Lanaja
La Cartuja de Monegros
S. Juan del Flúmen
L. de Sariñena
Cartuja de Nª Sª de las Fuentes
Albalatillo
Pallaruelo de Monegros
Sierra de Lanaja
Montes de Perdiguera
S. Caprasio
811
Sierra de Alcubierre
Sª de Fallaruelo
Farlete
Monegrillo
Sª de Sta. Quiteria
Castejón de Monegros
LOS MONEGROS
Montes de Pin de Farlete
La Almolda
Valfarta
Bujaraloz
Venta de Sta. Lucía
Pina de Ebro
Montes de la Retuerta de Pina
Purburell
417
Lag. de la Playa
Lag. de Pito
Salinas
Quinto
Gelsa
Velilla de Ebro
Cinco Olivas
Alborge
Virgen de Motler
La Alforque
Sástago
La Zaida
Monasterio de Rueda
Necrópolis Ibérica
Azaila
Almochuel
Menuza
Escatrón
Ebro
Emb. de Caspe
Chiprana
El Dique
Caspe
Emb. de Moros
Lag. Salada
Castelnou
Jatiel
La Puebla de Híjar
Samper de Calanda
Híjar
Miraflores
Percuñar
Alto del Portalé
332
Peñalba
Candasnos
Mas de Menen
Serreta Negra
El Sable
393
Ontiñena
Chalamera
Virgen de la Chalamera
Alcolea de Cinca
Monasterio de Sigena
Villanueva de Sigena
Sena
Sigena
595
Sta. Lecina
Ripol
Estiche de Cinca
Castelflorite
La Masadera
El Tormillo
Lastanosa
Pomar
Conchel
Monesma
Lagunarrota
Peralta de Alcofea
Morilla
Selgua
Castejón del Puente
Ilche
Berbegal
Fornillos
La Cuadrada
Torres de Alcanadre
Pertusa
Lalueza
Laluenga
Barbuñales
Antillón
Blecua
Pueyo de Fañanás
Fañanás
Sesa
Salillas
Bespén
Ponzano
Peraltilla
Azara
Lascellas
Barbastro
Mon. de Pueyo
Castillazuelo
Burceat
Pozán de Vero
Salas Bajas
Salas Altas
Huerta de Vero
Abiego
Azlor
Adahuesca
Buera
Sª de Salinas
Moniesa
Costea
Cregenzán
Angües
Torres de Montes
Velillas
Liesa
Siétamo
Ola
Castejón de Arbaniés
Arbaniés
Bandaliés
Ibieca
Sieso de Huesca
Casbas de Huesca
Bierge
Junzano
Canal de Monegros
Canal del Cinca
Canal del Flúmen
Emb. de Valdabra
Flúmen
Alcanadre
Guatizalema
N 240
N 330 E7
A 2 E 90
N II
N 232
A 131
A 129
A 230
A 221
27
46
65
1
2
A
B
C
D
24
50
53
56
70
103
33
48
43

Sa de Busa
Busa
La Vall d'Ora
L'Aignadon
Queralt
Berga
Avià
30
La Colonia Rosal
La Quar
Lluissa de Vall
Cussor
St. Martí
Taravil
Capolat
C 149
L'Espunyola
Grauges
L'Ametlla
Olvàn
Sagàs
Lluçà
La Blava
Perafita
Sobremunt
Vinyoles d'Oris
Sta. Cecilia
Lladurs
Besora
Tentellantge
Torregassa
Rectoría de San Pablo
Gironella
St. Martí d'Albars
La Guardia
Prats de Lluçanès
Sta. Creu de Joglars
Olost
Sta. Cecilia de St. Bart del G
Olius
Montclar
Casserres
Vildomiu
Sta. Maria de Merlès
Montmajor
E. de Sant Ponç
Navès
Pegaroles
El Pi de Sant Just
Linya
Gargallà
Puig-Reig
Sant Pau de Pinós
La Torre d'Oristà
Sta. Jaume de Fenollet
Hortoneda
St. Ponç
Sta. Susanna
Viver
Can Vidal
St. Feliu Sasserra
Oristà
Riner
Serrateix
Can Corominas
Can Manent
Sta. Eulàlia de Riuprimer
Clariana de Cardener
Gaià
El Miracle
Freixenet
Cardona
La Coromina
L'Ametlla de Merola
Sa de Jordi
St. Feliu de Terrasola
Castelldral
Navàs
Montaña de Sal
Bergùs
El Mujal
La Raboia
La Rovira
Sta. Eulàlia
L'Estany
Muntanyola
St. Salvador de Torroella
Balsareny
Avinyó
Sta. Maria d'Oló
Sta. Maria
Argençola
Les Casetes
Ardèvol
Matamargó
Salò
La Colonia Valls
Vilafruns
Collsuspina
Galipola
Castellnou de Bages
Sallent
Sta. Maria d'Horta
Moià
La Mare de Déu de Pinós
Vallmanyà
Pinós
Súria
La Botjosa
Sa de Castelltallat
St. Pere de Villalta
Antius
Artés
Calders
Prades
Callús
Santpedor
St. Mateu de Bages
Els Manxons
La Fàbrica d'en Clarasso
La Molsosa
Sa de Granera
St. Martí de Torroella
Monistrol de Calders
Castellterçol
Fonollosa
Boixadors
Joncadella
Navarcles
Aguilar de Segarra
Sant Pesselaç
St. Fruitós del Vallès
Talamanca
St. Quirze Safaja
St. Joan de Vilatorrada
Durfort
El Raval
Fals
Granera
El Mas Bado
La Llavinera
St. Pere Sallavinera
Castellar
Rajadell
Monistrol
Manresa
Rocafort
Calaf
Gallifa
La Manresana dels Prats
Salelles
Els Comdals
El Pont de Vilomara
Mura
El Montcau 1.053
St. Llorenç Savall
St. Feliu de Codines
Sa de Rubiò
Torra 872
El Sellarés
St. Salvador de Guardiola
Castellgalí
Parc Natural de Sant Llorenç del Munt
C. d'Estenalles
El Farrell
Perafita
St. Vicenç de Castellet
El Prat de Dalt
Rubió
Castellfollit del Boix
El Parrot
St. Llorenç del Munt
La Mola 1.095
Can Serra i Padró
Renillars
St. Feliu del Racó
Caldes de Montbui
St. Pere de Copons
Marganell
Castellbell i Villar
La Barata
Sentmenat
Veciana
Copons
Can Sabate
Maians
Els Prats de Rei
Monistrol de Montserrat
Castellar del Vallès
Torre Marimón
Les C. d'en Mussons
Vacarisses
Matadepera
Palau
Sta. Maria del Camí
Pto. Les Brucs 620
Sta. Cecilia
Parc Natural de Montserrat
Jorba
L'Espelt
Òdena
Montserrat
TERRASSA
Clariana
Castellolí
El Bruc
Sta. Cova
La Colonia de Sedó
SABADELL
Igualada
La Font del Codol
Collbató
Sta. Perpètua de Mogoda
Sta. Margarida de Montbui
Vilanova del Camí
La Pobla de Claramunt
Pierola
Can Roca
Olesa de Montserrat
St. Quirze del V.
La Llagosta
St. Martí de Tous
La Tossa
Capellades
Esparreguera
Carme
Can Rial
Ullastrell
Barberà del V.
Ripollet
Agulla Grossa 870
Sta. Candia
La Torre de Claramunt
Els Hostalets de Pierola
Abrera
Les Fonts
Orpí
Vallbona d'Anoia
Piera
Can Fortimarc
St. Esteve Sesrovires
Rubí
Cerdanyola
Sa de Queralt
Sta. Maria de Miralles
La Cuadra d'Agulladols
Vilanova d'Espoia
La Beguda Alta
Martorell
Castellbisbal
Can Jombo
St. Pere Sacarrera
El Badorc
Masquefa
Can Creixell
St. Joan Samora
St. Cugat del Vallès
Parc de Collserola
La Llacuna
St. Llorenç d'Hortons
St. Jaume Sesoliveres
Castellví de Rosanes
Mediona
Monistrol d'Anoia
St. Andreu de la Barca
El Papiol
Les C. de Cal Pardo
St. Pere de Riudebitlles
La Fortesa
La Floresta
Les Planes
St. Quintí de Mediona
Espiells
Torrebusqueta
Font-Rubí
Torrelavit
Corbera de Llobregat
St. Bartolomeu
Tibidabo
St. Sadurní d'Anoia
Gelida
Les Lombardes
El Pla del P.
Can Rosell
La Valenciana
Palleja
Molins de Rei
Bonavista
L'Amunt
La Palma de C.
Guardiola
Can Cartró
St. Feliu
Pontons
Can Via
Ordal
Cervelló
St. Just Desvern
La Rovira Roja
Puigdàlber
St. Pau d'Ordal
St. Vicenç dels Horts
Esplugues
Can Sisplau
Bellver
Pto. de Ordal 510
Vallirana
Can Llenas
La Granada
St. Joan Despí
Cornellà
Torrelles de Foix
St. Martí Sarroca
Vilobí del Penedès
St. Cugat Sesgarrigues
Cantallops
Sta. Coloma de Cervelló
St. Boi de Llobregat
L'HOSPITALET
St. Miquel
Les Cabanyes
Olesa de Bonesvalls
Selma
El Pla de Manlleu
Romaní
Vilafranca del Penedès
St. Pere Molanta
Les Gunyoles
Torrelles de Ll.
Aiguaviva
Les Cunilleres
St. Climent de Ll.
Viladecans
Castellví de la Marca
Vallpineda
L'Arboçar
Begues
El Prat de Llobregat
St. Marc
La Múnia
Olèrdola
Rusolla
Cases Noves
Moja
Olivella
Arampruya
Morella 596
N.S. de Brugués
Gavà
Juncosa
Sant Jaume dels Domenys
Sta. Margarida i els Monjos
Viladellops
Mirador Penedès
L'Hostal Nou
Cerdanyola
Senrius
Platja de Gavà
Ortigós
Lleger
Les Masuques
Canyelles
Parc Natural de Garraf
Platja de Castelldefels
La Torregassa
Massís del Garraf
Llorenç del P.
Banyeres del P.
Torrelletes
S. Pablo
Castelldefels
La Bisbal del P.
Saifores
L'Arboç
Castellet
St. Pere de Ribes
Garraf
Platja de la Corafumada
Gordey
Platja de les Botigues de Sitges
Junior
Sta. Oliva
Clariana
Platja de Port Ginesta
Pta. Ferrosa
Platja de Garraf
Vallcarca
Platja de la Falconera
Belvei del Penedès
Les Roquetes
Sitges
Cala Morisca
El Vendrell
Cubelles
Pta. de les Coves
Platja de la Fragata
Platja de Valcarca
Cala Vallcarca
S. Vicenç de Calders
Vilanova i la Geltrú
Platja de la Ribera
Platja de la Bassa Rodona
Cala Forn
Platja d'Aiguadolç
Calafell
Cunit
Platja de Ribes Roges
Platja de l'Estanyol
Platja dels Balmins
Roda de Barà
Segur de Calafell
Pta. de St. Pere
Platja de St. Gervasi
Platja de la Riera Xica
Platja de St. Sebastià
Coma-ruga
Sant Salvador
Platja Llarga (Ibersol)
Platja de la Barra
Arco de Barà
Platja de Cubelles
Platja de Terramar
Platja del Prat
Platja de Cunit
Platja de les Anquines
Platja de Segur de Calafell
Platja de Cabo dels Grills
Creixell de Mar
Platja de Calafell
Platja de les Coves
Platja de les Madrigueres
Platja de l'Home Mort
Platja de Sant Salvador
Platja de Roses (La Desenrocada)
Platja de Coma-Ruga
Platja del Far de St. Cristòfol
Platja del Francàs
Platja de Costa Daurada
Platja de les Guineus
Tamarit
A
B
C
D
1
2
51
68

PORTO
Matosinhos
Vila Nova de Gaia
Gondomar
São Pedro da Cova
Canidelo
Lavadores
Valbom
Avintes
Jovim
Aguiar de Sousa
Madalena
Valadares
Vilar de Paraíso
Zebreiros
Miramar
Francelos
Perozinho
Carvalhos
Praia da Aguda
Aguda
Granja
São Felix da Marinha
Pedroso
Grijó
Crestuma
Sandim
Porto Carvoeiro
Espinho
Praia de Espinho
Guetim
Nogueira
Picoto
Sanguedo
Mozelos
Fiães
Canedo
Silva de Paramos
Paços de Brandão
Esmoriz
Lamas
São Jorge
Lobão
Louredo
Guisande
Lourosa
Praia de Esmoriz
Praia de Cortegaça
Cortegaça
Rio Meão
São João de Ver
Caldas de São Jorge
Fornarí
Maceda
Arada
Sta. Maria da Feira
Milheirós
Arrifana
Dunas de Ovar
Praia de Furadouro
Furadouro
Ovar
Souto
Salgueiral
São João da Madeira
Cesar
Nogueira do Cravo
Guilhovai
Vila de Cucujães
São Roque
Pindelo
Praia de Areinho
Torrão do Lameiro
Ribeira
Válega
São Martinho de Gandara
Riba-Ul
Oliveira de Azeméis
Vila Chã
Vale de Cambra
Castelões
Avanca
Loureiro
Pinheiro da Bemposta
Quintas do Norte
Pardilhó
Bunheiro
Fajões
Falmaz
Vilarinho de São Luís
Torreira
Bestida
Monte
Veiros
Estarreja
Branca
Telhadela
Praia de Monte Branco
Pardelhas
Murtosa
Salreu
Albergaria-a-Nova
Ribeira de Fráguas
Pousada da Ria
Bico
Canelas
Canal de Ovar
Fermelã
Sobreiro
Valmaior
Reserva Natural das Dunas de S. Jacinto
Ria de Aveiro
Sarrazola
Albergaria-a-Velha
São Jacinto
Quintã do Loureiro
Angeja
Mataduços
Frossos
Sernada
Souto
Gafanha da Nazaré
Praia da Barra
Esgueira
Taboeira
Macinhata do Vouga
Pousada S. António
AVEIRO
São João de Loure
Vardemilho
Azurva
Alquerubim
Lamas do Vouga
Costa Nova do Prado
Aradas
Solposta
Eixo
Eirol
Trofa
Valongo do Vouga
Ria da Costa Nova
Gafanha d'Aquém
Ílhavo
Oliveirinha
Segadães
Travassô
Mourisca do Vouga
Gafanha do Carmo
Vista Alegre
Quintãs
Requeixo
Óis da Ribeira
Praia da Vagueira
Vale de Ílhavo
Mamodeiro
Águeda
Salgueiro
Espinhel
Fermentelos
Piedade
Borralha
Gafanha da Boa Hora
Vagos
Sosa
Lombomeão
Óiã
Nariz
Quintã
Palhaça
Barrô
Ouca
Oliveira do Bairro
Aguada de Cima
Aguada de Baixo
Troviscal
Bustos
Mamarrosa
Sangalhos
Barra de Mira
Calvão
Ponte de Vagos
Avelãs de Caminho
Avelãs de Cima
Cabeças Verdes
Fonte de Angeão
Amoreira da Gândara
Ancas
Praia de Mira
Covão de Lobo
Mogofores
Arcos
Moita
Cabeço
Carapelhos
São Lourenço do Bairro
Anadia
Sanguinheira
Covões
Vilarinho do Bairro
Óis do Bairro
Mira
Curia
Termas da Curia
Leitões
Areia
Bolho
Vila Nova de Monsarros
Ventosa do Bairro
Ermida
Febres
Montinho
São Caetano
Sepins
Antes
Luso
Corujeira
Pocariça
Casal Comba
Mealhada
Dunas de Cantanhede
C. dos Netos
Varziela
Espinheiro
Caniceira
Escoural
Taboeiras
Cantanhede
Murtede
Pampilhosa
Praia da Tocha
Corticinhã
Tijoso
Barcouço
Berlengas
Tocha
Cadima
Lemede
Carqueijo
Larçã
Sazes do Lorvão
Dunas de Quiaios
Ourentã
Pisão
Botão
Lagoa da Vela
Portunhos
Arazede
Andorinha
Souselas
Bebedouro
Ançã
Trouxemil
Regaleiros
Castanheiro
Liceia
Seixo de Gatões
Ameiro
Brasfemes
Ferreira-a-Nova
São João do Campo
Antuzede
Eiras
São Paulo de Frades
Praia de Quiaios
Quiaios
Murtinheira
Tentúgal
Lamarosa
Gatões
Buarcos
Brenha
Santana
São Silvestre
Meãs do Campo
São Martinho de Arvore
Carapinheira
Boa Viagem
Alhadas
COIMBRA
OCÉANO ATLÁNTICO

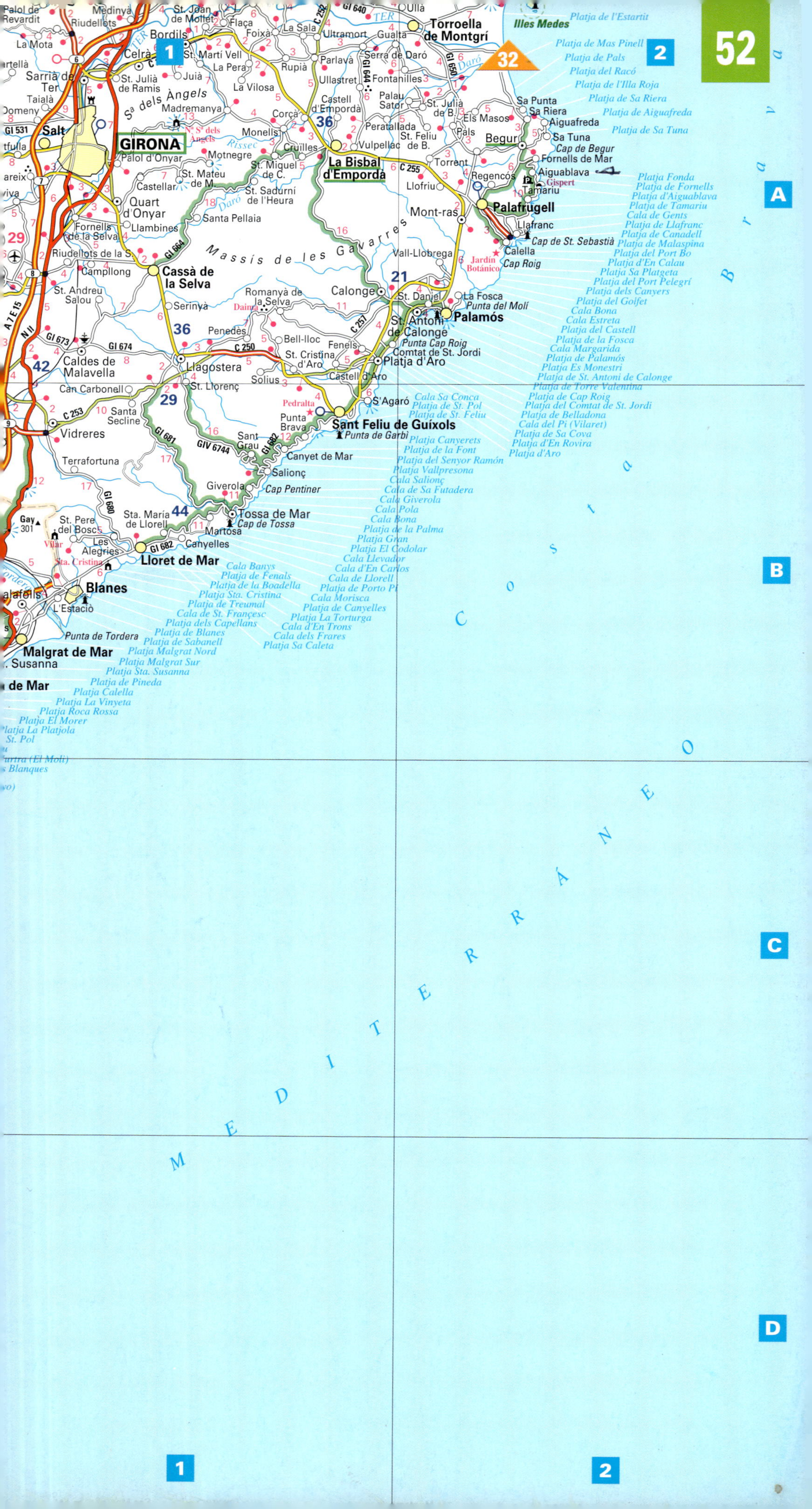

GIRONA
Salt
Bordils
Celrà
St. Martí Vell
Sarrià de Ter
St. Julià de Ramis
Juià
La Pera
Rupià
Parlavà
Ultramort
Gualta
Torroella de Montgrí
Illes Medes
Platja de l'Estartit
Serra de Daró
Fontanilles
Ullastret
Castell d'Empordà
Palau Sator
St. Julià de B.
Peratallada
St. Feliu de B.
Vulpellac
Pals
Els Masos
Begur
Sa Punta
Sa Riera
Aiguafreda
Sa Tuna
Cap de Begur
Fornells de Mar
Aiguablava
Tamariu
Regencós
Torrent
Llofriu
Palafrugell
Llafranc
Cap de St. Sebastià
Calella
Cap Roig
Jardín Botánico
Mont-ras
Vall-Llobrega
La Bisbal d'Empordà
Cruïlles
Monells
Corçà
St. Miquel de C.
St. Sadurní de l'Heura
St. Mateu de M.
Motnegre
Madremanya
La Vilosa
Sª dels Àngels
Palol d'Onyar
Castellar
Quart d'Onyar
Llambines
Santa Pellaia
Fornells de la Selva
Riudellots de la S.
Campllong
Cassà de la Selva
Massís de les Gavarres
St. Andreu Salou
Serinyà
Romanyà de la Selva
Calonge
St. Daniel
St. Antoni de Calonge
Palamós
La Fosca
Punta del Molí
Punta Cap Roig
Comtat de St. Jordi
Platja d'Aro
Castell d'Aro
S'Agaró
Fenals
St. Cristina d'Aro
Bell-lloc
Penedes
Solius
Llagostera
St. Llorenç
Caldes de Malavella
Can Carbonell
Santa Secline
Vidreres
Terrafortuna
Sant Grau
Pedralta
Punta Brava
Sant Feliu de Guíxols
Punta de Garbí
Canyet de Mar
Salionç
Cap Pentiner
Giverola
Tossa de Mar
Cap de Tossa
Martosa
Canyelles
Sta. Maria de Llorell
Lloret de Mar
Les Alegries
St. Pere del Bosc
Blanes
L'Estació
Punta de Tordera
Malgrat de Mar
Platja de Mas Pinell
Platja de Pals
Platja del Racó
Platja de l'Illa Roja
Platja de Sa Riera
Platja de Aiguafreda
Platja de Sa Tuna
Platja Fonda
Platja de Fornells
Platja d'Aiguablava
Platja de Tamariu
Cala de Gents
Platja de Llafranc
Platja de Canadell
Platja de Malaspina
Platja del Port Bo
Platja d'En Calau
Platja Sa Platgeta
Platja del Port Pelegrí
Platja dels Canyers
Platja del Golfet
Cala Bona
Cala Estreta
Platja del Castell
Platja de la Fosca
Cala Margarida
Platja de Palamós
Platja Es Monestri
Platja de St. Antoni de Calonge
Platja de Torre Valentina
Platja de Cap Roig
Platja del Comtat de St. Jordi
Platja de Belladona
Cala del Pi (Vilaret)
Platja de Sa Cova
Platja d'En Rovira
Platja d'Aro
Cala Sa Conca
Platja de St. Pol
Platja de St. Feliu
Platja Canyerets
Platja de la Font
Platja del Senyor Ramón
Platja Vallpresona
Cala Salionç
Cala de Sa Futadera
Cala Giverola
Cala Pola
Cala Bona
Platja de la Palma
Platja Gran
Platja El Codolar
Cala Llevador
Cala d'En Carlos
Cala de Llorell
Platja de Porto Pi
Cala Morisca
Platja de Canyelles
Platja La Tortuga
Cala d'En Trons
Cala dels Frares
Platja Sa Caleta
Cala Banys
Platja de Fenals
Platja de la Boadella
Platja Sta. Cristina
Platja de Treumal
Cala de St. Françesc
Platja dels Capellans
Platja de Blanes
Platja de Sabanell
Platja Malgrat Nord
Platja Malgrat Sur
Platja Sta. Susanna
Platja de Pineda
Platja Calella
Platja La Vinyeta
Platja Roca Rossa
Platja El Morer
Costa Brava
MEDITERRÁNEO
A
B
C
D
1
2

St. Agustí de Lluçanès
Cussons
de Besora
Lluissa de Vall
St. Martí
Oris
St. Pere de Torelló
St. Vicenç de Torelló
Torelló
Pto. de Uria
Pallerols
Les Encies
La Salut
Les Planes d'Hostoles
St. Boi de Lluçanès
Conangrell
L'Esquirol
Cantonigròs
Pruit
Lluçà
La Blava
Perafita
St. Martí d'Albars
Sobremunt
Vinyoles d'Oris
St. Hipòlit de Voltregà
El Poblet
Espadama
Manlleu
Sta. Maria de Corco
St. Martí Sescorts
St. Pere de Casserres
Tavertet
Rupit
St. Martí Sacalm
Amer
Les Serres
Prats de Lluçanès
Sta. Creu de Joglars
Olost
Sta. Cecília de V.
St. Bartomeu del Grau
Roda de Ter
E. de Sau
Les Masies de Roda
La Cellera de Ter
Bonmatí
Anglès
E. de Susqueda
Osor
La Torre d'Oristà
St. Jaume de Fenollet
Gurb
Tavèrnoles
Vilanova de Sau
Folgueroles
Vic
Massís de Guilleries
Sta. Bàrbara
Sta. Creu d'Horta
St. Feliu Sasserra
Oristà
Sta. Eulàlia de Riuprimer
La Guixa
St. Julià de Vilatorta
St. Sadurní d'Osormort
Calldetenes
St. Salvador
Castanyet
St. Hilari Sacalm
St. Feliu de Terrassola
Sta. Eugenia de Berga
St. Quirze de S.
Malla
Comelles
Espinelves
Cladells
Sta. Coloma de Farners
La Rovira
Sta. Eulàlia
Sta. Maria d'Oló
L'Estany
Muntanyola
Taradell
Mas Vidal
Tona
Viladrau
St. Pere Cercada
L'Esparra
Les Casetes
Seva
Collsuspina
Arbúcies
St. Segimon
Sta. Maria d'Horta
Moià
Pto. de la Pollosa
Els Hostalets
El Brull
Coll Formic 1.145
Parc Natural del Montseny
St. Marçal
El Vidal
El Rieral
Sant Feliu de Buixalleu
Centelles
Sa de Montseny
Riells de Montseny
Fogueres
Calders
La Fàbrica d'en Clarasso
St. Martí de Centelles
Castellcir
Aiguafreda
Turó de Monrou
Massanes
Hostalric
Sa de Granera
Castellterçol
Tagamanent
Montseny
La Costa
Sta. Susanna
Fogars de Montclús
Gualba de Dalt
Breda
Monistrol de Calders
St. Quirze Safaja
St. Miquel del Fai
El Figueró
E. de Vallforners
St. Esteve de Palautordera
Campins
Parc Natural de Montnegre-Corredor
Granera
El Mas Bado
Vertí
Montmany
Sta. Maria de Palautordera
Gualba de Baix
La Batlloria
Riells del Fai
Cànoves
Sant Celoni
Vilardell
Montnegre
Hortsavinyà
Gallifa
L'Ametlla del Vallès
La Garriga
St. Pere de Vilamajor
St. Antoni de Vilamajor
Montnegre 763
El Montcau 1.053
St. Llorenç Savall
St. Feliu de Codines
Can Noguera
Corró d'Amunt
Llerona
Llinars del Vallès
Olzinelles
Vallgorguina
El Farrell
C. d'Estenalles 871
El Prat de Dalt
Sta. Eulàlia de Ronçana
Marata
Cardedeu
Vilalba Sasserra
El Corredor 638
St. Iscle de Vallalta
St. Cebrià de Vallalta
St. Llorenç del Munt
La Mola 1.095
St. Feliu del Racó
Caldes de Montbui
Canovelles
Granollers
Sa del Corredor
Arenys de Munt
Nª Sª de la Misericòrdia
La Barata
Sentmenat
Lliçà d'Amunt
Sta. Agnès de M.
Canyamars
St. Vicenç de Montalt
Canet de Mar
Matadepera
Castellar del Vallès
Torre Marimon
El Carrer de Dalt
Lliçà de Vall
Dosrius
St. Andreu de Llavaneres
Arenys de Mar
Palau de P.
Torre dels Encantats
Caldes d'Estrac
TERRASSA
Parets del V.
La Roca del Vallès
Orrius
Polinyà
Vilanova del Vallès
Argentona
SABADELL
Sta. Perpetua de M.
Mollet
Montmeló
Montornès del V.
Cabrera
Cabrils
MATARÓ
St. Quirze del V.
Martorelles
La Llagosta
Vilassar de Dalt
Premià de Dalt
Teià
St. Fost de Campsentelles
Vilassar de Mar
Les Fonts
Barberà del V.
Ripollet
Alella
Premià de Mar
Rubí
Cerdanyola
Montcada i Reixac
Tiana
El Masnou
Montgat
Castellbisbal
Parc de Collserola
St. Cugat del Vallès
STA. COLOMA DE GR.
BADALONA
El Papiol
La Floresta
Les Planes
Tibidabo
St. Adrià de Besòs
St. Bartolomeu
Palleja
Molins de Rei
St. Feliu
St. Vicenç dels Horts
St. Just Desvern
Esplugues
BARCELONA
Vallirana
Coloma de Cervelló
St. Joan Despí
Cornellà
L'HOSPITALET DE LL.
Faro de Montjuïc
St. Boi de Llobregat
St. Climent de Ll.
Viladecans
Gavà
El Prat de Llobregat
Castelldefels
Garraf
Platja de Mataró
Platja de la Nova Mar Bella
Platja de la Mar Bella
Platja del Bogatell
Platja de la Nova Icaria
Platja de la Barceloneta
Platja de Sant Sebastià
Platja del Prat de Llobregat
Platja de Viladecans
Platja de Gavà
Platja de Castelldefels
Platja de la Corafumada
Platja de les Botigues de Sitges
Platja de Port Ginesta
Platja de Garraf
Costa Daurada
MAR
A
B
C
D
1
2

Marco de Canaveses
Caldas de Canaveses
Baião
Peso da Régua
Lamego
Resende
Cinfães
Castelo de Paiva
Serra de Montemuro
Montemuro 1381
Arouca
Serra da Arada
Castro Daire
Reserva Natural de Cambarinho
São Pedro do Sul
Termas de S. Pedro do Sul
Oliveira de Frades
Vouzela
Vila Nova de Paiva
Sátão
Viseu
Penalva do Castelo
Mangualde
Caramulo
Tondela
Nelas
Carregal do Sal
Santa Comba Dão
Seia
Tábua
Oliveira do Hospital
Torrozelo
Valezim
Loriga
Alvoco da Serra
Serra da Estrela
Tarouca
Moimenta da Beira
Mortágua
Pousada Barbara
Caldas da Felgueira
Termas de Alcafache
Serra de Leomil
Leomil 1011
Cabeça da Velha
Sra. do Desterro
Lapa dos Dinheiros
São Romão
Sabugueiro

Embalse de Almendra
Almeida
Roelos
Escuadro
Viñuela de Sayago
Mayalde
Trabanca
Almendra
Sardón de los Frailes
Carbellino
Alfaraz
Teso Santo
985
Santiz
Monleras
Pelilla
Moraleja de Sayago
Ahigal de Villarino
El Manzano
Villaseco de los Reyes
Zorita
Palacios del Arzobispo
Valdelosa
Nª Sª de los Reyes
Bergancianos
Emb. de Almendra
Iruelos
Manceras
El Gejo de los Reyes
Pajacinos
Zamayón
Valencia de la Encomienda
Añover de Tormes
San Pelayo de Guareña
Brincones
El Campo de Ledesma
Carrasco
El Gróo
Santa Marina
Aldearrodrigo
Cuadrilleros
Puertas
Sanchón de la Rivera
Cerezal de Puertas
Calzadilla del Campo
El Arco
Forfoleda
Villargordo
Cabeza del Horno
843
Ledesma
Carrascal
Torresmenudas
Juzbado
Espadaña
Tremedal de Tormes
Guejuelo del Barro
Calzada de Valdunciel
Almenara de Tormes
Villaseco de los Gamitos
Villar de Peralonso
Zafrón
Espino de los Doctores
San Pedro del Valle
Zarapicos
Valverdón
Gomeciego
El Pino de Tormes
Villarmayor
Encina de San Silvestre
Doñinos de Ledesma
Vega de Tirados
Peralejos de Arriba
Villasdardo
Golpejas
Huelmos
La Mata de Ledesma
Grandes
Gejo de Diego Gómez
Parada de Arriba
Santa María de Sando
Porqueriza
Carrascal de Barregas
S. Cristóbal de los Mochelos
Sando
Cipérez
Rollán
Galindo y Perahuy
Doñinos de Salamanca
San Cristóbal
La Moralita
Sagos
Cabeza de Diego Gómez
Barbadillo
Tabera de Arriba
Tabera de Abajo
Canillas de Abajo
La Rad
El Cubo de Don Sancho
Garcirrey
Carreros
Castrejón
Aldeatejada
Pelarrodríguez
Casasola de la Encomienda
Quejigal
Calzada de Don Diego
Moral de Castro
Ardonsillero
Robliza de Cojos
Buenamadre
S. Fernando
Aldehuela de la Bóveda
Cojos de Robliza
Tordelalosa
Sto. Tomé de Rozados
Boada
Muñoz
Matilla de los Caños del Río
Nª Sª del Cueto
Retortillo
Porciones
La Fuente de San Esteban
Boadilla
Villalba de los Llanos
Santa Olalla
San Muñoz
Martín de Yeltes
Vecinos
San Pedro de Rozados
La Vega
Carrascal del Obispo
Llén
Monterrubio de la Sierra
Sepúlveda
Campocerrado
Cabrillas
La Sagrada
Sanchón de la Sagrada
Peña de Cabra
Cortos de la Sierra
Cristo de Cabrera
Sª de Herreros
Berrocal de Huebra
Carrascalejo de Huebra
Castraz
Sepulcro-Hilario
Abusejo
Narros de Matalayegua
Las Veguillas
Pedrosillo de los Aires
Garcigalindo
Alba de Yeltes
Lag. Grande
Cristo de la Laguna
Barbalos
Membribe
S. Marcos
Aldehuela de Yeltes
Íñigo
Navarredonda de Salvatierra
Mesa Chica
910
Tamames
Frades de la Sierra
Dios le Guarde
Peña Grande
1.158
Tejeda y Segoyuela
La Sierpe
Herguijuela del Campo
Puebla de Yeltes
Aldeanueva de la Sierra
La Rinconada de la Sierra
Escurial de la Sierra
Berrocal de Salvatierra
Morasverdes
Sª de Tamames
Navarredonda
Sto. Domingo de Herguijuela
Palacios de Salvatierra
Valdefuente
La Bastida
Endrinal
Casafranca
Guadapero
Linares de Riofrío
Cereceda de la Sierra
Cilleros de la Bastida
Monleón
El Maíllo
El Cabaco
Fuenterroble de Salvatierra
Campillo de Salvatierra
Sª de Valero
Sª de Quilamas
Mata de Arriba
Serradilla del Arroyo
Sierra del Guindo
Hastiala
1.730
Nava de Francia
San Miguel del Robledo
San Miguel de Valero
El Tornadizo
Los Santos
Pedrizas
1.179
Valero
Casarito
Santuario
San Martín del Castañar
Sequeros
Garcibuey
Puebla de San Medel
Fuentes de Béjar
Monsagro
Peña de Francia
1.732
Las Casas del Conde
Villanueva del Conde
San Esteban de la Sierra
Parque Natural de las Batuecas
La Alberca
Mogarraz
Santibáñez de la Sierra
Valdelacasa
El Portillo
1.240
Monforte de la Sierra
Miranda del Castañar
Valverde de Valdelacasa
Peña de Francia
Bodoya
1.261
Ladrillar
Las Batuecas
Madroñal
Cepeda
Molinillo
Cristóbal
Valdefuentes de Sangusín
Ledrada
Robledo
Riomalo de Arriba
Sª de las Mestas
Herguijuela de la Sierra
Pinedas
Peromingo
Casares de las Hurdes
Heras
Cabezo
Aceitunilla
Sotoserrano
Sanchotello
Sª de la Corredera
Navalmoral de Béjar
Fresnedoso
Canchera
1.592
Asegur
Nuñomoral
Las Mestas
Sª del Castillo
Valdehijaderos
Pto. Vallejera
1.200
Vallejera de Riofrío
La Hoya
Fragosa
Rubiaco
Horcajo de Montemayor
La Calzada de Béjar
Valdesangil
El Gasco
Martilandrán
Cerezal
Sª del Cordón
Riomalo de Abajo
Colmenar de Montemayor
Vegas de Coria
La Glorieta
Navacarros
Arrobuey
1.412
Sª del Horno
Sª de las Cañas
Arrolobos
Valbuena
Béjar
Palomares
Aldeacipreste
Avellanar
Portilla Alta
560
Hurdano
Valdelageve
Cantagallo
Candelario
Cambrón
Puerto de Béjar
Santuario del Castañar
Sª de Béjar
Montemayor del Río
Canchal Negro
2.369
HURDES
Cambroncino
La Pesga
Sierra de Lagunilla
Peñacaballera
Caminomorisco
Sª de la Cierva
Lagunilla
El Cerro
La Garganta
Mesegal
Pinofranqueado
Ribera Oveja
Baños de Montemayor
Parque Natural de Candelario
Pedro Muñoz
Azabal
Casar de Palomero
Sta. Bárbara
Embalse de Gabriel y Galán
Valdelamatanza
Calvitero
2.401
N 620 E 80
C 517
C 512
C 525
SA 210
SA 212
SA 213
SA 214
SA 310
SA 313
SA 314
SA 315
SA 302
SA 303
37
56
74
71
89
TORMES
Huebra
Yeltes
ALAGÓN

Felgar
Souto da Velha
Estevais
Bruçó
Aldeadávila de la Ribera
Corporario
Masueco
Pereña
Nª Sª del Castillo
Embalse de Aldeadávila
Cabeza de Framontanos
Lagoaça
Fornos
Carviçais
Felgueiras
Mós
Reboredo
Mazouco
Salto de Aldeadávila
Mieza
La Zarza de Pumareda
Fuentes de Masueco
La Peña
La Vídola
Ahigal de Villarino
Maçores
Freixo de Espada à Cinta
Cabezal de Peñahorcada
Cabeza del Caballo
Villar de Samaniego
Vilvestre
Milano
Valsalabroso
Robledo Hermoso
Las Uces
Carrasco
Brincones
Ligares
Emb. de Saucelle
Sanchón de la Rivera
Poiares
Valdivieso
Saucelle
Barruecopardo
Barceíno
Villargordo
Valderrodrigo
Villasbuenas
Berceo
Parque Natural Arribes del Duero y Águeda
Villarmuerto
Barca de Alva
Vega de Terrón
Salto Saucelle
Ruinas Romanas
Encinasola de los Comendadores
Barreras
Majuges
Saldeana
Guadramiro
Gomeciego
La Fregeneda
Bermellar
Picones
Peralejos de Abajo
Valdenoguera
Hinojosa del Duero
Vitigudino
Peralejos de Arriba
Cerralbo
Nª Sª del Socorro
Las Merchanas
Gema
Moronta
Escalhão
Yecla de Yeltes
Traguntía
S. Cristóbal de los Mochelos
Lumbrales
Escuernavacas
Nª Sª del Castillo
Sobradillo
Mata de Lobos
La Redonda
Campilduero
Bogajo
Pozos de Hinojo
Castelo Rodrigo
Sta. Mª de Aguiar
Nave Redonda
San Jorge
825
Olmedo de Camaces
Villavieja de Yeltes
Almofala
Ahigal de los Aceiteros
Fuenteliante
Berzosa
826
B. de Sta. Maria de Aguiar
Villares de Yeltes
Escarigo
San Felices de los Gallegos
Bañobárez
Vilar Torpim
Vermiosa
La Bouza
Puerto Seguro
Reigada
Cinco Vilas
Retortillo
Porciones
Balneario de Retortillo
Centenares
Campos Carniceros
Malpartida
La Cabeza
712
Pousada Sra. das Neves
Almeida
Villar de Ciervo
Villar de la Yegua
Aldeanueva de Portanobis
Paradinas de Abajo y Vista Alegre
La Vega
Sepúlveda
Vale Verde
Vale da Mula
Aldea del Obispo
Serranillo
Castillejo de Martín Viejo
Sancti-Spiritus
Junça
Castillejo de Dos Casas
Barquilla
Castraz
Aldeia Nova
Naves
São Pedro de Rio Seco
Martillán
Villar de Argañán
Sexmiro
Saelices el Chico
Sª de Camaces
Sª de Torralba
Alba de Yeltes
Senouras
Valdecarpinteros
Bocacara
La Alameda de Gardón
Castelo Bom
Gallegos de Argañán
Puentecilla
Dios le Guarde
Vilar Formoso
818
Tenebrón
Castelo Mendo
Colonia de la Estación
Ivanrey
Pedrotoro
Sª de Valdefuente
Freineda
Carpio de Azaba
Fuentes de Oñoro
Espeja
Conejera
Ciudad Rodrigo
Sanjuanejo
Sierra del Carazo
Cabeça Madeira
835
Jardo
Manzano
Pascualarina
Águeda
Guadapero
Malhada Sorda
Porto de Ovelha
Nave de Haver
Robliza
Tejadillo
Emb. de Águeda
Serradilla del Arroyo
Zamarra
Vilar Maior
Campillo de Azaba
Aldeadalba de Hortaces
Pastores
Aldeia da Ribeira
Batocas
La Encina
Lerilla
La Atalaya
Serradilla del Llano
Teso de la Atalaya
883
853
La Alamedilla
Ituero de Azaba
El Bodón
Villarejo
Herguijuela de Ciudad-Rodrigo
Castillejo de Azaba
Martiago
Rebolosa
Puebla de Azaba
Agallas
Aldeia da Ponte
Fuenteguinaldo
Collado de Malvarín
Cespedosa de Agadones
Vegas de Domingo Rey
Robledo
Casares de las Hurdes
Alfaiates
La Alberguería de Argañán
El Saúgo
Sª de la Peña de Francia
Sª de la Corre
Canchera
1.592
Asegur
Forcalhos
Casillas de Flores
Robleda
El Gasco
Fragosa
Cabeça Alta
928
Canchalón
915
Aldehuela
Martilandrán
Pto. Viejo
1.113
Bolla Chica
1.388
Erias
Horcajo
Aldeia Velha
Lajeosa
Sª de Villasrubias
Pto. Nuevo
912
Avellanar
Arrobuey
1.412
Pedra
1135
Villasrubias
Castillo
Aldeia do Bispo
Peñaparda
Sierra de Gata
Robledillo de Gata
Robledo
Vale de Espinho
Fóios
Navasfrías
Ovejuela
Muela
Mesegal
Las Mesas
1265
El Payo
Descargamaría
Sauceda
Pinofranqueado
Malcata
Dehesa de Perosín
Jamoña
1.367
Sª de la Pila
Pedro Muñoz
Azabal
Sta. Bárbara
Pto. San Martín
Ángeles
DUERO
ÁGUEDA
Huebra
Camaces
Yeltes
Uces
Agadón
Serradillo
Gavilanes
N 620 E 80
E 80-IP 5
C 517
C 525
C 515
C 526
SA 314
SA 320
SA 321
SA 322
SA 323
SA 324
SA 330
SA 200
332
340
221
220
325
325-1
36
57
38
27
73
A
B
C
D
1
2

Peso da Régua
Provesende
Pinhão
Covas do Douro
Gouvinhas
Galafura
Vilarinho dos Freires
Poiares
Tua
Ribalonga
Linhares
Ruinas romanas
de Ansiães
Fonte Longa
Mourão
Castedo
Marzagão
Ansiães
Besteiros
Vilarinho da Castanheira
Seixo de Ansiães
Foz do Sabor
Cabeça Boa
Rego da Barca
Lousa
Sra. da Ribeira
Ervedosa do Douro
Soutelo do Douro
Nagozelo do Douro
B. de Valeira
DOURO
B. da Régua
Valença do Douro
Folgosa
Adorigo
Valdigem
Vila Seca
Sta. Leocádia
Fontelo
Coura
Aldeias
Armamar
Barcos
Tabuaço
Pinheiros
São João da Pesqueira
Vale de Figueira
Olas
Castanheiro do Sul
Seixas
Mós
Pocinho
Santo Amaro
Queimada
Aricera
Távora
Custóias
Numão
Murça
Vila Nova de Foz Côa
Santiago
São Martinho das Chãs
Chavães
Espinhosa
Várzea de Trevões
Vilarouco
Trevões
Paradela
Salzedas
Granja do Tedo
Longra
Pareces da Beira
Valongo dos Azeites
Horta
Sebadelhe
Freixo de Numão
Ucanha
Cimbres
Arcos
Reboledo
995
Póvoa de Penela
Dálvares
Granja Nova
Castelo
Nagosa
Sendim
Riodades
Penela da Beira
Cedovim
Touça
Facho
715
Muxagata
Passô
Cabaços
Souto
Fonte Longa
Vale de Pereiros
Paradinha
Escurquela
Granja
Sarzedo
Sever
Moimenta da Beira
Baldos
Maceira
Castainço
Penedono
Ranhados
B. de Ranhados
Foço do Canto
Chãs
São João Tarouca
Alvite
Leomil
Vilar
Fonte Arcada
Arcozelos
B. de Vilar
Chosendo
Sirigo
989
Meda
Tomadias
Parque Arqueológico do Vale do Côa
Porto Codeço
Leomil
1011
Aldeia de Nacomba
Caria
Rua
Freixinho
Ferreirim
Antas
Ourozinho
Outeiro de Gatos
Longroiva
Santa Comba
Serra de Leomil
Pêra Velha
A de Barros
Penso
Beselga
Aveloso
Espinhaço
500
Vila da Ponte
Sarzeda
Sernancelhe
Guilheiro
Prova
Torre do Terrenho
Vale Flor
Marialva
Pai Penela
Barreira
Cidadelhe
Póvoa
Ariz
Carregal
Lamosa
Lapa
955
Serra da Lapa
Granjal
Pereiro
962
Sebadelhe da Serra
Carvalhal
Gateira
Peva
Alhais
Segões
Gradiz
Castanheira
Casteição
Terrenho
Juizo
Quinta de Pero Martins
Vila Nova de Paiva
Arnas
Ponte do Abade
Rabaçal
Coriscada
Corujeira
Águas Boas
Cunha
Valdujo
Ervedosa
Ferreira de Aves
Reboleiro
Moreira de Rei
Cótimos
Azevo
Pinheiro
Aguiar da Beira
Palhais
Rio de Mel
Coriscada
Bogalhal
Lamas de Ferreira
Souto de Aguiar da Beira
Cogula
Santa Eufémia
Coruche
Valverde
Trancoso
Vale do Seixo
Vila Garcia
Valbom
Caldas de Cavaca
Eirado
Pisco
989
Carapito
Venda do Cepo
Tamanhos
Póvoa d'El-Rei
Pinhel
Decermilo
Rãs
Cavaca
Corticada
Meã
Mioma
Romãs
Vila Longa
Torres
Broca
814
Póvoa do Concelho
Pala
Silvã de Cima
Dornelas
Pena Verde
Queiriz
Mosteiro
Carnicães
Vila Franca das Naves
Ervas Tenras
Malta
Souro Pires
Rio de Moinhos
Fiães
Freches
Ladário
Sezures
Forninhos
Aldeia Nova
Vilares
Prados
Insua
Esmolfe
Maceira
Matança
Sobral Pichorro
Minhocal
Alverca da Beira
Lameiras
Freixedas
Penalva do Castelo
Vila Cova do Covelo
Antas
Forno Telheiro
Baraçal
Castelo de Penalva
Travanca de Tavares
São João da Fresta
Vila Chã
Algodres
Velosa
Alvendre da Ribeira
Gouveia
Lamegal
Germil
Quintela de Azurara
Chãs de Tavares
Fornos de Algodres
Figueiró da Granja
Celorico da Beira
Açores
Sobral da Serra
Carvalhal
Pomares
Cabaça
Freixiosa
Casas do Soeiro
Lajeosa do Mondego
Rochamondego
Pêra do Moço
Argomil
Ribeira dos Carinhos
Juncais
Santiago de Cassurrães
Abrunhosa-a-Velha
Vila Franca da Serra
Mesquitela
Cortiçô da Serra
Vale de Azares
Porto da Carne
Cavadoude
Jarmelo
Pínzio
Contensas de Baixo
Ribamondego
Aldeia Viçosa
Avelenes
Cagos
Gonçalo Bocas
Amoreira
Castanheira
Vila Cortês da Serra
Salgueirais
Carrapichana
Prados
Arrifana
Casal de Cinza
Arcozelo
Cativelos
Figueiró da Serra
Linhares
Cabeça Alta
1287
Pêro Soares
GUARDA
Pousada
Vila Nova de Tazem
Nespereira
Nabais
São Paio
Melo
Folgosinho
Videmonte
B. do Pateiro
Maçainhas de Baixo
B. do Caldeirão
Parada
Rio Torto
Lagarinhos
Vinhó
Gouveia
Parque Natural da Serra da Estrela
Mondego
Tinta
Vale de Estrela
Vila Garcia
890
Rochoso
Pinhanços
Paços da Serra
Moimenta da Serra
Aldeias
1595
Fernão Joanes
Penedo do Ladário
1074
Panóias de Cima
Vila Fernando
Monte Margarida
Sta. Marinha
Cerro do Gato
1122
Ramela
Sortelhão
Adão
Marmeleiro
São Martinho
Cabeça do Velho
Seixo Amarelo
1033
Famalicão
Vela
João Antão
Seia
Santo Estevão
1378
Pousada de S. Lourenço
Sameiro
Valhelhas
Benespera
Pega
Cabeça da Velha
Sabugueiro
Manteigas
Gonçalo
Freguas
1118
Pousafoles do Bispo
Rapoula do Côa
Sra. do Desterro
Vale Rossim
Caldas
Poço do Inferno
Vila do Touro
Lepa dos Dinheiros
Lagoa Comprida
ESTRELA
Vale glaciário do Zêzere
Caldas de Manteigas
Gaia
Maçainhas
Penha de Águia
687
Fena Lobo
Lomba
Baraçal
Valezim
1856
Verdelhos
Vale Formoso
Colmeal
Bendada
Águas Belas
Espinhal
Quinta de São Bartolomeu
B. do Covão do Meio
Cascatas da Candieira
Sarzedo
1043
Aldeia do Souto
Centum Cellas
Alto Valle del Zêzere
Aldeia de Sto. António
Castelo de Cinco Quinas
Sabugal
Loriga
1070
Belmonte
1008
Estrela
1933
1656
Curral do Vento
Penhas da Saúde
Orjais
Inguias
Sortelha
Alvoco da Serra
B. do Covão de Ferro
B. do Viriato
Teixoso
Aldeia do Carvalho
Casteleiro
939
Moita
Quadrazais
Santo Estêvão
Muralha
1487
Carvalhal
Terreiro das Bruxas
Caria
Reserva da Serra da Malcata
Malcata
Machoca
1072
Unhais da Serra
Cortes do Meio
Covilhã
Vale da Senhora da Póvoa
Meimão
Peraboa
Boidobra
Tortosendo
Escarigo
Serra
697
Sra. da Póvoa
Serra de Estrela

58
1
2
38
59
Villamor de los Escuderos
Fuentesaúco
Fuentelapeña
Vadillo de la Guareña
Nª Sª de la Casita
Castrejón
Nueva Villa de las Torres
El Campillo
Brahojos de Medina
Velascálvaro
Villaescusa
Castrillo de la Guareña
Torrecilla de la Orden
Fresno el Viejo
Carpio
Bobadilla del Campo
Cervillego de la Cruz
Páramo de Corcos
Castillejo
926
Tarazona de Guareña
Topas
Torreperales
Aldeanueva de Figueroa
Cañizal
Olmo
Parada de Rubiales
Vallesa de la Guareña
Morquera
Cantalapiedra
Blasconuño de Matacabras
Tardáguila
Negrilla de Palencia
Palencia de Negrilla
Arcediano
La Orbada
Espino de la Orbada
Villanueva de los Pavones
Pajares de la Laguna
La Vellés
Villaverde de Guareña
Carbajosa de Armuña
Pedrosillo el Ralo
Pitiegua
El Pedroso de la Armuña
Villaflores
Madrigal de las Altas Torres
Horcajo de las Torres
S. Cristóbal de la Cuesta
Gomecello
Cabezabellosa de la Calzada
Arabayona
Cantalpino
Palaciosrubios
Laguna de los Lavajares
Villar de Matacabras
Poveda de las Cintas
Villares de la Reina
Castellanos de Moriscos
Moriscos
Riolobos
Mamblas
Aldearrubia
Villoruela
Zorita de la Frontera
Rasueros
SALAMANCA
Cabrerizos
San Morales
Babilafuente
Villoria
El Campo de Peñaranda
Rágama
S. Cristóbal de Trabancos
Cabezas del Pozo
Aldealengua
Santa Marta de Tormes
Amatos
Huerta
Moriñigo
Paradinas de San Juan
Bernúy-Zapardiel
El Ajo
Cisla
Pelabravo
Calvarrasa de Abajo
Castañeda
Cordovilla
Villar de Gallimazo
Aldeaseca de la Frontera
Flores de Ávila
Villamayor
Cantiveros
Machacón
Francos
Encinas de Abajo
Ventosa del Río Almar
Muñosancho
Calvarrasa de Arriba
Cilloruelo
Alconada
Peñaranda de Bracamonte
Cantaracillo
Rivilla de Barajas
Nava de Sotrobal
Palacio de Castronuevo
Pascualgrande
Villagonzalo de Tormes
Jemingómez
Peñarandilla
Coca de Alba
Valdescobela
Gimialcón
Salvadiós
Emb. de Villagonzalo
Garcihernández
Bóveda del Río Almar
Amatos
Tordillos
Narros del Castillo
Villacomer
Chaherrero
Terradillos
Valdemierque
Macotera
Mancera de Abajo
Alba de Tormes
Pedrosillo de Alba
El Convento de Duruelo
Velaviejo
Aldeaseca de Alba
Galleguillos
Martinamor
S. Leonardo
Navales
Turra
Santiago de la Puebla
Salmoral
Blascomillán
Vita
Muñogrande
Encinas de Arriba
Portillo
Gajates
Mancera de Arriba
Herreros de Suso
El Parral
Sto. Tomé de Zabarcos
Buenavista
Ejeme
Valdecarros
San García de Ingelmos
San Martín de las Cabezas
Herrezuelo
Pedraza de Alba
Malpartida
Emb. de El Milagro
Galisancho
Alaraz
Solana de Río Almar
Anaya de Alba
Larrodrigo
Mirueña de los Infanzones
Santa Teresa
Santa Inés
Gallegos de Sobrinos
Rinconada
Cabezas del Villar
La Maya
Sambellín
Blascojimeno
Viñegra
Muñico
Cillán
Ntra. Sra. de Rihondo
Pasarilla del Rebollar
Galinduste
Santuario Valdejimena
Carpio-Medianero
Chagarcía-Medianero
Diego del Carpio
San Miguel de Serrezuela
Hurtumpascual
Ortigosa de Rioalmar
Pelayos
Manjabálago
Narrillos del Rebollar
Montejo
Horcajo-Medianero
San Simones
Pascuarcobo
San Juan del Olmo
Ermita de las Fuentes
Valdecasa
Martínez
Balbarda
Emb. de Santa Teresa
Revalvos
Zapardiel de la Cañada
Vadillo de la Sierra
Pto. de las Fuentes
1499
Guareña
Salvatierra de Tormes
Navahombela
Armenteros
Múñez
Muñana
Sta. Mª. del Arroyo
La Tala
Íñigo Blasco
Mercadillo
Arevalillo
Sierra de Villanueva
Villanueva del Campillo
1522
Tórtoles
Amavida
Poveda
La Torre
Narrillos del Álamo
El Álamo
Aldealabad de Mirón
La Serrezuela
Collado del Mirón
Villatoro
Valle de Adaja
Cespedosa
Gallegos de Solmirón
El Mirón
Becedillas
Pajarejos
Bonilla de la Sierra
Pto. de Villatoro
1356
Pradosegar
Muñotello
Narros del Puerto
Robledillo
Bercimuelle
Valdemolinos
Sta. Mª. del Berrocal
Malpartida de Corneja
Casas del Puerto de Villatoro
Santibáñez de Béjar
Puente del Congosto
S. Bartolomé de Corneja
Mesegar de Corneja
Villafranca de la Sierra
La Serrota
2294
Mengamuñoz
54
Navamorales
Villar de Corneja
S. Miguel de Corneja
El Barrio
Navacepedilla de Corneja
Pto. de Menga
1566
Castro de El Berrueco
La Magdalena
Hoyorredondo
Navaescurial
Piedrahíta
Sª de Villafranca
Cepeda la Mora
Garganta del Villar
Medinilla
Fuente Santa
El Tejado
La Horcajada
Santiago del Collado
Riofraguas
Pto. de la Peña Negra
1909
Sª de Piedrahíta
San Martín de la Vega del Alberche
Fonda de Sta. Teresa
Navalacruz
Barquillo
El Maragato
Junciana
Gilbuena
Encinares
Collado
La Aldehuela
Navadijos
El Losar
Sta. M. de los Caballeros
Avellaneda
Navalsáuz
Hoyos de Miguel Muñoz
Hoyocasero
S. Lorenzo de Tormes
Aldeanueva de Santa Cruz
La Herguijuela
Venta del Obispo
Los Cuartos
Navasequilla
S. Bartolomé
Navacepeda de Tormes
Hoyos del Espino
Navarredonda de Gredos
Venta Rasquilla
La Carrera
Sª de los Castillejos
Zapardiel de la Ribera
Horcajo de la Ribera
Hoyos del Collado
Barajas
San Martín del Pimpollar
El Barco de Ávila
La Lastra del Cano
Navalperal de Tormes
Los Llanos
Navatejares
Navamojada
La Aliseda de Tormes
75
Puente del Duque
Umbrías
Bohoyo
Pto. del Pico
1352
Sª del Colmenar
Pto. de Serranillos
1375
Cabezas Altas
Los Guijuelos
Tormellas
Gil García
Nava
A
B
C
D
26
28
42
58
21
57
30
N 620 E 80
N 501
N 110
N 502
C 605
C 610
C 510
C 500
SA 804
SA 811
SA 802
SA 803
SA 812
SA 810
SA 114
SA 113
SA 112
SA 120
SA 110
SA 101
SA 800
ZA 620
ZA 603
VA 804
VA 800
VA 801
AV 800
AV 112
AV 114
AV 111
AV 120
AV 104
AV 101
AV 102
AV 933
AV 931
Tormes
Almar
Gamo
Margañán
Zamplón
Agudín
Larrodrigo
Martimpérez
Corneja
Alberche
Guareña
Poveda
Mazores
Regamón
Trabancos
Zapardiel
Tariego
Manga
Barbellido
Piquillo

El Olmo
Castillejo de Mesleón
Duratón
Alameda
Sotos de Sepúlveda
Sotillo
Duruelo
Mansilla
Cerezo de Arriba
Cerezo de Abajo
Villarejo
Sto. Tomé del Puerto
Siguero
Sigueruelo
Casla
Prádena
Colgadizos
Pto. de Somosierra 1404
Somosierra
Robregordo
La Acebeda
Horcajo de la Sª
Horcajuelo de la S.ª
Aoslos
Madarcos
Montejo de la Sª
Prádena del Rincón
Braojos
Piñuecar
Gandullas
Paredes de Buitrago
Serrada de la Fuente
Buitrago de Lozoya
Berzosa del Lozoya
Manjirón
Cinco Villas
Las Navas de Buitrago
Robledillo de la Jara
Cervera de B.
El Atazar
Lozoyuela
Sieteiglesias
Alpedrete de la Sierra
El Berrueco
La Cabrera
Patones de Arriba
Patones de Abajo
Cabanillas de la Sierra
Redueña
Torrelaguna
Uceda
El Cubillo de Uceda
Torremocha del Jarama
Venturada
El Vellón
El Espartal
Talamanca de Jarama
Pedrezuela
El Molar
San Agustín de Guadalix
Valdetorres de Jarama
Fuente el Saz de Jarama
Valdeolmos
Alalpardo
Fuente del Fresno
Algete
Cobeña
Sebastián de los Reyes
Belvis del Jarama
Daganzo de Arriba
Ajalvir
Paracuellos de Jarama
Barajas
MADRID
Coslada
S. Fernando de Henares
Torrejón de Ardoz
Mejorada del Campo
Loeches
Velilla de San Antonio
Rivas Vaciamadrid
Vallecas
Perales
Riaza
Riofrío de Riaza
Pto. de la Quesera 1.737
Alquité
Martín Muñoz de Ayllón
Madriguera
El Muyo
Pico del Lobo 2.273
Reserva Nacional de Caza de Sonsaz
Peñalba de la Sierra
Cabida
Bocígano
El Cardoso de la Sierra
La Hiruela
Pto. de la Hiruela 1830
Colmenar de la Sierra
Corralejo
Campillo de Ranas
Campillejo
El Espinar
Matallana
La Vereda
Puebla de la Sierra
Emb. de El Vado
Majaelrayo
Ocejón 2.059
Valverde de los Arroyos
Sa del Robledal
Sa del Ocejón
Palancares
Almiruete
Tamajón
Muriel
Retiendas
Valdesotos
Tortuero
Puebla de Valles
Valdepeñas de la Sierra
La Mierla
Beleña de Sorbe
Puebla de Beleña
Matarrubia
Casa de Uceda
Villaseca de Uceda
Malaguilla
Viñuelas
Fuentelahiguera de Albatages
Málaga del Fresno
Mohernando
Humanes
Robledillo de Mohernando
Razbona
Cerezo de Mohernando
Torrebeleña
Aleas
Fuencemillán
Cogolludo
Arbancón
Jócar
Monasterio
Veguillas
Santotis
Sa Gorda
San Andrés del Congosto
Valdepinillos
Umbralejo
La Huerce
El Ordial
Arroyo de Fraguas
La Nava de Jadraque
Las Cabezadas
Villares de Jadraque
Bustares
Aldeanueva de Atienza
Sa Alto Rey
Condemios de Arriba
Condemios de Abajo
Albendiego
Somolinos
Campisábalos
Villacadima
Galve de Sorbe
Cantalojas
Grado del Pico
Sotillo de Caracena
Losana
Carrascosa de Henares
Espinosa de Henares
Copernal
Valdeancheta
Alarilla 959
Taragudo
Hita
Heras
Torre del Burgo
Cañizar
Rebollosa de Hita
Yunquera de Henares
Fontanar
Ciruelas
Torija
Tórtola de Henares
Usanos
Caraquiz
Valdepiélagos
Mesones
Valdenuño Fernández
El Casar de Talamanca
Galápagos
Torrecabrón 846
Ribatejada
Torrejón del Rey
Valdeaveruelo
Valdeavero
Serracines
Fresno de Torote
Camarma de Esteruelas
Canarma del Caño
Villanueva de la Torre
Quer
Alovera
Cabanillas del Campo
Marchamalo
Valbueno
Azuqueca de Henares
Meco
GUADALAJARA
Iriépal
Taracena
Valdenoches
Aldeanueva de Guadalajara
Atanzón
Centenera
Lupiana
Villaflores
El Clavín
Sanatorio de Alcohete
Chiloeches
Horche
Yebes
Armuña de Tajuña
Valdarachas
Pozo de Guadalajara
Aranzueque
Renera
Los Santos de la Humosa
ALCALÁ DE HENARES
Santorcaz
Anchuelo
Páramo de la Humosa
Corpa
Villalbilla
Valverde de Alcalá
Torres de la Alameda
Pozuelo del Rey
Nuevo Baztán
Olmeda de las Fuentes
Pezuelas de las Torres
Loranca de Tajuña
Hontoba
Escariche
Escopete
Fuentenovilla
Sta. Bárbara 871
Pozo de Almoguera
Ambite
Villar del Olmo
Campo Real
Los Hueros
Laguna Chica
Laguna Grande
Emb. del Pontón de la Oliva
Emb. de Pozo de los Ramos
Emb. de Beleña

38
41
61
77
1
2
A
B
C
D
P. N. Hoces del Río Duratón
Embalse de Burgomillodo
Sepúlveda
Fuenterrebollo
Cantalejo
Sebúlcor
Villar de Sobrepeña
Consuegra de Murera
Aldeosancho
Valdesimonte
Cabezuela
Rebollar
Aldeacorvo
Villafranca
Castroserna de Abajo
Castroserna de Arriba
Los Cortos
Sta. Marta del Cerro
Tejadilla
Siguero
Ventosilla
Casla
Prádena
Colgadizos 1834
La Acebeda
Fresneda de S.
Perorrubio
Sotil
Duruelo
Mansi
La Nava
E. de Bodón de la Ibienza
Lastras de Cuéllar
Zarzuela del Pinar
Fuentepelayo
Navalmanzano
Martín
Sta. Juliana
Pinarnegrillo
Aguilafuente
Sauquillo de Cabezas
Aldea Real
Escalona del Prado
Veganzones
Turégano
Mozoncillo
Rodelga
El Bustar
Carbonero el Mayor
Villovela del Pirón
Otones de Benjumea
Escarabajosa de Cabezas
Escobar de Polendos
Parral de Villovela
Peñasrrubias del Pirón
Cantimpalos
Tabanera la Luenga
Pinillos de P.
Cabañas de Polendos
Losana de Pirón
Yanguas de Eresma
Carbonero de Ahusín
Roda de Eresma
Mata de Quintanar
Adrada de Pirón
Sto. Domingo de Pirón
Brieva
Sotosalbos
Basardilla
Los Huertos
Valseca
Bernuy de Porreros
Asenjo
Torrecaballeros
Tizneros
Aldehuela
La Torre
Garcillán
Hontanares de Eresma
Zamarramala
La Lastrilla
Cabanillas del Monte
Trescasas
Sonsoto
SEGOVIA
Tabanera del Monte
Palazuelos de Eresma
Martín Miguel
Valverde del Majano
Torredondo
Abades
Perogordo
Hontoria
Madrona
Palacio Real
Riofrío
Revenga
Navas de Riofrío
Valsaín
Fuentemilanos
Tajuña
La Losa
Ortigosa del Monte
Otero de los Herreros
Rivera de los Molinos
Embalse de Revenga
San Ildefonso o La Granja
Palacio Jardines
Pradera de Navalhorno
Valdeprados
Virgen de la Dvada
Caballar
Torreiglesias
Carrascal
Cubillo
Valdevacas
Requijada
Arahuetes
La Mata
La Cuesta
Berrocal
Pelayos del Arroyo
La Salceda
Collado Hermoso
Puebla de Pedraza
Rebollo
Muñoveros
Arevalillo de Cega
El Guijar
La Velilla
Valle de S. Pedro
Galíndez
Torre Val de San Pedro
Aldealuenga de Pedraza
Navafría
Pajares de Pedraza
Valleruela de Pedraza
Valleruela de Sepúlveda
Orejana
Revilla
Villar
Sanchopedro
Huerta
Pedraza
Arcones
La Mata
Virgen de la Lastra
Matamala
Cañicosa
Matabuena
Gallegos
La Matilla
Virgen de las Vegas
San Pedro de Gaíllos
Tamarro
Castilnovo
Pto. de Navafría 1773
Lozoya
Fuensanta
Gargantilla del Lozoya
Pinilla de B.
Navarredonda
S. Mamés
Villavieja del Lozoya
Gascones
La Serna del Monte
Braojos
Buitrago de Lozoya
Emb. de Riosequillo
El Cuadrón
Cinco Villas
Sieteiglesias
Garganta de los Montes
Canencia
Pto. de Canencia 1600
Valdemanco
Bustarviejo
Pinilla del Valle
Alameda del Valle
Oteruelo del Valle
E. de Pinilla
Rascafría
El Paular
Valle de Lozoya
Macizo de Peñalara
Montes Carpetanos
Parque Natural Lagunas de Peñalara
Peñalara 2430
EST. INV. VALCOTOS
Pto. de Cotos 1830
Pto. de la Morcuera 1760
E. de Miraflores
Miraflores de la Sierra
Navalafuente
Cabanillas de la Sierra
Venturada
Guadalix de la Sierra
Emb. de El Vellón
Pedrezuela
Sª de la Cabrera
Sª de la Morcuera
Cerro de San Pedro
Navalazarza
Los Remedios
San Agustín de Guadalix
Canal del Lozoya
Sierra de Guadarrama
La Mujer Muerta
Sierra Quintanar
Montón de Trigo 2154
Pto. de Navacerrada 1860
EST. INV. PTO. NAVACERRADA
Pto. de la Fuenfría 1796
Siete Picos
Camorritos
Cerro de la Cuerda Larga
La Cuerda Larga
Cabeza de Hierro 2383
La Pedriza de Manzanares
Sª de los Porrones
Sanatorio
Cercedilla
Navacerrada
Mataelpino
Becerril de la Sierra
El Boalo
Manzanares El Real
Soto del Real
Emb. de Santillana
Parque Regional de la Cuenca Alta del Manzanares
Sª del Hoyo de Manzanares
Cerceda
Moralzarzal
Colmenar Viejo
Hoyo de Manzanares
Tres Cantos
Fuente del Fresno
Viñuelas
San Sebastián de los Reyes
Alcobendas
E. de los Ángeles
Los Ángeles de S. Rafael
San Antonio
Cristo de Caloco
Estación de El Espinar
Prados
El Espinar
San Rafael
Gudillos
Pto. de Guadarrama
Los Molinos
Collado Mediano
Alto de los Leones 1511
Guadarrama
Cueva Valiente 1902
Emb. de La Jarosa
Alpedrete
Collado Villalba
Valle de los Caídos
Cuelgamuros
Peguerinos
Abantos 1754
San Lorenzo de El Escorial
El Escorial
E. de los Arroyos
Navalespino
La Hoya
Robledondo
Silla de Felipe II
Emb. del Tobar
Galapagar
Torrelodones
E. los Peñascales
Emb. de El Pardo
Monte de El Pardo
El Pardo
La Paradilla
Zarzalejo
Pajares
Peralejo
Valmayor
Emb. de Valmayor
Colmenarejo
Altos de Galapagar 938
Las Matas
Las Rozas de Madrid
Palacio de la Zarzuela
Rampa de Valdemorillo
Valdemorillo
Villanueva del Pardillo
Robledo de Chavela
Fresnedillas de la Oliva
Navalagamella
Emb. de Cerro Alarcón
Majadahonda
El Plantío
Aravaca
Pozuelo de Alarcón
Húmera
MADRID
Almenara 1262
Navahonda
Villanueva de la Cañada
Palacio Duque de Alba
Quijorna
Colmenar del Arroyo
Emb. de Navalagamella
Brunete
Boadilla del Monte
Navas del Rey
Chapinería
Villamantilla
Villanueva de Perales
Sevilla la Nueva
Villaviciosa de Odón
ALCORCÓN
MÓSTOLES
Aldea del Fresno
Vallecas
Barajas
Perales

Medina del Campo
Olmedo
Villaverde de Íscar
Fuente el Olmo de Íscar
Samboal
Romaguilardos
El Campillo
Brahojos de Medina
Velascálvaro
Rubí de Bracamonte
Bobadilla del Campo
Moraleja de las Panaderas
La Zarza
Gomeznarro
San Vicente del Palacio
Ramiro
Bocigas
Llano de Olmedo
Villeguillo
Fuente-Olmedo
Cirueelos de Coca
Coca
Fonseca
Almenara de Adaja
Fuente de Santa Cruz
Villagonzalo de Coca
Navas de Oro
Cervillego de la Cruz
Fuente el Sol
Ataquines
Puras
Bernuy de Coca
Nava de la Asunción
Santiuste de S. Juan Bautista
Tolocirio
886
Honcalada
San Pablo de la Moraleja
Lomoviejo
Muriel de Zapardiel
Honquilana
Montejo de Arévalo
Palacios de Goda
Donhierro
San Cristóbal de la Vega
Moraleja de Coca
Miguelañez
Domingo García
Blasconuño de Matacabras
Moraleja de Matacabras
Salvador de Zapardiel
Madrigal de las Altas Torres
San Esteban de Zapardiel
Castellanos de Zapardiel
Donvidas
Tornadizos de Arévalo
Raparieqos
Alconadilla del Codonal
Ortigosa de Pestaño
Virgen
Nieva
Barromán
Sinlabajos
Arévalo
Martín Muñoz de la Dehesa
Codorniz
Aldehuela de Codonal
Melque
Ochando
Sta. Mª. de Nieva
Bercial de Zapardiel
Villanueva del Aceral
Aldeaseca
Lugareja
Montuenga
Pascuales
Mamblas
Palacios Rubios
Espinosa de los Caballeros
Juarros de Voltoya
Aragoneses
Virgen de la Antigua
Fuentes de Año
Canales
Magazos
Vinaderos
Orbita
Baltsa
Langa
Noharre
Nava de Arévalo
Hoyuelos
Cabezas del Pozo
Bernúy-Zapardiel
Gutierre Muñoz
Martín Muñoz de las Posadas
Laguna-Rodrigo
Villoslada
San Miguel
Matamala
Cisla
Fuente el Sauz
Jemenuño
993
Velagómez
Cantiveros
Donjimeno
San Vicente de Arévalo
Villamayor
Jaraíces
Cabezas de Alambre
Pedro Rodríguez
Fontiveros
Constanzana
S. Bernardo
Tiñosillos
Adanero
Etreros
Sangarcía
Pajares de Adaja
Moñibas
Cobos de Segovia
Acedos
Rivilla de Barajas
El Bohodón
Cabizuela
Sanchidrián
Peromingo
Bercial
Palacio de Castronuevo
Pascualgrande
Las Cuatro Calzadas
Collado de Contreras
Narros de Saldueña
Villanueva de Gómez
Marugán
Muñopedro
Crespos
S. Pascual
Blascosancho
Emb. de Torrelara
Narros del Castillo
Viñegra de Moraña
Muñomer del Peco
Papatrigo
Hernansancho
Chaherrero
Villacomer
Albornos
Riocabado
Vega de Santa María
Velayos
Labajos
Monterrubio
El Oso
San Juan de la Encinilla
Gotarrendura
Vita
Muñogrande
Herreros de Suso
El Parral
S. Tomé de Zabarcos
San Pedro del Arroyo
Las Berlanas
Pozanco
Santo Domingo de las Posadas
Maello
Ntra. Sra. del Consuelo
Zarzuela del Monte
Aveinte
Zorita de los Molinos
Saornil de Voltoya
Villacastín
San Martín de las Cabezas
Brabos
Emb. de El Milagro
Horcajuelo
Monsalupe
Peñalba de Ávila
Cristo de la Salud
Blascoeles
San Cristóbal
Solana de Río Almar
Grandes
Villaflor
Muñoyerro
Mingorría
Tolbaños
Cardeñosa
Palacio de Manzanedo
Las Cogotas
Cristóbal
S. Esteban de los Patos
Aldeavieja
Bularros
Altamiros
Gallegos de Altamiros
Marlín
Berrocalejo de Aragona
Cortos
Pto. Cruz del Hierro
1417
Mirueña
Cillán
Chamartín
Ntra. Sra. de Rihondo
Alamedilla del Berrocal
Narrillos de S. Leonardo
Brieva
Medianas de Voltoya
Ojos Albos
Sª de Ojos Albos
El Rebollar
Benitos
Martiherrero
Emb. de Mingorría
Vicolozano
Urraca-Miguel
Casasola
Sanchorreja
Valdecasa
Narrillos de Rebollar
Sanat. de Sta Teresa
Duruelo
La Colilla
ÁVILA
Bernúy-Salinero
Balbarda
Ávila
Muñopepe
Oco
Sanchicorto
La Serrada
Venta de Pinilla
Padiernos
Tornadizos de Ávila
Alto de Valdelavia
1448
Valdihuelo
1531
Sierra de Malagón
Guareña
Sta. Mª. del Arroyo
Muñochas
Ntra. Sª. de Sonsoles
1315
Pto. del Boquerón
Múñez
Muñana
Salobral
El Fresno
Aldea del Rey
Muñogalindo
Castellanos
La Torre
Salobrejo
Niharra
Gemuño
E. Becerril
La Cañada
Navalperal de Pinares
Ciudad Ducal
Valle de Amblés
Baterna
Solosancho
Sierra de Yemas
Cabañas
Mironcillo
El Herradón
E. Ciudad Ducal
Robledillo
Narros del Puerto
Villaviciosa
Ruinas de Ulaca
Manqueospese
Sotalvo
Riofrío
Cuerda de los Polvisos
S. Bartolomé de Pinares
Sta. Cruz de Pinares
Parameras de Ávila
Pto. de Paramera
1416
E. Becea II
E. de Hoyo de Pinares
Hoyo de Pinares
Pto. de Menga
1566
Pto. de Navalmoral
1314
Sierra de la Paramera
San Juan de la Nava
San Marcos
Barraco
Navandrinal
Villarejo
San Juan del Molinillo
Fonda de Sta. Teresa
Navarredondilla
Navalmoral
Pto. de Arrebatacapas
1065
Navalacruz
Ntra. Sra. de Septiembre
E. de Burguillo (Salto del Alberche)
Emb. de Charco del Cura
Cebreros
Navaquesera
Navatalgordo
Burgohondo
Las Cruceras
Ntra. Sra. de Valsordo
Hoyocasero
Navalosa
Navaluenga
La Rinconada
El Tiemblo
Cabrera
Venta Rasquilla
Alberche
Villanueva de Ávila
E. de La Hechona
Virgen de la Nueva
Navarrevisca
Venta de Tablada
San Martín de Valdeiglesias
Toros de Guisando
Escusa
1959
Sierra del Valle
Serranillos
San Pedro
Pto. de Mijares
1570
Convento
Pto. de Serranillos
1375
Piedralaves
Casillas
Navahondilla
Sierra del Cabezo
Santa María del Tiétar
Rozas de Puerto Real
La Adrada
Cadalso de los Vidrios
Sª del Colmenar
N-VI
A 6
N 601
N 403
N 501
N 110
N 502
SG 343
SG 341
SG 342
SG 351
SG 353
SG 413
SG 414
SG 412
SG 322
SG 321
SG 500
SG V 3341
VA 801
VA 810
VA 410
C 605
C 610
C 505
CL 803
AV 800
AV 801
AV 802
AV 804
AV 812
AV 820
AV 900
AV 901
AV 902
AV 913
AV 933
AV 500
AV 502
AV 503
AV 504
AV 511
AV 512
AV 114
AV 110
AV 120
M 501
M 957
Zapardiel
Adaja
Eresma
Voltoya
Arevalillo
Piquillo
Valdejo
Pirón

46
43
1
2
Marazovel
Barahona
Bañuelos
Barcones
Barconcitos
Aguaviva de la Vega
Almaluez
Sierra de La Mata
Sto. Cristo de la Vega
Mezquetillas
Rodana
Romanillos de Atienza
Casillas
Alpanseque
Romanillos de Medinaceli
Bochones
Paredes de Sigüenza
Agustinos
Altos de Barahona
Alcubilla de las Peñas
Valladares
Alpedroches
Madrigal
La Laguna
Valdelcubo
Blocona
Tordelrábano
Torrecilla del Ducado
Beltejar
Arcos de Jalón
Atienza
Cincovillas
Alcolea de las Peñas
Sienes
Yelo
N II E 90
Jubera
Lodares
Somaen
Gargantas
Riba de Santiuste
Tobes
Conquezuela
La Sta. Cruz
Miño de Medinaceli
A
Querencia
Torrellana 1.221
Lag. de Conquezuela
Almadeque
Cercadillo
Olmedillas
Ambrona
Medinaceli
Velilla de Medinaceli
Avenales
Villacorza
M. Paleontológico
Salinas de Medinaceli
Naharros
Sª de la Bodera
Imón
Torre de V.
Ventosa del Ducado
Sagides
Riofrío del Llano
Riosalido
Torralba del Moral
Fuencaliente de Med.
La Bodera
La Olmeda de Jadraque
Valdealmendras
Alboreca
Arbujelo
Ures de Medina
Mojares
Azcamellas
Santamera
27
Horna
17
Pozancos
Esteras de Medinaceli
Cardeñosa
Cirueches
Cubillas
Ures
Alcuneza
Bujarrabal
Villaseca
29
Layna
Palazuelos
Guijosa
Sierra Ministra
Benamira
Rebollosa de Jadraque
Carabias
Emb. de El Atancé
Nª Sª de la Salud
22
Santiuste
Sigüenza
Barbatona
Estriégana
Pto. Esteras 1.138
63
Angón
Huérmeces del Cerro
Moratilla de Henares
Jodra del Pinar
Garbajosa
22
33
Viana de Jadraque
Saúca
Aguilar de Anguita
Alcolea del Pinar
Negredo
Sª de la Muela
Pelegrina
Anguita
Tajuña
Luzón
Henares
Villaverde del Ducado
Ciruelos del Pinar
Baides
La Cabrera
31
Iniéstola
Sta. María del Espino
Cendejas de la Torre
26
Cañón del Río Dulce
Torremocha del Campo
La Torresaviñán
Luzaga
Villaseca de Henares
Aragosa
Tortonda
La Virgen
Padilla del Ducado
Cueva de La Hoz
Jirueque
Mandayona
Algora
La Fuensaviñán
Cueva de Los Casares
Matillas
Mirabueno
Cortes de Tajuña
La Hortezuela de Océn
Villarejo de Medina
Bujalaro
Laranueva
Jadraque
Castejón de Henares
Navalpotro
Sotodosos
Saelices de la Sal
B
Renales
Salinas
Riba de Saelices
Almadrones
Villanueva de Argecilla
Abanades
Argecilla
El Sotillo
Torrecuadrada de los Valles
Ribarredonda
Ledanca
Las Inviernas
Emb. de La Tajera
La Loma
Alaminos
Nª Sª de Aranz
Esplegares
Hontanares
Cogollor
Torrecuadradilla
Gajanejos
Yela
Masegoso de Tajuña
La Tajera
Sacecorbo
Huertahernando
Sª de Megorrón
Pinoso 1.250
Canredondo
Moranchel
Cívica
Valderrebollo
Canales del Ducado
Villaviciosa de Tajuña
Val de S. García
Barriopedro
Huertapelayo
Cifuentes
C. de Don Juan Manuel
Ocentejo
Brihuega
Olmeda del Extremo
Hundido de Armallones
Malacuera
Sª Pinosa
Solanillos del Extremo
Gárgoles de Arriba
Cueva del Beato
Ruguilla
Huetos
Oter
Armallones
Pajares
Gárgoles de Abajo
Sotoca de Tajo
Carrascosa de Tajo
Col. Asunción
Castilmimbre
Henche
Valtablado del Río
Sta. Mª de la Ovila
Tajo
Puente Romano de Murel
Picazo
S. Bartolomé
Trillo
71
Morillejo
Alcorcón
C
Romancos
Azañón
Emb. de La Ermita
Virgen de la Vega
Tetas de Viana 1.103
Arbeteta
Valdelagua
Gualda
Villanueva de Alcorón
Sª de Umbría
Tomellosa
Yélamos de Arriba
Virgen del Poral
Viana de Mondéjar
Virgen de Montealejo
Balconete
S. Andrés del Rey
Durón
La Puerta
El Pozuelo
Yélamos de Abajo
Budia
Cereceda
48
Sª de La Solana
Irueste
El Olivar
Mantiel
Peralveche
El Recuenco
Nª Sª de la Bienvenida
Chillarón del Rey
Villaescusa de Palositos
Peñalver
Las Anclas
Alique
Vindel
La Bienvenida 1.249
Alocén
Torronteras
Berninches
59
Virgen del Collado
Pareja
Escamilla
Castilforte
Nª Sª de los Hoyos
Ompolveda
Salmerón
Alcantud
Emb. de Entrepeñas
Alhóndiga
Tabladillo
Casasana
Salmeroncillos de Arriba
San Quiricio
49
Peñalagos
Balneario de Alcantud
Auñón
Millana
Valdeolivas
Arandilla del Arroyo
Nª Sª de Saúca
Las Marías
Las Brisas
Monsalud
Salmeroncillos de Abajo
Emb. de la Ruidera
Arlas
Córcoles
Albendea
Sacedón
Emb. de Bolarque
Emb. de Buendía
Alcocer
S. Miguel
42
Villar del Infantado
San Juan
San Miguel de las Victorias
Valdeconcha
El Socorro
Guadiela
Casas de Anguix
Ercávica
Priego
D
31
Las Gaviotas
Alcohujate
San Pedro Palmiches
Villaconejos de Trabaque
La Envía
Cañaveruelas
Castejón
Sayatón
Emb. de Zorita
Nª Sª de los Desamparados
Emb. de Buendía
Albalate de Nogueras
Virgen del Pinar
Cañaveras
Buendía
Canalejas del Arroyo
Villalba del Rey
79
Tinaja
Virgen del Campillo
Buciegas
1
2
Ruinas Visigodas
Zorita de los Canes
Almonacid de Zorita
Santa Bárbara
Tinajas
Olmeda de la Cuesta

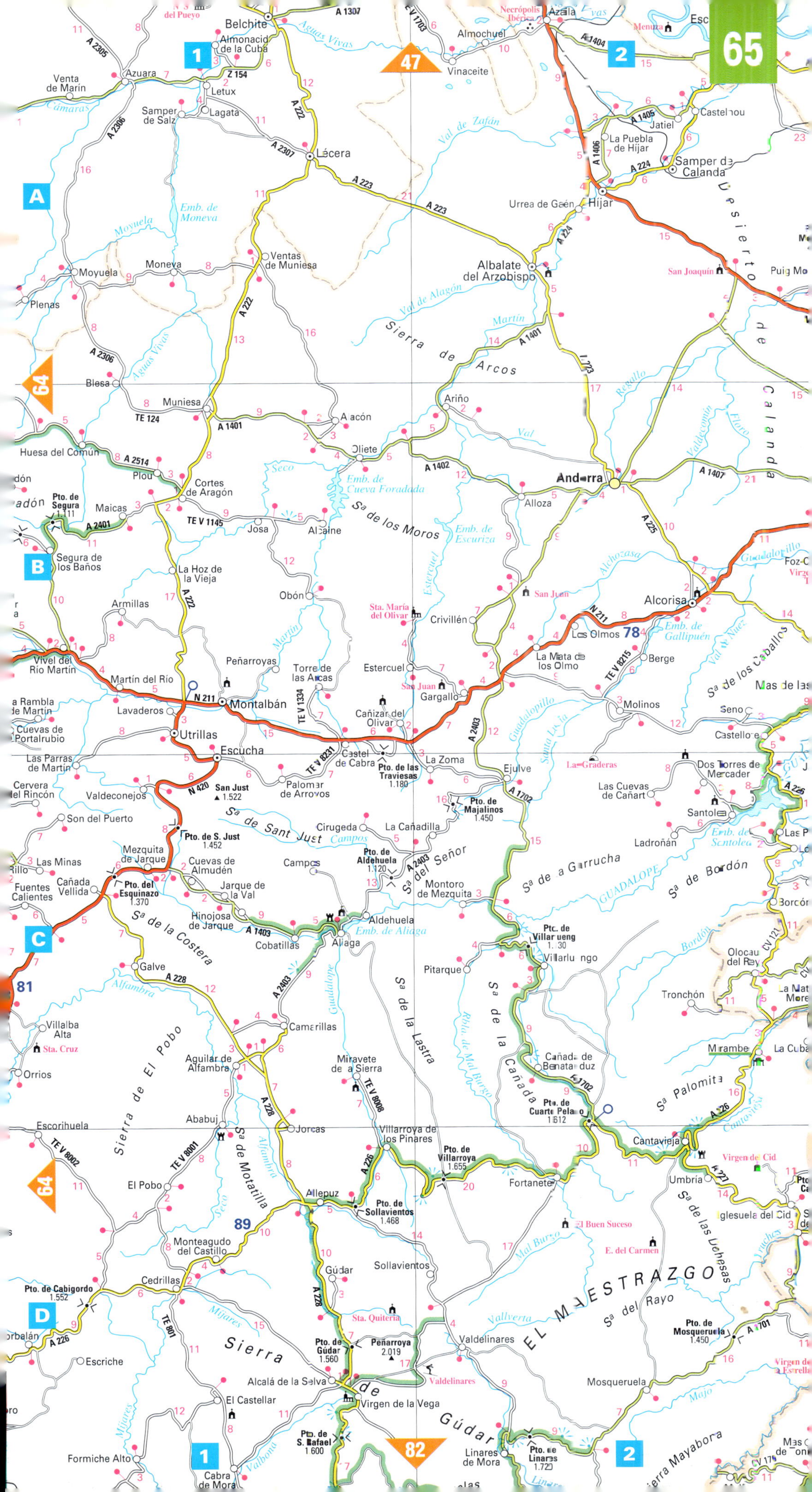

Belchite
Almonacid de la Cuba
A 1307
TE V 1703
Necrópolis Ibérica
Azaila
Aguas Vivas
Almochuel
Menuza
47
Vinaceite
A 1404
Venta de Marín
Azuara
Z 154
Letux
Cámaras
Samper de Salz
Lagata
A 2305
A 2306
A 222
A 2307
Lécera
Val de Zafán
A 1405
Jatiel
Castelnou
La Puebla de Híjar
A 1406
A 224
Samper de Calanda
A 223
Emb. de Moneva
Urrea de Gaén
Híjar
Desierto de Calanda
Moyuela
Ventas de Muniesa
Albalate del Arzobispo
San Joaquín
Puig Mo
Moyuela
Moneva
Plenas
Val de Alagón
Martín
Sierra de Arcos
A 1401
64
Blesa
Aguas Vivas
A 2306
Muniesa
TE 124
Alacón
Ariño
Regallo
Huesa del Común
A 2514
Oliete
A 1402
Val
Valdecomín
Plou
Cortes de Aragón
Seco
Emb. de Cueva Foradada
Andorra
A 1407
Pto. de Segura 1.111
Maicas
A 2401
TE V 1145
Josa
Alcaine
Sª de los Moros
Alloza
Emb. de Escuriza
A 225
Segura de los Baños
La Hoz de la Vieja
Obón
Alchozasa
Guadalopillo
Armillas
Martín
Sta. María del Olivar
Estercuel
Crivillén
San Juan
Alcorisa
N 211
Los Olmos
78
Emb. de Gallipuén
Vivel del Río Martín
Peñarroyas
Torre de las Arcas
Estercuel
La Mata de los Olmo
TE V 8215
Berge
Val de Nuez
Sª de los Caballos
Martín del Río
San Juan
Gargallo
Mas de las
La Rambla de Martín
Lavaderos
Montalbán
TE V 1334
Cañizar del Olivar
Molinos
Seno
Cuevas de Portalrubio
Utrillas
A 2403
Santa Lucía
Castellote
Las Parras de Martín
Escucha
Castel de Cabra
Pto. de las Traviesas 1.180
La Zoma
TE V 8231
Las Graderas
Dos Torres de Mercader
Cervera del Rincón
Valdeconejos
N 420
San Just 1.522
Palomar de Arroyos
Ejulve
A 1702
Las Cuevas de Cañart
Pto. de Majalinos 1.450
Santolea
Son del Puerto
Sª de Sant Just
Cirugeda
La Cañadilla
Campos
Ladroñán
Emb. de Santolea
Pto. de S. Just 1.452
Mezquita de Jarque
Cuevas de Almudén
Campos
Pto. de Aldehuela 1.120
Sª del Señor
Sª de la Garrucha
Sª de Bordón
Las Minas
Fuentes Calientes
Cañada Vellida
Pto. del Esquinazo 1.370
Jarque de la Val
Montoro de Mezquita
GUADALOPE
Sª de la Costera
Hinojosa de Jarque
A 1403
Aldehuela
Emb. de Aliaga
Pto. de Villarluengo
Cobatillas
Aliaga
Villarluengo
Bordón
Olocau del Rey
C
Galve
Pitarque
81
A 228
Sª de la Lastra
Tronchón
Alfambra
Guadalope
A 2403
Camarillas
Villalba Alta
Sierra de El Pobo
Sta. Cruz
Aguilar de Alfambra
Miravete de la Sierra
Sª de la Cañada
Rbla. de Mal Burgo
Cañada de Benatanduz
Mirambe
La Cuba
Orrios
TE V 8008
A 1702
Sª Palomita
Pto. de Cuarte Pelado 1.612
Ababuj
Escorihuela
Sierra de El Pobo
Jorcas
Cantavieja
TE V 8002
TE V 8001
Sª de Motatilla
Villarroya de los Pinares
Pto. de Villarroya 1.655
Virgen del Cid
64
El Pobo
A 226
Fortanete
Umbría
A 227
Iglesuela del Cid
Allepuz
Pto. de Sollavientos 1.468
89
El Buen Suceso
Monteagudo del Castillo
Mal Burgo
E. del Carmen
Sª de las Dehesas
Gúdar
Sollavientos
Pto. de Cabigordo 1.552
Cedrillas
A 228
Sta. Quiteria
EL MAESTRAZGO
Sª del Rayo
D
Mijares
Vallverta
Valdelinares
Pto. de Mosqueruela 1.450
A 1701
TE 801
A 226
Pto. de Gúdar 1.560
Peñarroya 2.019
Sierra de Gúdar
Escriche
Valdelinares
Alcalá de la Selva
Mosqueruela
Majo
El Castellar
Virgen de la Vega
Pto. de S. Rafael 1.600
82
Linares de Mora
Pto. de Linares 1.720
Mas de Bono
Formiche Alto
Valbona
Sierra Mayabona
Cabra de Mora

Belmonte de Calatayud
Orera
Ruesca
Mara
Codos
Picos de Codos 1.274
Aguarón 1.048
Encinacorba
Paniza
Pto. de Paniza 925
Aguilón
Emb. de Las Torcas
Huerva
Miedes de Aragón
Perejiles
Sa Modorra
Aladrén
Venta de Mar
Cámaras
Fuentes de Jiloca
Jiloca
Langa del Castillo
Torralbilla
Cerveruela
Vistabella
Herrera de los Navarros
Montón
Villafeliche
Pto. de Villafeliche 860
Mainar
Villareal de Huerva
Sa del Peco
Sa de Herrera
Sa de Atea
Atea
Murero
Manchones
San Mamés
Villadoz
Luesma
Herrera 1.348
Virgen de Herrera
Villar de los Navarros
Retascón
Villarroya del Campo
Badules
Fombuena
Nogueras
Sa de Santa Cruz
Sta. Cruz 1.423
San Cristóbal
Daroca
Nombrevilla
Romanos
Villahermosa del Campo
Lanzuela
Bádenas
Sta. Cruz de Nogueras
Plenas
Moyuela
Orcajo
Balconchán
Villanueva de Jiloca
Lechón
Cucalón
Mezquita de Loscos
Loscos
Valdehorna
Anento
Ferreruela de Huerva
Sa de Oriche
Monforte de Moyuela
Blesa
Used
Val de S. Martín
S. Martín del Río
Báguena
Lagueruela
El Colladico
Bea
Piedrahita
Lag. de La Zaida
Santed
Pto. de Santed 1.153
Burbáguena
Sa Cucalón
Pto. de Rudilla 1.245
Rudilla
Huesa del Común
Castejón de Tornos
Cuencabuena
Pto. de Fonfría 1.470
Fonfría
Anadón
Gallocanta
Berrueco
Lag. de Gallocanta
Luco de Jiloca
Valverde
Collados
Allueva
Muela de Anadón
Pto. de Segura 1.111
Tornos
Virgen del Rosario
Lechago
Olalla
Salcedillo
Pto. de Salcedillo 1.130
Cuerlas
Santuario de Pelarda
Pto. del Carrascal 1.130
Navarrete del Río
Cutanda
Segura de los Baños
La Lagunica
Sta. Bárbara
Nueros
Bello
Calamocha
Godos
Torrecilla del Rebollar
Villanueva del Rebollar de la Sierra
Barrachina
Odón
Torralba de los Sisones
Poyo del Cid
Fuenferrada
Villalba de los Molares
Fuentes-Claras
El Villarejo
Torre los Negros
Vivel del Río Martín
Martín del Río
San Cristóbal
Pancrudo
Caminreal
Bañón
Cosa
Pto. Mínguez 1.270
La Rambla de Martín
Nª Sª de la Carrascosa
Torrijo del Campo
San Lorenzo
Pto. de Bañón 1.240
Portalrubio
Cuevas de Portalrubio
Blancas
El Carmen
Alpeñés
Las Parras de Martín
Monreal del Campo
El Pedregal
Sta. Ana
Cervera del Rincón
Corbatón
Valdeconejos
Pozuel del Campo
Rubielos de la Cérida
Sierra Lindón
Pancrudo
Son del Puerto
Sa de Menera
Ojos Negros
Las Minas
Barrio del Hospital
Barrio de Sierra Menera
Pto. de Argente 1.330
Rillo
Lidón
Cañada Vellida
Bueña
Fuentes Calientes
Virgen del Campo
Los Villares
Villafranca del Campo
Nª Sª del Campo
Argente
Visiedo
Sierra
Villar del Salz
Aguatón
Santa Bárbara
GU 968
Laguna
Singra
Pto. de Singra 1.000
Peracense
Camañas
Perales del Alfambra
Ródenas
Villalba Alta
Sta. Cruz
Alba
Torrelacárcel
Almohaja
Virgen del Castillo
Palomera 1.529
Orrios
Torremocha de Jiloca
Los Santos de la Piedra
Santa Eulalia
Palomera
Pto. de Pozondón 1.500
Pozondón
Sta. Ana
Alfambra
Escorihuela
Virgen de los Ángeles
S. Cristóbal
Villarquemado
Bronchales
Monterde de Albarracín
Santa Bárbara
Celadas
Peralejos
Cuevas Labradas
Pto. de Noguera 1.394
Torres de Albarracín
Cella
Pto. de Cabigordo 1.552
Villalba Baja
Alfambra
Guadalaviar
Albarracín
Pto. de Cella 1.013
Caudé
Tortajada
Corbalán
Escriche
Gea de Albarracín
Cueva Navazo
Sa de Albarracín
Concud
Emb. del Arquillo de S. Blas
S. Blas
Valdecebro
TERUEL
Royuela
Moscardón
Saldón
Pto. de Terriente 1.590
Pto. de Dornaque
Bezas
Poblado Ibérico
Campillo
Formiche Alto
Castralvo
N 234
N 330
N 211
N 420
A 1101
A 1306
A 1506
A 1507
A 1508
A 1509
A 1510
A 1511
A 1512
A 1513
A 2305
A 2401
A 2506
A 2508
A 2509
A 2511
A 2513
A 211
A 226
A 1703
TE V 1521
TE V 1611
TE V 4305
TE V 9021
TE V 9022
TE V 9024
TE V 9025
TE V 8002
40
35
45
46
56
81
65
1
2
A
B
C
D

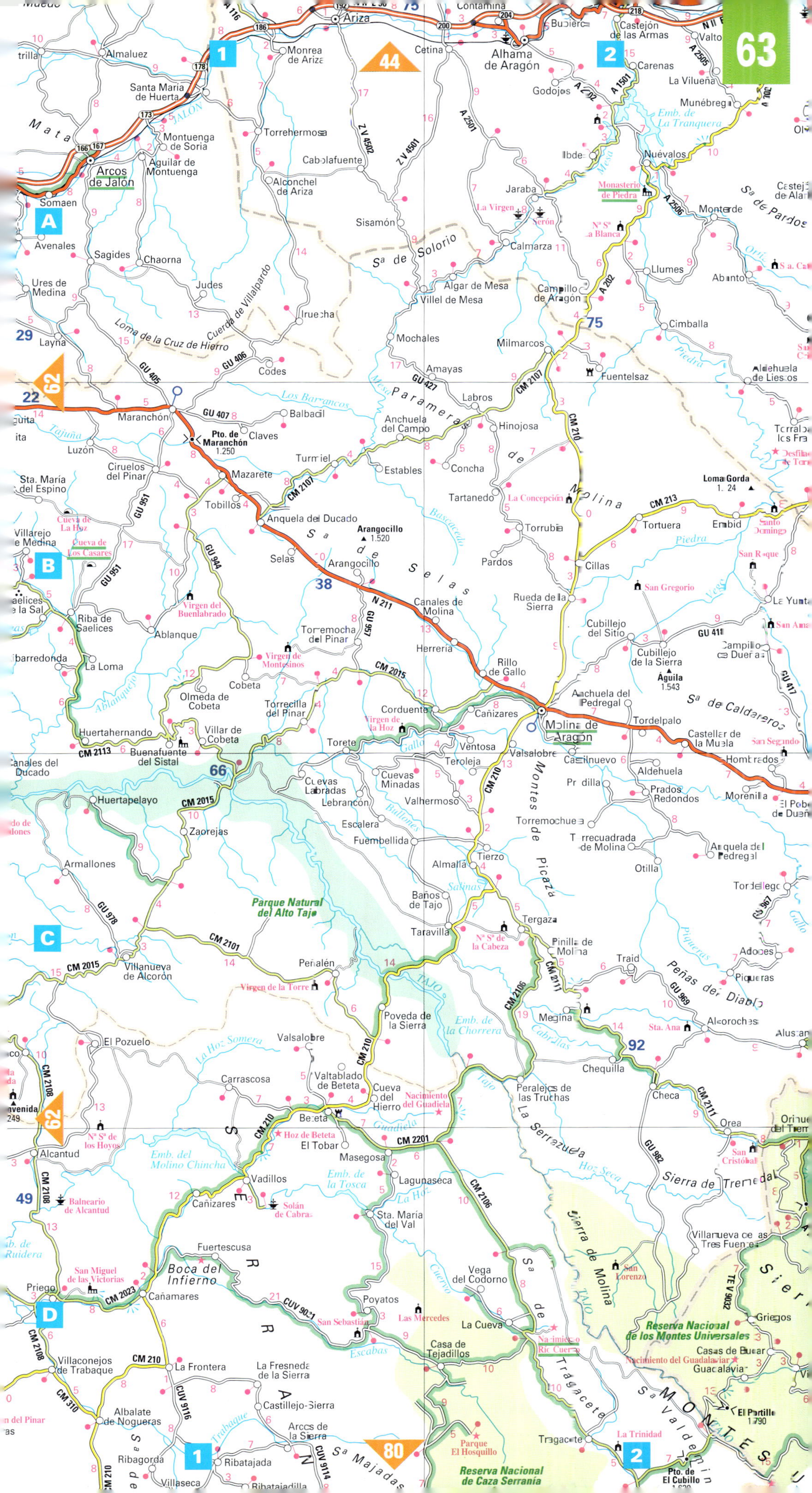
Ariza
Contamina
Bubierca
Castejón de las Armas
Valtorres
Almaluez
Monreal de Ariza
Cetina
Alhama de Aragón
Carenas
La Vilueña
Santa María de Huerta
Godojos
Munébrega
Torrehermosa
Emb. de La Tranquera
Montuenga de Soria
Aguilar de Montuenga
Cabolafuente
Ibdes
Nuévalos
Arcos de Jalón
Alconchel de Ariza
Jaraba
Monasterio de Piedra
Somaen
La Virgen
Serón
Monterde
Sisamón
Nª Sª La Blanca
Avenales
Sagides
Chaorna
Sª de Solorio
Calmarza
Llumes
Abanto
Ures de Medina
Judes
Algar de Mesa
Villel de Mesa
Campillo de Aragón
Iruecha
Cimballa
Layna
Loma de la Cruz de Hierro
Cuerda de Villalpardo
Mochales
Milmarcos
Codes
Amayas
Fuentelsaz
Aldehuela de Liestos
Maranchón
Balbacil
Los Barrancos
Labros
Parameras de Molina
Hinojosa
Claves
Pto. de Maranchón 1.250
Anquela del Campo
Luzón
Turmiel
Estables
Concha
Ciruelos del Pinar
Mazarete
Tartanedo
La Concepción
Loma Gorda
Sta. María del Espino
Tobillos
Anquela del Ducado
Tortuera
Embid
Cueva de La Hoz
Arangocillo 1.520
Torrubia
Santo Domingo
Villarejo de Medina
Cueva de Los Casares
Sª de Selas
Selas
Arangocillo
Pardos
Cillas
San Roque
San Gregorio
Virgen del Buenlabrado
Canales de Molina
Rueda de la Sierra
La Yunta
Riba de Saelices
Ablanque
Torremocha del Pinar
Cubillejo del Sitio
Cubillejo de la Sierra
Águila 1.543
Campillo de Dueñas
Herrería
Virgen de Montesinos
Rillo de Gallo
La Loma
Cobeta
Anchuela del Pedregal
Sª de Caldereros
Olmeda de Cobeta
Torrecilla del Pinar
Corduente
Cañizares
Tordelpalo
Huertahernando
Villar de Cobeta
Virgen de la Hoz
Molina de Aragón
Castellar de la Muela
San Segundo
Buenafuente del Sistal
Torete
Ventosa
Valsalobre
Castilnuevo
Hombrados
Teroleja
Canales del Ducado
Cuevas Labradas
Cuevas Minadas
Aldehuela
Prados Redondos
Morenilla
Huertapelayo
Lebrancón
Valhermoso
Montes de Picaza
Prádilla
El Pobo de Dueñas
Zaorejas
Escalera
Torremochuela
Fuembellida
Torrecuadrada de Molina
Anquela del Pedregal
Armallones
Tierzo
Almallá
Otilla
Tordellego
Parque Natural del Alto Tajo
Baños de Tajo
Taravilla
Tergaza
Nª Sª de la Cabeza
Pinilla de Molina
Adobes
Villanueva de Alcorón
Peñalén
Traid
Piqueras
Virgen de la Torre
Peñas del Diablo
Poveda de la Sierra
Emb. de la Chorrera
Megina
Sta. Ana
Alcoroches
Alustante
El Pozuelo
Valsalobre
Chequilla
Carrascosa
Valtablado de Beteta
Cueva del Hierro
Nacimiento del Guadiela
Peralejos de las Truchas
Checa
Orea
Nª Sª de los Hoyos
Beteta
Hoz de Beteta
El Tobar
Masegosa
Alcantud
Emb. del Molino Chincha
Vadillos
Emb. de la Tosca
Lagunaseca
La Serrezuela
San Cristóbal
Sierra de Tremedal
Balneario de Alcantud
Cañizares
Solán de Cabras
Sta. María del Val
Sierra de Molina
Villanueva de las Tres Fuentes
Fuertescusa
Boca del Infierno
Vega del Codorno
San Lorenzo
San Miguel de las Victorias
Priego
Cañamares
Poyatos
San Sebastián
Las Mercedes
La Cueva
Sª de Tragacete
Griegos
Reserva Nacional de los Montes Universales
Casa de Tejadillos
Nacimiento Río Cuervo
Casas de Búcar
Nacimiento del Guadalaviar
Guadalaviar
Villaconejos de Trabaque
La Frontera
La Fresneda de la Sierra
El Portillo 1.790
Castillejo-Sierra
Albalate de Nogueras
Arcos de la Sierra
Parque El Hosquillo
Tragacete
La Trinidad
Sª Valdemeca
Montes Universales
Ribagorda
Ribatajada
Sª Majadas
Villaseca
Ribatajadilla
Reserva Nacional de Caza Serranía
Pto. de El Cubillo
Sierra
Serranía
Jalón
Tajuña
Ablanquejo
Gallo
Tajo
Bullones
Salinas
Cabrillas
Hoz Seca
Guadiela
Escabas
Cuervo
Trabaque
Piedra
Mesa
Ortiz
Bascacero
Piqueras
La Hoz Somera
Mata
A 2
N II
A 1501
A 2505
A 2502
A 2501
A 202
A 2506
ZV 4502
ZV 4501
GU 405
GU 406
GU 407
GU 427
GU 944
GU 951
GU 957
GU 978
GU 967
GU 969
GU 982
GU 417
GU 418
CM 2107
CM 210
CM 213
CM 2015
CM 2113
CM 2101
CM 2111
CM 2106
CM 2201
CM 2108
CM 2023
CM 310
CUV 9021
CUV 9116
CUV 9114
TE V 9032
N 211
1
2
A
B
C
D
44
62
80
22
29
38
49
66
75
92

Emb. de Caspe
Chiprana
El Dique
Caspe
Emb. de Moros
Sa de Caspe
48
Nonaspe
Matarraña
Mausoleo Romano
Fabara
Miraflores
Percuñar
Nª Sª del Pilar
Zaragozeta
Alto del Portalé
332
Emb. de Caspe II
Sa de Vizcuerno
Guadalope
Maella
El Masnou
Algars
Batea
Emb. de La Estanca
Nª Sª del Pueyo
Alcañiz
Charco del Agua Amarga
Mazaleón
Las Escondidas Altas y Bajas
San Jorge
Nª Sª del Pilar
Ebro
Fayón
E. del Berrús
St. Pau
La Pobla de Massaluca
La Fatarella
Sa de la Fatarella
Riba-roja d'Ebre
Villalba dels Arcs
Corbera d'Ebre
Gandesa
Puig Caballer
709
Sta. Magdalena
Sa de Pàndols
La Fontcalda
Prat de Comte
Bot
Caseres
Almudefar
Calaceite
Acrópolis Ibérica
Arens de Lledó
Sa dels Pesells
S. Salvador d'Horta
Horta de S. Joan
Lledó
Cretas
Viarnets
Sa de Paüls
Paüls dels Ports
Xerta
St. Roc
Sa de l'Espina
Alfara dels Ports
Arnes
El Calvari
Los Santos
Valdeltormo
Valdealgorfa
Torrecilla de Alcañiz
Castelserás
Valjunquera
La Fresneda
Torre del Compte
La Codoñera
Torre Castiel
Emb. de Calanda
Torrevelilla
San José
Fórnoles
La Portellada
La Ginebrosa
La Cañada de Verich
Belmonte de S. José
Valderrobres
Ráfales
La Cerollera
Aguaviva
Bergantes
Tastavins
Beceite
Fuentespalda
Emb. de Pena
Monroyo
La Magdalena
Sa de Encanade
Virgen de la Vega
Peñarroya de Tastavins
Reverva Nacional de Caza Ports de Beseit
Santa Magdalena
El Toscar
Carlos
Caro
1.447
Els Reguers
Mascat
Raval de Cristo
Mare de Dèu del Carme
Nacimiento del Matarraña
Ports de Beseit
Mas de Barberans
Torre de Arcas
Necrópolis Romana
Mare de Deu de la Balma
Zorita del Maestrazgo
Palenques
La Pobla d'Alcolea
Herbés
Tossal dels Tres Reis
1.356
Fredes
Convento de Benifassà
Emb. d'Ulldecona
Bco. de Valldebous
El Carrascal
Bco. de la Galera
Ortélls
Pto. Torre Miró
1.250
Torre Miró
Sa de San Cristófol
Corachar
El Boixar
Polvorí
Villores
Xiva de Morella
Carrascal
1.265
L'Herbeset
Castell de Cabres
Puebla de Benifassà
Ballestar
La Sénia
Mas de Poblet
La Miliana
Les Ventalles
Morella la Vella
Montañas de Benifassà
Forcall
Bel
Rosell
El Castell
Els Valentins
El Pas
Sa de Godall
La Fábrica de Giner
Morella
Vallibona
S. Rafael del Río
Ulldecona
Sta. Águeda
Port de Querol
784
Serra del Tumell
Canet lo Roig
Barbiguera
Alcanar
Sa de Valdantxa
Virgen de Vallivana
Venta del Aire
Xert
Traiguera
La Jana
Sant Jordi
Nª Sª de la Misericordia
Castellfort
L'Avellá
El Palomar
Muela de Ares
1.318
Sta. Elena
Sta. Ana
Catí
Sant Mateu
Cervera del Maestrat
Càlig
Ares del Maestre
Mas del Gatellá
M. de Deu dels Angels
Poblado Ibérico
El Maestrat
Sa d'En Celler
Benicarló
Corbons
Mas d'Evarist
Tírig
Salsadella
Barranco de Gasulla
Cova Remigia
Hostal Nou
Mas de la Teixeira
Talaies Valdenches
Talaies d'Alcalà
Peníscola
S. Roc
Hostal
El Cavall
Barranco de la Valltorta
Saltadora
Benasal
Font d'En-Segures
Masía del Segarró
Albocácer
Sta. Magdalena de Pulpis
Polpis
Punta Racó Calent
S. Cristòfol
Villar de Canes
Sant Pau
Venta de Blanco
Cala El Moro
Cala El Volante
Cala Madún (Badún)
Culla
Torre Embesora
Els Pujol de Dalt
Sarratella
83
Alcalá de Chivert
Chivert
Campanillas
573
Serra d'Irta
Platja El Russo
Platja El Pebret
Cap d'Irta
Platja Pechina
Platja d'Irta
Platja Balseta
Els Rosildos
Cuevas de Vinromá
S. Miguel
67

1
2
A
B
C
D
OCEANO ATLÂNTICO
Praia da Vie
Pedras Negras
Praia Velha
São Pedro de Muel
Água de Madeiros
Pedra do Ouro
Pinhal
Polvoeira
Burinhosa
Vale Furado
Légua
Falca
Pataias
Pataias Gare
Fanhas
Alpedr
Monte
Nazaré
Valado dos Frades
Praia Nova
Termas da Piedade
Fervença
Praia do Salgado
Bárrio
Alcob
Cela Velha
Cela
Vestiaria
Gralha
Famalicão
São Martinho do Porto
Alto de Martinho
189
Facho
Salir do Porto
Alfeizerão
Casal Velho
Évora de Alcobaça
Farilhões
Forcadas
Chão da Parada
Vimeiro
Ponta dos Covinhos
Cidade
Sta. Catarina
Turquel
Estelas
Berlenga
Reserva Natural da Berlenga
Praia da Foz do Arelho
Foz do Arelho
Serra do Bouro
Tornada
Carvalhal Benfeito
Aldeia dos Pescadores
Praia do Rei Cortiço
Nadadouro
Coto
Salir de Matos
Benedita
Caldas da Rainha
Ilhéu de Fora
Ilha das Pombas
Forte de Peniche
Remédios
Baleal
Ferrarias
Lagoa de Óbidos
Arelho
Avenal
Matoeira
Amofala
Alvorninha
Cabo Carvoeiro
Peniche
Ferrel
Vau
Óbidos
Gaeiras
Vidais
Sobral da Lagoa
Amoreira
Serra d'El-Rei
Atouguia da Baleia
Consolação
A-dos-Negros
São Gregório da Fanadia
Olho Marinho
São Mamede
Roliça
Casais do Chafariz
Aldeia dos Francos
São Bernardino
Geraldes
Ribafria
Landal
Forte de Pai Mogo
Abelheira
Reguengo Grande
Salgueiro
Carvalhal
Painho
Abuxanas
Seixa
Areia Branca
São Bartolomeu dos Galegos
Castelhanas
85
Bombarral
Vermelha
Figueiros
Asseiceira
Alcuber
Porto de Barcas
Lourinhã
Miragaia
Vale Covo
Moita dos Ferreiros
Sanguinhal
Peral
Atalaia
Sta. Bárbara
Porteia
Cadaval
Cercal
Rio
IP 6
IC 1
IC 2

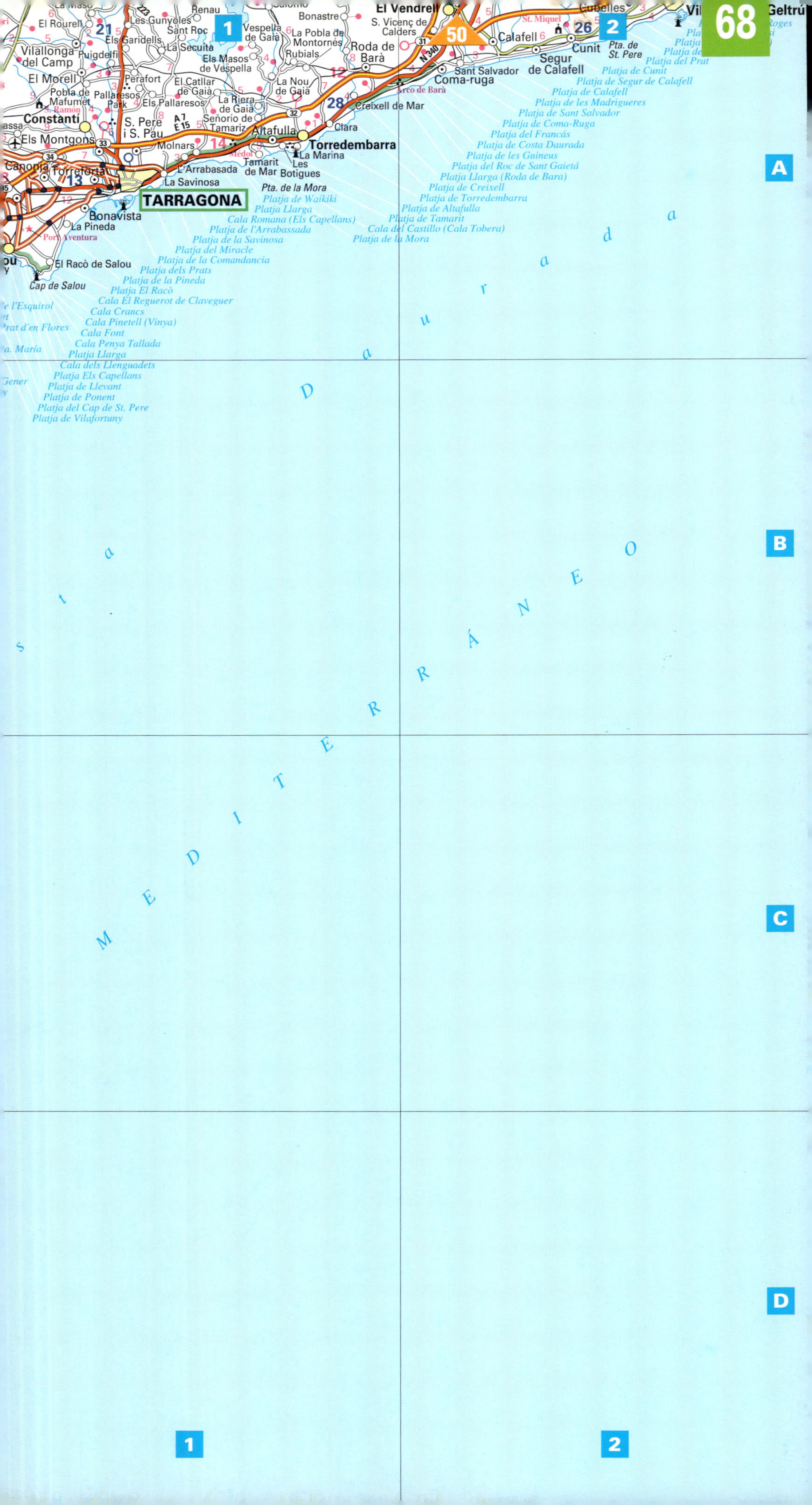
El Vendrell
Renau
Les Gunyoles
Bonastre
S. Vicenç de Calders
Cubelles
El Rourell
Els Garidells
Sant Roc
Vespella de Gaià
La Pobla de Montornès
Roda de Barà
Calafell
St. Miquel
Cunit
Pta. de St. Pere
Vilallonga del Camp
Puigdelfí
La Secuita
Els Masos de Vespella
Rubials
Segur de Calafell
Sant Salvador
Coma-ruga
Arco de Barà
El Morell
Perafort
El Catllar de Gaià
La Nou de Gaià
Pobla de Mafumet
Pallaresos Park
Els Pallaresos
La Riera de Gaià
Creixell de Mar
Constantí
S. Ramon
S. Pere i S. Pau
Señorío de Tamariz
Altafulla
Clara
Els Montgons
Molnars
Torredembarra
La Marina
Médol
Tamarit
Les Botigues de Mar
Canonja
Torreforta
L'Arrabasada
La Savinosa
TARRAGONA
Pta. de la Mora
Bonavista
La Pineda
Port Aventura
El Racò de Salou
Cap de Salou
Platja de Cunit
Platja de Segur de Calafell
Platja de Calafell
Platja de les Madrigueres
Platja de Sant Salvador
Platja de Coma-Ruga
Platja del Francás
Platja de Costa Daurada
Platja de les Guineus
Platja del Roc de Sant Gaietá
Platja Llarga (Roda de Bara)
Platja de Creixell
Platja de Torredembarra
Platja de Altafulla
Platja de Tamarit
Cala del Castillo (Cala Tobera)
Platja de la Mora
Platja de Waikiki
Platja Llarga
Cala Romana (Els Capellans)
Platja de l'Arrabassada
Platja de la Savinosa
Platja del Miracle
Platja de la Comandancia
Platja dels Prats
Platja de la Pineda
Platja El Racò
Cala El Reguerot de Claveguer
Cala Crancs
Cala Pinetell (Vinya)
Cala Font
Cala Penya Tallada
Platja Llarga
Cala dels Llenguadets
Platja Els Capellans
Platja de Llevant
Platja de Ponent
Platja del Cap de St. Pere
Platja de Vilafortuny
Platja del Prat
Costa Daurada
MEDITERRÁNEO
A
B
C
D
1
2

Riba-roja d'Ebre
Emb. de Flix
Flix
Cornellaret
Sa de la Fatarella
E. del Berrús
St. Pau
La Fatarella
Ascó
Vinebre
Sa del Rovelló
La Torre de l'Espanyol
Sa del Tormo
El Molar
Garcia
Camposines
Sant Jeroni
Les Serres
Móra la Nova
Móra d'Ebre
Darmós
La Serra d'Almos
Villalba dels Arcs
Corbera d'Ebre
Sa de la Torre
Gandesa
Santa Madrona
Benissanet
Miravet
Ginestar d'Ebro
L'Aumedina
Castellet de Banyoles
St. Jaime
Tivissa
Puig Caballer 709
Sta. Magdalena
El Pinell de Brai
Sa de Pàndols
La Fontcalda
Prat de Comte
Rasquera
St. Blai
Serra de la Creu
Benifallet
Sa de Cardó
Cardó
St. Onofre
Sa del Boix
de Paüls
Paüls dels Ports
Xerta
Tivenys
Alfara dels Ports
Aldover
Bitem
Mas del Ganxo
L'Enclusa 642
Sa de les Comes
El Perelló
Jesús
Roquetes
Els Reguers
Tortosa
La Mare de Déu del Coll de Alba
Raval de Crist
Mare de Déu del Carme
Vinallop
Camp-redó
Torre de la Carrova
Mas de Barberans
Sta. Bàrbara
Masdenverge
Amposta
Uriola
Carrascal
La Galera
Freginals
Godall
Les Ventalles
La Miliana
Els Valentins
Sa de Godall
El Pas
Ulldecona
Sa de Montsià
E. del Remedio
Alcanar
Les Cases d'Alcanar
Nª Sª de la Misericordia
Punta de los Cosis
Vinaròs
Càlig
Poblado Ibérico
Punta de las Salinas
Benicarló
Punta del Riu
Peñíscola
Punta Racó Calent
Magdalena de Pulpis
Cap d'Irta
Cabassers
St. Roc
La Vilella Baja
La Vilella Alta
Poboleda
Torroja del Priorat
La Figuera de Falset
Gratallops
Lloà
Bellmunt del Priorat
Mas Font Famolenca
Mas d'En Cosme
Falset
Les Cosme
Verinchel
El Masroig
Els Guiamets
Capçanes
Marça
Emb. de Guiamets
Llaveria
Collado de Falset 528
Pradell de la Teixeta
L'Argentera
La Torre de Fontaubella
Colldejou
Sa d'En Jover
Puig de Cabrafiga 607
Pratdip
Les Planes
Mas Tudons
Masdenboquera
Vandellós
Fatxes
Gavadá
Sa del Castellet de St. Esteve
Mas Plater
Cornudella de Montsant
Pto. de Alforja 641
La Garrancha
Porrera
Pto. de Teixeta 546
Alforja
Arbolí
Vilaplana del Camp
L'Aleixar
La M. de Déu de Puigcerver
Les Borges del Camp
Maspujols
Riudecols
Les Voltes
Duesaigües
Riudoms
Botarell
Riudecanyes
Escornalbou
Villanova d'Escornalbou
Montbrió del Camp
Vinyols
El Peiró
Les Pobles
Mont-roig del Camp
Urb. Club Montroig
La Llosa
Arcaca
Pta. dels Fenyals
Miami Platja
Pta. del Riu de Llestres
L'Hospitalet de l'Infant
Cap de Terme
L'Almadrava
Pta. Calafat
Calafat
Les Tres Cales
Pta. Cala Mosques
Cala Nova
L'Ametlla de Mar
Cap de S. Creus
Pta. de l'Àliga
Cap Roig
L'Ampolla
Pta. del Fangar
Camarles
Parque Natural del Delta de l'Ebre
El Ligallo
L'Aldea
L'Hostal de Alls
Deltebre
Jesús i Maria
Balada
La Cava
Basso de l'Illot
Riumar
Cap de Tortosa
Sant Jaume d'Enveja
Esquerra
Illa de Buda
DELTA DEL EBRO
L'Encanyisada
Els Muntells
El Poblenou del Delta
Pta. de S. Juan
Sant Carles de la Ràpita
L'Español
Pta. del Galacho
Alcanar Platje
Pta. de la Banya
Salinas de la Trinitat
Golfo De Sant Jordi
MAR
Costa de Fora
Platja de l'Arenetet
Platja de l'Almadrava
Cala Llobeta
Platja del Calafat
Cala Trebal
Cala de Sant Jord
Cala del Vidre
Cala Forn
Platja de les Ampolles
Cala Mosques
Platja del Torrent del Pi
Platja Xelin
Platja de l'Estany Tort
Platja de Pixavaques
Platja de l'Alguer
Cala Garreta
Cala del Me
Platja del Mola
Platja Sta. Lucía
Platja la Buena
Platja Cap Roig
Cala Maria
Cala Bacones
Cala Capellans
Platja les Avellanes
Platja Arquitecte
Platja La Fàbrica
Platja Punta del Fangar
Platja l'Arenal
Platja El Dorado
Arenal de Golero
Platja de la Marquesa
Platja de la Gola
Bassa de Pal
Bassa de l'Estrella
El Muntell Gros
Platja de Riumar
Bassa de Pradot
Platja de Mitjorn
Bassa de la Platjola
Platja del Serrallo
Platja dels Eucaliptus
Cala Pepo
Platja de Ribes Altes
Cala de Caponnet
Cala de Bon Capo
Platja de l'Estany Gros
Platja de Port Olivet
Platja de Santes Creus
Platja de la Llenya
Platja l'Estany Podrit
Cala de l'Àliga
Cala dels Moros
Cala de la Llanda
Platja del Trabucador
Platja del Garbí (Pipi)
Platja Juanito
Platja Capri
Platja Aiguassera
Platja Cross
Platja del Far
Platja de les Delicies
Platja d'Alcanar
Platja del Ciment
Platja Maricel
Platja de la Fonda
Platja les Cases d'Alcanar (El Marjal)
Platja de l'Estanyet
Platja de Sol de Riu
Platja Riu Senia
Platja del Cámping
Platja Cala
Platja El Triador
Platja Barbiguera
Platja Campaner
Platja Riu Survol (Cérvol)
Platja de Fortí
Platja Sud de Vinaròs
Platja Salinas
Cala El Puntal
Platja El Barranco de Agua de Oliva
Platja Nord de Benicarló (Mar Chica)
Platja Morrongo
Platja Gurugú
Platja Solares
Platja Nord de Peñíscola
Platja Sud de Peñíscola
Cala Puerto Azul
Cala Ordi
Platja Puerto Negro
Cala L'Aljub
Platja Santa Lucía
Cala El Moro
Cala El Volante
Cala Madún (Badún)
Platja El Russo
Platja El Pebret
Platja Pechina
Platja d'Irta
Platja Balseta
Platja Torrenova
Cala Arsilaga (Cubanita)
Platja Ribamar
Canal de Xerta
Bco. de la Galera
Senia
Barbiguera
Cervol
N 420
N 340
N 238
N 232
A 7 E 15
C 230
C 235
C 233
C 221
T 3400
CV 11
CV 138
CV 140
CV 141
1
2
A
B
C
D
49
66
84

53
71
86
1
2
A
B
C
D
COIMBRA
Figueira da Foz
Quiaios
Murtinheira
Buarcos
Boa Viagem
Vais
Tavarede
Vila Verde
Lares
Boa Vista
Costa de Lavos
Lavos
Leirosa
Carvalhais
Paião
Telhada
Marinha das Ondas
Vinha da Rainha
Vilarinho
Alqueidão
Serro Ventoso
Verride
Abrunheira
Vila Nova da Barca
Brenha
Alhadas
Santana
Maiorca
Ferreira-a-Nova
Liceia
Seixo de Gatões
Gatões
Carapinheira
Montemor-o-Velho
Meãs do Campo
Tentúgal
Lamarosa
São João do Campo
Antuzede
São Silvestre
São Martinho de Árvore
Sto. Varão
Pereira
Taveiro
Arzila
Ribeira de Frades
São Martinho do Bispo
Torres do Mondego
São Paulo de Frades
Eiras
Ventosa
Vila Nova de Poiares
Algaça
Granja do Ulmeiro
Alfarelos
Figueiró do Campo
Anobra
Belide
Brunhos
Samuel
Azenha
Santa Cruz
Gesteira
Vila Nova de Anços
Ega
Sebal
Rebolia
Condeixa-a-Nova
Condeixa-a-Velha
Conimbriga
Cernache
Assafarge
Antanhol
Ceira
Castelo Viegas
Chãs
Granja
Rio Vide
Gaiate
Almalaguês
Loureiro
Miranda do Corvo
Lamas
Vila Seca
Eira de Calva
Casal Novo
Soure
C. de Almeida
Tapéus
Rabaçal
Furadouro
Zambujal
Alfafar
Podentes
Vila Nova
Carcalhinho
Penela
Espinhal
Loucainha
Campelo
São Sebastião
Pombalinho
Degracias
Redinha
Fontinha
Pinhal do Urso
Alhais
Carriço
Vieirinhos
Louriçal
Pingarelhos
Almagreira
Castelhanas
Moita do Boi
Guarda do Norte
Grau
Guia
Mata Mourisca
Pelariga
Pousadas Vedras
Poço dos Cães
Outeiro
Alvorge
Torre de Vale de Todos
Grocinas
Favacal
Fontão Fundeiro
Cercal
Cumieira
Vilas do Pedro
Lagarteira
Santiago da Guarda
Sarzedela
Lagoa Parada
Sicó
Verigo
Pombal
Casas de Fonte Cova
Monte Redondo
Bajouca
Covão dos Mendes
Carnide
Coimbrão
Casal Novo
Termas de Monte Real
Monte Real
Várzeas
Souto da Carpalhosa
Canto
Ortigosa
Moita da Roda
Regueira de Pontes
Amor
Barreiros
Chãs
Gândara
Marrazes
Boa Vista
Barosa
Milagres
Santa Eufémia
Ramalhais
Abiúl
Mogadouro
Ansião
Serra do Mouro
Chão de Couce
Avelar
Pontão
Aguda
Aldeia de Ana de Avis
Figueiró dos Vinhos
Neutel
Cabeças
Marvila
Vale do Rio
Pousaflores
Maçãs de Dona Maria
Barqueiro
Arega
Foz de Alge
Sambado
Almoster
Maçãs de Caminho
Alvaiázere
Candal
Arneiro
Barreiro
Farrio
Vila Chã
Santiago de Litém
São Simão de Litém
Vermoil
Barracão
Colmeias
Santiais
Albergaria dos Doze
Memória
Fárrio
Venda do Preto
Cabaços
Pussos
Valbom
Aldeia da Serra
Pelmá
Loureiro
Rego da Murta
Beco
Dornes
Freixianda
Casal dos Bernardos
Rio de Couros
Pereiro
Paio Mendes
Areias
Pias
Águas Belas
Ferreira do Zêzere
Formigais
Chãos
Alviobeira
Igreja Nova do Sobral
Pintado
Casais
Venda Nova
Olalhas
Montes
Junceira
Serra
Fontes
B. do Castelo de Bode
Vila Nova
Souto
LEIRIA
Pousos
Parceiros
Albergaria
Carvalhinos
Azoia
Barreira
Cortes
Olivais
Padrão
Caranguejeira
Matas
Espite
Urqueira
Olival
Barrocaria
Cercal
Caxarias
Gondemaria
Seiça
Sabacheira
Agroal
Alburitel
Vila Nova de Ourém
Pinhel
Chainça
Santuário de Fátima
Fátima
Vilar dos Prazeres
Santa Catarina da Serra
Maceira
Calvaria de Cima
Batalha
Sta. Mª da Vitória
Maunça
Reguengo do Fetal
Alqueidão da Serra
São Mamede
São Jorge
Porto de Mós
Cabeço do Sol
Bouceiros
Pedreiras
Serro Ventoso
Alcaria
Azelha
Alvados
Grutas de Alvados
Grutas de Mira de Aire
Mira de Aire
Covão do Coelho
Minde
Vale Alto
Goucha Larga
Aire
Serra de Aire
São Bento
Alqueidão do Arrimal
Marinhal
Mendiga
Serra de Sto. António
Cabeça das Pombas
Covão do Feto
Moitas Venda
Vila Moreira
Monsanto
Alcanena
Amiães de Cima
Amiães de Baixo
Valverde
Mosteiros
Alcanede
Abrã
Espinheiro
Malhou
Louriceira
Arneiro das Milhariças
Aldeia da Ribeira
Fráguas
Santos
Pernes
Tremês
Correias
Azóia de Cima
Outeiro da Cortiçada
Arruda dos Pisões
Achete
Abitureiras
Romeira
Póvoa de Santarém
São João da Ribeira
Moçarria
Várzea
Azóia de Baixo
Alcanhões
Azambujeira
Almoster
Boleiros
Bairro
Matas
Caneiro
Rexaldia
Charcelaria
Pedrógão
Ribeira Branca
Lapas
Zibreira
Torres Novas
Entroncamento
Parceiros de São João
Brogueira
Boquilobo
Alcorochel
Vaqueiros
Casével
Riachos
Golegã
Reserva Natural Parcial do Paul do Boquilobo
Mato de Miranda
São Vicente do Paúl
Azinhaga
Pombalinho
Vale de Figueira
Chamusca
Figueiras
Pinheiro Grande
Rodeio
Carregueira
Ulme
Vale de Cavalos
Semideiro
Tomar
Convento de Cristo
Acueducto
Bezelga
Carregueiros
Pedreira
Fungalvaz
Assentiz
Paço
Madalena
Paialvo
Carrazede
Sta. Cita
Asseiceira
Linhaceira
Roda Grande
Atalaia
Moita do Norte
Tancos
Almourol
Vila Nova da Barquinha
Praia do Ribatejo
Arripiado
Montalvo
Constância
Rio de Moinhos
Martinchel
Amoreira
Abrantes
Tramagal
Santa Margarida da Coutada
São Miguel do Rio Torto
Bicas
Vale de Açor
Sanheira
Pousada São Pedro
São Pedro de Tomar
Aldeia do Mato
Beberriqueira
Carvalhal
Sentieiras
Paúl
Tejo
Mondego
Olaia
Lamarosa

Reserva Natural Parcial da Serra da Malcata
Malcata
Machoca 1072
Vale de Espinho
Fóios
Aldeia do Bispo
Malcata
Serra de
Las Mesas 1265
Mezas 1.265
Navasfrías
Águeda
56
Villasrubias
Peñaparda
El Payo
Dehesa de Perosín
Jamoña
Descargamaria
Enamoraos 944
Concelhos
Marvaninha 839
La Malvana 866
Sª Malvana
Valverde del Fresno
Casas de Felipe
Pto. San Martín 1.020
Espinazo 1.332
Espíritu Santo
Cerro Jalama 1.492
Pto. de Perales 910
88
San Blas
Sª de la Pila
La Almenara
Gata
Cadalso
Torrecilla de los Ángeles
Eljas
San Martín de Trevejo
SIERRA DE GATA
Torre de Don Miguel
Bienvenida
Hernán-Pérez
S. Isidro
Acebo
Villamiel
Sª de Cachaza
Villasbuenas de Gata
Santibáñez el Alto
Nª Sª de la Oliva
Trevejo
Hoyos
Emb. de Fiver de Gata
EX 205
Perales del Puerto
Sª de Sta. Olalla
Santa Olalla 735
Nª Sª de la Peña
Santa María
Pozuelo de Zarzón
Emb. de Borbollón
Villa del Campo
Sª Campete
Cilleros
Navelonga
El Fresno
Trevejana
Torto
Beságueda
Matalobos
34
72
La Moheda
Cuajardo Malhincada
Guijo de Coria
Vale Feitoso
Moraleja
Emb. de Arrago
Penha Garcia
Castro lusitano da Serra de Penha Garcia
Vegaviana
Huélaga
Calzadilla
Las Navas 416
Fonte Longa 629
Monfortinho
Casas de Don Gómez
Morcillo
Caballo 562
Sª de la Garrapata
Coria
Torre
Murracha 580
Casillas de Coria
Puente Romano
Argeme
Puebla de Argeme
Rincón del Obispo
Alagón
Toulões
Emb. Zarza la Mayor
Sierra Alta 608
Cachorrilla
Pescueza
Portaje
Peñafiel
Zarza la Mayor
Madre del Agua 463
Emb. de Portaje
Torrejoncillo
B. da Toulica
Salvaterra do Extremo
Sequero
Sierra de la Solana
Zebreira
E. del Encinar
32
Fresnedoso
Erges
Erjas
Sierra Grande
Sª Pequeña
Segura
Ceclavín
Santa Ana
Pedroso de Acim
El Palancar
Piedras Albas
Acehuche
Portezuelo
Sª del Arco
Cañaveral
El Cabezo 400
Poblado de Iberdrola
Embalse de Alcántara II
Cabeço Alto 403
Estorninos
Convento de S. Benito
Puente Romano de Alconétar
Alcántara
Mata de Alcántara
Nª Sª de los Hitos
San Lorenzo
Garrovillas
Emb. de Molinos de Cabra
Emb. de Mata de Alcántara
Embalse de Alcántara I
Villa del Rey
Sª Santo Domingo
Rivera de Araya
Be vis
Emb. Bramosa
San Gregorio
Emb. de Brozas
65
Navas del Madroño
Brozas
Emb. Arce de Arriba
Alta Gracia
40
Sto. Domingo
Cabeza Araya 521
Virgen del Prado
Casar de Cáceres
Jumadiel
S. Jerónimo de Lagar
Membrio
Arquillo
Salor
Higuera
Embalse de Petit I
Araya
Ancianes
E. de Araya de Arriba
Nª Sª de la Luz
Arroyo de la Luz
Estación de Arroyo-Malpartida
Talbón
Embalse de Lancho
Salorino
92
Herreruela
Embalse Rivera de los Molinos
Malpartida de Cáceres
Torrico de San Pedro 703
Sierra del Torrico de San Pedro
S. Pancracio
Aliseda
Nª Sª del Campo
Sª de la Umbría
Sierra de San Pedro
Pto. Azauche 445
Sierra de Pajonales
89
Zapatón
Sta. Lucía
EX 117
EX 207
EX 109
EX 204
EX 302
EX 372
EX 303
N 521
N 630 E 803
CC 214
CC 212
CC 113
CC 100
CC 62
CC 140
1
2
A
B
C
D

Covilhã
Penhas da Saúde
Teixoso
Aldeia do Carvalho
B. do Covão de Ferro
B. do Viriato
Unhais da Serra
Cortes do Meio
Boidobra
Tortosendo
Ferro
Peraboa
Caria
Carvalhal
Casteleiro
Moita
Terreiro das Bruxas
Santo Estêvão
Malcata
Sra. da Póvoa
Vale da Senhora da Póvoa
Meimão
Serra de Malcata
Reserva Natural Parcial da Serra da Malcata
Enamorados
Concelhos 1007
Marvaninha 839
La Malvana 866
Sa Malvana
Escarigo
Salgueiro
Meimoa
B. da Meimoa
Benquerença
Vales do Rio
Dominguiso
Pêro Viseu
B. da Capinha
Capinha
Peso
Alcaria
Coutada
Pesinho
Vales de Pêro Viseu
Santa Marta 804
Penamacor
Telhado
Zêzere
Valverde
Fatela
Enxames
Aldeia de Joanes
Fundão
Castelejo
Alcaide
Quintas da Torre
Alcongosta
Souto da Casa
Sta. Luzia
Vale de Prazeres
Serra da Gardunha
Alpedrinha
Catrão
Póvoa da Palhaca
Mata da Rainha
Aguas
Aldeia do Bispo
Aldeia de João Pires
Aranhas
Nossa Sra. do Bom Sucesso
Gardunha 127
Castelo Novo
Touca
Póvoa de Atalaia
Martianas
Pedrogão
Salvador
Campo Frio 768
Sra. da Orada
Louriçal do Campo
Atalaia do Campo
Orca
Aldeia de Santa Margarida
Bemposta
Vale Feito
São Vicente da Beira
B. do Pisco
Soalheira
Medelim
Relva
B. Penha Garcia
Penha Garcia
Pousada Monsanto
Monsanto
Castro lusitano da Serra de Penha Garcia
Zebras
São Miguel de Acha
Proença -a-Velha
Carroqueiro
Monsanto 758
Sobral do Campo
B. de Sta. Águeda
Vale da Torre
Lardosa
Ruínas romanas
Idanha-a-Velha
Ninho do Açor
Martim Branco
Tinalhas
Póvoa de Rio de Moinhos
Oledo
B. da Idanha
Torre
Murracha 580
Barbaído
Freixial do Campo
Escalos de Cima
Lousa
Alcafozes
Chão da Vã
Juncal do Campo
Cafede
Alcains
Idanha-a-Nova
Toulões
Salgueiro do Campo
Escalos de Baixo
Mata
Sra. do Almurtão
Palvarinho
B. da Toulica
Fonte Santa
Taberna Seca
CASTELO BRANCO
Sra. de Mércoles
Ladoeiro
Zebreira
Segura
Benquerenças
São Martinho 435
Ponsul
Maxiais
Castrum São Martinho
Retaxo
Cebolais de Cima
Cebolais de Baixo
Lentiscais
Farropa
Monforte da Beira
Castelo 457
Cegonhas Novas
Rosmaninhal
Cabeço Alto 403
Estorninos
Convento de Puerto
Embalse de Cedillo
Monte Fidalgo
Perais
Malpica do Tejo
Soalheiras
Ovrlheiros 410
Alares
Couto de Sta. Marina
Rio Tejo
Tajo
Cedillo
Herrera de Alcántara
Sever
Montalvão
Cabrioso
Santiago de Alcántara
Santiago 624
Carbajo
Calatrucha
Sierra de Santiago
Embalse de Solana
B. do Racheiro
Aurela
Alburrel
Peña Jurada 519
Membrio
Nª Sra. da Graça de Póvoa e Meadas
B. do Poio
Cabeça 401
Barragem da Póvoa
Fadagosa
Sª Medina
Sª Talliscones
Salorino
Embalse de Salorino
Embalse Rivera de los Molinos
Pto. Elice 445
Sª de la Venta
Sierra del Torrico de San Pedro
Torrico de San Pedro 703
Beirã
Serra de Marvão
Santo António das Areias
Valencia de Alcántara
Estación Ferrocarril
Nª Sra. da Penha
Castelo de Vide
Pousada de Santa Maria
Marvão
La Fontañera
Escusa
Portagem
Carreiras
São Salvador da Aramenha
Galegos
San Pedro
Las Casiñas
Las Lanchuelas
Alvarrões
Porto da Espada
Alagoa
Las Huertas de Cansa
San Vicente de Alcántara
Fortios
Vargem
Monte Carvalho
Reveladas
El Pino
Serra de São Mamede

Penacova
Frúmes
São Martinho da Cortiça
Carapinha
Mourronho
Barril de Alva
Vila Cova de Alva
Avô
Pomares
Monte Colcorinho
Teixeira
São Paulo de Frades
Lorvão
Brasfemes
Ventosa
Vila Nova de Poiares
São Miguel de Poiares
Pombeiro da Beira
Sarzedo
Sta. Clara a Velha
Arganil
Secarias
Coja
Cerdeira
Benfeita
Folques
Piódão
São Pedro de Açor
Fonte Espinho
Sobral de Casegas
Torres do Mondego
Algaça
Vale de Vaide
Celavisa
Torrozelas
Caratão
Paisaje Proteg. do da Serra do Açor
B. do Alto Ceira
Chãs
Granja
Foz de Arouce
Serpins
Casal de Ermio
Vila Nova do Ceira
Góis
Cabreira
Cepos
Teixeira
Relvas
Porto da Balsa
Serra de Açor
São Jorge da Beira
Casegas
Barroca Grande
Rio Vide
Gaiate
Ribeira
Lousã
Vilarinho
Gopilhares
Caselhos
Colmeal
Carvalhal
Cadafaz
Fajão
Meãs
Chiqueiro
Unhais-o-Velho
Aldeia de São Francisco de Assis
Miranda do Corvo
Eira de Calva
Casal Novo
Lamas
Lousã
Candal
Serra da Lousã
Vidual
Cabril
Vale Grande
Armadouro
Esteiro
Dornelas do Zêzere
Carregal
Janeiro de Cima
Vila Nova
Coentral
Carcalhinho
Carvalho
Moninho
Pesqueiro
Fonte Limpa
Sobral Valado
Pampilhosa da Serra
Janeiro de Baixo
Bogas de Baixo
Maxial
Espinhal
Loucainha
Castanheira de Pêra
Campelo
Alvares
Machio
Maria Gomes
Cambas
Orvalho
Foz Giraldo
Favacal
Fontão Fundeiro
Vilas do Pedro
Cercal
Moita
Derreada Cimeira
Escalos do Meio
Portela do Fojo
Álvaro
Ameira
Roqueiro
Serra do Moradal
Vilar Barroco
Sobral
Madeira
Quartos de Aquem
Estreito
Samadas de São Simão
Vila Facaia
Mosteiro
Aldeia de Ana de Avis
Figueiró dos Vinhos
Pedrógão Grande
Pedrógão Pequeno
Cava
Bravo
Oleiros
Alvelos
Vidigal
Cardosa
Pontão
Agudá
Neutel
Graça
Cabeças
Carvalhal
Marvila
Mosteiro
Sardeiras de Baixo
Barqueiro
Arega
Foz de Alge
Vale do Rio
Castelo
Troviscal
Carvalhal
Pomar
Dáspera
Sambado
Cernache de Bonjardim
Cabeçudo
Figueiredo
Cabeço da Rainha
Esfrega
Cabaços
Valbom
Nesperal
Sertã
Ermida
Corgas
Vale da Urra
Conqueiros
Alvito da Beira
Sobrainho dos Gaios
Vales
Monte Gordo
Beco
Rego da Murta
Dornes
Cumeada
Palhais
Várzea dos Cavaleiros
Malhadal
Sobreira Formosa
Montes da Senhora
Vale de Coelheiro
Paio Mendes
Marmeleiro
Cimadas Fundeiras
Proença-a-Nova
Figueira
Giesteiras
Gaviãozinho
Areias
Pias
Águas Belas
Vilar do Ruivo
Fundada
São João do Peso
Relva da Louça
Moitas
Espinho Pequeno
Sobral Fernando
Chão das Servas
Ferreira do Zêzere
Vila de Rei
Melriça
Cardigos
Caniçal Cimeiro
Vale da Mua
Estevés
Peral
Alvéia
Igreja Nova do Sobral
Valadas
Arganil
Murteira
Bairrada
Neve
Murteirinha
Perdigão
Penedo Gordo
Amêndoa
Palhota
Vilar de Boi
Vilas Ruivas
Olalhas
Montes
Milreu
Chão de Lopes
Maxieira
Capela
São Pedro do Esteval
Serra
Fontes
Chão de Codes
Aldeia de Eiras
Bando dos Santos
Carvoeiro
Fratel
Arneiro
B. do Castelo de Bode
Vila Nova
Souto
Mogão
Castelo
Santos
Venda Nova
Pedrão
Santana
São Pedro de Tomar
Aldeia do Mato
Carvalhal
Andreus
Aboboreira
Alcaravela
Pereiro
Zimbreira
Junca
Termas da Ladeira de Envendos
Fadagosa
Castelo Velho
Chão da Velha
Velada
Martinchel
Mação
Furtado
Envendos
Gardete
Sardoal
Casas Louras
Penhascoso
Lercas
Domingos da Vinha
Areia
Carrascal
Monte Claro
Sentieiras
Valhascos
São José das Matas
Vila Flor
Paúl
Amoreira
Mouriscas
Belver
Amieira do Tejo
Alto do Carrega
Montalvo
Constância
Chainça
Ortiga
Cadafaz
Arez
Rio de Moinhos
Abrantes
Alferrarede
B. de Belver
Gavião
Tramagal
Pego
Rossio ao Sul do Tejo
Alvega
Areia de Baixo
Concavada
Margalha
Atalaia
Santa Margarida da Coutada
Amieira Cova
Termas da Fadagosa de Nisa
São Miguel do Rio Torto
Arreciadas
Barrada
Vale da Vinha
Tolosa
Comenda
Gáfete
Bicas
Esteveira
São Bartolomeu
Vale de Gaviões
Vale de Açor
São Facundo
Bemposta
Vale de Água
Vale do Arco
Termas de Monte da Pedra
Monte da Pedra
Torrão
Semideiro
Sanheira
Chaminé
Baralho
Vale das Mós
Escusa
Rosmaninhal
Sume
Cunheira
Torre das Vargens
Fazenda
Rio Tejo
Rio Zêzere

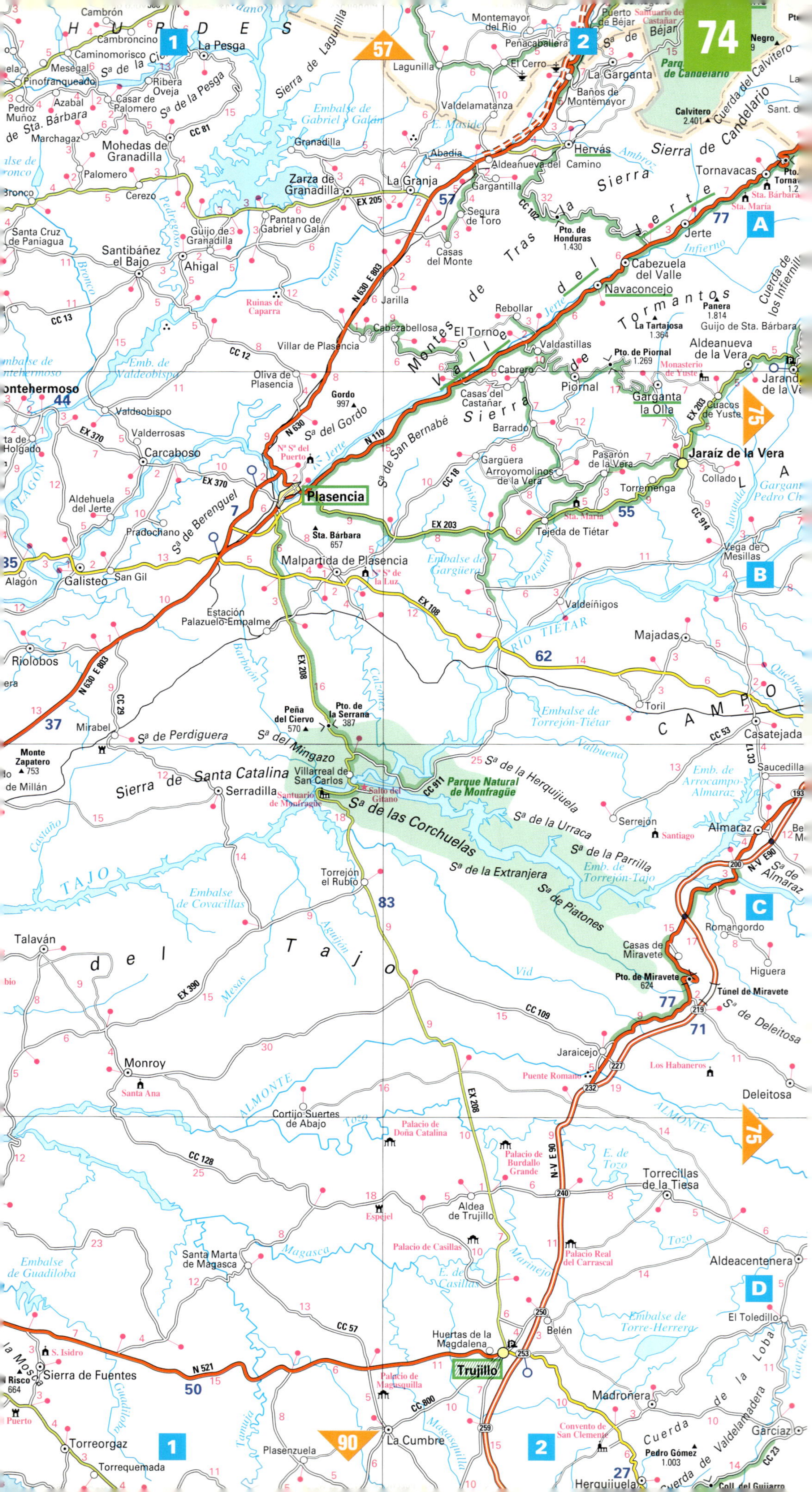
Cambrón
Cambroncino
H U R D E S
La Pesga
Caminomorisco
Mesegal
Pinofranqueado
Ribera Oveja
Casar de Palomero
Azabal
Pedro Muñoz
Sª de Sta. Bárbara
Marchagaz
Mohedas de Granadilla
Palomero
Cerezo
Sierra de Lagunilla
Embalse de Gabriel y Galán
Granadilla
Zarza de Granadilla
Pantano de Gabriel y Galán
Guijo de Granadilla
Santa Cruz de Paniagua
Santibáñez el Bajo
Ahigal
Ruinas de Caparra
Montemayor del Río
Peñacaballera
Lagunilla
El Cerro
Puerto de Béjar
Béjar
La Garganta
Baños de Montemayor
Valdelamatanza
Abadía
La Granja
Aldeanueva del Camino
Hervás
Gargantilla
Segura de Toro
Casas del Monte
Jarilla
Cabezabellosa
Villar de Plasencia
Oliva de Plasencia
Gordo 997
Plasencia
Nª Sª del Puerto
Sª del Gordo
Sª de San Bernabé
Parque de Candelario
Calvitero 2.401
Cuerda del Calvitero
Sierra de Candelario
Tornavacas
Pto. Tornavacas
Sta. Bárbara
Sta. María
Jerte
Pto. de Honduras 1.430
Cabezuela del Valle
Navaconcejo
Valle del Jerte
Sierra de Tras la Sierra
Montes de Tras la Sierra
Rebollar
El Torno
Valdastillas
Cabrero
Casas del Castañar
Piornal
Pto. de Piornal 1.269
Sierra de Tormantos
Panera 1.814
La Tartajosa 1.364
Guijo de Sta. Bárbara
Aldeanueva de la Vera
Monasterio de Yuste
Jarandilla de la Vera
Garganta la Olla
Cuacos de Yuste
Jaraíz de la Vera
Collado
Barrado
Pasarón de la Vera
Torremenga
Gargüera
Arroyomolinos de la Vera
Tejeda de Tiétar
Embalse de Gargüera
Montehermoso
Valdeobispo
Valderrosas
Carcaboso
Aldehuela del Jerte
Pradochano
Sª de Berenguel
Alagón
Galisteo
San Gil
Sta. Bárbara 657
Malpartida de Plasencia
Nª Sª de la Luz
Estación Palazuelo-Empalme
Valdeíñigos
Vega de Mesillas
Majadas
Río Tiétar
Toril
Riolobos
Mirabel
Sª de Perdiguera
Peña del Ciervo 570
Pto. de la Serrana 387
Embalse de Torrejón-Tiétar
C A M P O
Casatejada
Monte Zapatero 753
Sierra de Santa Catalina
Serradilla
Sª del Mingazo
Villarreal de San Carlos
Santuario de Monfragüe
Salto del Gitano
Parque Natural de Monfragüe
Sª de la Herquijuela
Sª de las Corchuelas
Sª de la Urraca
Sª de la Parrilla
Emb. de Torrejón-Tajo
Serrejón
Santiago
Saucedilla
Emb. de Arrocampo-Almaraz
Almaraz
Sª de Almaraz
Torrejón el Rubio
Sª de la Extranjera
Sª de Piatones
Embalse de Covacillas
TAJO
Romangordo
Higuera
Casas de Miravete
Pto. de Miravete 624
Túnel de Miravete
Sª de Deleitosa
Talaván
del Tajo
Monroy
Santa Ana
Jaraicejo
Puente Romano
Los Habaneros
Deleitosa
ALMONTE
Cortijo Suertes de Abajo
Palacio de Doña Catalina
Palacio de Burdallo Grande
E. de Tozo
Torrecillas de la Tiesa
Aldea de Trujillo
Espejel
Palacio de Casillas
Palacio Real del Carrascal
Embalse de Guadiloba
Santa Marta de Magasca
Magasca
E. de Casillas
Aldeacentenera
Embalse de Torre-Herrera
El Toledillo
Huertas de la Magdalena
Belén
Trujillo
S. Isidro
Sierra de Fuentes
Risco 664
Puerto
Palacio de Magasquilla
Madroñera
Convento de San Clemente
Garciaz
Cuerda de la Loba
Cuerda de Valdelamadera
Pedro Gómez 1.003
Torreorgaz
Torrequemada
Plasenzuela
La Cumbre
Herguijuela
Coll. del Guijarro
N 630 E 803
N 110
N 521
N-V E 90
EX 205
EX 370
EX 203
EX 108
EX 208
EX 390
CC 13
CC 12
CC 18
CC 29
CC 53
CC 911
CC 109
CC 128
CC 57
CC 800
57
44
75
90
77
55
62
37
83
71
50
27
A
B
C
D
1
2

San Martín de Valdeiglesias
Navas del Rey
Chapinería
Villaviciosa de Odón
MÓSTOLES
FUENLABRADA
Pelayos de la Presa
Villamantilla
Villanueva de Perales
Sevilla la Nueva
Aldea del Fresno
Cadalso de los Vidrios
Villamanta
Navalcarnero
Villa del Prado
Arroyomolinos
Moraleja de Enmedio
Cenicientos
Almorox
Méntrida
Calypo
Fado
El Álamo
Batres
Griñón
Valmojado
Paredes de Escalona
Las Yeguas
Casarrubios del Monte
Serranillos del Valle
Torrejón de la Calzada
Cubas
La Torre de Esteban Hambrán
Escalona
Carranque
Casarrubuelos
Ugena
Las Ventas de Retamosa
El Viso de S. Juan
Fuenteserena
Illescas
Yeles
Sta. Cruz del Retamar
Quismondo
Camarena
Chozas de Canales
Palomeque
Cedillo del Condado
Lominchar
Yuncos
Numancia de la Sagra
Maqueda
Portillo de Toledo
Fuensalida
Novés
Arcicóllar
Recas
Yuncler
Pantoja
Santa Olalla
Caudilla
Sto. Domingo
Huecas
Camarenilla
Yunclillos
Villaluenga
Cobeja
Alcabón
Torrijos
Barcience
Villamiel de Toledo
Cabañas de la Sagra
Gerindote
Carmena
Fielves
Magán
Villaseca de la Sagra
Bargas
Olías del Rey
San Pedro
Escalonilla
Azoberines
Mocejón
Aceca
Los Pinos
Burujón
El Carpio de Tajo
Albarreal de Tajo
Algodor
La Puebla de Montalbán
TOLEDO
Azucaica
La Rinconada
El Bosque
Las Nieves
Guadamur
Argés
Cobisa
Nambroca
Polán
Burguillos de Toledo
Layos
Casasbuenas
Almonacid de Toledo
Chueca
S. Martín de Montalbán
Gálvez
Totanés
Ajofrín
Villaminaya
Mazarambroz
Pulgar
Sonseca
Cuerva
Menasalbas
Orgaz
Manzaneque
Casalgordo
Arisgotas
Navahermosa
Las Ventas con Peña Aguilera
El Castañar
Los Yébenes
Riscos del Amor
Sª del Castañar
Marjaliza
Las Navillas
S. Pablo de los Montes
Pto. del Milagro
Sª de Yébenes
TOLEDO
Avellanar
Masegar
Retuerta de Bullaque
El Molinillo
Las Guadalerzas
Sª del Sebollarejo
Sª de Fuenteblanca
Quinto de Mora
Sª del Comeadador
Pto. del Comendador
N 403
N 401
N 400
N V E 90
A 5
CM 4000
CM 4009
CM 4011
CM 410
CM 4017
CM 403
CM 400
60
76
93

Obispo
Venta Rasquida
Navarrevisca
Villanueva de Ávila
Sierra del Valle
59
Escusa
1959
E. de La Hinchona
Venta de Tabladas
Toros de Guisando
Convento de Guisando
San Pedro
Serranillos
Sierra del Cabezo
Pto. de Serranillos
1375
Pto. de Mijares
1570
Piedralaves
Casillas
Santa María del Tiétar
Navahondilla
Cadalso de los Vidrios
Rozas de Pto. Real
Peña de Cadalso
1043
Villarejo del Valle
Mijares
Casavieja
La Adrada
Sotillo de la Adrada
San Esteban del Valle
Gavilanes
Pedro Bernardo
Sta. Cruz del Valle
Viñaesquinada
Fuente Santa
Peña Cenicientos
Cenicientos
Higuera de las Dueñas
Fresnedilla
Sierra de la Higuera
La Iglesuela
Lanzahíta
Ramacastañas
La Higuera
Sartajada
Garganta de Torinas
Almendral de la Cañada
Paredes de Escalona
Aldeaencabo de Escalona
Pelahustán
Escalona
Buenaventura
San Sebastián
Tamujoso
Navamorcuende
Nombela
Prime
Hontanares
Sª de San Vicente
El Real de S. Vicente
Concepción
Playa Escalona
Villarta
Castillo de Bayuela
Nuño Gómez
Montesclaros
Sotillo de las Palomas
Hinojosa de S. Vicente
Garciotún
Soto Alberche
Hormigos
Marrupe
Alberche
Cerro Alberche
S. Román de los Montes
Cardiel de los Montes
Atalaya del Alberche
Maqueda
Cervera de los Montes
Reguerones
Emb. de Cazalegas
El Casar de Escalona
Emb. de Navalcán
Segurilla
Pepino
Serranillos Playa
Mejorada
Emb. de Portiña
Cazalegas
Santa Olalla
Gracia
Otero
Alcabón
Lucillos
Los Cerralbos
Velada
El Casar de Talavera
Montearagón
Domingo-Pérez
Gamonal
Las Vegas
Illán de Vacas
Erustes
Carriches
Carmena
Talavera de la Reina
Talavera la Nueva
Cebolla
San Illán
La Mata
San Pedro
Bérnuy
Mesegar
Alberche del Caudillo
La Pueblanueva
Escalonilla
Chozas
Malpica de Tajo
San Sebastián
El Carpio de Tajo
Lag. del Castillejo
Lag. del Mesto
Lag. del Cantohincado
Lag. del Jaral
Las Herencias
La Puebla de Montalbán
Emb. de Azután
Carrasco
582
El Membrillo
S. Bartolomé de las Abiertas
La Rinconada
Quintanilla
660
El Bos
Rafael
Alcaudete de la Jara
S. Martín de Pusa
Belvís de la Jara
Sta. Ana de Pusa
Villarejo de Montalbán
Aldeanueva de Barbarroya
Rampas de Paniagua
Montalbán
Virgen del Espino
Retamoso
Los Navalmorales
La Fresneda
Torrecilla de la Jara
S. Martín de Montalbán
Valle
Remedios
Espinoso del Rey
Los Navalucillos
Río Cedena
Buenasbodas
Malamoneda
Navahermosa
Hontanar
Las Hermanas
Sª del Horno
Sª de la Valeruela
Robledo del Mazo
Cumbre Alta
1.273
Las Hunfrías
Robledillo
El Mazo
Emb. de Pusa
Emb. del Torcón
Gargantilla
Sevilleja de la Jara
Sª de Sevilleja
Sª de Hiruela
Navaltoril
Robledo del Buey
Corral de Cantos
1.420
Sª de la Majana
Sª Fría
La Enjambre
Piedraescrita
Las Navillas
S. Pablo de los Montes
Robledillo
Sª Ciguiñuelas
Los Alares
Anchuras
Navas de Estena
Minas de Sta. Quiteria
Puerto Rey
Rincón de Anchuras
Estenilla
Retuerta de Bullaque
Avellanar
Las Huertas del Sauceral
Valdeazores
92
Pantano de Cíjara
Gamonoso
Estena
MONTES DE TOLEDO
VALLE

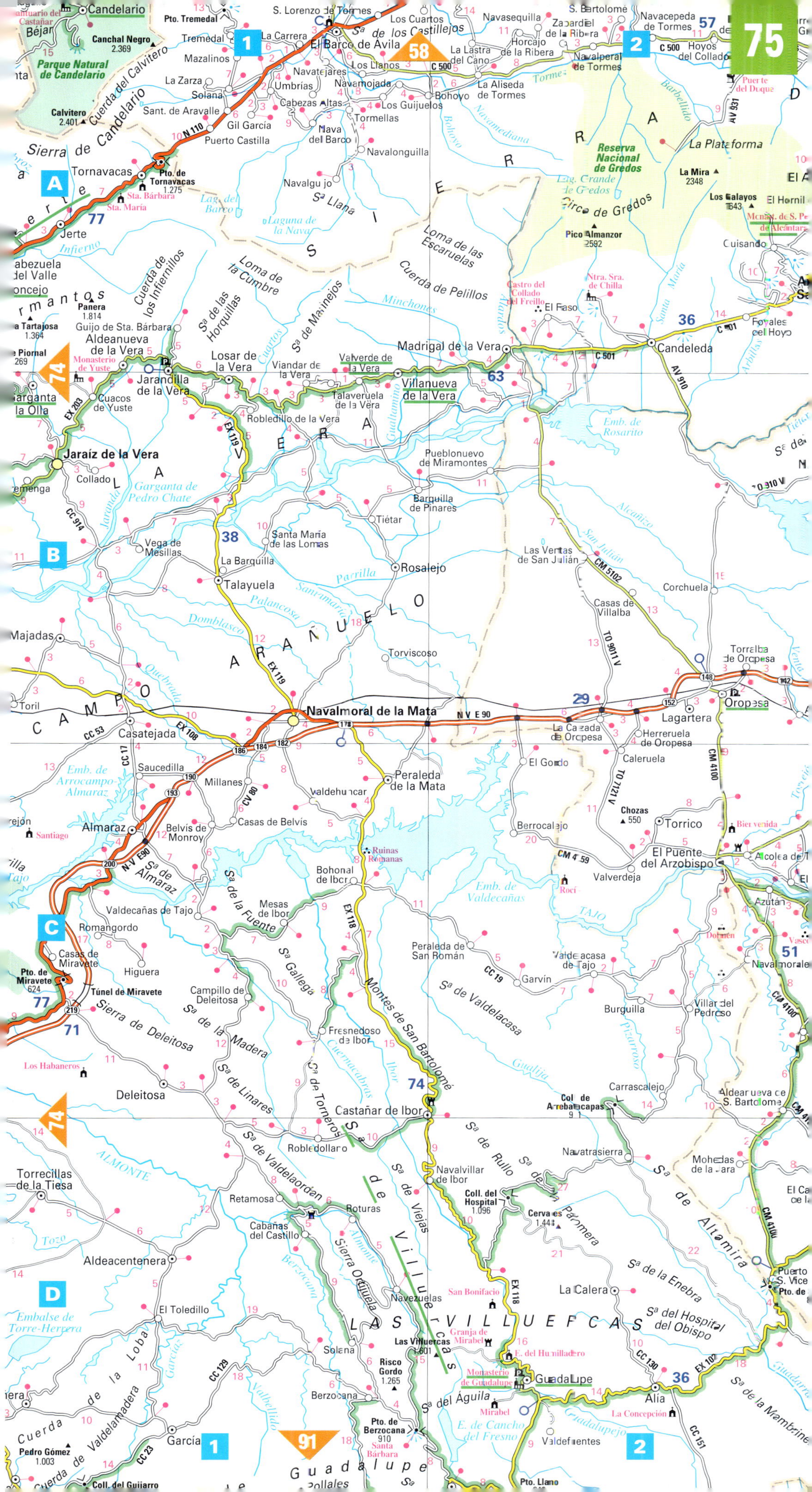
Candelario
Béjar
Canchal Negro
2.369
Parque Natural de Candelario
Cuerda del Calvitero
Calvitero
2.401
Sierra de Candelario
Pto. Tremedal
Tremedal
Mazalinos
La Zarza
Solana
Sant. de Aravalle
Gil García
Puerto Castilla
N 110
S. Lorenzo de Tormes
La Carrera
El Barco de Ávila
Los Cuartos
Sª de los Castillejos
58
C 500
Los Llanos
Navatejares
Umbrías
Navamojada
Cabezas Altas
Los Guijuelos
Tormellas
Nava del Barco
Navalonguilla
Navalguijo
Sª Llana
Bohoyo
La Lastra del Cano
La Aliseda de Tormes
Navasequilla
Zapardiel de la Ribera
Horcajo de la Ribera
Navalperal de Tormes
S. Bartolomé
Navacepeda de Tormes
57
Hoyos del Collado
Tormes
Puerto del Pico
AV 931
La Plataforma
Reserva Nacional de Gredos
Lag. Grande de Gredos
Circo de Gredos
La Mira
2348
Los Galayos
El Hornillo
Pico Almanzor
2592
Cuisando
Tornavacas
Pto. de Tornavacas
1.275
Sta. Bárbara
Sta. María
Lag. del Barco
Laguna de la Nava
Jerte
77
Infierno
Cabezuela del Valle
Tormantos
Panera
1.814
Tartajosa
1.364
Guijo de Sta. Bárbara
Cuerda de los Infiernillos
Sª de las Horquillas
Loma de la Cumbre
Sª de Mainejos
Loma de las Escaruelas
Cuerda de Pelillos
Minchones
Castro del Collado del Freillo
Ntra. Sra. de Chilla
El Raso
36
Candeleda
C 501
Fuentes del Hoyo
AV 910
Piornal
Aldeanueva de la Vera
Monasterio de Yuste
74
Garganta la Olla
Cuacos de Yuste
EX 203
Jarandilla de la Vera
Losar de la Vera
Viandar de la Vera
Valverde de la Vera
Madrigal de la Vera
63
Talaveruela de la Vera
Villanueva de la Vera
Robledillo de la Vera
EX 119
Emb. de Rosarito
Tiétar
Jaraíz de la Vera
Collado
Garganta de Pedro Chate
Jaranda
CC 914
Pueblonuevo de Miramontes
Barquilla de Pinares
Tiétar
38
Vega de Mesillas
Santa María de las Lomas
La Barquilla
Talayuela
Rosalejo
Parrilla
Las Ventas de San Julián
San Julián
Alcañizo
CM 5102
Corchuela
Casas de Villalba
Palancosa
Santamaría
Domblasco
ARAÑUELO
Majadas
Quebrada
Toril
Torviscoso
TO 9011 V
Torralba de Oropesa
CAMPO
Navalmoral de la Mata
N V E 90
29
La Calzada de Oropesa
Lagartera
Oropesa
CC 53
Casatejada
EX 108
Emb. de Arrocampo-Almaraz
CC 17
Saucedilla
Millanes
Peraleda de la Mata
El Gordo
Caleruela
Herreruela de Oropesa
CM 4100
Valdehúncar
CV 80
Casas de Belvís
Belvís de Monroy
Almaraz
Santiago
Ruinas Romanas
Berrocalejo
Chozas
550
Torrico
CM 4159
El Puente del Arzobispo
Valverdeja
Alcolea de Tajo
Bohonal de Ibor
N-V E90
Sª de Almaraz
Sª de la Fuente
Emb. de Valdecañas
Rocío
TAJO
Azután
Valdecañas de Tajo
Mesas de Ibor
EX 118
Romangordo
Casas de Miravete
Pto. de Miravete
624
Túnel de Miravete
Higuera
Peraleda de San Román
Valdelacasa de Tajo
CC 19
Garvín
51
Navalmorales
Campillo de Deleitosa
Sª Gallega
Sª de Valdelacasa
Burguilla
Villar del Pedroso
77
71
Sierra de Deleitosa
Sª de la Madera
Fresnedoso de Ibor
Montes de San Bartolomé
Los Habaneros
Sª de Linares
Ibor
74
Gualija
Pizarroso
Carrascalejo
Deleitosa
Col. de Arrebatacapas
Aldeanueva de S. Bartolomé
74
Torrecillas de la Tiesa
ALMONTE
Sª de Valdelaorden
Robledollano
Castañar de Ibor
Sª de Rullo
Navatrasierra
Mohedas de la Jara
Navalvillar de Ibor
Coll. del Hospital
1.096
Retamosa
Roturas
Cabañas del Castillo
Sª de Viejas
Sª de Altamira
Aldeacentenera
Tozo
Sierra Ortijuela
Sª de la Enebra
Puerto S. Vicente
Embalse de Torre-Herrera
El Toledillo
Navezuelas
San Bonifacio
EX 118
La Calera
Sª del Hospital del Obispo
LAS VILLUERCAS
Las Villuercas
1.601
Granja de Mirabel
E. del Humilladero
CC 130
EX 102
Solana
Risco Gordo
1.265
Monasterio de Guadalupe
Guadalupe
36
Alía
CC 129
Berzocana
Sª del Águila
Mirabel
La Concepción
Cuerda de la Loba
Cuerda de Valdelamadera
Valbellido
E. de Cancho del Fresno
Guadalupejo
Valdefuentes
CC 151
Sª de la Membrine
Pedro Gómez
1.003
CC 23
García
1
91
Pto. de Berzocana
910
Santa Bárbara
Guadalupe
Coll. del Guijarro
Pto. Llano
2
A
B
C
D

MADRID
Vallecas
Rivas Jarama
Velilla de San Antonio
Mejorada del Campo
Loeches
Torres de la Alameda
Pozuelo del Rey
Nuevo Baztán
Olmeda de las Fuentes
Campo Real
Villar del Olmo
Ambite
Sta. Bárbara 876
E. del Cristo
Mondéjar
Rivas Vaciamadrid
Perales del Río
Cerro de los Ángeles
GETAFE
Arganda del Rey
Valdilecha
Orusco
Bellaescasa
La Marañosa
Emb. del Rey
Parque Regional del Sureste
Gózquez de Arriba
Gózquez de Abajo
Morata de Tajuña
Perales de Tajuña
Tielmes
Carabaña
Monte Robledal
Brea de Tajo
Driebes
Peñas Gordas 794
Valdaracete
Emb. Estremera
Estremera
Páramo de Chinchón
San Martín de la Vega
Valdemoro
Ciempozuelos
S. Galindo
Río Tajuña
Valdelaguna
Chinchón
Villarejo de Salvanés
Belmonte de Tajo
Fuentidueña de Tajo
Alarilla
Encomiendas
Titulcia
Santa Ana
Villaconejos
Colmenar de Oreja
Seseña Nuevo
Puñonrostro
Cuesta de las Encomiendas
Villamanrique de Tajo
Villaverde
Canal del Cola Alta
San Isidro
Aranjuez
Oreja
Tajo
Belinchón
Zarza de Tajo
Castellar
Humilladero
La Flamenca
Ontígola
Noblejas
Villarrubia de Santiago
Sta. Cruz de la Zarza
Remedios
La Garrida
Ocaña
San Raimundo
La Miranda
Ciruelos
Mesa de Ocaña
Arilla
Fuente de Pedro Naharro
Yepes
Cabañas de Yepes
Dosbarrios
Rosario
Villatobas
San Isidro
Las Hermanas
Sopas
Huerta de Valdecarábanos
Monreal
Catalina
Testillos
Mariquita
Cabezamesada
Melgar
Cedrón
E. del Sto. Niño
Magro
La Guardia
San Blas
Sta. María
Corral de Almaguer
San Antón
Cerro de Gollino 833
Virgen de la Muela
La Matilla
Montalvo
Villanueva de Bogas
El Romeral
Lillo
L. de Lillo
Tembleque
San Gregorio
L. del Altillo
Riansares
Buey 966
Romeral 878
Esperanza
L. de Albardiosa
Emb. de Finisterre
Sª del Algodor
Valle
Villacañas
San Gregorio
L. Larga
La Villa de D. Fadrique
La Puebla de Almoradiel
Turleque
Cañada de Torrejón
Carbonera 718
Sª de Mai Miguela
L. del Taray
L. del Tirez
Lags. de Peña Hueca
Lags. de Paloma
San Isidro
Palomares
Quero
Miguel Esteban
Sª del Aljibe
L. Grande
Cigüela
Bolos 720
L. Chica
Madridejos
Consuegra
Molinos
Sª Bermeja
Urda
Camuñas
Villafranca de los Caballeros
L. Grande
San Isidro
Lag. de las Yeguas
Lag. de Salicor
Virgen de Villajos
Campo de Criptana
Virgen de Criptana
Amarguillo
61
79
94
1
2
A
B
C
D
A 3
A 4
N IV E 5
N 400
N 301
CM 3000
CM 410
CM 400
M 506
M 404
M 311
M 305

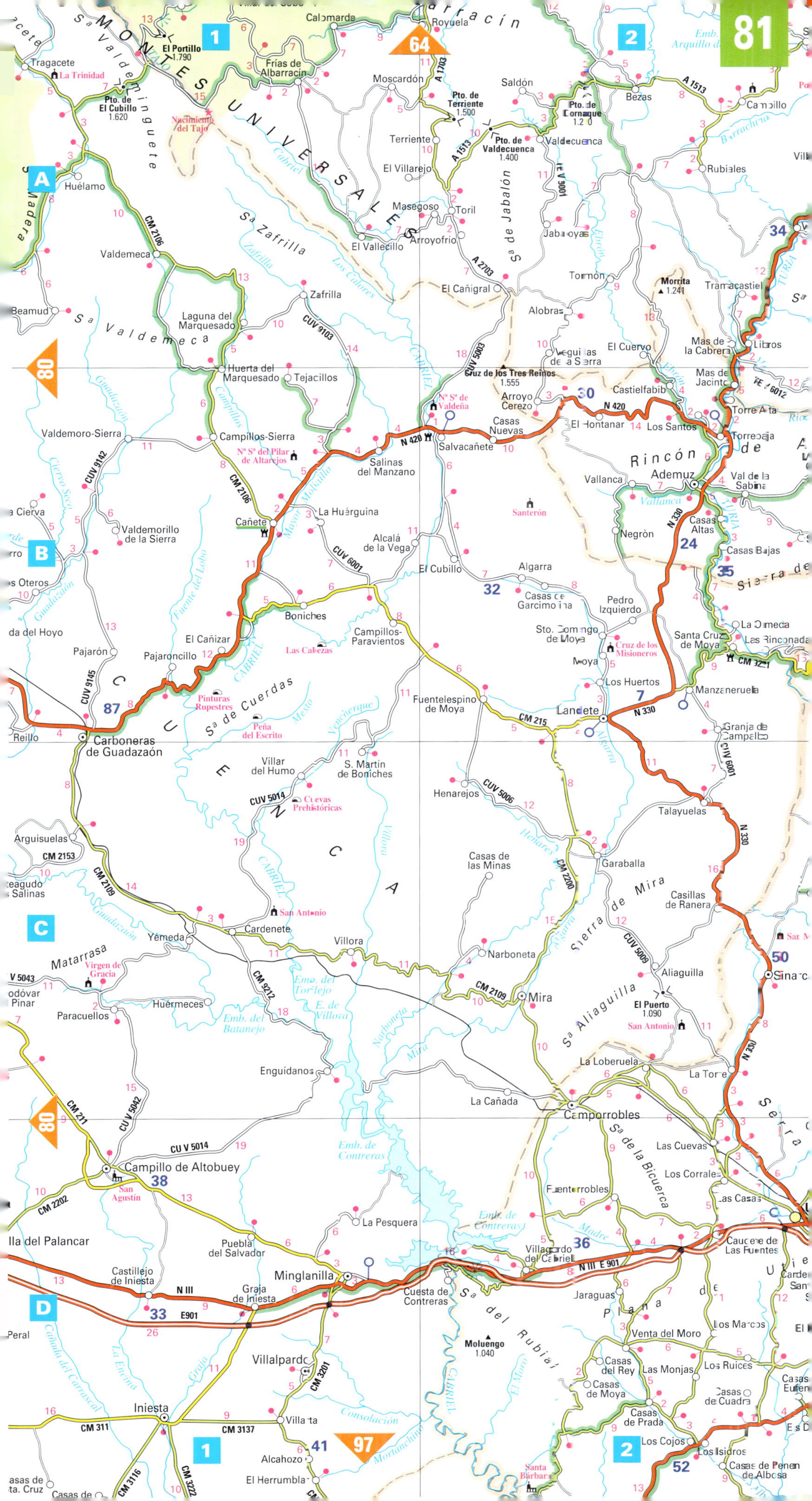
Montes Universales
Tragacete
La Trinidad
Pto. de El Cubillo 1.620
El Portillo 1.790
Nacimiento del Tajo
Frías de Albarracín
Calomarde
Royuela
Moscardón
Pto. de Terriente 1.500
Terriente
El Villarejo
Masegoso
Toril
Arroyofrío
El Vallecillo
Saldón
Pto. de Cornaque
Pto. de Valdecuenca 1.400
Valdecuenca
Jabaloyas
Sª de Jabalón
Bezas
Campillo
Rubiales
Huélamo
Valdemeca
Sª Valdemeca
Sª Zafrilla
Beamud
Laguna del Marquesado
Zafrilla
Huerta del Marquesado
Tejadillos
El Cañigral
Tormón
Alobras
Morrita 1.241
Tramacastiel
Libros
Mas de la Cabrera
Mas de Jacinto
El Cuervo
Veguillas de la Sierra
Cruz de los Tres Reinos 1.555
Arroyo Cerezo
Castielfabib
Nª Sª de Valdeña
Salvacañete
Casas Nuevas
El Hontanar
Los Santos
Torre Alta
Torrebaja
Rincón de Ademuz
Ademuz
Vallanca
Val de la Sabina
Valdemoro-Sierra
Campillos-Sierra
Nª Sª del Pilar de Altarejos
Salinas del Manzano
Cañete
La Huérguina
Alcalá de la Vega
Santerón
Negrón
Casas Altas
Casas Bajas
Valdemorillo de la Sierra
El Cubillo
Algarra
Casas de Garcimolina
Pedro Izquierdo
Boniches
Campillos-Paravientos
Las Cabezas
Sto. Domingo de Moya
Cruz de los Misioneros
Moya
Los Huertos
Santa Cruz de Moya
La Olmeda
Las Rinconadas
Manzaneruela
Pajarón
Pajaroncillo
El Cañizar
Pinturas Rupestres
Sª de Cuerdas
Peña del Escrito
Fuentelespino de Moya
Landete
Granja de Campalbo
Carboneras de Guadazaón
Reíllo
Cuenca
Villar del Humo
S. Martín de Boniches
Cuevas Prehistóricas
Henarejos
Talayuelas
Arguisuelas
Garaballa
Casas de las Minas
Casillas de Ranera
Sierra de Mira
San Antonio
Cardenete
Yémeda
Villora
Narboneta
Aliaguilla
Matarrasa
Virgen de Gracia
Paracuellos
Huérmeces
Mira
El Puerto 1.090
Sª Aliaguilla
Sinarcas
Emb. del Batanejo
Enguídanos
La Loberuela
La Torre
La Cañada
Camporrobles
Sª de la Bicuerca
Las Cuevas
Los Corrales
Las Casas
Campillo de Altobuey
San Agustín
Emb. de Contreras
Fuenterrobles
Villagordo del Cabriel
Caudete de las Fuentes
Puebla del Salvador
La Pesquera
Minglanilla
Castillejo de Iniesta
Graja de Iniesta
Cuesta de Contreras
Sª del Rubial
Jaraguas
Plana de Utiel
Venta del Moro
Los Marcos
Moluengo 1.040
Villalpardo
Casas del Rey
Las Monjas
Los Ruices
Casas de Moya
Casas de Prada
Casas de Cuadra
Iniesta
Villarta
Los Cojos
Los Isidros
Casas de Penen de Albosa
Alcahozo
El Herrumblar
Santa Bárbara
Peral
N 420
N 330
N III
E 901
CM 2106
CM 215
CM 2109
CM 2153
CM 2200
CM 211
CM 2202
CM 311
CM 3137
CM 3201
CM 3222
CM 3116
CUV 9103
CUV 9142
CUV 9145
CUV 6001
CUV 5003
CUV 5014
CUV 5006
CUV 5009
CUV 5042
A 1703
A 1513
A 2703
A 1513
64
80
97
1
2
A
B
C
D

CUENCA
Ciudad Encantada
Reserva Nacional de Caza Serranía de Cuenca
Parque El Hosquillo
La Trinidad
Pto. de El Cubillo 1.620
Huélamo
Valdemeca
Uña
La Toba
Emb. de La Toba
Mirador de Uña
Beamud
Las Majadas
Sª Majadas
Sª Madera
Sª de Valdecabras
Valdecabras
Ventano del Diablo
Salto de Villalba
Villalba de la Sierra
Portilla
Zarzuela
Arcos de la Sierra
Castillejo-Sierra
Ribatajada
Ribatajadilla
Ribagorda
Villaseca
Pajares
Torrecilla
Collados
Losares 1.358
Sotos
Mariana
Ventorro
Embid
Verdelpino de Cuenca
Buenache de la Sierra
Molinos de Papel
Palomera
Nohales
Sª de Bascuñana
Sª de Tondos
Albalate de Nogueras
Virgen del Pinar
Cañaveras
Arrancacepas
Torralba
Castillo de Albarañez
Bólliga
Villar de Domingo García
Bascuñana de S. Pedro
Culebras
Valdecañas
Sacedoncillo
Sotoca
Noheda
San Miguel
Tondos
Fuentesclaras del Chillarón
Villar del Saz de Navalón
Navalón
Arcos de la Cantera
Villar del Maestre
Valdecabrillas
Chillarón de Cuenca
Cabreja
Villarejo de la Peñuela
Pto. de Cabrejas 1.150
Jábaga
Albaladejito
Cabrejas
Villanueva de los Escuderos
Cólliga
Colliguilla
Sª del Socorro
Las Torcas
La Cierva
El Ventorro
Los Oteros
Nª Sª de los Ángeles
Cañada del Hoyo
Valdemoro-Sierra
Valdemoril de la Sierra
Pajarón
La Rambla Verde
Cierva Seco
Guadazaón
Huécar
Bonilla
La Melgosa
Mohorte
Talayuelo 1.234
Arcas
San Isidro
Olmedilla de Arcas
Villar de Olalla
Villar del Saz de Arcas
Fuentes
Pto. de Rocho 1.150
Reillo
Carboneras de Guadazaón
Hortizuela
Collado de La Carrasquilla 1.150
Barbalimpia
Villarejo Seco
Poveda de la Obispalía
Fresneda de Altarejos
San Bartolomé
Altarejos
Valdeganga de Cuenca
Tórtola
Mota de Altarejos
El Castellar
La Parra de las Vegas
Pto. de Tordiga 1.200
Venta de la Casería
Dehesa de Cañizares
Arguisuelas
Monteagudo de las Salinas
S. Lorenzo de la Parrilla
Belmontejo
Albaladejo del Cuende
Valeria
Olmeda del Rey
Chumillas
Solera del Gabaldón
Cerro Puntal
Valera de Abajo
Cervera del Llano
Olivares de Júcar
Villaverde y Pasaconsol
Valverde de Júcar
Almodóvar del Pinar
Matarrasa
Virgen de Gracia
Paracuellos
Piqueras del Castillo
Nª Sª de Aguas Santas
Sª del Monje
Hontecillas
Cerro Hornillo
Buenache de Alarcón
Barchín del Hoyo
La Almarcha
Torrubia del Castillo
Castillo de Garcimuñoz
La Estrella
Gabaldón
Campillo de Altobuey
San Agustín
Pinarejo
Sª Cañavate
Honrubia
Olmedilla de Alarcón
Valverdejo
Los Morrones
Hoz del Madroñal
Emb. de Alarcón
San Isidro
Motilla del Palancar
Sta. María del Campo Rus
El Cañavate
Cañadajuncosa
Alarcón
Valhermoso de la Fuente
Castillejo de Iniesta
Atalaya del Cañavate
Emb. de el Picazo
Tébar
El Peral
Pozoseco
Perona
Rubielos Altos
Rus
Virgen de Rus
Villar de Cantos
Villanueva de la Jara
El Picazo
Rubielos Bajos
Iniesta
Vara del Rey
Sisante
Casas de Sta. Cruz
Casas de Juan Fernández
Cañada del Carrascal
La Encina
Júcar
N 320
N 420
N 310
N III E901
A 31
CM 2105
CM 2104
CM 2100
CM 2202
CM 211
CM 7123
CM 7124
CM 2153
CM 3110
CM 3112
CM 3114
CM 3122
CM 311
CM 3116
CUV 9116
CUV 9114
CUV 9113
CUV 9141
CUV 9142
CUV 9145
CUV 7037
CUV 7043
CUV 7042
CU V 7123
CU V 2151
CU V 5043
CU V 5042
CU V 7221
CU V 7141
CU V 8307
CU V 8342
CM 9255
CM 2103
63
81
96
1
2
A
B
C
D

79
62
78
95
1
2
A
B
C
D
Cañaveruelas
Sayatón
Fuentenovilla
Yebra
Pozo de Almoguera
Sta. Bárbara
876
E. del Cristo
Mondéjar
Albares
Almoguera
Emb. de Zorita
Zorita de los Canes
Ruinas Visigodas
Emb. de Almoguera
Almonacid de Zorita
Albalate de Zorita
Nª Sª de los Desamparados
Buendía
Emb. de Buendía
Villalba del Rey
Santa Bárbara
Tinajas
Virgen del Campillo
Olmeda de la Cuesta
Gascueña
San Miguel
Jabalera
Portalrubio de Guadamajud
Valdemoro del Rey
La Peraleja
Moncalvillo de Huete
Saceda del Río
Bonilla
Carrascosilla
Garcinarro
Mazarulleque
Sª Buendía
Tajo
Mazuecos
Driebes
Monte Robledal
Brea de Tajo
Emb. de Estremera
Estremera
Emb. de La Bujeda
Nª Sª de Altomira
Illana
Leganiel
Saceda Trasierra
Barajas de Melo
Calvache
Vellisca
Huete
Castillejo del Romeral
Caracenilla
Verdelpino de Huete
Valdecolmenas de Abajo
La Langa
Pineda de Cigüela
Loranca del Campo
Olmedilla del Campo
Valparaíso de Arriba
Valparaíso de Abajo
Horcajada de la Torre
Villarejo Sobrehuerta
Torrejoncillo del Rey
Rebollo
1.061
Villar del Águila
Altos
Sierra de Altomira
La Estremera
Alarilla
Faredes
Alcázar del Rey
Huelves
Carrascosa del Campo
Belinchón
Zarza de Tajo
Tarancón
Santuario de Riánsares
La Estacada
Rozalén del Monte
Uclés
Tribaldos
Bedija
Palomares del Campo
La Garrida
Villarrubia
Almendros
Saelices
Villas Viejas
Segóbriga
Fuente de Pedro Naharro
El Acebrón
Torrubia del Campo
Palacio Villa-Paz
El Hito
Lag. El Hito
Montalbo
Zafra de Záncara
Horcajo de Santiago
Batán de S. Pedro
Almonacid del Marquesado
Cabezamesada
Pozorrubio
Torrelengua
Castillo de Almenara
La Misericordia
Puebla de Almenara
Villarejo de Fuentes
Villar de Cañas
Záncara
Corral de Almaguer
Fuentes
Villamayor de Santiago
Sª de Almenara
Hontanaya
Tresjuncos
Alconchel de la Estrella
Fuentelespino de Haro
Cigüela
San Isidro
Villanueva de Alcardete
Osa de la Vega
Haro
Casas de Haro
Piedad
Quintanar de la Orden
La Puebla de Almoradiel
Los Hinojosos
Villaescusa de Haro
Carrascosa de Haro
Rada de Haro
La Encomienda de Alcahozo
Venta de D. Quijote
Monreal del Llano
Belmonte
Lags. de Palomas
Palomares
Miguel Esteban
El Toboso
El Castellar
Virgen del Valle
La Huesa del Judío
Mota del Cuervo
Sta. María de los Llanos
El Pedernoso
Lag. de la Nava
Santa Ana
Lag. de Salicor
Virgen de Villajos
Lag. del Retamar
Lag. de Navalafuente
Manjavacas
L. Manjavacas
Las Pedroñeras
Campo de Criptana
Virgen de Criptana
Lag. del Pueblo
L. de Taray
N 400
N 301
N 420
A 3
A 3 E901
CM 2000
CM 200
CM 310
CM 3000
CM 3009
CM 3011
CM 3013
CM 3108
CM 3160
CM 3102
CM 3110
CM 3120
CM 3101
CM 3103
CM 3162
CM 3158
CM 2001
CM 2003
CM 219
CM 221
CM 229
CM 404
CM 2002
CM 2017
CM 2025
CM 2102
CM 9202
CM 410
CU 2111
CU V 3031
CU V 3232
CU V 3321
CU V 8343
CU V 8344
GU 216
GU 217
GU 226
M 221
M 229
M 236
M 238
M 240
M 241
M 328
TO 3101 V
TO 3021 V

TERUEL
Valdecebro
El Castellar
Alcalá de la Selva
Valdelinares
Virgen de la Vega
Pto. de S. Rafael 1.600
Gúdar
Linares de Mora
Pto. de Linares 1.720
Formiche Alto
Cabra de Mora
Castralvo
Formiche Bajo
Las Barrachinas
Castelvispal
Puertomingalvo
Aldehuela
Pto. Escandón 1.242
Sª de Camarena
Mora de Rubielos
Sª de las Nogueruelas
Sierra Férriz
Nogueruelas
La Puebla de Valverde
Valbona
Emb. de Valbona
Emb. de Balagueras
Rubielos de Mora
Fuentes de Rubielos
Cortes de Arenoso
La Masada
Azafranes
Cubla
Valacloche
Mas del Navarrete
Camarena de la Sierra
San Roque
Sta. Elena
Sarrión
Emb. de los Toranes
S. Vicente
Olba
Venta del Aire
Pozo Muela y Puntalico
Puebla de Arenoso
Emb. de Arenos Montanejos
Mas de Fuentes
Mas del Rebollo
Javalambre 2.020
Calderón 1.834
Albentosa
Tarín
Los Baltasares
Mases y Tamboril
S. Agustín
Caballero
Los Calpes
Montanejos
Las Arenas
Arañuel
Las Alhambras
Los Olmos
Manzanera
Villanueva de Viver
Fuente la Reina
Cirat
Emb. de Cirat
El Paul
Fuen del Cepo
Pto. Torrecilla 1.200
Pina 1.405
Montán
Los Cerezos
Paraíso Bajo
Paraíso Alto
Torrijas
Alcotas
Barracas
Pina de Montalgrao
Sª de Espina
Sierra de Javalambre
Arcos de las Salinas
El Toro
Higueras
Torralba del Pinar
Pavías
Cuestas de Ragudo 1.007
Caudiel
Matet
Losilla
El Collado
La Torre
Sta. Catalina
El Hontanar
La Almeza
La Cuevarruz
Corcolilla
Cañada Seca
Sta. Margarita
El Molinar
Benafer
Viver
Jérica
Novaliches
Gaibiel
Torás
Bejís
Teresa
Mas de l'Amarja
Abejuela
El Chopo
Baldovar
La Yesa
Mas de los Pérez
Emb. del Regajo
Navajas
Vall de Almonacid
La Cervera
Titaguas
Alpuente
Campo de Abajo
Bardes
Canales
Sacañet
La Cueva Santa
Altura
Segorbe
Peñalba
Geldo
Sta. Bárbara
Vall de Crist
San Gregorio
Ahillas
La Pobleta
Andilla
Crío de Alcotas
Oset
Masía de Uñoz
Artaj
Alcublas
Pto. de Montalba 980
Higueruelas
Pardanchinos
Gátova
Nª Sª del Remedio
Castellano 1.055
Tuéjar
Chelva
Acueducto Peña Cortada
Villar del Arzobispo
Marines Viejo
Els Rabalsa 798
Monast. de Porta Coeli
Calles
Benagéber
Domeño
Losa del Obispo
Casinos
Cabezo Royo
Olocau
Emb. de Loriguilla
Loriguilla
Ferriol
Marines
Cova Forada
Màs del Carril
Venacloig
Chulilla
San Jorge
Baños de Fuencaliente
Torre de Porta Coeli
Sant Vicent
Llíria
Benisanó
La Mallada
Sot de Chera
Gestalgar
Bugarra
Pedralba
La Pobla de Vallbona
Benaguasil
Bètera
Villar de Tejas
La Cañada
Villar de Olmos
Estenas
Las Nogueras
Chera
Emb. del Buseo
Serra de los Bosques
Teulada
Vilamarxant
L'Eliana
St. Antoni de Benagéber
La Rodana 345
Riba-Roja de Turia
La Horquera
Tejo 1.250
Cheste
Loriguilla
Est. Plá de Quart
Plá de Nadal
Paterna
Manises
Ochandos
Requena
Siete Aguas
Chiva
Venta del Poyo
Aldaia
Alaquàs
El Pontón
El Rebollar
Venta Quemada
La Pereleja
Sierra Perechinza
Godelleta
Marisán
Torrent
Las Palomas
Buñol
Alborache
Mas de Calabarra
La Portera
Hortunas
Pto. de Cruz de Cofrentes
Mijares
Yátova
Macastre
Turís
Alcàsser

69

1
2
A
B
C
D
OCÉANO ATLÁNTICO
Areia Branca
Lourinhã
Porto de Barcos
Atalaia
Sta. Bárbara
Praia de Ribeiro
Ribamar
154
Maceira
Praia do Porto Novo
Vimeiro
Praia de Sta. Cruz
Sta. Cruz
Marco Grande
135
Boavista
Silveira
Praia Azul
Ponte do Rol
Poça de Lamporeira
São Pedro da Cadeira
Ventosa
Barril
Praia da Calada
Talefe
Encarnação
Freiria
Ribamar
Sto. Isidoro
Praia de São Lourenço
Praia de São Sebastião
Achada
Sobral da Abelheira
Ericeira
Sobreiro
Praia de Ericeira
Murgeira
Carvoeira
Foz de Lisandro
São Julião
Mafra
Igreja Nova
Assafora
Praia de Samarra
São João das Lampas
Cheleiros
Praia de Magoito
Magoito
Montelavar
Negrais
Paisaje Protegido de Sintra-Cascais
Fontanelas
Terrugem
Maceira
Pêro Pinheiro
Gouveia
Azenhas do Mar
Vila Verde
Praia das Maçãs
Praia Grande
Janas
Cabriz
Sabugo
Almornos
Mucifal
Lourel
Vale de Lobos
Adraga
Colares
Sintra
Palácio Real
Almoçageme
Eugaria
375
Algueirão
Mem Martins
Cabo da Roca
Convento dos Capuchos
529
Castelo Mouros
Belas
Peninha
144
Serra de Sintra
Rio de Mouro
Ameiro
Malveira
Agualva
Cacém
Albarraque
Aldeia do Juzo
Alcoitão
Abóboda
Areia
Alcabideche
Bicesse
Tires
Leceia
Barcarena
Birre
Alvide
Livramento
Cabo Raso
S. Domingos de Rana
Torre
Cobre
Laveiras
Cascais
Estoril
Murtal
Boca do Inferno
Parede
Carcavelos
Paço de Arcos
Oeiras
Ponta da Laje
Bugio
Quinta de Sto. António
Costa da Caparica
a Funchal
Cabo Espichel

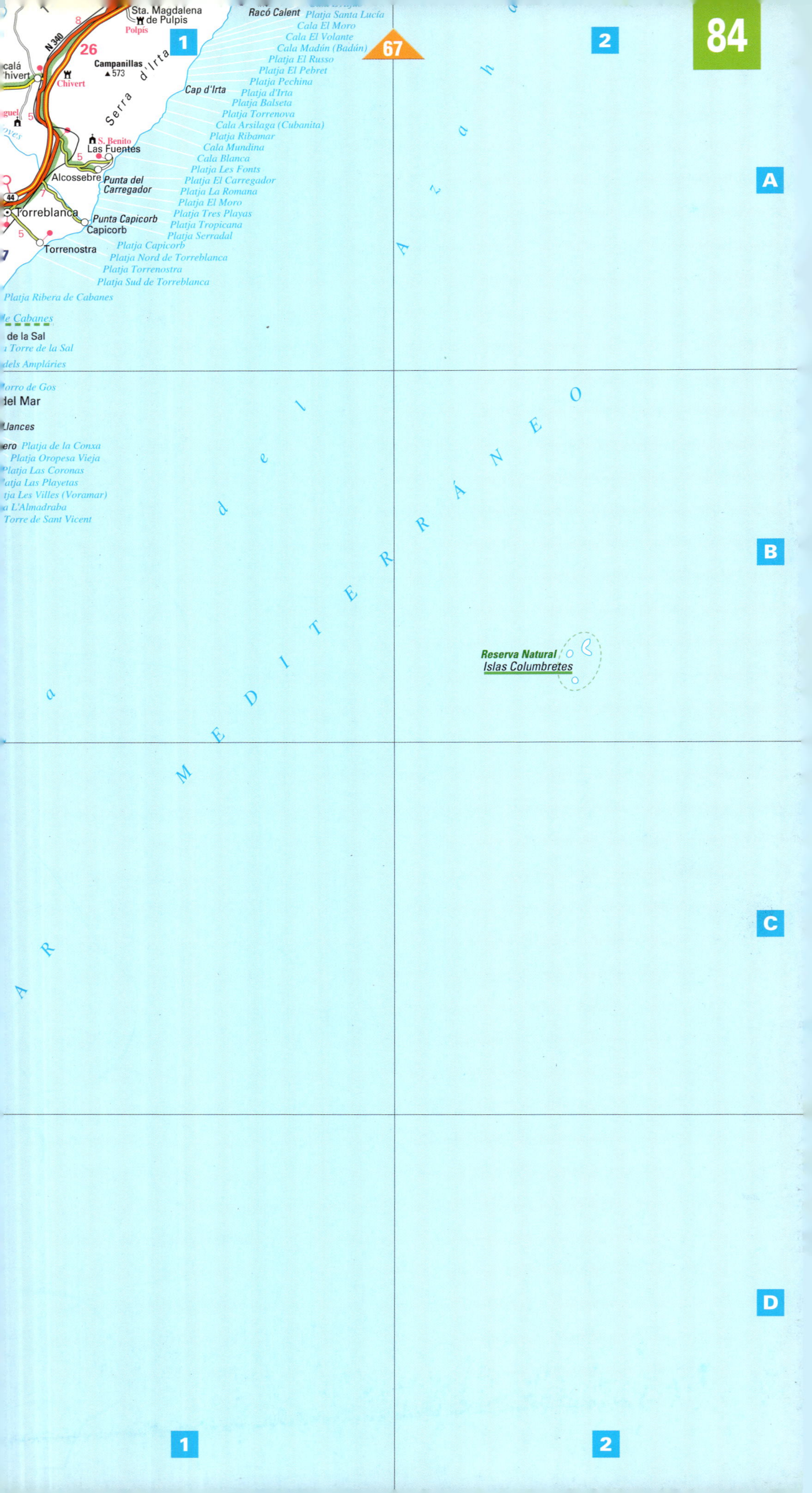
Sta. Magdalena de Pulpis
Polpís
Racó Calent
Platja Santa Lucía
Cala El Moro
Cala El Volante
Cala Madún (Badún)
Platja El Russo
Platja El Pebret
Platja Pechina
Platja d'Irta
Platja Balseta
Platja Torrenova
Cala Arsilaga (Cubanita)
Platja Ribamar
Cala Mundina
Cala Blanca
Platja Les Fonts
Platja El Carregador
Platja La Romana
Platja El Moro
Platja Tres Playas
Platja Tropicana
Platja Serradal
Platja Capicorb
Platja Nord de Torreblanca
Platja Torrenostra
Platja Sud de Torreblanca
Platja Ribera de Cabanes
67
1
2
A
B
C
D
N 340
26
Campanillas
573
Chivert
Serra d'Irta
Cap d'Irta
S. Benito
Las Fuentes
Alcossebre
Punta del Carregador
Torreblanca
Punta Capicorb
Capicorb
Torrenostra
de la Sal
Torre de la Sal
dels Amplàries
del Mar
Platja de la Conxa
Platja Oropesa Vieja
Platja Las Coronas
Platja Les Villes (Voramar)
Torre de Sant Vicent
Reserva Natural
Islas Columbretes
Azahar
Mar Mediterráneo

Mosqueruela
Mas de Pesetes
Les Ventes
66
Culla
Segures
Villar de Canes
Sant Pau
CV 129
Sierra Mayabona
Pto. de Linares 1.720
Mas de Toni
Vistabella del Maestrat
Port Vidre 1.246
Benafigos
Torre Embesora
Els Rosildos
Sarratella
Cuevas de Vinromá
Moli Azor
Castelvispal
Puertomingalvo
S. Joan de Penyagolosa
Chocos
Sierra Engarcerán
Torre Endoménech
Posada de S. Miquel
Vilanova d'Alcolea
Penyagolosa 1.813
El Carbó
Mas d'Estepar
Adzaneta
Coll de la Baza 505
Mas de Vilas
Els Ivarsos
Benlloch
La Masada
Villahermosa del Río
Sª de Montordi
Mas de Foiatxenta
El Castell
La Pelejaneta
Mas d'e Queixa
Cortes de Arenoso
Mas de Llorens
Vall d'Alba
La Barona
Les Useres
Cabanes
Azafranes
S. Bartolomé
Cedramán
Pto. El Remolcador 1.018
Mas de la Parra
Lucena del Cid
Coll de Cabanes 305
126
S. Vicente
Zucaina
Castillo de Villamalefa
Figueroles
Costur
Vilafamés
82
Mas de Fuentes
Mas del Rebollo
Ludiente
La Foia
El Salvador
La Pobla Tornesa
Desert de es Palmes
Emb. de Alcora
Mas de Flors
Carmelitas
El Refugi
Arañuel
El Tormo
La Muela
Mas del Moró
Alcora
Araia
S. Juan de Moró
Cirat
Torrechiva
Argelita
Venta de S. Vicent
Borriol
Les Villes
Benicàssim
Emb. de Vallat
Vallat
Toga
Ribesalbes
Emb. de Mª Cristina
Fuentes de Ayódar
Espadilla
Fanzara
Aero-Club Castelló
Ayódar
Emb. de Sichar
CASTELLÓ DE LA PLANA
Higueras
Collado de Ayódar 500
Les M. M. Clarisses
Torralba del Pinar
MILLARS
Sta. Quiteria
El Grau
Pavias
Onda
Mare de Deu de Gracia
Caudiel
Villamalur
El Carme
CV 20
Almassora
Matet
Sueras
Tales
Vila-Real de los Infantes
Emb. D'Onda
Betxí
La Platja de la Torre
Novaliches
Gaibiel
Alfandinga
Sta. Cristina
Alquerías del Niño Perdido
Algimia de Almonacid
Alcudia de Veo
Jérica
Vall de Almonacid
Serra
Ahín
Artana
Alquerías de Sta. Bárbara
Emb. del Regajo
Borriana/Burriana
Navajas
Eslida
El Grau de Burriana
Almedíjar
Pto. de Eslida 610
d'Espadàn
Nules
Peñalba
Villavieja
El Port
Altura
Castellnovo
Castillo de Castro
Chóvar
Mascarell
Segorbe
Sta. Bárbara
Vall de Crist
Geldo
Azuébar
Coll del Mariner 400
Alfondeguilla
Soneja
La Vall d'Uixó
Moncófar
Sot de Ferrer
Masía de Uñoz
Algar de Palancia
Gruta de San José
26
Carmadai
El Grau de Moncófar
Chilches
25
Gátova
Alfara de Algimia
Almenara
La Llosa
Las Casas
Algimia de Alfara
Quart de les Valls
Benavites
Barrio Mar
Marines Viejo
Templo de Venus
Torres Torres
Benifairó
Quartell
Faura
Els Rabalsadors 798
20
Estivella
Urb. Corinto
La Malva-Rosa
Monast. de Porta Coeli
El Garbi
Albalat dels Tarongers
Olocau
Petrés
Sagunt
Canet d'En Berenguer
Marines
Serra
Gilet
Segart
La Cantera
El Port
Convent de Sancti Spiritus
Torre de Porta Coeli
Náquera
Monte Picayo
Sant Vicent
Puçol
Benisanó
La Mallada
Ara Christi
Bètera
Puig
La Pobla de Vallbona
Rafelbunyol
La Pobla de Farnals
Massamagrell
L'Eliana
St. Antonio de Benagéber
Museros
Massalfassar
29
Moncada
Foios
24
Albuixec
23
Roja
Godella
Rocafort
Bonrepós i Mirambell
Meliana
Burjassot
Almàssera
Pla de Nadal
Paterna
Tavernes Blanques
Loriguilla
Manises
Alboraya
Quart de Poblet
Mislata
28
VALÈNCIA
Aldaia
Xirivella
Alaquàs
Sierra Perechinza
Picanya
Nazaret
Torrent
Paiporta
Benetusser
Sedaví
Alfafar
Pinedo
Massanassa
Catarroja
El Saler
Albal
Beniparrell
Alcàsser
99
Platja de Nules
Platja de Moncófar
Platja de Xilxes
Platja La Llosa
Platja Almenara
Platja de Corinto (Malva-Rosa)
Platja de Almardá
Platja de Canet d'En Berenguer
Platja del Port de Sagunt
Gran Vell
Gola de Colomer
Platja de Puçol
Platja Mar Playa
Platja del Puig
Platja Puig-Val
Platja de La Pobla de Farnals
Platja de Massamagrell
Platja de Massalfassar
Gola de Palos
Platja de Albuixec
Platja de Meliana
Platja d'Alboraya
Platja de Port-Saplaya
Platja de la Patacona
Platja de la Malva-Rosa y Levante
Platja de Nazaret
Platja de Pinedo
Platja del Saler
Platja Ben Afeli
Platja La Torre
Platja del Riu Millars
Platja L'Arenal
Costa del Azahar
A
B
C
D
1
2
47
19

Bombarral
Cadaval
Serra de Montejunto
Montejunto
Alenquer
Sobral de Monte Agraço
Arruda dos Vinhos
Azambuja
Cartaxo
SANTARÉM
Almeirim
Alpiarça
Salvaterra de Magos
Benavente
Coruche
Vila Franca de Xira
Alverca do Ribatejo
Porto Alto
Samora Correia
Loures
Sacavém
Reserva Natural do Estuario do Tejo
Ponte Vasco da Gama
Alcochete
Montijo
LISBOA
RIO TEJO
Barreiro
Moita
Seixal
Palmela
SETÚBAL
Sesimbra
Parque Natural da Arrábida
Reserva Natural do Estuário do Sado
Península de Tróia
BAIA DE SETÚBAL
RIO SADO
Comporta
Alcácer do Sal
Pegões-Estação
Cruzamento de Pegões
Canha
Santo Estêvão
Cascalho
Muge
Pinheiro
Monte Novo
Praia da Comporta
Acude da Agolada
70
87
103

Marvão
Portagem
La Fontañera
São Salvador da Aramenha
Galegos
San Pedro
Las Casiñas
Las Lanchuelas
Las Huertas de Cansa
Reveladas
El Pino
Sierra de San Mamede
La Aceña
São Julião
São Mamede
Bela
777
Sª de la Paja
Jola
Alcorneo
Sª de la Calera
Rabaça
Montinho
Parque Natural da Serra de São Mamede
La Rabaza
La Vega
Sª del Naranjal
Alegrete
Lamparona
594
Vale de Cavalos
BA 5003
La Codosera
BA V 5001
Barulho
Parra
La Tojera
El Marco
Marco
Ermita de Chandavila
Caserío de Benavente
Mosteiros
Nave Fria
Esperança
Loma de las Herraduras
Arronches
Assunção
Figueira
57
Sra. do Rosário
371
Nª. Sra. da Graça dos Degolados
Ouguela
Cevadais
373
Serrinha
B. do Caia
Contenda
Atalaia da Contenda
337
Campo Maior
243
Sta. Eulália
Vale de Albuquerque
Caia e São Pedro
Barbacena
Alentisca
São Vicente e Ventosa
Amoreirinha
Retiro
Vila Fernando
Malhada
Vedor
46
Forte da Graça
Aqueducto Amoreira
Calçadinha
Elvas
Pousada de Sta. Luzia
Forte de Sta. Luzia
A 6
IP 7
14
Posto Fiscal do Caia
São Lourenço
Vila Boim
28
São Brás e São Lourenço
Terrugem
Rego
475
Casas Novas
Sto. Ildefonso
Torre de Bolsa
Corazón de Jesús
Ciladas
São Romão
Sra. da Ajuda
223
Albalá
276
Juromenha
Villarreal
São Brás dos Matos
Mina do Bugalho
BA 2101
Freixiales
Olivenza
San Francisco de Olivenza
San Rafael de Olivenza
EX 316
EX 105
Emb. de Piedra Aguda
26
Hinojales
Monte do Outeiro
Rosário
San Amaro
San Benito de la Contienda
San Jorge de Alor
Alor
610
Santo Domingo
GUADIANA
Táliga
Sª de las Puercas
EX 315
EX 107
BA 2032
BA V 2011
Olivenza
Nira. Sra. de los Santos
Táliga
EX 314
Cheles
Alconchel
Sª de la Cobana
EX 312
Sª de la Cazuela
EX 313
Trazo
Friegamuñoz
Santa Catalina
Ferrarias
Moncarche
106
Higuera de Vargas
Sierra del Torrico de San Pedro
Torrico de San Pedro
703
S. Pancracio
73
San Antón
EX 110
San Vicente de Alcántara
32
DA V 5001
Sierra de Pajonales
Piedrabuena
Azarzagueña
Manantías
EX 324
Lomas
EX 303
Sª Travesa
Sautino
Zapatón
Mayorga
Dehesa Mayorga
Sª del Castaño
Gévora
Sª de la Caraba
Risco de S. Blas
Alburquerque
Sierra de Santiago
Azagala
Sª del Puerto del Centinela
Los Santiagos
Emb. de la Peña del Águila
EX 326
Ermita de Carrión
BA 5002
Pto. de los Conejeros
340
BA 5004
Virgen de la Ribera
Villar del Rey
Jabariega
410
Sierra Larga
BA 5002
Sierra del
44
Zangallón
EX 110
EX 325
Aguas Blanquillas
Botoa
39
Gévora
Botoa
Las Carboneras
Valdebotoa
EX 100
Novelda del Guadiana
Alcazaba
Reducto
233
Santa Engracia
Gévora
Sagrajas
Puebla nuevo
EX 209
Balboa
BADAJOZ
E-V E 90
4
Villafranco
Valdelacalzada
Talavera la Real
60
Rivillas
N 432
38
BA 9031
Alvarado-La Risca
EX 310
Doval
EX 363
Limonetes
La Albuera
BA 2001
Entrín Bajo
Laguna Grande
Entrín Alto
19
12
N 435
Valverde de Leganés
EX 105
Los Fresnos
Almendral
Torre de Miguel Sesmero
Embalse de Nogales
Nogales
BA V 2032
Sª de María Andrés
Convento Rocamador
Barcarrota
EX 320
Salvaleón
BA 2121
Sª Santa María
Salvatierra de los Barros
Sierra Vieja
813
Sierra Brava
Sierra Corchera
EX 311
A
B
C
D
1
2
88
89

Vale do Arco
Torrão
Sume
Monte da Pedra
Termas de Monte da Pedra
Vale do Peso
Alagoa
Carreiras
Escusa
Portagem
Alvarrões
Porto da Espada
Reveladas
Monte Carvalho
Serra de São Mamede
Torre das Vargens
Cunheira
Vale de Paio
Aldeia da Mata
Flor da Rosa
Pousada Flor da Rosa
Crato
Fortios
Vargem
PORTALEGRE
Penha
Reguengo
São Bernardo
São Julião
São Mamede
Chança
Vale de Açor
Chancelaria
Monte da Velha
Pisão
Montinho
Parque Natural da Serra de São Mamede
Caia
Santiago
Urra
Alegrete
Vale de Cavalos
S. Marcos
Vila Formosa
Seda
Alter do Chão
Alter Pedroso
Quinta
Barulho
Valongo
Termas de Cabeço de Vide
Cabeço de Vide
Penha de Evora
Assumar
Arronches
Benavila
Vale da Seda
Vaiamonte
Sra. do Rosário
Capela
Avis
Ervedal
Figueira e Barros
Fronteira
São Saturnino
Monforte
Quinta do Pinheiro
Montinho da Dourada
Banamar
Vale de Maceiras
Prazeres
Sta. Eulália
Godinhos
Cano
Pousada S. Miguel
Sousel
Santo Amaro
Veiros
Barbacena
Casa Branca
Caixeiro
São Bento do Cortiço
Sto. Estevão
Freixial
Sto. Aleixo
Vila Fernando
Sta. Vitória do Ameixial
Silveirona
São Lourenço de Mamporcão
São Domingos de Ana Loura
Serra de Ares
Orada
São Bento do Ameixial
Estremoz
Pousada da Rainha Sta. Isabel
Vimieiro
Folgado
Mártires
Arcos
Alcaraviça
Terrugem
Vila Boim
Esteval da Madreana
Nora
Borba
Ciladas
Glória
Serra de Ossa
Vila Viçosa
Duques de Bragança
Pousada D. João IV
Barro Branco
São Romão
Santa Justa
Évoramonte
Reliquias
Rio de Moinhos
Vale do Pereiro
Ossa
Aldeia da Serra
Bencatel
Juromenha
Azaruja
Pardais
Foros do Freixo
Malhada Alta
Alandroal
São Brás dos Matos
Foros do Queimado
Mina do Bugalho
São Miguel de Machede
Picarrel
Redondo
Foros das Pombas
Zambujeiro
Foros da Fonte Seca
Monte do Outeiro
Terena
Nossa Senhora da Boa Nova
Rosário
Hortinhas
Orvalhos
Nossa Sra. de Machede
Sta. Susana
GUADIANA
Machede
B. da Vigia
Santiago Maior
Capelins
São Domingos da Ordem
Venda
Pias
Monte Juntos
Balancho
Ramo Alto
Cabeça de Carneiro
Montoito
Aldeias de Montoito
Vale de Moura
Sto. António de Baldio
Cheles
Vendinha
Falcoeiras
Carrapatelo
Barrada
Outeiro
Motrinos
Convento da Orada
São Manços
São Vicente do Pigeiro
Caridade
Telheiro
Corval
Monsaraz
Espinheira
Reguengos de Monsaraz
Barrocal
Torre de Coelheiros
Xeres de Baixo
Albufeira de Mourão
Ferrarias
Santa Catalina
Monte do Trigo

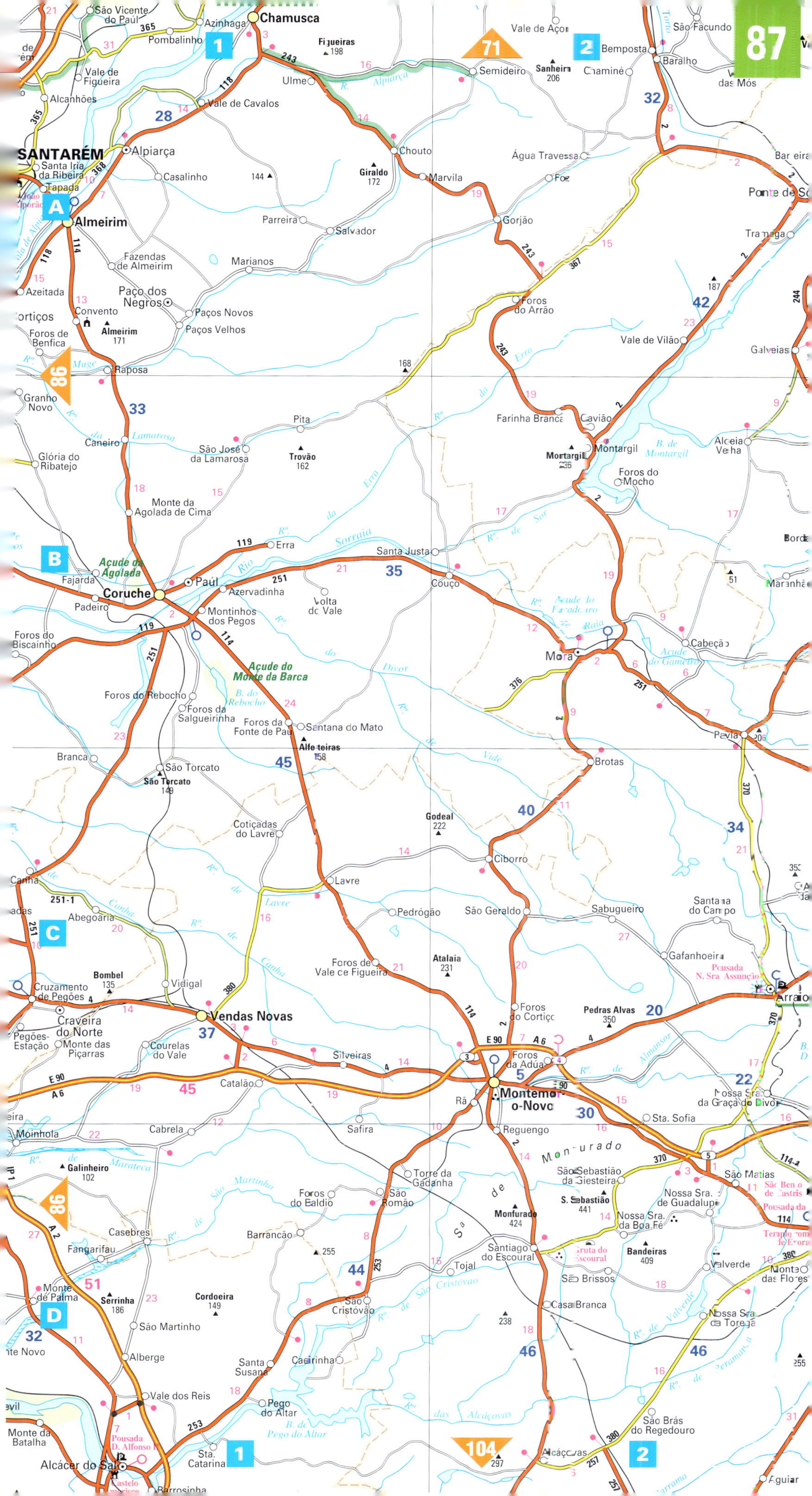

São Vicente do Paúl
Azinhaga
Chamusca
Pombalinho
Figueiras 198
Vale de Açor
Sanheira 206
Bemposta
São Facundo
Baralho
Chaminé
Semideiro
Ulme
Vale de Figueira
Alcanhões
Vale de Cavalos
Alpiarça
SANTARÉM
Santa Iria da Ribeira
Tapada
Casalinho
Chouto
Giraldo 172
Marvila
Água Travessa
Foz
Almeirim
Parreira
Salvador
Gorjão
Ponte de Sor
Tramaga
Fazendas de Almeirim
Marianos
Azeitada
Paço dos Negros
Paços Novos
Paços Velhos
Convento
Almeirim 171
Foros de Benfica
Foros do Arrão
Vale de Vilão
Galveias
Raposa
Muge
Granho Novo
Caneiro
Lamarosa
Pita
São José da Lamarosa
Trovão 162
Farinha Branca
Cavião
Montargil
Mortagil 236
B. de Montargil
Alceia Velha
Foros do Mocho
Glória do Ribatejo
Monte da Agolada de Cima
Erra
Sorraia
Santa Justa
Açude da Agolada
Fajarda
Coruche
Padeiro
Paúl
Azervadinha
Volta do Vale
Couço
Montinhos dos Pegos
Foros do Biscainho
Mora
Raia
Açude do Gameiro
Cabeção
Açude do Monte da Barca
B. do Rebocho
Foros do Rebocho
Foros da Salgueirinha
Foros da Fonte de Pau
Santana do Mato
Alfeteiras 158
Pavia
Branca
São Torcato
São Torcato 149
Brotas
Cotiçadas do Lavre
Godeal 222
Ciborro
Lavre
Pedrógão
São Geraldo
Sabugueiro
Santana do Campo
Abegoaria
Gafanhoeira
Bombel 135
Vigidal
Cruzamento de Pegões
Craveira do Norte
Pegões-Estação
Monte das Piçarras
Vendas Novas
Foros de Vale de Figueira
Atalaia 231
Foros do Cortiço
Pedras Alvas 350
Pousada N. Sra. Assunção
Arraiolos
Courelas do Vale
Silveiras
Foros da Adúa
Catalão
Montemor-o-Novo
Rã
Nossa Sra. da Graça do Divor
Sta. Sofia
Moinhola
Cabrela
Safira
Reguengo
Galinheiro 102
Marateca
Torre da Gadanha
São Sebastião da Giesteira
S. Sebastião 441
São Matias
Foros do Baldio
São Romão
Monfurado 424
Nossa Sra. de Guadalupe
Nossa Sra. da Boa Fé
Casebres
Fangarifau
Barrancão
Santiago do Escoural
Gruta do Escoural
Bandeiras 409
Valverde
Tojal
São Brissos
Monte das Flores
Monte de Palma
Serrinha 186
Cordoeira 149
São Cristóvão
Casa Branca
Nossa Sra. da Torega
São Martinho
Alberge
Santa Susana
Caeirinha
Vale dos Reis
Pego do Altar
B. de Pego do Altar
São Brás do Regedouro
Monte da Batalha
Pousada D. Afonso II
Sta. Catarina
Alcáçovas
Alcácer do Sal
Barrosinha
Aguiar
E 90
A 6
A 2

de Caceres
Sta. Lucía
San Benito
74
El Risco
664
Sierra de Fuentes
El Puerto
Torreorgaz
Torrequemada
Torremocha
Torrealba
El Salor
N 521
Plasenzuela
La Cumbre
Botija
A
Ruanes
Santa Ana
Salvatierra de Santiago
Robledillo de Trujillo
Zarza de Montánchez
Alijares
786
Benquerencia
La Magdalena
Valdefuentes
Albalá
Torre de Santa María
Montánchez
999
Valdemorales
S.ª de S. Cristóbal
Sierra de Mo
91
Almoharín
Arroyomolinos
Alcuéscar
Santiago
S.ª del Centinela
S.ª de la Lombriz
Casas de Don Antonio
Emb. de Ayuela
Emb. de Alcuéscar
Santiago de Bencáliz
Mayoralgo
Aldea del Cano
CC 118
Valdesalor
Arguijuelas
Herguijuelas
Emb. de Salor
Salor
Ayuela
Sierra de San Pedro
EX 100
Pto. de Clavín
412
Emb. del Rincón de Ballesteros
S.ª de Parral
S.ª de la Estena
Rincón de Ballesteros
Pto. de la Covacha
380
S.ª del Vidrio
Embalse de Horno Tejero
Loriana
Pto. del Zángano
440
Sierra del Casquero
Carmonita
Cordobilla de Lácara
Emb. de Boquerón
Sierra del Machal
BA 5031
BA V 5032
Corcho
La Nava de Santiago
Estación de El Carrascalejo
Aljucén
El Carrascalejo
Parque Natural de Cornalbo
Sierra Bermeja
Mirandilla
Campomanes
Emb. de Cornalbo
S. Bartolomé
Sopetrán
S.ª del Saltillo
Aljucén
Canal
EX 206
Alonso de Ojeda
Conquista del Guadiana
B
Valdehornillos
N-V E 90
San Isidro
Sta. Amalia
N 430
Torrefresneda
Yelbes
Medellín
S.ª de Yelbes
BA 5033
Lácara
Embalse de Los Canchales
Emb. de Proserpina
La Salud
Presa Romana
Carija
375
Alcazaba
San Gregorio
Esparragalejo
La Cortezona
Albarregá
San Isidro
Trujillanos
San Pedro de Mérida
La Garrovilla
Mérida
Teatro Romano
Valverde de Mérida
BA 6021
Valdetorres
Puebla de la Calzada
Torremayor
Cubillana
Calamonte
Barbaño
N-V E 90
Arroyo de San Serván
Guadiana
Judío
BA 6023
Villagonzalo
Guareña
EX 105
Don Álvaro
BA 6111
Cristina
Manchita
C
Virgen de Perales
BA 9039
Torremegía
Zarza de Alange
S.ª de Juan Bueno
S.ª de las Peñas Blancas
Alange
Oliva de Mérida
Oliva
677
S.ª de la Gango
Chaparral
EX 300
Guadajira
Solana de los Barros
Hornina
N 630 E 803
Emb. de Alange
Embalse de Campomaneno
Sierra del Conde
Sierra de la Tranc
San Juan
BA 6011
EX 335
Almendralejo
San Marcos
EX 212
Las Pollatas
Palomas
S.ª de la Mirader
BA 6201
EX 210
Aceuchal
BA 9038
BA 9035
Monte Virgen
BA V 9014
Valdemadé
Guadajira
Puebla de la Reina
EX 334
Sierra de Pinos
EX 344
Palomillas
Villalba de los Barros
BA V 9011
Lomas de la Mesa
TIERRA DE BARROS
Bonhabal
Guadajira
BA V 9013
Baños de los Remedios
D
26
Puebla del Prior
Ribera del Fresno
EX 342
Hornachos
S.ª Grande
Villafranca de los Barros
San Isidro
San Juan
E. de Alguera de Feria
BA 9012
Fuente del Maestre
EX 360
Feria
N 432
S.ª de Feria
Peña Utrera
813
Sierra Cabrera
Embalse de los Molinos de Matachel
BA 6131
BA V 6165
BA 6136
BA 6141
EX 343
Emb. de Guadajira
Embalse de Zafra
La Lapa
EX 320
Nra. Sra. de la Estrella
Los Santos de Maimona
107
BA V 6132
Hinojosa del Valle
Matachel
Bargil

CM 4155
CM 4157
Avellanar
Valdeazores
CM 4153
Retuerta de Bullaque
77
El Molinillo
Bullaque
Sª del Chorito
Sª de Valdefuertes
Estena
EX 357
CM 4017
Cabañeros
Parque Nacional de Cabañeros
Prim
Emb. de Torre Abraham
Torre de Abraham
CM 403
Machero 1.012
CM 4106
Horcajo de los Montes
Rubial
Sª de la Celada
Sª del Rostro
Nª Sª de Guadalupe
Bohonal
Sª del Gallego
El Bullaque
Brezoso
Pescados
La Torre de Abraham
Umbría Piornal
Ntra. Sra. Antigua
92
Valdehornos
Alcobilla
Alcoba
Sta. Quiteria
El Torno
El Bonal
El Cepero
Piedralá
Fuentes de Piedralá
CM 4103
Navalpino
Sª de la Jarra
Fontanarejo
El Alcornocal
El Robledo
El Trincheto
Las Islas
Sª de la Umbría
San Marcos
Sª Navalaencina
Sª de Bueyes
Sª de Enmedio
Arroba de los Montes
Sª de los Guindos
Las Casas del Río
Cruz de Mayo
Porzuna
Pto. de La Peralosa 729
Sª Bigotera
Sª Tierras Buenas
GUADIANA
Bullaquejo
Puebla de Don Rodrigo
128
N 430
Sª Puerto Quemado
Sª Larga
Sta. María
Miraflores
San Isidro
Castilnegro
Retama
Emb. de Sta. María
El Chiquero
Valronquillo 921
Valdelantera
Piedrabuena
E. de La Cruz
CM 415
Sª de los Canalizos
Luciana
Sª de Valjerez
Alcolea de Calatrava
Emb. de Valhondo
Lag. de Michos
Casa de Michos
Sª de los Santiagos
Casa de los Santiagos
Navarredonda
Esteras
Saceruela
Ojalora
Los Muñecos
Calabazas
Herrera
Sª del Prior
Hojalora
CM 4110
Abenójar
Los Pozuelos de Calatrava
Lag. de la Perdiguera
Emb. del Quejigo Gordo
Duranes 853
Navalmedio de Morales
Quejigares
102
Cabezarados
Lag. de Carrizosa
Corral de Calatrava
CM 4112
El Collado 850
Sª Gorda
El Tesoro
Gargantiel
Tirteafuera
Navacerrada
Villamayor de Calatrava
Cerro del Castellar
Alamos
Fontanosas
Cerro del Tamaral
Lag. de los Almeres
Lag. de Cucharas
Almadenejos
Manzaire
Emb. de Entredicho
Valdeazogues
Sª del Torozo
Fresnedillas
Almodóvar del Campo
Santa Brígida
Sierra de la Solana de Alcudia
Viñuela
CM 4115
Retamar
Veredas
Brazatortas
Lag. del Retamar
Pto. Pulido 850
La Bienvenida
CM 4202
Valle de Alcudia
Pasaceras
N 420
Umbría de Alcudia
Mochuelo
Plaza del Judío 1.106
Cabezarrubias del Puerto
Hinojosas de Calatrava
San Benito
Virgen de las Cruces
CV 312
CM 4201
San Juan
Caballeros
79
Sª del Rey
Pto. de Niefla 902
Emb. de Tablillas
Emb. de Montoro II
Minas de Horcajo
110
Ribera Casillas
Montoro
Sª Valdoro
Minas Diógenes
Ventillas
A
B
C
D
1
2

Guadalupe
Alía
36
1
2
A
B
C
D
76
93
109
31
45
37
57
12
La Concepción
Sa de la Membrinera
Guadarranque
Pto. Rey 615
Puerto Rey
Minas de Sta. Quiteria
Rincón
Anchuras
Las Huertas del Sauceral
Estenilla
Valdefuentes
Guadalupejo
CC 151
N 502
Pantano de Cíjara
Gamonoso
CM 4106
Pto. Llano 642
El Grajero
Sierra del Algibe
Esteras
EX 357
Silvadillo
BA 7021
Embalse de Cíjara
Bohonal
Sierra de S. Simón
Central Nuclear de Valdecaballeros
BA 7118
Helechosa
Sierra de la Lobera
BA 7117
Embalse de Valdecaballeros
Castilblanco
San Matías
Reserva Nacional de Cíjara
BA 7216
Sierra de la Rinconada
Valdecaballeros
Sa de la Zarza
Sa de los Pastillos
BA 7113
Embalse de García de Sola
Benazaire
Umbría Pío
Ntra. Sra. Antigua
Villarta de los Montes
Sa de la Umbr
Cantos Negros 862
Peloche
BA 7114
Herrera del Duque
Sierra de los Golondrinos
Virgen de la Consolación
Herrera
Sierra de Chimenea
N 430
Puerto Peña
Sta. Ana
Fuenlabrada de los Montes
Doña Juana
Sa de Bueyes
Casas de Don Pedro
Santa Bárbara
Pto. de los Carneros 748
Valmayor
Sa de Castillejo
BA 6347
Sierra de la Jara
EX 103
Sa de los Villares
La Virgen Coronada
Carneros
Sa del Integral
San Bartolomé
Talarrubias
Garbayuela
Gualemar
Siruela
BA 4011
BA 4014
Sa de la Zarzuela
Puebla de Alcocer
Tamurejo
CM 4103
Esparragosa de Lares
Virgen de la Cueva
Lares
Galizuela
Nra. Sra. de Alta Gracia
Motilla 940
San Blas
Agudo
Baterno
Sierra Siruela
BA 4007
Sancti-Spíritus
Risco
BA 4146
Valdemanco de Esteras
BA 4008
Sa de la Osa
Sa del Prio
Navarredonda
Garlitos
BA 4142
Pto. del Rayo 610
San Antón
Cijara
Cobollosa
Horcajo
EX 332
Sa del Asuarón
Pto. Grande 615
BA 4009
Capilla
Peñalsordo
Zarza-Capilla
Sierra del Torozo
CM 4200
Chillón
Gargantiel
BA 4143
Sa de la Moraleda
Sa de las Hoyuelas
Almadén
Virgen del Castillo
Emb. de Castilseras
Alamos
BA 4001
Sierra de Cabras
Cabeza del Buey
San Blas
Guadalmez
Aznarón
Almadenejos
Estación de Benalcázar
Sa de La Cerrata
Manzaire
Almorchón
Pto. de la Nava
EX 104
CM 4202
Pto. de la Nava 895
BA 4005
Sa de la Rinconada
Zújar
La Cañada
Valle
Alamillo
Vioque
CO 451
A 420
Horcón 869
Cuerda de la Nava
CO 9027
Sierra de la Umbría de
Malagón
Guadamatillas
Miramontes
Belalcázar
CO 450
CV 236
Santa Eufemia
CO 9028
Santa Clara
Ntra. Sra. de La Consolación
Santo Domingo
Ntra. Sra. de Atocha
CV 243
Virgen de las Cruces
San Benito
CV 312
Injurias
Hinojosa del Duque
CO 441
El Viso
Guadarramilla
La Cigüeñuela
Guijo

Trujillo
Palacio de Magasquilla
La Cumbre
Plasenzuela
Botija
Ruanes
Ibahernando
Santa Ana
Salvatierra de Santiago
Robledillo de Trujillo
Zarza de Montánchez
Alijares 786
Sa del Robledillo
Sa de Sta. Cruz
San Marcos
Sierra de Montánchez
Sa de S. Cristóbal
Valdemorales
Almoharín
Madroñera
Convento de San Clemente
Pedro Gómez 1.003
Herguijuela
Cuerda de la Cuerda de Valdelamadera
Coll. del Guijarro 560
Garciaz
Berzocana
Santa Bárbara
Conquista de la Sierra
Santa Cruz de la Sierra
Puerto de Santa Cruz
Sierra de Guadalupe
Sa de los Pollares
Ruinas Ibéricas
Logrosán
Sa de San Cristóbal
Fuensanta
Zorita
Sta. Ana
Abertura
Villamesías
Alcollarín
E. del Santo
Campo Lugar
Madrigalejo
Escurial
Miajadas
S. Bartolomé
Sopetrán
Pizarro
Casar de Miajadas
Puebla del Alcollarín
Palazuelo
Alonso de Ojeda
Conquista del Guadiana
Vivares
Sa del Villar
Villar de Rena
El Torviscal
Zurbarán
Los Guadalperales
Vegas Altas
Obando
Navalvillar de Pela
Acedera
Sa de Enmedio
Sa de Pela
Sa de Maribáñez
Valdehornillos
La Rena
Gargáligas
Hernán Cortés
Ruecas
San Isidro
Sta. Amalia
La Encomienda
Encomienda
Valdivia
Orellana de la Sierra
Orellana la Vieja
Embalse de Orellana
Entrerríos
Sta. María de Zújar
Yelbes
Sa de Yelbes
Medellín
Villanueva de la Serena
Don Benito
Mengabril
Valdetorres
La Haba
La Coronada
Las Cruces
Sierra de la Ortiga
Las Remedios
Magacela
Piedra Escrita
Campanario
Na. Sa. de la Antigua
Manchita
Sa de la Gangosa
Sierra de la Lapa
Sa del Arrozao
La Guarda
Sierra del Porro
Sierra del Conde
Sierra de la Trancha
San José
Quintana de la Serena
Castuera
San Isidro
Benquerencia de la Serena
San José
Pto. Mejeral
Puerto Mejeral
Valle de la Serena
Sa de las Tomillosas
Sierra de Guadámez
San Cristóbal de Zalamea
Malpartida de la Serena
S. Cristóbal
Higuera de la Serena
Zalamea de la Serena
Esparragosa de la Serena
Emb. de Zalamea
Puerto Hurraco
La Serena
Sierra Argallanes
Sierra del Oro
Monterrubio de la Serena
Retamal
Hornachos
Emb. de Campillo
Laguna del Santo
Santa Inés 848
Sierra del Pedroso
Campillo de Llerena
Virgen de Fátima
Peraleda del Zaucejo
Sierra del
75
90
108
A
B
C
D
1
2

Sª del Rebollarejo
Sª de Fuenteblanca
Sª de las Alberquillas
Guadalerzas
Sª Bermeja
Madridejos
Consuegra
Molinos
Camuñas
Villafranca de los Caballeros
Amarguillo
Pto. del Comendador 1.049
Urda
CM 4116
N 401
TO 7131 V
TO 4167
CM 4169
CM 4151
Sta. María del Monte
Sª del Reventón
El Águila
El Emperador
La Calderina 1.028
Sª de la Calderina
Sª Luenga
Puerto Lápice
Herencia
N 420
Navajo 881
N IV E5
Pocito
Los Ballesteros
Los Quiles
Verdelpino
Fuente el Fresno
Los Picones
Sª de la Cueva
Virgen del Carmen
Las Labores
CM 4120
CM 3105
Villarta de San Juan
Villarrubia de los Ojos
Virgen de la Sierra
CM 4126
Arenas de San Juan
Cigüela
Sierra de Malagón
Cristo
Humilladero
Lag. Nava Grande
El Sotillo
Emb. de Gasset
Malagón
Cambrón
Fuente el Fresno
Jétor
Parque Nacional de Las Tablas de Daimiel
GUADIANA
Ojos del Guadiana
Cña. de Madara
Fernancaballero
Campomojado
CM 4114
Lag. de Escopillo
Sª Casalobos
Emb. de El Vicario
Peralbillo
La Encarnación
Lag. La Albuera
Calatrava La Vieja
Virgen de las Cruces
Lag. de la Nava
Daimiel
N 430
A4
Las Casas
Carrión de Calatrava
Torralba de Calatrava
Barajas
CM 4107
Azuer
Manzanares
CIUDAD REAL
Miguelturra
Poblachuela
Poblete
Ciruela
CM 4117
CM 4124
Ermita de la Magdalena
Pellejero
Lag. de Pozuelo
Pozuelo de Calatrava
Torrecilla
CM 412
La Merced
Sª Pelada
Bolaños de Calatrava
Almagro
Lag. de Argamasilla
La Puebla
Virgen del Monte
Cuetos
Villanueva de Franco
Consolación
CAMPO DE CALATRAVA
Villar del Pozo
Valenzuela
CM 413
Hervideros de Fuensanta
Ballesteros de Calatrava
Virgen de los Santos
Jabalón
CM 4111
Cerros de Valparaíso
Pto. de Reventón 765
Sª del Moral
Moral de Calatrava
Prieto 927
Sª Prieta
Santiago
Granátula de Calatrava
Lag. del Acebuche
Lag. de la Carbonera
Lag. de los Lomillos
Aldea del Rey
Emb. de la Vega del Jabalón
Sta. Cruz de Mudela
Valdepeñas
Tirteafuera
Regajo
Loma de las Turcas
Calzada de Calatrava
Sierra de Calatrava
CM 4122
Calatrava la Nueva
La Sacristanía
Mojina 1.067
Pto. de Calatrava 706
Salvatierra
Sª de Aljibe
Sta. Cruz de Mudela
Cervantes
Virgen de la Cabeza
Torrenueva
Ojailén
Belvís
Villalba de Calatrava
Emb. de Fresnedas
Las Norias
Villanueva de San Carlos
La Alameda
Los Mirones
Encomienda de Mudela
Bazán
Sª Acebuche
Sª Águila
Umbría de Fresneda
Lag. de Juagarzal
Virtudes
Sierra de Puertollano
Fresnedas
Peñalajos
Morrón de Almansa
Archivo de la Marina
Viso del Marqués
Almuradiel
CM 3200
Loma de D. J.
Huertezuelas
San Bruno
Las Fuentes

Rubielos Altos
Villanueva de la Jara
El Picazo
Rubielos Bajos
N 310
81
CM 311
Iniesta
CM 3137
Villarta
Consolación
Alcahozo
El Herrumblar
JÚCAR
CM 3114
CM 3122
Casasimarro
Valdemembra
N 320
Casas de Sta. Cruz
Casas de Juan Fernández
CM 3116
CM 3222
CM 3201
Villamalea
Tabaqueros
CM 2201
Ledaña
Casas de Benítez
Casas de Guijarro
Quintanar del Rey
CM 3252
Villagarcía del Llano
Casas del Olmo
Cenizate
Abengibre
Villalgordo de Júcar
C 9
CM 3116
Tarazona de la Mancha
S. Jorge 711
Navas de Jorquera
Fuentealbilla
Golosalvo
Campoalbillo
CM 3114
Fuensanta
CM 3106
Madrigueras
Asomadilla
Aberugibre
Mahora
CM 3106
La Roda
Buenavista 717
El Carrasco
C 10
Motilleja
Bormate
Jorquera
Cubas
Alcozarejos
A 301
Montalvos
Casas del Padre Moreno
Valdeganga
Los Yesares
Cerro Obispo 735
Casa Matado
La Gineta
Villar de Pozo Rubio
AB 8230
Casas de Juan Núñez
Blancares Nuevos
Blancares Viejos
Casa Capitán
CM 3218
Tinajeros
San Isidro
Los Villares
Lag. del Acequión
CM 332
La Felipa
N 430
N 322
Nª Sª del Llano
Circuito de la Torrecica
ALBACETE
Cerro de Morrablancar
Bazalote
CM 3135
La Herrera
Melegriz
La Losilla
Hoya-Gonzalo
Chinchilla de Monte Aragón
Aguas Nuevas
Los Llanos
N 301
Los Partidores
Pozo de la Peña
A430
Pto. El Blanco 898
Villar de Chinchilla
Sta. Ana
La Humosa
CM 3255
AB 402
Escartana
El Salobral
CM 3203
Lag. de Pétrola
Argamasón
Los Anguijes
Orán
Horna
Pétrola
San Pedro
Pozuelo
CM 313
Pozo Cañada
CM 3210
Casa Cañete
La Zarza
Casas de Abajo
La Solana
Campillo de las Doblas
Abuzaderas
Las Anorias
Campillo de la Virgen
Los Pocicos
El Madroño
Sª de San Juan
Cerrolobo
Sª de Ontalafia
Pinilla
La Rambla
Roble 1.257
Peñas de S. Pedro
Pozohondo
Lag. de Ontalafia
El Sahuco
Sª del Sahuco
La Fuensanta
C 3211
CM 3214
El Puerto
El Royo
Sta. Ana
Nava de Arriba
Nava de Abajo
Sª de los Buhos
Sª de los Navajuelos
Sª de Conejeros
Burrueco
Alcadozo
Casasola
Pozo Lopez
Abenuz 987
Sª de Huerta
Madroño 1.059
CM 3215
Mullidar
La Herrería
Moriscote
Aljube
Casa Forestal
CM 3216
El Villarejo
A 5
Rincón del Moro
Tobarra
Santiago de Mora
Albatana
La Dehesa
Sª de la Umbría del Rincón
CM 412
Potiche
La Sarguilla
Losa 1.038
Cordovilla
Sierra
Mora de Sta. Quiteria
Las Royas
Ayna
Sª de la Peña Losa
Molar 1.156
Hijar
Liétor
CM 3213
Sª del Romeral
El Ginete
Sª Seca
Hellín
Buenavista
114
Higuera 790
Emb. de Talave
CM 3203
Cuerda de Sta. María
Isso
Cuevas de Minateda
Sª de Enmedic
Fuente García

1
80
2
Las Pedroñeras
38
CM 3110
L. de Taray
Mesas
El Provencio
Rus
Virgen de Rus
Villar de Cantos
CU V 8342
Vara del Rey
San Clemente
N 310
Sisante
63
Casasi
JÚCAR
A 31
61
El Simarro
Virgen de la Cabeza
CM 3117
Casas de Fernando Alonso
Pozoamargo
Casas de Benítez
A
Casas de Guijarro
ZÁNCARA
N 301
Casas de los Pinos
Los Estesos
Casas de Haro
CU V 8301
CU V 8306
Casas de Malagana
CM 9310
Venta de Alcolea
34
Casas de Roldán
Minaya
Villalgordo de Júcar
Villarrobledo
Fuensanta
CM 3114
Castellanas
Casas de la Peña
97
49
42
CM 3121
CM 3119
Valdelobos
Blanco
CM 3123
Casa de las Beatas
Herrericos
La Roda
CM 3106
A 301
215
Córcoles
Venta de las Madres
Moharras
Los Muneras
Carro 840
Tasonera 796
Casas del Padre Moreno
Casa del Capitán
Santa Marta
36
CM 3155
Casa Nueva
Casas del Sisonar
CM 3151
C 3
Cerro Obispo 735
CM 3135
B
La Rambla
Los Rosillos
Casa Nova
Casa Matado
Blancares Nuevos
Blancares Viejos
CM 400
La Atalaya
Barrax 766
Casas del Rincón
Gimeno
Sotuélamos
Munera
Barrax
59
Los Puercos
Casa de las Cauques
N 430
Nª Sª del Llano
C 1
CM 3133
Ossa de Montiel
Barreros 1.101
Vandelaras de Abajo
La Herrera
Bazalo
El Bonillo
CM 3152
Lag. de Navalcudia
Lezuza
CM 313
Vandelaras de Arriba
Alarconcillo
Nava Redonda
Gallardo
La Yunquera
Los Partidores
Navajo de Peribáñez
CM 3251
Tiriez
Bazalote
Sabinar
Pradorredondo
Guijoso
Nava Conchel
Jardín
C
Losilla del Picado
Cabeza de Villaverde 1.038
Salinas de Pinilla
57
El Ballestero
Pinilla
Lag. Ojos de Villaverde
N 322
El Jardín
88
San Pedro
Pozuel
El Cepillo
Villaverde
Masegoso
Montemayor
Casas de Abajo
La Zarza
Viveros
El Charcón
El Cubillo
Los Chospes
Casas de Lázaro
Cañada Juncosa
El Madroño
CM 320
Robledo
El Arquillo
Ituero
El Batán
Cucharal
La Rambl
Sta. María
Pto. de los Pocicos 1.058
Peñarrubia
La Rinconada
Roble 1.257
El Horcajo
Masegoso
Berro
El Sahuco
Sª del Sahuco
nueva de Fuente
Povedilla
La Canaleja
Solanilla
Cilleruelo
Montemayor
Navalengua
CM 3202
CM 3208
La Hoz
Pesebre
El Puerto
Sta. An
CM 412
Santuario N. S. Cortés
Arteaga de Abajo
Los Desamparados
Alcaraz
Peñascosa
Burrueco
Villanueva
Guadalmena
Arteaga de Arriba
Fuenlabrada
Cortés
El Vidrio
Reolid
Vianos
La Mesta
Muleto 1.560
CM 3216
El Corral de Navarro
Casas de Haches
Relumbrar
Casas del Relumbrar
Salobre
Paterna del Madera
D
Casa Forestal
Las Mohedas
Salobre
Pto. El Barrancazo 1.030
Tortas
Bogarra
La Dehesa
Villapalacios
Zapateros
29
Padrastro 1.503
Potiche
Almenara 1.790
Las Royas
Ayna
La Mesta
C 415
Sª del Agua
Vegarella
Molar 1.156
San Cristóbal
Alcaraz
Pto. de las Crucetillas 1.140
Mundo
El Pozuelo
Turruchel
Bienservida
La Dehesa
113
La Alfera
Los Alejos
El Ginete
57
La Sierra
Riópar Viejo
Sª Se
Buenavista
Villarrodrigo
Sierra
Padroncillo 1.587
Riópar
El Laminador
Fuente Higuera
Pinilla
Fuente de Taif
El Pardal
CM 412

Villafranca de los Caballeros
Camuñas
Herencia
Alcázar de San Juan
Campo de Criptana
Pedro Muñoz
Navajo 881
Villarta de San Juan
Casa de la Puente
Arenales de San Gregorio
El Bernardo
Alameda de Cervera
CAMPO DE SAN JUAN
Cinco Casas
Tomelloso
Argamasilla de Alba
Llanos del Caudillo
Herrera de la Mancha
Manzanares
Membrilla
La Solana
Las Chimeneas
El Lobillo
La Calera
Parque Natural Lagunas de Ruidera
Ruidera
La Magdalena
Peñarroya
Emb. de Peñarroya
Loma del Llano
Alhambra
Casas Blancas
Loma de Hundimiento
Juego de Bolos 1.087
Nuestra Sra. de Fátima
Sª de Alhambra
Carrizosa
Villanueva de Franco
Consolación
San Carlos del Valle
Baños El Peral
Pozo de la Serna
Alcubillas
Valdepeñas
Villanueva de los Infantes
Fuenllana
Villahermosa
Montiel
San Pablo
Sta. Cruz de los Cáñamos
Cózar
Loma Negra
Almedina
Castellar os 1.040
Terrinches
Torre de Juan Abad
Baños de Brochales
Puebla del Príncipe
Mairena
Cerro de la Venta
Villamanrique
San Isidro
Torreón de la Higuera
Virgen de la Vega
Las Tajoneras
Sª Peñuela
Cerro Porquezuela
Cabeza de Buey 1153
Los Morrones
Navalacaca
Baños de Chiriví
Torrenueva
Virgen de la Cabeza
Cervantes
Sta. Cruz de Mudela
Sª Acebuche
Sª Águila
Virtudes
Cerro Lobo
Pto. de Torrenueva 875
Castellar de Santiago
Peñalajos
Loma de D. Juan
Las Fuentes
Montizón
Emb. La Cabezuela
Emb. de la Jarilla
Emb. Puerto Vallehermoso
Virgen de la Carrasca
Nª Sª de la Antigua
Virgen de las Viñas
Virgen de Villajos
Virgen de Criptana
San Miguel
Becejate
La Hijosa
N 420
N 310
N 430
N IV E5
A 4
CM 400
CM 3105
CM 3113
CM 3107
CM 3109
CM 3115
CM 3127
CM 3129
CM 412
CM 3200
CM 3202
CM 3102
CM 3103
79
94
97
112

82
1
2
39
A
B
C
D
99
115
52
77
36
26
27
20
25
14
13
22
18
Casas de Moya
Casas de Prada
Casas de Cuadra
Casas de Eufemia
Els Ducs
Campo Arcis
Los Cojos
Los Isidros
Casas de Penen de Albosa
Albosa
Los Sardineros
Los Alcoceres
La Portera
Pto. de Cruz de Cofrentes
710
N 330
El Rebollar
N III E 901
Venta Quemada
La Pereleja
Buñol
Las Palomas
Yátova
Macastre
Alborache
Hortunas
Mijares
Fresnal
Serra Martés
Juan Vich
Casas de la Manchega
Los Pedrones
Casas de Sotos
Las Viñuelas
Los Herreros
La Cabezuela
Emb. de Forata
Cinto de los Abates
Magre
Sª del Ave
El Oro
Dos Aguas
N 322
Derrubiada
Baños de Fuente Podrida
Cilanco
Villatoya
Casas de Cilanco
Pelichán
Casas de Caballero
CABRIEL
Casas del Río
Alborea
La Rambla
Ceja
705
Cantoblanco
El Viso
Balsa de Ves
CM 3207
V 802
Casas de Ves
Zulema
Villa de Ves
La Pared
Los Hervideros
Emb. de Embarcaderos
Chirel
Cortes de Pallás
Rambla Seca
Otonel
Millares
Cofrentes
Muela de Cortes
Reserva Nacional de caza de la Muela de Cortes
Tolosa
La Gila
JÚCAR
Emb. de Molinar
XÚQUER (JÚCAR)
Jalance
Canillas
Abrigos del Buitre
Sª del Boquerón
Sª de la Caballa
Jarafuel
CV 580
Bicorp
Caroch
1.126
La Araña
Casas de Juan Gil
CM 332
CM 3201
Carcelén
Alatoz
Casas de la Unde
CV 440
Zarra
Teresa de Cofrentes
E. del Rosario
Sª Palomera
La Vieja
La Vega
Ayora
CV 590
Molinera
Grande
Bolbaite
Sª de la Doblona
La Tortosilla
CV 438
Cova del Sordo
Casas de D. Pedro
Cueva de la Vieja
Virgen de Gracia
Reconque
Caserío Benalí
Molatón
1.244
Casas del Collado de S. Juan
Casas de Madrona
Higueruela
Casillas de Marín de Abajo
Alpera
Castellar de Meca
Sant Benito
Casillas de Marín de Arriba
Sª del Mugrón
Cueva del Rey Moro
Navalón
Serra de Enguera
El Mugrón
1.209
E. de Almansa
Bonete
Santuario de Belén
Almansa
A 430
Torre Tallada
N 430
Casas del Campillo
Pto. de Almansa
692
Le Font de la Figuera
Poblado Ibérico
Rubio
CM 3209
CM 412
CM 3220
CV 660
Fontanars dels Alforins
Montealegre del Castillo
Altos de Jódar
Estación de La Encina
Sª El Cegarrón
Oliva
1.151
Sierra de Oliva
La Zafra
Agua Salada
N 344
Nª Sª del Pilar
Sª de la Solana
Caudete
Benejama
El Arabí
Rbla. del Arabí
C 3225
Sierra de Cuchillo
AB 400/CV 809
Cañada
Monte Arabí
MU 404
Casas de Menor
Cabezo Redondo
Villena
Biar
Casa de los Cerrillares
Sª de la Magdalena
Sierra de La Lácera
CV 81
Las Virtudes
CV 799
YECLA
C 3314
Casa de la Mina
Virgen del Castillo
Sierra de La Serreta
El Zaricejo
Eulalia
Santa Eulalia
C 3223
Pto. de Jumilla
Sierra de la Cingla
Sierra del Buey
MU 403
Escabeza
Fuente del Pino
La Alquería
Peñaiego
A 26
Los Cerricos del Campo
Serral
Sª de Salinas
Salinas
CV 830
Sax
Umbría
847
Laguna de Salinas
La Campana
Sª de Cabras
C 3213
Jumilla
Cañada de D. Ciro
Don Pedro
Elda

SITUACIÓN GEOGRÁFICA DE MADEIRA Y AÇORES
Corvo
Flores
Graciosa
Faial
São Jorge
Pico
Terceira
Ilhas Açores
(Portugal)
São Miguel
Ponta Delgada
Santa Maria
PORTUGAL
OCÉANO ATLÁNTICO
Lisboa
ESPAÑA
Madeira
(Portugal)
Porto Santo
Funchal
Ilhas Desertas
Rabat
MARRUECOS
Islas Canarias
(España)
Santa Cruz de Tenerife
Las Palmas de Gran Canaria
ARGELIA
40°N
30°N
30°W
20°W
10°W
Ponta do Tristão
Porto Moniz
Ribeira da Janela
Achadas da Cruz
R 101
R 110
Ponta do Pargo
Remal
1320
Fajã da Ovelha
R 223
R 210
Paúl do Mar
Prazeres
Estreito da Calheta
Jardim do Mar
Calheta
Arco da Calheta
Madalena do Mar
O C É A N O
A
B
C
D
1
2

1
2
A
B
C
D
Costa del Azahar
MAR MEDITERRÁNEO
L'Ahuir
Platja de Gandía
Platja de Venecia
Platja Los Pedregales
Platja de Daimús
Platja de Guardamar
Platja de Bellreguard
Platja de Miramar
Guardamar
Miramar
Piles
Alquería de la Condesa
Oliva
Platja de Oliva
26
36
Sant Pere
C.3318
El Basot
Molinell
Platja de Deveses
Platja La Almadraba
Platja de Les Marines
El Palmar
La Marjal
Platja Marineta Casiana
Platja Les Rotes
Setla
Miraflor
Mirarrosa
Vergel
Ondara
La Jara
La Pedrera
Denia
Les Rotes
La Cala
Les Arenetes
CV 700
Pego
Benimeli
Beniarbeig
Rull
Rafol de Almunia
Sagra
Sanet y Negrals
Tormos
Emb. de Isbert
Calaveras
Pedreguer
Benidoleig
Jesús Pobre
Montgó 753
Parque Natural del Montgó
Cabo de S. Antonio
Nova
Aduanas del Mar
Jávea
Platja del Pope (El Tango)
Platja La Grava
Platja Primer Montañar
Platja El Arenal
Cabo de S. Martín
Portichol
Platja La Caleta (Cala Blanca)
Cala Cap Martí (Sardinera)
Isla de Portichol
Platja El Portichol (La Barraca)
Urb. Altea
Cala La Barra
Les Orguens
Cabo de la Nao
Platja Ambolo
Platja de la Granadella
La Granadella
Campell
Fleix
Orba
Murla
CV 720
Llosa de Camacho
Gata de Gorgos
Gorgos
CV 734
El Rafalet
La Adsubia
La Garganta
Alborada
Tossalet
Alcalalí
Parcent
Lliber
Jalón
Senija
La Marina
A 7 E 15
N 332
Teulada
Benitachell
La Estación
Urb. Pueblo Alcázar
Benissa
Benimarco
Moraira
Cala Los Tiestos
Cala Llebeig
Platja Portet de Moraira
Platja L'Ampolla
Platjetes
Platja L'Andrago
Platja Baladur
Platja L'Advocat
Cala Lobella
CV 715
Los Moros
Tàrbena
Fuentes del Algar
Marnés
Pedramala
Punta de la Estrella
Bolulla
Bernia
La Cometa
Buenavista
Callosa d'En Sarrià
40
50
Panorama Ifach
Cala Pinet
Platja La Fustera
Platja Les Basetes
Cala Mallorquín
Cala Levante o de la Fossa
Platja Levante
Pinos
Alhama Esprings
La Canuta
Altea la Vieja
Toix
Calpe
Peñón de Ifach
Parque Natural
Platja Raconada del Port
Platja de Port Mauri
Platja del Boll
Platja del Arenal
Platja de la Manzanera
Cala Puerto Blanco
Cala Les Urques
Cala Gasparet
Cala Morro de Toix
Cala La Barra
Platja Mascarat
Chirles
Elchepsar
Urb. Mascarat
Monteagut-Belo Horizonte
L'Olla
Nucia
15
Cautivador
Altea
Platja la Barreta
Platja la Solsida
Platja L'Olla
Cala del Soio
Platja Cap Negret
Cala la Roda
Platja Cap Blanc
Platja El Albir
Cala Amerador
Playeta El Metje
Playeta La Mina
l'Alfàs del Pi
Albir
Punta Bombarda
Sª Gelada
Rincón de Loix
Benidorm
La Cala
Punta de la Escalera
Cala Ti Ximo
Platja de Levante
Cala El Mal Pas
Islote de Benidorm
Platja de Poniente (La Cala)
Cala Finestrat
Platja Torre Conil
Cala Fonda
Platja del Torres
Platja Estudiantes
Platja del Tío Roig
Platja Almadraba

VALÈNCIA
Nazaret
Alaquàs
Sierra Perechinza
Picanya
Torrent
Paiporta
Sedaví
Benetusser
Alfafar
Massanassa
Catarroja
Pinedo
Platja de Nazaret
Platja de Pinedo
El Saler
Platja del Saler
Platja de La Devesa
L'Albufera
Gola del Perellonet
Perellonet
El Palmar
El Perelló
Parque Natural de la Albufera de València
Sollana
Montanyeta del Sants
Les Palmeretes
Pereleja
Buñol
Godelleta
Marisán
Las Palomas
Alborache
Yátova
Macastre
Turís
Más de Calabarra
Magre
Cinto de los Abates
Montserrat
Montroi
Real de Montroi
Sª del Ave
Dos Aguas
Sª del Cavalló
Alèdua
Llombai
Catadau
Alfarp
La Chivana
Alginet
Almussafes
Benifaió
Albal
Beniparrell
Alcàsser
Picassent
Silla
Otonel
Millares
XÚQUER (JÚCAR)
Salto de Millares
Ermita de Sta. Bárbara
Carlet
Benimodo
L'Alcudia
Algemesí
Polinyà de Xúquer
Sueca
Albalat de la Ribera
Riola
Benicull
Fortaleny
Cullera
Guadassuar
Canillas
Abrigos del Buitre
Emb. de Tous
Tous
Massalavés
Benimuslem
Alzira
Corbera
Llaurí
La Murta
Cova dels Gats
Sª de la Murta
Favara
El Eroso
La Muntanya
Alberic
Carcaixent
Cogullada
Bicorp
Quesa
La Araña
Las Fuentes
Navarrés
Sumacàrcer
Eretа del Pedregal
Gavarda
Antella
Beneixida
La Pobla Llarga
Vilanova de Castelló
Aigües Vives
Tavernes de la Valldigna
Ràfol de Xaraco
Càrcer
Cotes
Alcàntera
Senyera
St. Joan d'Ènova
Rafelguaraf
Bolbaite
Chella
Manuel
L'Ènova
Benifairó de la Valldigna
Simat de Valldigna
Santa María de la Valldigna
Sellent
Estubeny
Llosa de Ranes
Anna
Barxeta
Els Corrals
Barx
Mondúver
841
Xeresa
La Drova
Parpalló
Caserío Benalí
Rotglà i Corberà
La Granja de la C.
Llocnou d'en Fenollet
Torrella
Cerdà
Genovés
Alboy
Pinet
Enguera
L'Alcudia de Crespins
Xàtiva
Chio
Cova Negra
Montesa
Canals
Bellús
Quatretonda
Llutxent
Sant Jeroni de Cotalba
Benigánim
Rótova
Pto. de L'Olleria 520
Guadasséquies
Sempere
Benicolet
Almiserat
Navalón
Sª de Enguera
Boquilla
L'Olleria
Benisuera
Alfarrasí
Pobla del Duc
El Morquí
Llocnou de S. Jeroni
Montitxelvo
Terrateig
Vallada
S. Sebastián
Moixent
Montaverner
Castelló de Rugat
Rugat
Ayelo de Rugat
Ayelo de Malferit
Bufalí
Ràfol de Salem
Bèlgida
Otos
Salem
El Oro
Sª de l'Almirall
Serra Grossa
Palomar
Albaida
Benisoda
Carricola
Beniatjar
L'Orxa
La Carrosa
Ontinyent
Agullent
Adzaneta
Sª Benicadell
Beniarrés
Patro
Benisili
Benisiva
Lombay
La Font de la Figuera
Poblado Ibérico
Clariano
Pou Clar
Gaianes
Turballos
Alcocer de Planes
Emb. de Beniarrés
Planes
Vall de Alcalá
Fontanars dels Alforins
La Mare de Deu del Pilar
Covetes dels Moros
Pto. de Albaida 600
Castell
Benimar
Muro de Alcoi
Benialfaquí
Margarida
Catamarruch
Tollos
Alfafara
Agrés
Montcabrer 1.390
La Plana
L'Alqueria d'Asnar
Almudaina
Benimassot
Bocairent
Sª Mariola
Est. Norte
Alcúia
Benillup
Balones
Fageca
Famorca
Sª de la Solana
La Zafra
Santa Bárbara
Cova del Vinalopó
Cocentaina
S. Cristòbal
Millena
Gorga
Quatretondeta
Pto. de Confrides 966
Sª Serrella
Sª de Benejama
S. Antoni
Banyeres de Mariola
Algars
S. Rafael
Penella
Beniloba
Abcet
Benejama
El Salse
Casas de Maestre
Barchell
Crio. Monte Sol
Alcoi/Alcoy
La Serreta
Benasau
Ares
Penáguila
Alcolecha
Confrides
Benifato
Campo de Mirra
Cañada
La Blasca 1.119
Sª de les Fontanelles
Polop
Santuario de la Font Roja
San Antoni
Menejador 1.352
Benifallim
Seguro
Sª d'Aitana
Villena
Biar
Nª Sª de Gracia
Sª de Onil
Onil
Sierra del Carrascal de Alcoy
Ibi
Cric. La Sarga
Pto. del Rentonar 1.000
Pto. de Tudons 1.027
La Bodega
Aitana 1.558
Teix de Abajo
Casa de la Mina
Castalla
Pto. de la Carrasqueta 1.020
Torremanzanas
Teix de Arriba
Sella
Sª de la Peña Roja
Crio. Bortolons
Relleu
Eulalia
Santa Eulalia
Sª de l'Arguenya
La Barraca
Els Almerades
Sª de la Grana
Emb. de Relleu
Orxeta
Sax
Crio. Las Hermosas
Torresella
Xixona
Abio
Tibi
Cabezó de Oro 1.205
Sant Joan
Maigmó 1.257
Emb. de Tibi
Cuevas de Canalobre
Sª del Maigmó
Maigmó
Busot
Aigües de Busot
Plans
Umbría 847
Laguna de Salinas
Montnegre de Arriba
Montnegre Chapitel
Busot
Col. Montiboli
Elda
Petrer
Cid 1.103
Sª de la Umbría
Bonalba
Alta
Monnegre

1
2
A
B
C
D
ILHA DA MADEIRA
Ponta de São Jorge
Arco de São Jorge
São Jorge
Ponta Delgada
Boa Ventura
35
Santana
Ponta do Clérigo
São Vicente
R 104
Faial
Parque Natural da Madeira
R 218
São Roque
Porto da Cruz
Pico Ruivo
1862
18
R 217
R 101
10
25
Pico Grande
1657
Pico de Arieiro
1818
R 103
R 102
R 109
Caniçal
Pousada dos Vinháticos
11
Serra de Agua
Curral das Freiras
R 202
Santo Antonio da Serra
Machico
Ponta de São Lourenço
Chão dos Terreiros
1436
R 107
R 207
Agua de Pena
R 104
9
13
R 202
6
Santa Cruz
R 101
R 201
Estreito de Câmara de Lobos
R 105
Monte
Camacha
Gaula
22
Santo Antonio
R 102
R 206
Campanario
R 205
11
Câmara de Lobos
3
São Martinho
9
R 101
Caniço
Cabo Girão
São Gonzalo
8
Funchal
Ponta do Garajau
Ponta da Cruz
LÁNTICO
0
E. 1:300.000
5 km

São Vicente do Pigeiro
Caridade
Carrapatelo
Motrinos
Barrada
Outeiro
Convento da Orada
Telheiro
Monsaraz
Corval
Barrocal
Reguengos de Monsaraz
Friegamuñoz
Ponte Trigo
Cerros
Xeres de Baixo
Ferrarias
Albufeira de Mourão
Santa Catalina
Moncarche
Cumiada
Campinho
Mourão
Pião 247
São Lechardo
EX 107
Villanueva del Fresno
São Marcos do Campo
GUADIANA
Serra de Portel
Portel
Luz
Alcarrache
Courelas 235
282
178
Ameada
Amieira
Granja
Vale Formoso
Godelim
295
Estrela
Santa Bárbara
Monte de Aldeia
Vera Cruz
Musgos
Zebro
Valencia del Mombuey
Alqueva
Póvoa de São Miguel
Mentiras 284
BA / 212
Alcaria
Gião 335
C d Almeida 213
227
Amareleja
Eirinhas
D. Maria
Marmelar
Insua
Ardila
Ordem
Fornilhos
Peso
Cortes de Baixo
Talabita
Moura
Sto. António de Outeiro
Pisões-Moura
Aldeias
Pedrógão
Sto. Amado
Travessa 309
Nª. Sra. dos Prazeres
Orada
Alvarrão
Safara
Atalaia Gorda 276
Machados
235
B. de Safara
Monte Velho
Toutalga
Brenhas
Sto Aleixo da Restauração
Brinches
Sta. Luzia
Baleizão
Pias
Belmeque
Malpique 381
Sobrosa 308
Cobral de Adiça
Alpendres de Lagares
Enxoé
B. do Enxoé
Vale de Vargo
Quintos
Retorta
Monte da Laje
Messangil
Ficalho 522
Chança
Serpa
Serra da Adiça
Sto. António Velho
Pousada de São Gens
Charneca
Valadas
269
Rosal de la Frontera
Vila Nova de São Bento
Vila Verde de Ficalho
Aldeia do Pinto
São Brás
Peramora
Sta. Iria
Viegas 266
Calabaza
Penalva
Herdade do Topo
Cumbres de Pajaritos
El Muelo
Cabezo Gordo 610
Vale Covo
Vales Mortos
Lebre
Agua Negra 266
SIERRA
Amendoeira
Pulo do Lobo
João de Moura 206
Montaivo
Santa Bárbara de Casa
Corte de Cima
Corte Gafo de Baixo
Corte Sines
Paymogo
Emb. de Paymogo
Sª Bramadero
Sta. Luzia 200
Guizo Grande 266
Corte Pequena
Guizo
Corte do Pinto
B. da Tapada Grande
Cabezas Rubias
Mina de São Domingos
Sapos
Sª de los Buitres
Mértola
Monte dos Corvos
Moreanes
Achada do Gamo
Monte Fernandes
Santana de Cambas
Emb. de Chanza
Emb. de Minas Herrerías
Emb. de Lagunazo
Villanueva de las Cruces
Alves
Bens
Cabezas del Pasto
Herrerías
Puebla de Guzmán
Virgen de la Peña 397
Tharsis
Lombardos
Picoitos
Salgueiros
Ntra. Sra. de la Peña
Cumbres de los Molineros
Roncão
Pomarão
Emb. de El Risco
Eirinha
Espírito Santo
Mesquita
Sª del Granado
Sª de las Tres Piedras
Alosno
São Bartolomeu
Alcaria de Javazes
Puerto de la Laja
Granado 320
Colonia de Tejada
Clarines
Sta. Marta
Cortes Pereiras
El Granado
Ntra. Sra. de Piedras Albas
El Almendro
Coito
Villanueva de

São Brás do Regedouro
Alcáçovas
87
São Marcos da Abóbada
Espinheira 270
São Manços
Torre de Coelheiros
Aguiar
Monte do Trigo
Estação de Viana
São Bartolomeu do Outeiro
Quinta de Sta. Maria
Viana do Alentejo
Nossa Senhora de Ares
Outeirão 330
Atalaia
São Vicente 374
B. do Alvito
Oriola
São Pedro
São Pedro 424
Serra de Po
Pousada de do Galo
Torrão
Vila Nova da Baronia
Água de Peixes
Portel
Albegaria dos Fusos
Cabeça Gorda 379
Carrascais 105
Alvito
Pousada Castelo de Alvito
Santana
Serra de Mendro
Vila Ruiva
Vila Alva
Mendro 412
Vila de Frades
Vera
Ruinas Romanas de São Cucufate
Vidigueira
Ruivo
Alcaria
Odivelas
B. de Odivelas
Cuba
Panasqueira
Faro do Alentejo
Marmelar
Ordem
Selmes
Alfundão
Matos
Peso
Cortes de Baixo
Figueira dos Cavaleiros
Pedró
Peroguarda
Trigaches
São Matias
Aldeias
Maroto
S. Vicente
São Brissos
Ferreira do Alentejo
Beringel
Aldeia de Ruins
Olhas
Mombeja
Nossa Sra. das Neves
Fontes 234
Brinche
BEJA
Aldeia do Ronquenho
Ruinas romanas de Pisões
Baleizão
Gasparões
Pousada S. Francisco
Vila Azeda
Penedo Gordo
Padrão
Ervidel
São João de Negrilhos
Sta. Vitória
Rasca 202
Sta. Clara do Louredo
Montes Velhos
Jungeiros
Corte Vicente Eanes
Quintos
Aroteia 217
Monte Grande
Rio de Moinhos
Lanças
Cabeça Gorda
Salvada
Sto. António Velho
Pousada São Gens
Mina da Juliana
B. do Roxo
Mina de São João do Deserto
Aljustrel
B. de Monte Ruas
Trindade
São Brás
Pedras Blancas
Albernoa
Vale de Rocins
Moinha da Quinta 251
Carregueiro
Poços
Penedo de Seixo 211
Conceição
Vale de Açor
Monte Viegas
Mosteiro
Amendoeira
Pulo do Lobo
Casével
Entradas
Estação de Ourique
Almeirim 267
Salto
Azinhal
João de 206
Corte Pequena
Algodor
Trafeiras
Pulo do Lobo
São Marcos da Ataboeira
Alcaria Ruiva
Corte Gafo de Cima
Corte Gafo de Baixo
Castro Verde
Giraldos
Alcaria Ruiva 370
Corte Sine
Aldeia dos Grandaços
Ourique
Piçarras
São Pedro das Cabeças
Rolão
Sombras 240
Guerreiro
João Serra
Alvares
Corte da Velha
Corte Pequena
Viseus
Sta. Bárbara de Padrões
Figueirinha
Penilhos
Namorados
Mértola
Monte dos Corv
Urza 288
Rosário
Lombador
Sete
Espragosa
Sapos
Monte Fernandes
Aldeia dos Neves
Porteirinhos
303
Aldeia do Corvo
São João dos Caldeireiros
Aldeia dos Fernandes
Aldeia do Neves
Caiada
Bicada
Belo
Lombardos
Corte Zorrinha
Sra. da Graça de Padrões
Alcaria Longa
São Sebastião dos Carros
Roncão
297
Gois
Eirinha
Espírito Santo
Sambrana
São Miguel do Pinheiro
Manuel Galo
Ma Noite 262
Carros
São Bartolomeu
Gomes Aires
Almodôvar
Viuvas
Gatão
Vargens
Alcaria de Javazes
Sta. Clara-a-Nova
Morgadinho
Guedelhas
120
Quintã
São Pedro de Solis
Mestras
343
333
Barranco
Boavista 453
Clarines
Giões
Farelos
Sta. Mar
Coito
GUADIANA
Rio Guadiana
A
B
C
D
105

BAIA DE SETÚBAL
OCÉANO ATLÁNTICO
86
119
Praia de Comporta
Carrasqueira
Possanco
Murta
Monte Novo do Sul
Montevil
Cachopos
Monte da Batalha
Vale dos Reis
Pousada D. Alfonso II
Alcácer do Sal
Castelo mourisco
Sta. Catarina
Barrosinha
Monte das Obras
Sra. da Conceição
Comporta
Torre
Carvalhal
Torroal
Casa Branca
Vale de Guizo
Casa Branca
Pedrogao
139
São Romão do Sado
Vale de Ossos
Fontainhas
Boiças
Rio de Moinhos
Atalaia
325
Grândola
Nª. Sra. da Penha
Brejo
Serra de Grândola
Sesmarias
São Mamede do Sádão
Melides
Praia de Melides
Lagoa de Melides
Praia de Santo André
Costa de Sto. André
Lagoa de Santo André
São Francisco da Serra
Santa Margarida da Serra
Mina da Caveira
Cruz de João Mendes
Casa Nova
206
Sta. Margarida do Sádão
Vila Nova de Santo André
Santo André
Tanganhal
Brunheira
Azinheira dos Barros
Santa Cruz
Pedra da Atalaia
269
117
Santiago do Cacém
Pousada S. Tiago
Ruinas Romanas de Miróbriga
São Bartolomeu da Serra
Mina do Lousal
Abela
Ermidas-Sado
Ermidas-Aldeia
Cabo de Sines
Sines
Porto de Sines
Convento
282
Chãos
Boavista do Paio
Vergueira
Quinta da Corona
Provença
Praia de São Torpes
Praia de Morgavel
B. de Morgavel
Muda
214
Vale Vinagre
Alvalade
Vale de Zebro
São Domingos
Vale de Água
Sol Posto
149
Foros de Casa Nova
Paisaje Protegido del Suroeste Alentejano y Costa Vicentina
Praia de Porto Covo
Porto Covo
Ilha do Pessegueiro
Forte da Ilha de Dentro
Tanganheira
B. de Campilhas
Fornalhas Velhas
Foros da Caiada
Fornalhas Novas
Bracial
Malpensado
Cercal
341
Cercal
Serra do Cercal
Vales
Bicos
Torre Vã
Campo Redondo
Casa Nova
Ribeira do Seissal de Cima
Sra. das Neves
Malhadinha
Brunheiras
Vila Nova de Milfontes
Serra das Neves
277
Vale de Santiago
Colos
Sta. Luzia
Funcheira
São Luís
Monte da Estrada
Relíquias
Garvão
Vale Bejinha
Vale de Ferro
303
Amoreiras
Zambujeiras
Almograve
Praia Grande
Troviscais
Aldeia das Amoreiras
São Martinho das Amoreiras
Cabo Sardão
Cavaleiro
Milharadas
Vigia
393
Odemira
Telheiro
Luzianes-Gare
Nossa Senhora da Cola
Valas
Fontinha
Boavista dos Pinheiros
209
Touril
Porto das Barcas
Corte Brique
Zambujeira do Mar
Estibeira
Camachos
Carvalhal
São Teotónio
220
Santa Clara-a-Velha
Pousada Sta. Clara
B. de Santa Clara
Brejão
Sabóia
306
Sta. Bárbara
Serra da
Praia de Odeceixe
Oleiros
Caeiro
Algares
455
Odeceixe
A
B
C
D
1
2
IP 8
IP 1
A 2
IC 4
E1

89
107
122
Sª de la Cazuela
Sª Santa María
Salvatierra de los Barros
Sierra Vieja 813
Feria
Peña Utrera 813
Sierra Brava
Sierra Corchera
Sierra de la Osa
Emb. de Guadajira
La Lapa
Embalse de Zafra
Ntra. Sra. de la Estrella
Los Santos de Maimona
Zafra
Belén
Higuera de Vargas
Sierra Payo
Sª de Jarda
Sierra de la Francisca
Sierra del Brinquete
E. de Alburera de Castellar
Alconera
Puebla de Sancho Pérez
Valle de Matamoros
San José 787
Valle de Santa Ana
Sierra de Santa María
Embalse de Brovales
Burguillos del Cerro
Emb. de Burguillos
Pto. de Sto. Domingo
Cristo del Humilladero
Medina de las Torres
Zahínos
Brovales
Sierra de los Jacintos
Valverde de Burguillos
Atalaya
Sª de la Zamaya
Jerez de los Caballeros
Embalse de Valuengo
Valuengo
Oliva de la Frontera
Embalse de Zaos
Sierra Oratorio
Pto. Beltrama
La Bazana
Sª de la Gama
Sierra del Guijo
Valencia del Ventoso
Pto. de Tablada
Ardila
El Vescal
Los Remedios
Sierra de los Muñecos
Embalse de Ardila
Ntra. Sra. del Valle
Bodión
Sierra S. Salvador
Sª de los Limones
San Cristóbal 776
San Isidro
Cava
Colorada 382
E. de Encinasola
Encinasola
Fregenal de la Sierra
Sierra de Enero
Bodonal de la Sierra
Higuera la Real
Ruinas Romanas
Barrancos
Valquemado
Múrtigas
Segura de León
Sillo
Calera de León
Cortijo del Bruno
Sª del Álamo
Cumbres de Enmedio
Cumbres de San Bartolomé
Cabeza la Vaca
Sª de las Contiendas
Cumbres Mayores
Fuentes de León
Santa María
Tentudía 1104
La Contienda
Sª Menjuana
Sª del Jacaco
Sª de Aroche
Sª del Castaño
Sª del Viento
Hinojales
Cañaveral de León
Arroyomolinos de León
Sª de la Nava
Sª de Hinojales
Montemayor
SIERRA MORENA
Monte Puerto
Las Cefiñas
Los Bravos
Puerto Lucía
Los Viejos
La Nava
Huelva
Aroche
La Corte
Las Chinas
Valdelarco
Embalse de Aracena
Minas de Cala
Navahermosa
Corterrangel
Castañuelo
Cortelazor
El Repilado
Cortegana
Pto. del Espino 811
Jabugo
Galaroza
Carboneras
Los Marines
Fuenteheridos
Alcalaboza
Acebuche
Veredas
Arroyo
Canaleja
Almonaster 913
Castaño del Robledo
Peña de Arias Montano
Aracena
Corteconcepción
Puerto Gil
Puerto Moral
Parque Natural Sierra de Aracena y Picos de Aroche
Almonaster la Real
Molares
Aguafría
Alájar
Linares de la Sierra
Grutas de las Maravillas
Valdezufre
Sª Pelada
Calabazares
Santa Ana la Real
La Corte
Sª de la Virgen
Jabuguillo
La Umbría
Gil Márquez
Zufre
Sª de los Castellanos
Emb. de Garnacha
Emb. de La Pelada
Escalada
Sª de la Lima
Higuera de la Sierra
Sª de la Fuente
Patrás
Sta. Eulalia
Sª de la Amargosa
Marianos
Valdelamusa
E. de la Cueva de la Mora
Cueva de la Mora
E. Odiel
Ventas de Arriba
Campofrío
La Granada de Río-Tinto
E. de Campofrío
Sª de los Gallos
Las Cortecillas
El Cerro de Andévalo
Emb. Puerto del León
Emb. de Sotiel
Emb. de Gossán
Emb. del Agua
Padre Caro 698
Peroamigo
Valdeflores
Emb. de las Umbrías
Perrunal
Silos de Calañas
Emb. del Cobre
La Dehesa
E. de Nerva
El Peralejo
Ramajosa
El Villar
Tras la Sierra
El Campillo
Alto de la Mesa
Nerva
Minas del Castillo de las Guardas
Emb. de la Hoya
Minas de Riotinto
E. del Zumajo
Sierras Blancas
La Aulaga
Zalamea la Real
Juan Gallego
Calañas
Morante 416
Villar
Sª del Buho
Las Delgadas
Villagordo
El Pedrosillo
Juan Antón
Membrillo Alto
El Madroño
Emb. del Calabazar
El Buitrón
Caheán
El Álamo
Gallego
Emb. de Riscoso
Sotiel Coronada
Sª del León
Marigenta
La Torera
El Pozuelo
Berrocal
Dique de los Sillillos
Carrasco
Sierra Grijona
Valverde del Camino
Cumbres de Bolos
Cañaveroso
Cejo 387
Charcofrío
Coto Nacional de la Pata del Caballo
Emb. del Campanario
Valverde

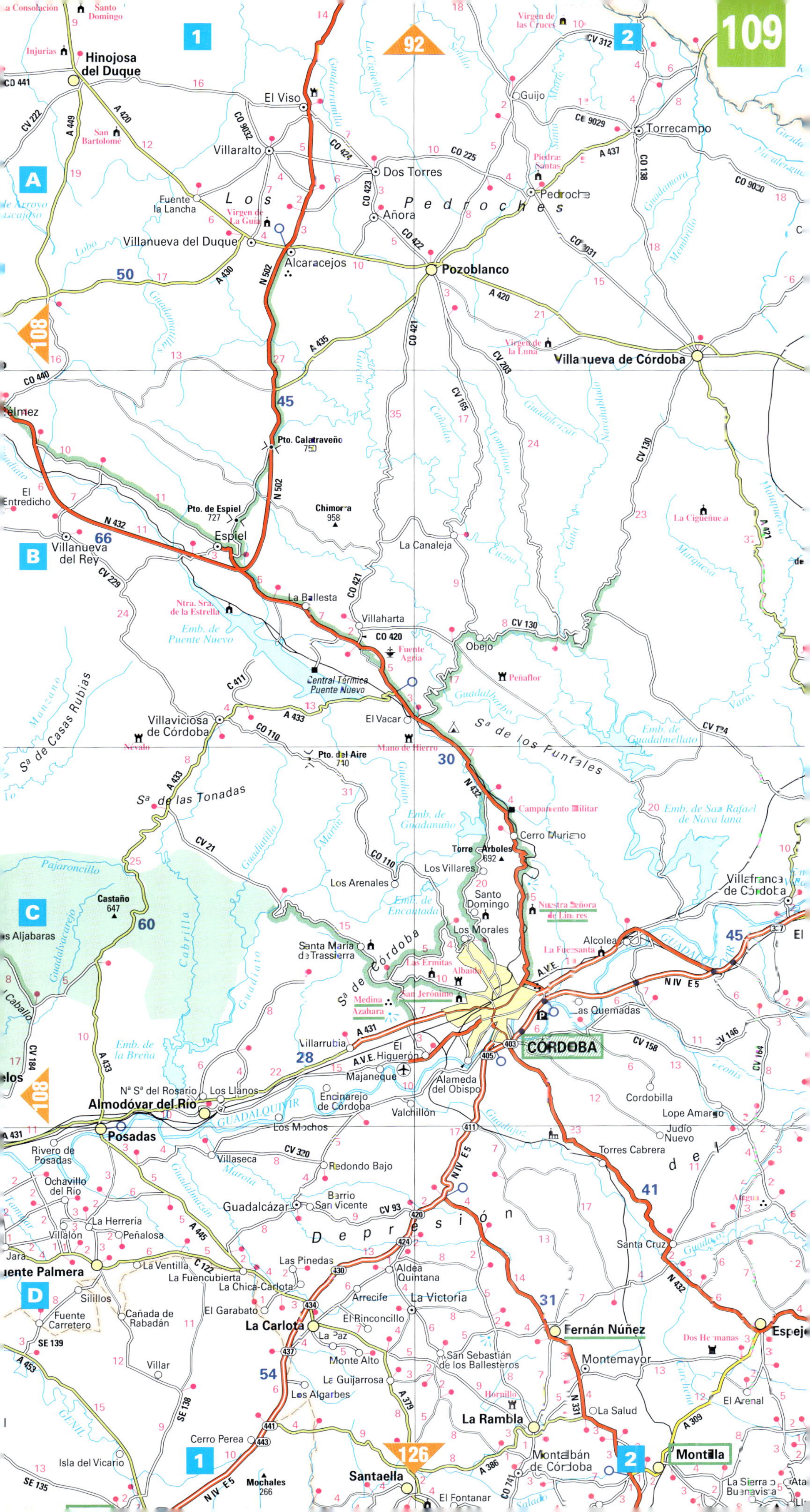

Hinojosa del Duque
Santo Domingo
Injurias
San Bartolomé
El Viso
Villaralto
Fuente la Lancha
Los Pedroches
Virgen de La Guía
Villanueva del Duque
Alcaracejos
Dos Torres
Añora
Pozoblanco
Guijo
Torrecampo
Piedras Santas
Pedroche
Virgen de las Cruces
Virgen de la Luna
Villanueva de Córdoba
Bélmez
El Entredicho
Villanueva del Rey
Pto. Calatraveño
Pto. de Espiel
Espiel
Chimorra
La Canaleja
La Ballesta
Villaharta
Obejo
Fuente Agria
Ntra. Sra. de la Estrella
Emb. de Puente Nuevo
Central Térmica Puente Nuevo
El Vacar
Mano de Hierro
Peñaflor
La Cigüeñuela
Villaviciosa de Córdoba
Névalo
Pto. del Aire
Sa de Casas Rubias
Sa de las Tonadas
Sa de los Puntales
Emb. de Guadalmellato
Emb. de San Rafael de Navallana
Emb. de Guadanuño
Campamento Militar
Cerro Muriano
Torre Arboles
Los Villares
Los Arenales
Emb. de Encantada
Santo Domingo
Nuestra Señora de Linares
Los Morales
Castaño
Santa María de Trassierra
Sa de Córdoba
Las Ermitas
Albaida
San Jerónimo
Medina Azahara
Villafranca de Córdoba
Alcolea
La Fuensanta
Las Quemadas
CÓRDOBA
Villarrubia
El Higuerón
Majaneque
Alameda del Obispo
Emb. de la Breña
Nª Sª del Rosario
Los Llanos
Almodóvar del Río
Encinarejo de Córdoba
Valchillón
Los Mochos
Cordobilla
Lope Amargo
Judío Nuevo
Posadas
Rivero de Posadas
Villaseca
Redondo Bajo
Torres Cabrera
Ochavillo del Río
Guadalcázar
Barrio San Vicente
La Herrería
Villalón
Peñalosa
Depresión del Guadalquivir
Santa Cruz
Fuente Palmera
La Ventilla
La Fuencubierta
La Chica-Carlota
Las Pinedas
Aldea Quintana
Sillos
Fuente Carretero
Cañada de Rabadán
El Garabato
Arrecife
La Victoria
El Rinconcillo
La Carlota
La Paz
Monte Alto
San Sebastián de los Ballesteros
Fernán Núñez
Dos Hermanas
Espejo
Montemayor
Villar
La Guijarrosa
Los Algarbes
Hornillo
La Salud
El Arenal
La Rambla
Cerro Perea
Isla del Vicario
Montalbán de Córdoba
Montilla
Mochales
Santaella
El Fontanar
La Sierra o Buenavista
Guadalquivir
Genil
A 420
A 430
A 431
A 433
A 435
A 437
A 445
A 453
A 309
A 379
A 386
N 432
N 502
N 331
NIV E5
CO 225
CO 421
CO 422
CO 423
CO 424
CO 440
CO 441
CO 110
CO 9032
CO 9029
CO 9030
CO 9031
CV 130
CV 165
CV 203
CV 229
CV 21
CV 93
CV 320
CV 158
CV 146
SE 139
SE 138
SE 135
A
B
C
D
1
2
92
108
126

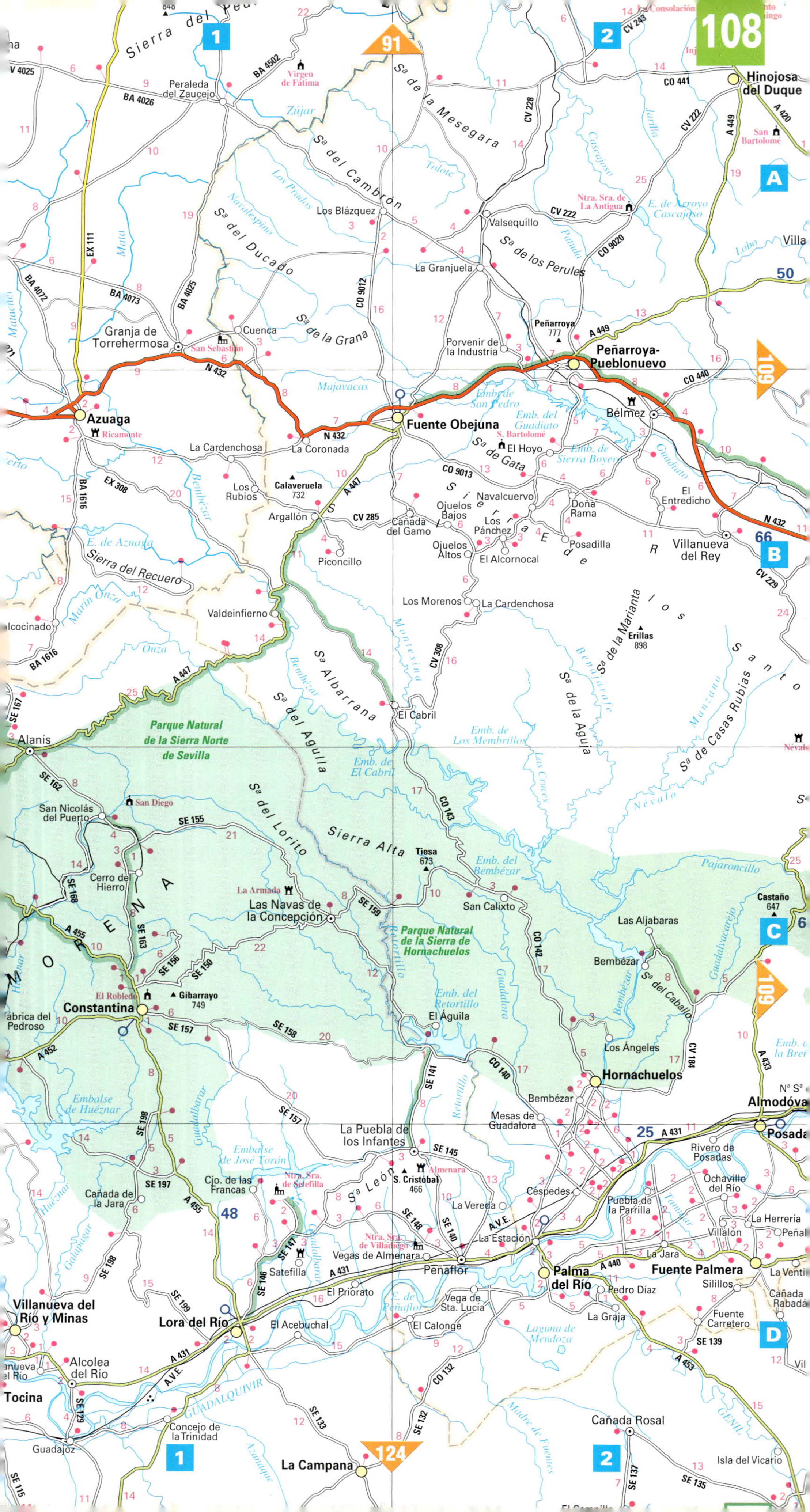

Sierra del Pedroso
Peraleda del Zaucejo
BA 4026
BA 4502
Virgen de Fátima
Zújar
91
Sª de la Mesegara
Sª del Cambrón
Los Blázquez
Tolote
CV 228
Hinojosa del Duque
CO 441
A 420
CV 222
A 449
Jarilla
San Bartolomé
Cascajoso
Ntra. Sra. de La Antigua
E. de Arroyo Cascajoso
CV 222
Valsequillo
CO 9020
Sª de los Perules
Lobo
Villa
50
Los Prados
Navalespino
Sª del Ducado
La Granjuela
CO 9012
EX 111
Mata
BA 4072
BA 4073
BA 4025
Granja de Torrehermosa
San Sebastián
Cuenca
Sª de la Grana
Porvenir de la Industria
Peñarroya 777
Peñarroya-Pueblonuevo
A 449
109
N 432
Majavacas
Azuaga
Ricamonte
Fuente Obejuna
Emb. de San Pedro
Emb. del Guadiato
S. Bartolomé
El Hoyo
Emb. de Sierra Boyera
Bélmez
CO 440
La Cardenchosa
La Coronada
Sª de Gata
CO 9013
Calaveruela 732
A 447
Los Rubios
EX 308
BA 1616
Bembézar
Argallón
CV 285
Cañada del Gamo
Ojuelos Bajos
Los Pánchez
Navalcuervo
Doña Rama
Sierra de
El Entredicho
Guadiato
Villanueva del Rey
N 432
66
CV 229
E. de Azuaga
Sierra del Recuero
Piconcillo
Ojuelos Altos
El Alcornocal
Posadilla
Los Morenos
La Cardenchosa
Marín Onza
Valdeinfierno
Alcocinado
Onza
BA 1616
CV 308
Montesina
Sª de la Marianta
Los Santos
Erillas 898
Benajarafe
Sª de la Aguja
Sª Albarrana
Sª del Agulla
El Cabril
Emb. de El Cabril
Emb. de Los Membrillos
Las Cruces
Manzano
Sª de Casas Rubias
Névalo
SE 167
Parque Natural de la Sierra Norte de Sevilla
Alanís
SE 162
San Nicolás del Puerto
San Diego
SE 155
Sª del Lorito
Sierra Alta
Tiesa 673
CO 143
Emb. del Bembézar
Pajaroncillo
Castaño 647
SE 168
Cerro del Hierro
La Armada
Las Navas de la Concepción
SE 159
San Calixto
CO 142
Las Aljabaras
Guadalvacarejo
A 455
SE 163
SE 156
SE 150
Parque Natural de la Sierra de Hornachuelos
Retortillo
Guadalora
Bembézar
Sª del Caballo
Morena
El Robledo
Gibarrayo 749
Constantina
Fábrica del Pedroso
SE 157
SE 158
Emb. del Retortillo
El Águila
Los Ángeles
CV 184
A 433
Emb. de la Breña
A 452
Hornachuelos
CO 140
SE 141
Nª Sª
Almodóvar
Embalse de Huéznar
Guadalbarbar
SE 198
SE 157
Bembézar
Mesas de Guadalora
La Puebla de los Infantes
SE 145
25
A 431
Posadas
Rivero de Posadas
Embalse de José Torán
Cjo. de las Francas
Ntra. Sra. de Setefilla
S. Cristóbal 466
Almenara
Sª León
Céspedes
Ochavillo del Río
Puebla de la Parrilla
Tamujar
La Herrería
Peñal
Cañada de la Jara
SE 197
A 455
48
La Vereda
SE 148
SE 140
A.V.E.
La Estación
Villalón
La Jara
Huéznar
Galapagar
SE 198
SE 147
Satefilla
Ntra. Sra. de Villadiego
Vegas de Almenara
Peñaflor
A 431
Palma del Río
A 440
Fuente Palmera
La Ventilla
Silillos
Cañada Rabadán
SE 199
SE 146
El Priorato
E. de Peñaflor
Vega de Sta. Lucía
Pedro Díaz
La Graja
Fuente Carretero
Villanueva del Río y Minas
Lora del Río
El Acebuchal
El Calonge
Laguna de Mendoza
SE 139
Alcolea del Río
Villanueva del Río
Tocina
A 431
A.V.E.
Guadalquivir
CO 132
A 453
SE 729
SE 133
Madre de Fuentes
Genil
Concejo de la Trinidad
Guadajoz
SE 132
Cañada Rosal
SE 115
Azanaque
La Campana
124
SE 137
SE 135
Isla del Vicario
A
B
C
D
1
2

Maestre
Sierra Cabrera
Hornina
Embalse de Zafra
Ntra. Sra. de la Estrella
Los Santos de Maimona
Zafra
Belén
Puebla de Sancho Pérez
Sierra de Los Santos
Cristo del Humilladero
Medina de las Torres
Atalaya
Balneario del Raposo
Cañada
Porrino
Hinojosa del Valle
Embalse de los Molinos de Matachel
Matachel
Llera
Sierra de Velita
Sierra de Paliza
Sierra del Pr
Usagre
Emb. de El Mosquil
Retín
Valencia de las Torres
Higuera de Llerena
Rubiales
Cornejo
Higuera
Veguillas
Casas de Pila
Llave
Calzadilla de los Barros
Bienvenida
Villagarcía de la Torre
Sa de la Capitana
Bienvenida 793
Cantalgallo
Llerena
Ahillones
Fuente de Cantos
Bodión
Ardila
Ntra. Sra. del Valle
San Isidro
Sierra Conejera
Sierra Prieta
Los Molinos
Sa de San Bernardo
Casas de Reina
Trasierra
Reina
Virgen de las Nieves
Sierra de Enero
Ruinas Romanas
E. de Viar
Viar
Montemolín
Sa Enmedio Alta
San Benito
Fuente del Arco
Virgen del Ara
Sierra San Miguel
Sa del Viento
Calera de León
Pallares
Cabeza la Vaca
Monesterio
Embalse de Tentudía
Santa María Tentudía 1104
Vendoval
Puebla del Maestre
Guadalcanal
Valdeciqüeñas
San Isidro
Sierra de Machado
Venta del Culebrín
Culebrín
Sierra de San Roque
Hoya de Santa María
Benalija
Santigo
Dos Herma
Arroyomolinos de León
Sa de la Nava
Montemayor
Pto. de las Marismas
Cala
Embalse de El Pintado
Solanas del Valle
El Pintado
Sa Padrona
Sa de la Grana
Minas de Cala
Sa del Castillejo
Sa El Viso
Hierro
El Real de la Jara
Garganta Fría
Cazalla de la
Contraembalse de El Pintado
La Ganchosa
Santa Olalla de Cala
Sa Galaperosa
Sa del Molino
Moral
Parque Natural Sierra de Aracena y Picos de Aroche
Sa Corbera
Sa de Santa Ana
La Umbría
Almadén de la Plata
El Galeon
SIERRA
Zufre
Higuera de la Sierra
Emb. de Zufre
Tamujar
El Ped
Mojonera
Venta de Curro Fal
Sa Bajosa
Emb. de El Pintado (derivación)
Sa de los Gallos
Las Cortecillas
Valdeflores
Peroamigo
La Alcornocosa
San Benito
El Peralejo
Minas del Castillo de las Guardas
Archidona
Huelva
El Ronquillo
Emb. de Cala
Ntra. Sra. de Escardiel
Palacio de Parladé
El Castillo de las Guardas
Emb. de La Minilla
La Aulaga
Villagordo
El Pedrosillo
Arroyo de la Plata
El Cañuelo
Castilblanco de los Arroyos
Emb. de Guillena
Cebrón 410
Venta El Alto
El Álamo
El Garrobo
Grispinejo
Emb. del Gergal
Agua Santa
Los Fajares
Villaverde del Río
Cantillana
Burguillos
El Viar
Las Pajanosas
Cejo 387
Charcofrío
Coto Nacional de la Pata del Caballo
El Campillo
Embalse del Agrio
Aznalcóllar
Gerena
Emb. El Esparragal
Guillena
San Ignacio del Viar
Esquivel
Brenes
Estación de Ferro
N 432
N 630
E 803
N 433
A 434
A 461
A 463
A 450
A 432
EX 202
EX 103
EX 200
C 433
C 421
A 431
90
106
123

Pto. de Niefla 902
79
Sª del Rey
Sª Valdoro
Minas Diógenes
Emb. de Montoro II
Emb. de Montoro I
93
Morrón de Almansa
Huertezuelas
Ventillas
La Garganta
Pto. de Valderrepisa 860
La Antigua
Pto. de los Rehoyos 980
Solana del Pino
Mohed
San Lorenzo de Calatrava
Sierra Madrona
Cerro del Viento
El Tamaral
Sª Herruzo
Rebollera 1.157
El Hoyo
Emb. de Saucedilla
Fuencaliente
Sª Navalmanzano
Chupón
Sierra Quintana
Sierra de los Calderones
Coto Nacional de Contadero
Torrubia
CO 9030
N 420
Emb. de Buenas Hierbas
Lomas de Matas Puercas
SIERRA
Valmayor
Azuel
111
Emb. del Jándula
Lomas del Contadero
Parque Natural de la Sierra de Andújar
Cardeña
Parque Natural de la Sierra de Cardeña y Montoro
J 50
Cabrera
Sardinilla
Casas de Montealegre
La Lancha
Loma de las Sepulturas
Cuerda de los
Emb. de Rumblar
Venta del Charco
E. de El Encinarejo
Santuario Virgen de la Cabeza
Los Escoriales
C 420
32
Lugar Nuevo
J 501
Friscalejo
San José
Coto Nacional de Lugar Nuevo
Alcaparrosa
La Concepción
Emb. de Martín Gonzalo
Charco del Novillo
Emb. de Yeguas
La Centenera
San José
Emb. de Zocueca
Rumblar
CO 510
San Judas
Torrecilla
Penallana
La Condesa
Zocueca
E 5
Madroñal
Balneario de Marmolejo
Emb. de Marmolejo
Jándula
Baños de Arenosillo
San Sebastián
Emb. de Yeguas
La Ropera
ANDÚJAR
Maroteras
JV 5812
N IV
25
Sevilleja
CO 511
A 420
Marmolejo
J 514
Nava
La Fuensanta
San Miguel
Montoro
Poblado San Julián
Llanos del Sotillo
Vegas de Triana
Los Villares de Andújar
La Quintería
Espeluy
A 313
Estación de Espeluy
Santa Emilia
La Estación
Los Remedios
E 5 N IV
Villa del Río
Sto. Domingo
C 327
28
J 205
J 203
A 305
Villanueva de la Reina
JV 2310
Cazalilla
Mengíbar
Pedro Abad
A 309
CO 294
Arjonilla
Higuera de Arjona
30
Lopera
Salado de Arjona
Maruanas
Morente
CO 291
A 306
CO 292
CO 293
J 293
Santiago
Arjona
C
A 311
Ventosilla
Bujalance
CV 146
A 321
41
Escañuela
Fuerte del Rey
Porcuna
Alharilla
Cañete de las Torres
Grajales 508
El Berrueco
CO 290
CO 284
Villardompardo
J 210
Saladillo
Salado
Prágdena
CV 149
A 305
Higuera de Calatrava
111
21
JAÉN
CV 12
Valenzuela
CV 294
J 211
Lendinez
La Consolación
Torredonjimeno
Torre del Campo
El Neveral
Paredones 580
J 212
Santiago de Calatrava
J 213
Jamilena
Jabalcuz
Sª de Jabalcuz
Fuentidueña
JV 2141
Martos
Monte Lope-Alvarez
J 221
D
Pozo de la Sartén
Balneario de Aguas Hediondas
Los Villares
Río del Río
CO 284
A 316
Guadajoz
23
Albendín
Bobadilla
Noguerones
Los Encinares
Las Casillas
La Carrasca
Fuensanta de Martos
Valdohornillo
Las Beatas
N 432
Víboras
Sª de la Caracolera
El Reguelo
Sierra del Grana
Sierra de la
Baena
CV 104
Ahillo 1452
64
Iponuba
CO 283
Laguna del Conde
127
Alcaudete
Nueva Carteya
N 432
La Estación
30
Sª Ahillo
Valdepeñas de Jaén
CV 327

113
96
112
130
1
2
A
B
C
D
Zapateros
Almenara
1.790
Sierra de Alcaraz
Sª del Agua
C 415
Padrastro
1.503
Las Royas
Molar
1.156
Vegarella
La Mesta
San Cristóbal
Bienservida
La Dehesa
La Sierra
Pto. de las Crucetillas
Riópar Viejo
Riópar
Villarrodrigo
Padroncillo
1.587
El Laminador
Pto. de Peralejo
1.140
Los Alejos
Fuente Higuera
El Pardal
Pinilla
El Pozuelo
El Ginete
Sª Seca
Buenavista
Fuente de Taif
Derramadero
Cuerda
CM 412
CM 3205
CM 3204
CM 3206
CM 3203
Onsares
Pto. del Arenal
1.180
Nacimiento del Río Mundo
Sª del Cujón
Torrepedro
Los Collados
Molinicos
Puerto de Pinc
Villaverde de Guadalimar
Sierra Calderón
Guadalimar
Cotillas
Calar del Mundo
Arroyofrío
Tasca
Raspilla
Llano de la Torre
Peñarrubia
El Entredicho
Elche de la Sierra
Villares
Vicorto
SEGURA
Sª de la Solana
Bonache
Siles
A 310
JV 7012
Túa
Moropeche
Rala
Boche
Emb. de la Fuensanta
Baños de Túa
Yeste
Letur
Abejuela
Férez
El Arguellite
Calar de la Sima
Fte. Higuera
La Dehesa
Sª de los Molares
Casas del Pino
Sª del Tobar
Sª de Argula
Sierra del Agua
Segura de la Sierra
Empalme Paules
Graya
La Donar
Sege
Sª de Lagos
Taibilla
Sª de los Estepares
Parolis
Abrevadero
Lorca
Mazura y Las Nogueras
Benizar
Sierra del Calar
Segura
Loma del
Peguera del Madroño
Las Gorgollitas
El Palarrejo
Miller
Gontar
Emb. de las Anchuricas-Miller
Casicas del Río Segura
Marchena
Marchonita
La Muela
Vites
Presa
Sª Umbría de La Mata
Zacatín
Zaén
Lomas de Sabinar
Turilla
E. de Taibilla
El Peñón
Sierra del
El Sabinar
MU 702
Calar de La Santa
San Juan
Tobos
AB 702
Pedro Andrés
Nerpio
Sª de la Grana
A 317
Almorchón
Santiago de la Espada
Cumbres de Huebras
Las Noguerasa
Los Teatinos
La Regativa
Parriel
Sª de las Cabras
Las Cabras
2.106
Sª de Taibilla
Sierra de Taibilla
Puerto Hondo
Inazares
Higueras
Archive
Pto. del Pinar
1600
Rebolcadores
2001
Sierra de Moratalla
Cañada de la Cruz
El Hornico
Sª de Mojantes
C 330
58
Sierra de Gullimona
Almaciles
El Moral
El Entredicho
Pto. de Almaciles
1100
Las Santas
Puebla de Don Fradique
Cuerda de la Sierra
Tarragoya
Sª de la Sagra
Sª de Moncayo
Moncayo
El Moralejo
La Junquera
Royos
Loma
Las Covatillas
Los Poyos de Celda
Retamalejo
Sierra de la Pinosa
Sierra de la Zarza
Bugéjar
Toscana Nueva
San Clemente
Sª de Montilla
Huéscar
Virgen
Virgen de la Cabeza
24
Toperas
Mayor
Leria
AL 7001
Sierra del Oso
Casas de Don Juan
58
Huéscar
Fuente Amarga
Galera
Túgui
Llanos de Orce
La Cañada de Cañepla
Caramel
El Gabar
1508
C 321
Orce
Venta Micena
Fuente Nueva
Castilléjar
La Alquería
Jata
Casablanca
La Alfahuara
María
Pto. de María
1200
A 321
Vélez Blanco
Virgen de la Cabeza
Cueva de los Letreros
Los Fajardos
El Cercado
Parque Natural de Sierra María
El Pilar
El Piar de Abajo
Sierra de María
Vélez Rubio
A 92
31
El Margen
Sierra de Orce
Sierra de Periate
Las Casas
San Francisco
El Charche
La Rambla de Abajo
Chirivel
Pto. de El Contador
1130
Barrio Nuevo
Chirivel
67
La Rambla de Arriba
El Jalí
Belaimí
Los Tonosas
Cúllar
Pulpite
Tarifa
Las Vertientes
El Contador
La Aspilla
El Róquez
Pto. de María de

Sª Peñuela
CM 3200
Torreón de la Higuera
Villamanrique
San Isidro
CM 3202
Puebla del Príncipe
Mairena
Cerro de la Venta
95
Montizón
Guadalén
Dañador
CM 3129
Piedras del Águila
Emb. del Dañador
Dañador
Emb. del Guadalmena
Guadalmena
Cerro de la Cruz
J 6300
N 322
57
Turruchel
Bienservida
Villarrodrigo
CM 3205
Onsares
Villaverde de Guadalimar
Génave
Virgen del Campo
Sierra Calderó
Torres de Albánchez
Tasca
Arroyofrío
Berjada
Agracea
Ntra. Sra. de la Cabeza
Los Pascuales
47
A 310
Siles
JV 7012
Venta de los Santos
Los Mochuelos
Puente Génave
Bujalamé
La Puerta del Segura
Benatae
Haza Alta
Casablanca
Los Llanos
Montizón
Aldeahermosa
J 614
Chiclana de Segura
Chiclana 981
La Porrosa
Arroyo del Ojanco
Peñolite
Valdemarín
A 317
Orcera
Sierra del Agua
J 613
J 623
Fuente Buena
La Espinareda
17
El Batán
1220
Segura de la Sierra
JV 7032
113
Cuevas del Viche
El Campillo
Camporredondo
Cañada Catena
Hornos
Castellar de Santisteban
A 312
Sorihuela del Guadalimar
N 322
Beas
Beas de Segura
26
Cuevas de Ambrosio
Chozas
Cortijos Nuevos
El Ojuelo
J 602
La Consolación
J 622
Llano de la Mata
Gutar
Cañada Morales
A 319
La Garganta
Hornos
Las Gorgollitas
El Pala
Loma del Segura
Casicas del Río Segura
30
Mojón Alto
La Platera
Guadalimar
J 600
Villanueva del Arzobispo
Iznatoraf
El Cercado
Tranco
Embalse del Tranco de Beas
Segura
Herrera
J 600
Santuario de la Fuensanta
Jesús del Monte
Cañada de la Madera
Los Goldines
Casas de Carrasco
Pontones
A 317
Santiago de la Espada
Villacarrillo
32
N 322
C 323
Úbeda
Bujaraiza
Pontón Alto
Sierra del Almorchón
Roble Hermoso
88
Blanquilla 1830
Fuente Segura
Las Noguera
Los Teatinos
Mogón
Agrupación de Mogón
Emb. de Aguascebas
Arroturas
Caleruela
Coto Ríos
El Cerezo
Agrupación Santo Tomé
Santo Tomé
Veracruz
Guadalquivir
A 319
Parque Natural de las Sierras de Cazorla, Segura y Las Villas
El Patronato
Calar de las Palomas
Sierra de Segura
Chilluévar
Torre del Vinagre
Solana de Torralba
Vacarizuela
Las Almansas
San Martín
El Molar
Valdecazorla
Emb. de Los Órganos
Sierra de Gulli
Casas de Estepa
Nubla
Emb. de la Feda
Pozo
Burunchel
Pto. de las Palomas 1290
A 315
La Ribera
Parque Natural de la Sierra de Castril
Sierra Seca
Peal de Becerro
A 319
Cazorla
La Iruela
Vadillo Castril
Cinco Esquinas
Monte Sión
Sierra de Cazorla
Hornos de Peal
C 328
A 332
Toya
Nava de S. Pedro
Moncayo
Emb. de San Clemente
San Clemente
Sª de la Toya
El Chorro
JV 7107
Sierra del Pozo
Guadalentín
Sª de Duda
Virgen de la Cabeza
Quesada
Sierra de Quesada
Coto Nacional de Cazorla
Tornillos
Sierras de Castril y Cabrillas
Castril
Puente Duda
50
Nacimiento del Guadalquivir
Cabañas 2036
Fátima
Sª de Marmolance
Collejares
Cueva del Agua
Pto. de Tiscar 1183
54
Martín
Cortijuelo
Los Rosales
El Almicerán
Cebas
Fuente Amarga
Tiscar-Don Pedro
Emb. de La Bolera
Almontaras
Huesa
Larva
Belerdas
A 315
Campocámara
Fuente-Vera
Santa Catalina
Cortijo del Cura
Galera
de la Cabrita
Guadiana Menor
Ceal
Cuenca
A 326
Los Laneros
Orce
Castilléjar
La Alquería
Hinojares
Pozo Alcón
Olivar
D
Peña Cambrón
Fontanar
Los Carriones
31
La Teja
Cortes de Baza
Carramaiza
Cortijo de los Ciruelos
El Margen
Las Cucharetas
Puente Arriba
Cuevas de San Marcos
Guadahortuna
Cortijo Nuevo
Cuevas del Campo
Cuevas de Fuente Abajo
Alicún de Ortega
Benamaurel
Dehesas de Guadix
Valdemanzanos
129
Baños de Zújar
Cuevas de Luna
Cúllar
A
B
C
1
2

94
110
128
A
B
C
D
1
2
Viso del Marqués
Archivo de la Marina
Almuradiel
Peñalajo
Cerro
Loma de D. Juan
CM 4111
CM 3200
Huertezuelas
San Bruno
San Andrés
San Lorenzo de Calatrava
Las Fuentes
Sierra del Camorón
Sª de San Andrés
Sª del Sotillo
Coto Nacional de Peñas Negrillas
Pajarón
Venta de Cárdenas
Desfiladero de Despeñaperros
Sª Herruzo
El Hoyo
Chupón
Estrella 1298
Parque Natural de Despeñaperros
Aldeacuemada
Loma de Peralejo
Los Calderones
Coto Nacional de Contadero
Las Correderas
Miranda del Rey
Santa Elena
Torre Alber
El Centenillo
La Aliseda
Balneario La Aliseda
Lomas del Contadero
Cuerda de los Chinares
Loma de los Arrebolares
La Carolina
Navas de Tolosa
Emb. de Fernandina
Carboneros
Isabela
Fernandina
El Acebuchal
El Porrosillo
Vilches
Sepulturas
Emb. de Rumblar
La Mesa
Matín Malo
Guarromán
Navas de San Juan
Arquillos
Los Escoriales
Baños de la Encina
Guadalén
La Estrella
Emb. de Zocueca
Colonia de la Cruz
Giribaile
La Condesa
Zocueca
LINARES
Bailén
La Tortilla
Miraelrio
Torre del Obispo
Guadalupe
Tobaruela
Santa Eulalia
Sabiote 851
El Mármol
Santo Cristo de la Yedra
Sevilleja
Rus
La Yedra
Espeluy
Estación de Espeluy
Torrubia
Canena
Guadalmar
Ibros
Torreperogil
Villanueva de la Reina
Santa Emilia
Jabalquinto
Torreblascopedro
Lupión
ÚBEDA
Cazalilla
Arjona
Mengíbar
Emb. de Mengíbar
Campillo del Río
Posadas Ricas
Begíjar
Estación de Begíjar
Baeza
Villagordo
Vado de Torralba
Sotogordo
Puente del Obispo
Donadío
Laguna Grande
Ventosilla
Las Infantas
Torrequebradilla
Fuerte del Rey
El Berrueco
Peñaflor
Cueva de la Grajа
Garciez
Emb. de Pedro Martín
Recena
Las Escuelas
Cerro Herrando
Galapagar
Poblado Ibérico
Jimena
Jódar
Bedmar
JAÉN
Puente Nuevo
Mancha Real
Torres
Albánchez de Úbeda
Torre de Cuadros
Torre del Campo
El Neveral
Parque Natural de la Sierra Mágina
Jamilena
Jabalcuz
Sª de Jabalcuz
La Guardia de Jaén
Pegalajar
Sierra Mágina
Bélmez
Puente de la Sierra
Mágina 2167
Bélmez de la Moraleda
Otiñar
Los Villares
La Cerradura
Puerto Alto
Aulabar
Solera
Sª de Jaén
Cambil
Los Encinares
Fuensanta de Martos
Carchel
Huelma
Embalse de Quiebrajano
El Reguelo
El Parrizoso
Carchalejo
Arbuniel
Sª del Grana
Sierra de la Pandera
Víboras
Valdepeñas de Jaén
Puerta Arenas
Santa Lucía
Montejícar
Alamedilla
N IV
E 5
A 4
N 322
N 323
E 902
A 301
A 312
A 316
A 320
A 321
A 324
A 401
J 6035
J 6030
J 6100
J 6110
J 6120
JV 5040
J 300
J 301
J 302
J 303
J 304
J 320
J 323
JV 3242
JV 3241
JV 3212
A 313
JV 2310
C 3221
C 326
A 314

Losa
1.038
Sª de la Peña Losa
Sª del Romeral
Cordovilla
Sierra
Mora de
Sta. Quiteria
97
Sierra Escabeza
N 344
Fuente
el Pino
Alquería
Peliciego
CM 3213
Higuera
790
Hellín
Talave
Isso
Porrón
979
Mingogil
Agra
Cuevas de
Minateda
Minateda
La Horca
Sª de Enmedio
38
CM 3212
A 12
La Campana
Sierra de Cabras
C 3213
Jumilla
Santa Bárbara
La Celía
Sierra del Molar
C 3314
Sta. Ana
Santa Ana
del Monte
CM 412
36
Sª de Cabeza Llana
Agramón
Cancarix
CM 3250
Sª del Candil
CM 9352
N 301
32
Sª de los Donceles
Azaraque
Camarillas
Emb. del Cenajo
SEGURA
Emb. de
Camarillas
Loma de la Cañada del Toril
Cabeza
del Asno
763
Los Encantados
Sierra del Picacho
Rbla. del Judío
Fuente
del Judío
Sierra Larga
Sª del Sopalmo
Almirez
B 22
Las Minas
44
Casa de
las Monjas
N 344
115
Rbla.
El Chopillo
Sª de Algaidón
C 3211
Chopillo
Sierra Puerto
69
C 3314
Venta
del Olivo
E. del
Judío
Ascoy
Sierra de Ascoy
Murtas
MU 108
Cañada
Berosa
B 19
MU 510
Nra. Sra. de
la Esperanza
Calasparra
SEGURA
Emb. de
Almadenes
Central
Almadenes
Cieza
E. del
Moro
Hoya del Campo
Serrano
del Cerezo
Benamor
Alhárabe
Emb.
Carcaro
Emb. de
Alfonso XIII
MU 552
C 330
Abarán
MU 402
MU 512
Sierra del Oro
Blanca
E. de
Ojós
Casa de Cristo
Valentín
C 3314
Sierra de Puerta
Emb. de
Argos
Cañara
Carrasquilla
San
Sebastián
La Bermeja
Sª de Ricote
Ricote
Ojós
Ulea
MU 523
45
Villanueva del
Río Segura
Baños de
Archena
Almeces
1122
Buitre
1427
Cabezos de la Jabalina
26
Archena
Emb. de
Mayés
Caravaca
de la Cruz
Cehegín
C 330
La Copa
Emb. de
La Cierva
Sª de la Muela
MU 530
MU 533
Lorquí
Ceutí
Yéchar
29
Bullas
C 415
El Milano
Mula
Baños
de Mula
MU 531
Alguazas
Campos
del Río
Las Torres
de Cotillas
Quipar
Sierra Quipar
La
Encarnación
MU 504
Sierra de Burete
Mula
Embalse
de Doña Ana
El Niño
El Cigarralejo
Puebla
de Mula
C 2
Albudeite
44
Ermita
del Niño
C 3
C 415
Sª de las Cabras
El Castellar
Ucenda
El Acenique
Sierra de Labia
Embalse
de Priego
Herreña
Pliego
C 4
Rambla
Salada
Alcantarilla
Calderones
Las Águilas
La Zarza
C 1
59
Coy
Coy
Sierra Cambrón
Selva
1521
MU 503
Casas Nuevas
C 4
Barqueros
C 1
37
C 3315
Fuente
Librilla
Sierra del Cura
N 340
32
Sta. Teresa
San Nicolás
Avilés
C 3211
C 5
Sierra de Espuña
Parque Natural
El Berro
Gebas
Embalse
de Algeciras
Sierra Muela
E 15
Librilla
MU 604
MU 603
La Paca
Zarzadilla
de Totana
Sª del Madroño
Espuña
1583
de la Sierra de Espuña
Alhama
de Murcia
El Rincón
Zarcilla
de Ramos
Las Terreras
C 9
Las
Alquerías
MU 503
Santa Eulalia
MU 602
Casas
Nuevas
Sierra
115
Cabezo del
C 14
Zúñiga y
La Juncosa
Aledo
MU 502
Embalse
de Puentes
Ermita de
las Heras
Totana
40
Guadalentín o Sangonera
Los
Almagros
C 3211
Torrealvilla
La Anchurica
Cánovas
La Parroquia
E 15
C 3315
El Paretón
MU 701
Sierra de la Tercia
N 340
32
San Antonio
Raiguero
Raiguero
Bajo
Cueva
de Pagán
D
C 15
La
Hoya
La Pinilla
MU 701
Lorca
Sierra de la Torrecilla
Santa
Gertrudis
Hinojar
Loma de Aguaderas
MU 603
Alporchones
C 3315
Sierra Al
C 3211
La Torre
Castillo
de Felix
Sierra de La Almenara
La Atalaya
Mazarrón
Rambla de Casarejos
E 15
N 340
A 92 N
Altobordo
131
Campo López
Morata
Leiva
Las Moreras
Puerto de
Mazarrón
Gredas de
Bolnuevo
Purias
1
2
A
B
C

1 2

A

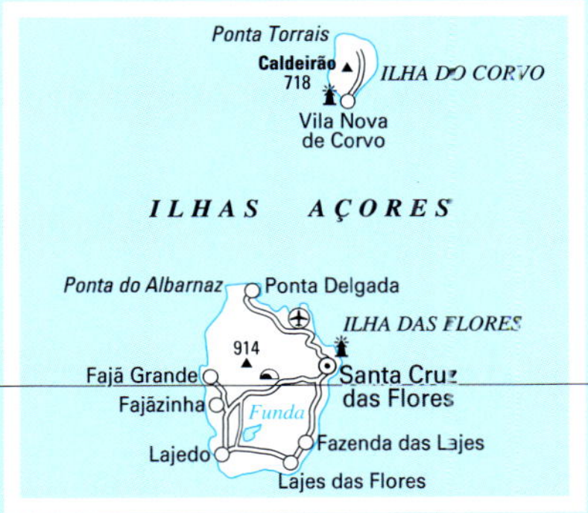
Ponta Torrais
Caldeirão
718
ILHA DO CORVO
Vila Nova de Corvo
ILHAS AÇORES
Ponta do Albarnaz
Ponta Delgada
ILHA DAS FLORES
914
Fajã Grande
Fajãzinha
Santa Cruz das Flores
Funda
Lajedo
Fazenda das Lajes
Lajes das Flores

Praia de Capelinhos
32
Praia do Nort
Capelo
Caldeira
1043
Varadouro
19
Castelo Branco
0
25

B

ILHAS AÇORES
Ponta da Barca
Santa Cruz da Graciosa
Guadalupe
ER 1
ER 3
Praia
Luz
0
E. 1:1.000.000
25 km

Ponta da Bretanha
10
Mosteiros
6
Sete Cidades
Ponta da Ferraria
8
Ginetes
19
Candelária
7
Feteiras
0
E. 1:400.000

C

ILHAS AÇORES
Biscoitos
ER 1-1ª
20
Raminho
Lajes
Ponta do Queimado
Serreta
Agualva
35
17
Praia da Vitoria
ER 1-1ª
Santa Bárbara
Caldeira
1021
19
São Mateus
São Sebastião
Ribeirinha
24
Angra do Heroísmo
Monte Brasil
Ponta das Contendas
0
E. 1:1.000.000
25 km

D

1 2

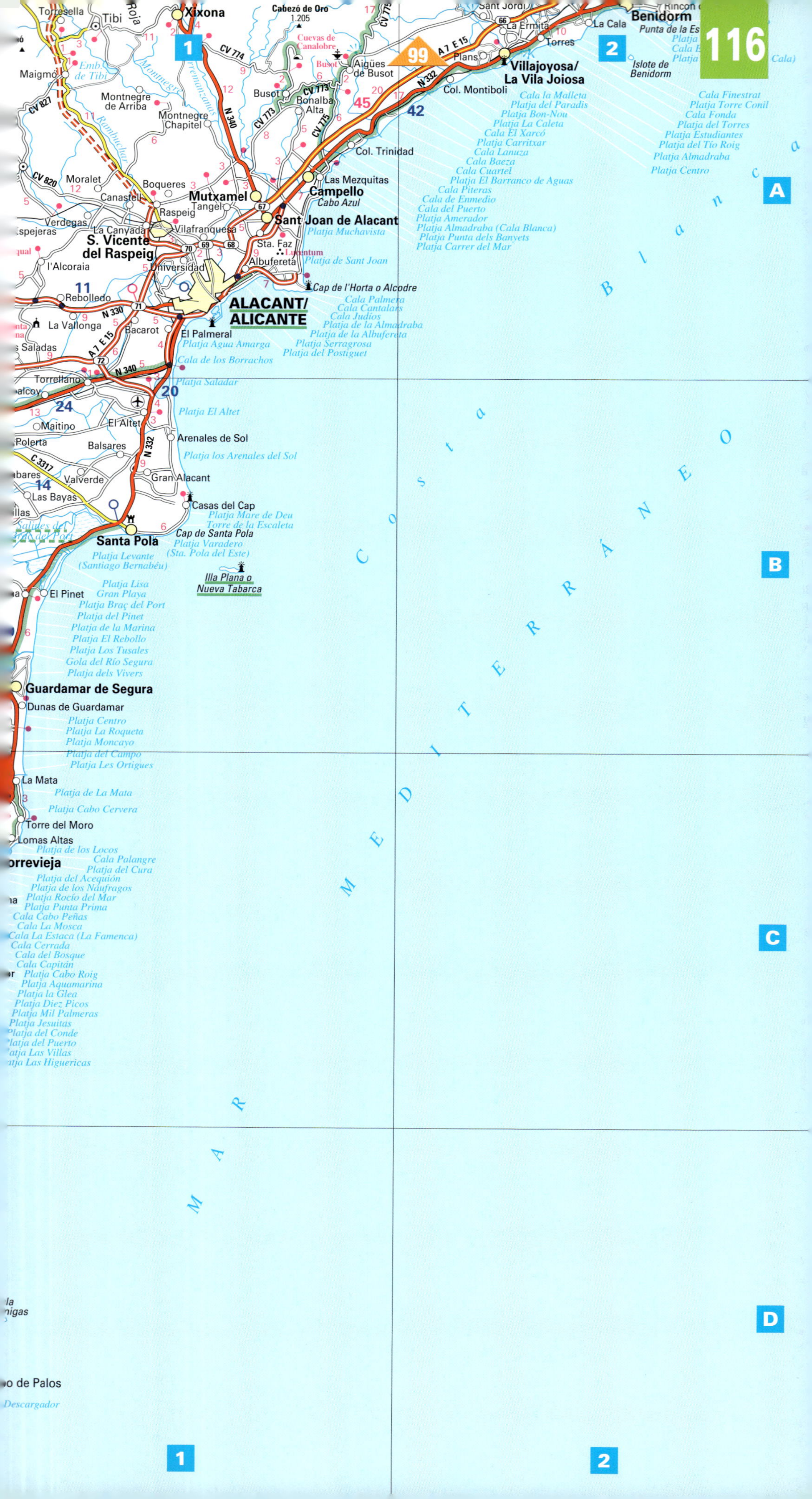
Torresella
Tibi
Xixona
Cabezó de Oro
1.205
Cuevas de Canalobre
Busot
Aigües de Busot
Sant Jordi
La Ermita
Torres
La Cala
Benidorm
Punta de la Es
Islote de Benidorm
Maigmó
Emb. de Tibi
Montnegre de Arriba
Montnegre Chapitel
Rambuchar
Busot
Bonalba Alta
Villajoyosa/
La Vila Joiosa
Plans
Col. Montiboli
Cala la Malleta
Platja del Paradis
Platja Bon-Nou
Platja La Caleta
Cala El Xarcó
Platja Carritxar
Cala Lanuza
Cala Baeza
Cala Cuartel
Platja El Barranco de Aguas
Cala Piteras
Cala de Enmedio
Cala del Puerto
Platja Amerador
Platja Almadraba (Cala Blanca)
Platja Punta dels Banyets
Platja Carrer del Mar
Cala Finestrat
Platja Torre Conil
Cala Fonda
Platja del Torres
Platja Estudiantes
Platja del Tío Roig
Platja Almadraba
Platja Centro
Col. Trinidad
Las Mezquitas
Campello
Cabo Azul
Moralet
Boqueres
Canastell
Mutxamel
Tangel
Raspeig
Verdegas
La Canyada
Vilafranquesa
Sant Joan de Alacant
Platja Muchavista
S. Vicente del Raspeig
Sta. Faz
Lucentum
Albufereta
Platja de Sant Joan
l'Alcoraia
Universidad
Cap de l'Horta o Alcodre
Rebolledo
ALACANT/
ALICANTE
Cala Palmera
Cala Cantalars
Cala Judíos
Platja de la Almadraba
Platja de la Albufereta
Platja Serragrosa
Platja del Postiguet
La Vallonga
Bacarot
El Palmeral
Platja Agua Amarga
Saladas
Cala de los Borrachos
Torrellano
Platja Saladar
Platja El Altet
Maitino
El Altet
Arenales de Sol
Platja los Arenales del Sol
Balsares
Valverde
Gran Alacant
Las Bayas
Casas del Cap
Platja Mare de Deu
Torre de la Escaleta
Santa Pola
Cap de Santa Pola
Platja Varadero
(Sta. Pola del Este)
Platja Levante
(Santiago Bernabéu)
Illa Plana o
Nueva Tabarca
Platja Lisa
Gran Playa
El Pinet
Platja Braç del Port
Platja del Pinet
Platja de la Marina
Platja El Rebollo
Platja Los Tusales
Gola del Río Segura
Platja dels Vivers
Guardamar de Segura
Dunas de Guardamar
Platja Centro
Platja La Roqueta
Platja Moncayo
Platja del Campo
Platja Les Ortigues
La Mata
Platja de La Mata
Platja Cabo Cervera
Torre del Moro
Lomas Altas
Platja de los Locos
Cala Palangre
Platja del Cura
Platja del Acequión
Platja de los Náufragos
Platja Rocío del Mar
Platja Punta Prima
Cala Cabo Peñas
Cala La Mosca
Cala La Estaca (La Famenca)
Cala Cerrada
Cala del Bosque
Cala Capitán
Platja Cabo Roig
Platja Aquamarina
Platja la Glea
Platja Diez Picos
Platja Mil Palmeras
Platja Jesuitas
Platja del Conde
Platja del Puerto
Platja Las Villas
Platja Las Higuericas
Costa Blanca
MAR MEDITERRÁNEO
A
B
C
D
1
2

Jumilla
Fuente del Pino
La Alquería
Sierra del Buey
Los Cerricos del Campo
Sierra del Serral
Sª de Salinas
Salinas
Sax
Petrer
Elda
Laguna de Salinas
Sª de la Umbría
Umbría 847
Cañada de D. Ciro
Don Pedro 872
Monóvar
Est. de Monóvar
Emb. del Cid
Sta. Ana
Santa Ana del Monte
Santa Bárbara
Carche 1372
Sierra del Carche
Paredón
Ubeda
Lel
Hondón
Raspay
Culebrón
Chinorlet
Casas del Puerto
Casas de Ibáñez
Pinoso
Casas del Señor
Sª de las Pedrizas
La Mola
Sta. Mª Magdalena
L'Estació
Novelda
Larga
Sª del Sopalmo
Encebras
Cavafría
La Romaneta
Crio. Collado
La Caballusa
Sal 893
Rodriguillo
Casas del Faldar
Sª del Reclot
La Romana
Alcanà
Monforte del Cid
Aspe
Les Coves
La Solana
l'Alguenya
Umbría Alta
Sª de l'Argaiat
Cañada del Trigo
Casa de las Monjas
Rbla. de la Raja
El Carmen
La Zarza
Cañada de la Leña
Sª Barinas
La Canalosa
El Fondó de les Neus
Crevillente 835
Carrus
Ascoy
Fuente Blanca
Sª de Quibas
El Cantón
Sierra Cantón
Barbarroja
El Rebalso
Barinas
Macisvenda
El Fondó dels Frares
Sª de Abanilla
Sª de Crevillente
Crevillente
E. del Moro
Sierra de la Pila
Pila 1265
Garapacha
La Umbría
Hoya del Campo
El Rellano
Serrano
Caprés
Mahoya
Sª del Lugar
Sª del Baño
Balneario Fortuna
Els Vives
Abanilla
Los Carrillos
Canal de Crevillente
Canal de Albatera
La Estación
El Realengo
Albatera
S. Isidro de Albatera
S. Felipe Neri
Fortuna
La Murada
Sta. Filomena
Blanca
Ricote
Ojós
Ulea
Fenazar
Albarda
Emb. de Santomera
Chicano
Los Collejeros
Granja de Rocamora
El Salar
Catral
Los Dolores
Dolores
Benferri
Cox
Callosa de Segura
Villanueva del Río Segura
Baños de Archena
Archena
Los Valientes
La Matanza
Redován
Palmeral
S. José
El Saladar
Almoradí
Daya Nueva
Daya Vieja
Formentera
Emb. de Mayés
Lorquí
Ceutí
Beltrán
Pto. del Collado de la Tiraja
Rincón de Bonanza
Sª de Orihuela
Orihuela
Raiguero de Levante
La Aparecida
Los Puertos
Molins
Rafal
Algorfa
Benejúzar
Bigastro
Camino de Beniel
El Siscar
Desamparados
Jurchillo
Jacarilla
Campos del Río
Alguazas
Molina de Segura
Santomera
Las Norias
Arneva
Beniel
Cjo. de Vista Bella
Montesinos
Los Montesinos
Albudeite
Las Torres de Cotillas
Cabezo de Torres
Esparragal
Espinardo
Monteagudo
Alquerías
Emb. de la Pedrera
Guadalupe
Javalí Viejo
Javalí Nuevo
Salada
MURCIA
La Ñora
Zeneta
Los Ramos
Torremendo
San Miguel de Salinas
Alcantarilla
Torreagüera
Beniaján
Los Garres
Cabezo de la Plata
La Zarza
Barqueros
Algezares
Columbares 646
Sª de Columbares
El Palmar
La Alberca
La Fuensanta
Sangonera la Verde
Venta de la Paloma
S. Cresta del Gallo
Sierra Escalona
El Pinar de Campoverde
Sierra del Cura
Librilla
Sierra de Carrascoy
Parque Natural de Carrascoy y el Valle
Baños y Mendigo
Venta de la Virgen
La Tercia
Sucina
Los Brianes
Avileses
Pilar de la Horadada
El Mirador
San Pedro
Corvera
Casas Nuevas
La Murta
Venta Manolita
Los Martínez
Valderas
Balsicas
San Javier
Cotorril
Lo Pagán
Santiago de la Ribera
Las Rocas
Cabezo de la Pala
Roldán
Cabezo Gordo
Dolores
Roda
Valladolises
Los Almagros
El Escobar
Correntias
Las Casicas
Balsapintada
Jimenado
Torre Pacheco
MAR MENOR
Los Alcázares
Cánovas
Cuevas de Reyllo
Fuente-Álamo de Murcia
El Estrecho
Lobosillo
Albujón
Pozo Estrecho
La Puebla
Isla Perdiguera
Cueva de Pagán
Campillo de Abajo
Aljorra
La Palma
Torre del Negro
Los Urrutias
Isla Mayor
La Pinilla
Cabezo del Fericón
El Palmero
Los Beatos
Los Nietos
Las Palas
Cuesta Blanca
La Guía
Los Molinos
El Algar
Sierra Algarrobo
Tallante
Los Dolores
Mafagones
Los Barreros
Beal
Canteras
S. Antonio Abad
Roche
El Llano
Los Belones
La Unión
Sancti Spiritus 388
Parque Natural de Calblanque
Lomas la Carrasca
Sierra de la Muela
Galifa
Alumbres
Sta. Lucía
Cartagena
Portús
Castillo de Galeras
Castillo de San Julián
Portmán
Bahía de Portmán
Cabo Negrete
Escombreras
Mazarrón
Puerto de Mazarrón
Gredas de Bolnuevo
Las Moreras
Atalaya
C 3213
C 3314
A 15
A 26
N 344
C 3223
MU 402
MU 512
MU 523
MU 530
MU 531
MU 533
MU 411
MU 412
MU 413
MU 414
CV 830
CV 83
CV 835
CV 836
CV 840
CV 845
CV 873
CV 925
CV 945
CV 941
CV 95
N 325
N 330
N 340
N 301
N 332
N 343
A 7 E 15
C 415
C 1
C 3315
C 3319
MU 301
MU 311
MU 312
MU 601
MU 602
MU 603
MU 604
E 15
F 13
F 19
F 48
98
114
132
A
B
C
D
1
2

1 2

A

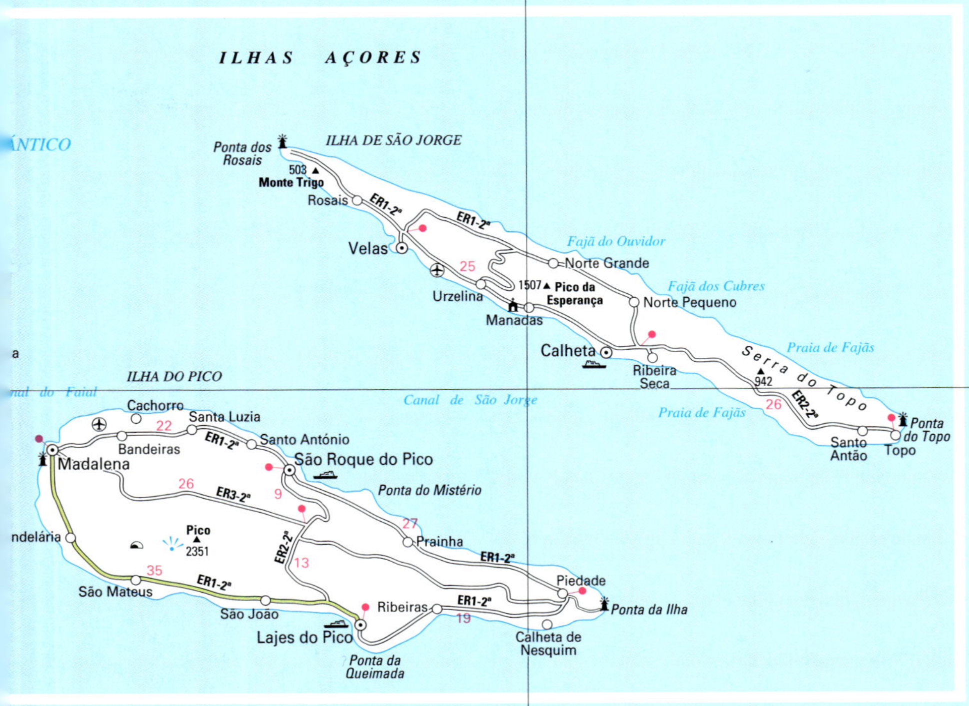
ILHAS AÇORES
ÁNTICO
ILHA DE SÃO JORGE
Ponta dos Rosais
503
Monte Trigo
Rosais
ER1-2ª
Velas
25
Fajã do Ouvidor
Norte Grande
Urzelina
1507
Pico da Esperança
Fajã dos Cubres
Norte Pequeno
Manadas
Calheta
Ribeira Seca
Praia de Fajãs
Serra do Topo
942
ER2-2ª
26
Ponta do Topo
Santo Antão
Topo
ILHA DO PICO
Canal do Faial
Canal de São Jorge
Cachorro
22
Santa Luzia
Bandeiras
Santo António
Madalena
São Roque do Pico
26
ER3-2ª
9
Ponta do Mistério
27
Prainha
Candelária
Pico
2351
ER2-2ª
13
ER1-2ª
35
Piedade
São Mateus
Ribeiras
19
Ponta da Ilha
São João
Lajes do Pico
Calheta de Nesquim
Ponta da Queimada

B

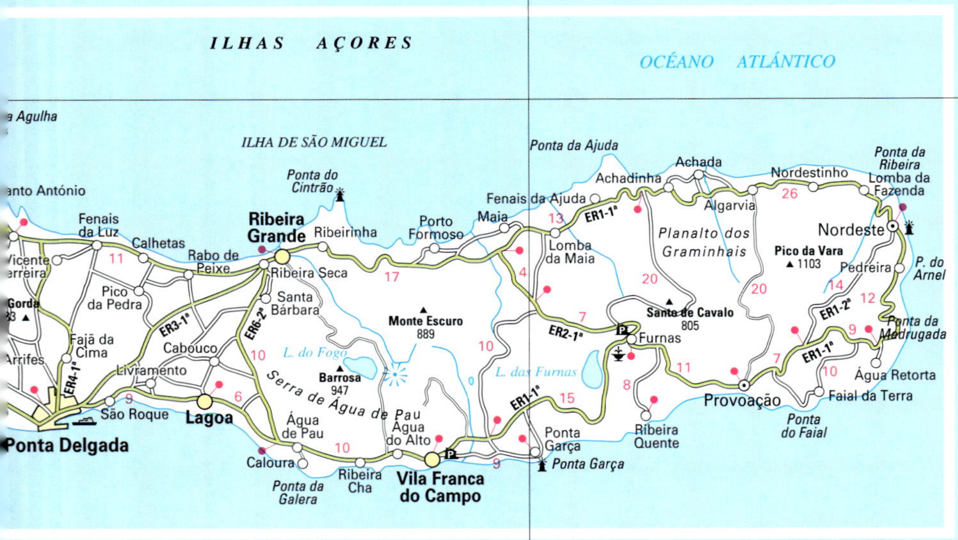
ILHAS AÇORES
OCÉANO ATLÁNTICO
Ponta da Agulha
ILHA DE SÃO MIGUEL
Ponta da Ajuda
Ponta da Ribeira
Achada
Nordestinho
Lomba da Fazenda
Achadinha
Santo António
Ponta do Cintrão
Fenais da Ajuda
Algarvia
26
Fenais da Luz
Ribeira Grande
Ribeirinha
Porto Formoso
Maia
13
ER1-1ª
Nordeste
Calhetas
Lomba da Maia
Planalto dos Graminhais
Pico da Vara
1103
P. do Arnel
São Vicente Ferreira
11
Rabo de Peixe
Ribeira Seca
17
Pedreira
Santa Bárbara
4
20
20
14
Pico da Pedra
Monte Escuro
889
Santo de Cavalo
805
12
Gorda
ER1-2ª
ER6-2ª
ER3-1ª
7
ER2-1ª
Furnas
Ponta da Madrugada
Fajã da Cima
9
Arrifes
Cabouço
L. do Fogo
10
10
ER1-1ª
Livramento
Barrosa
947
L. das Furnas
11
Água Retorta
ER4-1ª
Serra de Água de Pau
7
10
9
São Roque
6
Lagoa
15
8
Provoação
Faial da Terra
Água de Pau
Água do Alto
ER1-1ª
Ponta Delgada
Ponta Garça
Ribeira Quente
Ponta do Faial
10
Caloura
Ribeira Cha
Vila Franca do Campo
9
Ponta Garça
Ponta da Galera

C

ILHA DE SANTA MARIA
Baia de São Lourenço
Anjos
Pico Alto
587
Santa Bárbara
Almagreira
Santo Espírito
Vilado Porto
Maia
Ponta do Castelo
E. 1:1.000.000
25 km

ILHA DO PORTO SANTO
R 111
Pico do Castelo
437
Serra de Dentro
Camacha
3
Campo de Cima
Porto Santo
Ilhéu de Cima
La Pedreira
283
Ilhéu de Ferro
5
R 111
Ponta
Ponta da Calheta
Ilhéu de Baixo o da Cal
0
E. 1:300.000
5 km

D

1 2

Sambrana
São Miguel do Pinheiro
Gois
dos Carros
Manuel Galo
Carros
Ma Noite 262
Eirinha
São Bartolomeu
Espírito Santo
105
Alcaria de Javazes
Pomarão
Mesquita
Puerto de la Laja
Granado 320
El Granado
A 490
Viuvas
Guedelhas
São Pedro de Solis
Quintã
Gatão
333
Vargens
Barranco
Castelhanos
Lotão
Giões
Clarines
Farelos
Sta. Marta
Coito
Cortes Pereiras
GUADIANA
Fialho
Sta. Cruz
Dogueno
79
Pesseguiro
Martim Longo
Laboratório
Alcaria Alta 289
Alcaria Alta
Sta. Justa
Cerro da Vinha
Pereiro
Corte Tabelião
Sanlúcar de Guadiana
Alcoutim
Balurcos de Cima
Balurcos de Baixo
Balurcos 226
Barrada
384
Ameixial
Corte João Marques
Corte Serranos
Vaqueiros
Zambujal
Mafrade
Soudes
Corte de São Tomé
71
El Romerano
H 9012
Guerreiros do Rio
Malhão
Besteiros
Cachopo
Garcia
Amoreira
Lagoa 333
Furnazinhas
Tenencia
493
Currais
Fonte do Corcho
Pero Ponto
Figueirinha
Fernandilho
Alcarias
Fortes
Monte de Baixo Grande
Odeleite
Monte Gordo 157
Choça Queimada
Corujos
Alcaria
Alta Mora
Vale da Rosa
120
Fonte da Rata 541
Feiteira
Montes Novos
Portela
Peralva
Cintados
Corte do Gago
Cortelha
Sentinela
Alcarias
Beliche
Almada de Ouro
Villablanca
Barranco Velho
Parizes
Lajes
Javali
Alcaria do Cume 525
Águas dos Fusos
Umbrias de Camacho
Vale de Ebros
Nora
Azinhal
Junqueira
Monte Grande
Corte Besteiros
Estorninhos
Rio Seco
Corte Garcia
Alportel
Amendoeira
Almargens
Tareja
Mealha
São Brás
Vilharinhos
São Brás de Alportel
Palheirinhos
Sta. Catarina da Fonte do Bispo
Vila Nova
Castro Marim
Vila Real de Sto. António
Ayamonte
Isla del Moral
Vila Nova de Cacela
Altura
Hortas
Lagoa
Aldeia Nova
Monte Gordo
Isla Canela
Cacela Velha
Manta Rota
Praia da Alagoa
Playa Canela
Gorjões
Machados
Peral
Conceição
São Marcos
Tavira
Cabanas
Praia de Cabanas
Sto. Estêvão
Estiramantens
Grutas de Moncarapacho
Sta. Bárbara de Nexe
313
Azinheiro
São Miguel 410
Milreu
Estói
Condes de Carvalhal
São João da Venda
Conceição
Pechão
Moncarapacho
Quelfes
Luz de Tavira
Pedras de El Rei
São Pedro
Sta. Luzia
Praia da Ilha de Tavira
Ilha de Tavira
Livramento
Fatacão
Montenegro
Marchil
Olhão
Quatrim do Sul
Bias do Sul
Fuseta
FARO
Praia de Fuzeta
Ilha de Armona
Ria Formosa
Ilha da Culatra
Ilha da Barreta
Cabo Sta. Maria
Parque Natural da Ria Formosa
OCÉANO

1
2
A
B
C
D

104
121
1
2
A
B
C
D
Santa Clara-a-Velha
Pousada Sta. Clara
B. de Santa Clara
Santana da Serra
Gomes Aires
Sta. Clara-a-Nova
Almodôvar
Sambrana
Viuvas
São Pedro de Solis
Gatão
Morgadinho
Guedelhas
Mestras
Fialho
Barra
Dogueno
Sta. Cruz
Pessegueiro
Pereiras
Redonda
Boavista
Serra do Caldeirão
Mira
Torto
Corte Figueira
Serra do Malhão
Corte Serranos
Corte João Marques
Ameixial
São Marcos da Serra
Carapinha
São Barnabé
Mu
Perna Seca
Sapeira
Sêla
Gralha
Ximeno
Vermelhos
Besteiros
Cachopo
ALGARVE
Águas Frias
Sitio das Eguas
Cavalos
Pero Ponto
Fonte do Corcho
Curra
Monte Alto
Malhão
Pelados
Figueirinha
B. do Funcho
Vale Figueira
Casas
Sobradinho
Vale da Rosa
Fonte da Rata
Montes Novos
Feiteira
B. de Arade
São Bartolomeu de Messines
Sarnadas
Negros
Rocha
Cortelha
Vale Fuzeiros
Amorosa
Cerro
Messines
Alte
Penina
Pena
Salir
Barranco Velho
Javali
Parizes
Benafim Grande
Cumeada
Calvos
Monte Brito
Alto Fica
Corcitos
Monte Grande
Silves
Vale da Vila
Miões
Lentiscais
Esteveira
Aldeia da Tôr
Querença
Poço Barreto
Corte Garcia
Paderne
Cerro
Clareanes
Amendoeira
Alportel
Tareja
Fontes da Matosa
Algoz
Tunes
Alcaria
Gilvrazino
Almargens
Malhão
São Brás
Mealha
Lagoa
Vilharinhos
São Brás de Alportel
Loulé
Franqueada
Gorjões
Machados
Porches
Alcantarinha
Ferreiras
Boliqueime
Goncinha
Betunes
Peral
Pêra
Guia
Quartos
Sta. Bárbara de Nexe
Armação de Pêra
Montechoro
Vale do Judeu
Milreu
Azinheiro
São Miguel
Pontal
Forte de Arnação
La Misericordia
Albufeira
Vilamoura
Almancil
Estói
Sra. da Rocha
Cabo Carvoeiro
Praia da Galé
Gruta do Xorino
Praia da Oura
Praia de Maria Luisa
Cerro da Vila
Condes de Carvalhal
Moncarapacho
Ponta do Castelo
Praia da Falésia
Quarteira
Escanchinhas
São João da Venda
Conceição
Pechão
Vale do Lobo
Fatacão
Quinta do Lago
Monte Negro
Marchil
Olhão
Ludo
Praia do Faro
Praia de Faro
FARO
Praia de Ilha de Faro
Ria Formosa
Ilha da Culatra
Ilha do Ançao
Ilha da Barreta
Cabo Sta. Maria
Parque
Praias de Albufeira
ATLÁNTICO
IP 1-E1
IP 1
IC 4
E 1

103
1
2
A
B
C
D
Carvalhal
São Teotónio
Brejão
Sta. Bárbara
Serra da Brejeira
Praia de Odeceixe
Cleiros
Caeiro
Algares
455
Odeceixe
Samouqueira
Maria Vinagre
Foz do Arroio
Bunheira
Rogil
Praia de Monte Clérigo
Foz do Farelo
Portela das Corchas
Ponta da Atalaia
Pêro Negro
Vale da Telha
Aljezur
Castelo mourisco
Monte da Corda
Marmelete
Fóia
90
La Misericórdia
Monchique
Ponta de Arrifana
Vales
Arrifana
Arrifana
114
Vale Formoso
334
Serra de
Casais
Caldas de Monchique
Alfambras
Praia da Carreagem
Monte Novo
Montes de Cima
Poldra
248
Espinhaço de Cão
Praia da Bordeira
Pontal
Samouqueira
Bordeira
Carrapateira
B. de Bravura
Paisaje Protegido del Suroeste Alentejano y Costa Vicentina
Vilarinha
Serra de
Pedra Branca
178
Bensafrim
Mexilhoeira Grande
Figueira
Praia da Mouranitos
Barão de São João
Odiáxere
Caldosas
Portimão
Praia da Cordama
Torre
Caliças
Praia do Castelejo
Torre de Aspa
156
Barão de São Miguel
Portelas
Meia Praia
Alvor
Nª. Sra. de Guadalupe
Almadena
Espiche
Lagos
Vau
Raposeira
P. dos Três Irmãos
Meia Praia
Vila do Bispo
Figueira
Budens
Luz
Atalaia
139
Praia de Dona Ana
Baía de Lagos
Burgau
Ponta da Piedade
Salema
Ponta de Almadena
Zavial
Ponta da Torre
Grutas do Monte Frances
Cabo de S. Vicente
Sagres
Praia do Martinhal
Pousada Infante
Ponta de Sagres
Ponta da Atalaia
OCÉANO
1
2

1
2
A
B
C
D
106
123
Alosno
Emb. del Pino
Dehesa
Serrado
El Almendro
Embalse Tres Picos
Sª de Urraca Alonso
San Bartolomé de la Torre
Sierra Cabello
Sª de los Morenos
Emb. del Piedras
Tariquejos
Sª de la Calvilla
Cebollar
187
Embalse de Sancho
Sierra Grijona
ODIEL
La Torera
Coronada
Valverde del Camino
Carrasco
Emb. del Campanario
Pernique
Fuente de la Corcha
Navahermosa
Alcornocosa
186
Emb. de Beas
Tumbalejo
Sierra de
Beas
Candón
Emb. de Candoncillo
La Peñuela
Gibraleón
Trigueros
El Judío
El Pintado
Niebla
Dolmen del Zancarrón del Soto
Emb. de Los Machos
La Barca
Cartaya
Lepe
La Redondela
N. S. La Bella
El Terrón
El Rompido
La Antilla
Aljaraque
Corrales
Marisma del Odiel
Monumento a Colón
HUELVA
La Rivera
San Juan del Puerto
Lucena del Puerto
Bonares
Moguer
Palos de la Frontera
Monasterio de la Rábida
Los Príncipes
La Rábida
El Portil
Pinos de Mar
Punta Umbría
Isla de Saltés
Pl. de la Antilla
Pl. Islantilla
Pl. de la Redondela
Playa El Hoyo
Pl. Central
Pl. de El Rompido
Pl. de El Portil
Pl. de La Bota
Pl. de Matanegra (Los Enebrales)
Pl. de El Espigón
Pl. de Punta Umbría
Laguna de la Mujer
Madre del Aviator
El Corchuelo
La Matilla
Los Bodegones
Los Cabezudo
La Mediana
Laguna Carrizosa
El Abalario
Mazagón
Dique Juan Carlos I
Playa de Mazagón
Torre del Oro
Parque Natural de Doñana
Torre del Asperillo
Asperillo
78
Bombo
Playa de Castilla
Torre de la
Costa de la Luz
ATLÁNTICO
N 431
A 49
A 472
A 494
A 497
N 435
N 442
H 620
A 495
A 499
A 492
A 493
A 484
H 9011
HV 1427
HV 1311
HV 1413
HV 1417
HV 4111
HV 4112
H 1211
H 915
H 916
HV 5136
E1

109
Cañada Rosal
Villar
Cerro Perea
Mochales
266
La Campana
Isla de Vicario
El Campillo
ÉCIJA
Villanueva
del Rey
La Luisiana
La Monclova
Fuentes de Andalucía
La Montiel
Laguna de
Ruiz Sánchez
La Aceñu
Isla Redo
Alhonoz
Matarred
Marinaleda
El Rubio
La Lantejuela
Laguna
de Calderón
Marchena
Paradas
Las Monjas
Maestre
236
Osuna
Aguadulce
Pedrera
La Puebla
de Cazalla
Las Matas
Puerto de
la Encina
Venta de
Cañete
Pto. de los
Barrancos Blancos
545
Martín de la Jara
Los Corrales
MORÓN DE
LA FRONTERA
Esparteros
585
Monte-Gil
El Saucejo
La Mezquitilla
Navarredonda
La Encarnación
Villanueva
de San Juan
San Juan
Pozo Amargo
Algamitas
Terril
1128
Almargen
Cote
Peñón de
Zaframagón
Coripe
Pruna
Cañete
la Real
Puerto
Serrano
La Muela
Juncales
Olvera
Ntra. Sra. de
los Remedios
Torre
Alháquime
Alcalá
del Valle
La Atalaya
Pto. Cabañas
484
Algodonales
El Gastor
Los
Villalones
Setenil
Cuevas
del Becerro
E. de Zahara-El Gastor
Zahara
Arroyo Molinos
Iglesia de
la Garganta
Ventas
Nuevas
Venta
de Leche
Montecorto
Ruinas de
Acinipo
La Cimada
Parchite
Parque Natural de la
Sierra de Grazalema
Pto. de las
Palomas
1357
Gaidovar
Pinar
1648
Arriate
El Burgo
Pto. del Viento
1190
Prado del Rey
El Bosque
Benamahoma
Grazalema
El Hundidero
Los Morales-
Sta. María
Hoyo
Tabares
Navares
Tejares
RONDA
Pto. de las
Abejas
820
Pto. del
Boyar
1103
E. de
Montejaque
Montejaque
Cueva del Gato
El Tajo
Yunquera
Benaocaz
Benaoján
Rosalejo
Emb. de
los Hurones
Castillo de
Fátima
Villaluenga
del Rosario
Cueva de
la Pileta
Torrecilla
1917
Tolox
Ubrique
135
Parque Natural
Sierra de las Nieves
Sª de la Sanguijuela
Sª de San Juan
Sª de las Harinas
Sª del Tablón
Sª del Terril
Sª de Cañete
Sª Vaquera
Sª de la Nava
Sª de Líjar
Sª Margarita
Sª del Pinar
Sª del Endrinal
Sª Blanquilla
Sª de las Salinas
Sª de los Merinos
Sª de Ortegícar
Sª Blanquilla
Sª de las Nieves
Sª del Oreganal
Sierra Molina
SERRANÍA DE RONDA
A 92
A 360
A 382
A 364
A 351
N IV E 5
SE 133
SE 132
SE 131
SE 134
SE 220
SE 221
SE 700
SE 707
SE 710
SE 715
SE 705
A 380
A 361
A 363
A 373
A 374
A 372
A 366
A 367
A 378
A 388

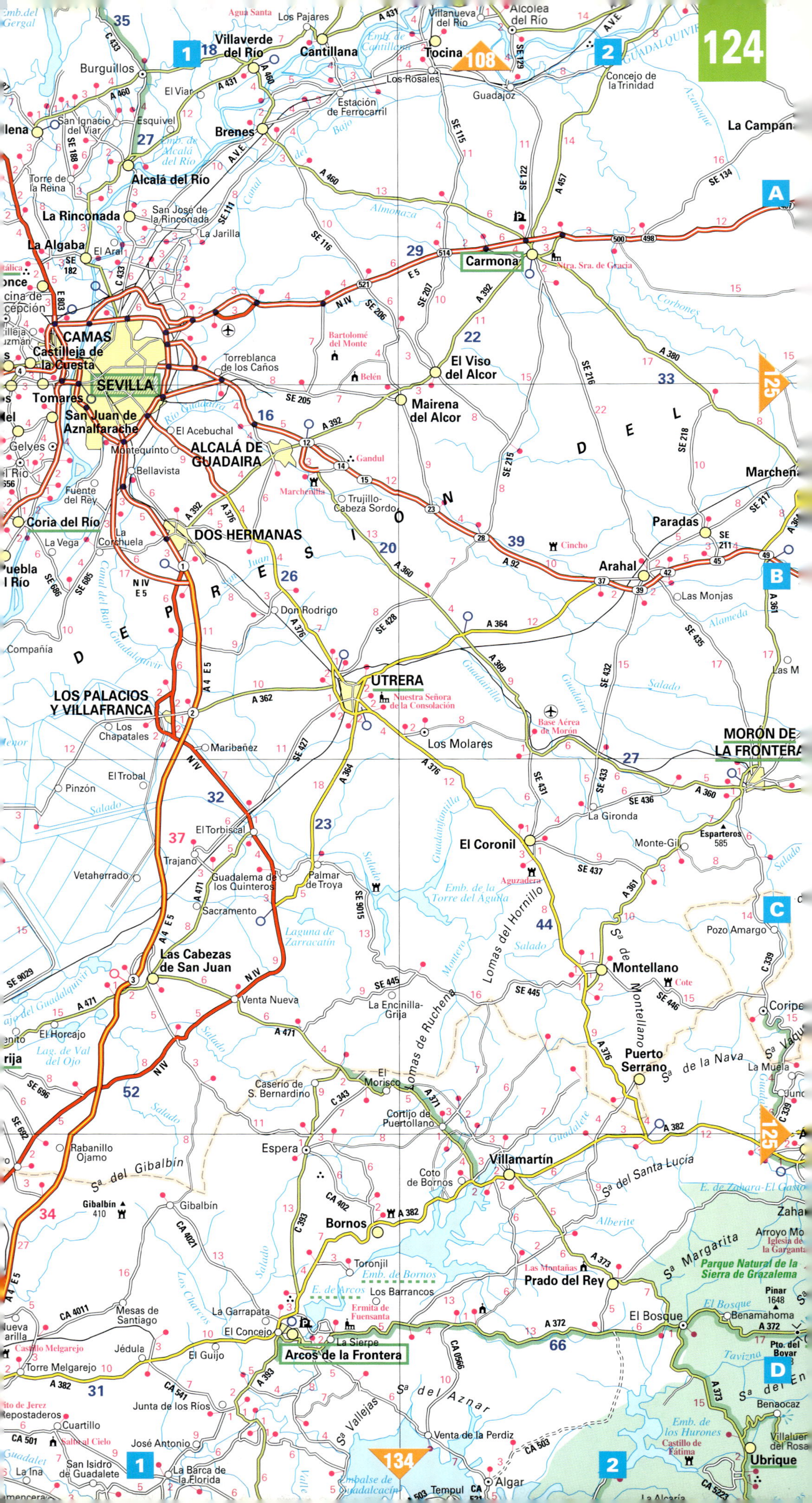
124
Villaverde del Río
Cantillana
Tocina
Alcolea del Río
Villanueva del Río
Los Rosales
Guadajoz
Concejo de la Trinidad
Burguillos
El Viar
Brenes
Estación de Ferrocarril
San Ignacio del Viar
Esquivel
Alcalá del Río
Torre de la Reina
La Rinconada
San José de la Rinconada
La Jarilla
La Algaba
El Aral
La Campana
Carmona
Ntra. Sra. de Gracia
CAMAS
Castilleja de la Cuesta
SEVILLA
Tomares
San Juan de Aznalfarache
Gelves
Torreblanca de los Caños
Bartolomé del Monte
Belén
El Viso del Alcor
Mairena del Alcor
El Acebuchal
Montequinto
ALCALÁ DE GUADAIRA
Bellavista
Gandul
Marchenilla
Trujillo-Cabeza Sordo
Fuente del Rey
Coria del Río
La Vega
La Corchuela
DOS HERMANAS
Paradas
Marchena
Arahal
Cincho
Las Monjas
Don Rodrigo
Compañía
UTRERA
Nuestra Señora de la Consolación
Base Aérea de Morón
MORÓN DE LA FRONTERA
LOS PALACIOS Y VILLAFRANCA
Los Chapatales
Maribañez
Los Molares
Pinzón
El Trobal
El Torbiscal
Trajano
Vetaherrado
Guadalema de los Quinteros
Palmar de Troya
Sacramento
El Coronil
La Gironda
Monte-Gil
Esparteros 585
Aguzadera
Emb. de la Torre del Águila
Laguna de Zarracatín
Lomas del Hornillo
Pozo Amargo
Montellano
Cote
Las Cabezas de San Juan
Venta Nueva
La Encinilla-Grija
Coripe
El Horcajo
Lag. de Val del Ojo
Puerto Serrano
Sa de la Nava
La Muela
Caserío de S. Bernardino
El Morisco
Lomas de Ruchena
Cortijo de Puertollano
Rabanillo Ojamo
Espera
Villamartín
Sa del Gibalbín
Coto de Bornos
Sa del Santa Lucía
E. de Zahara-El Gastor
Gibalbín 410
Gibalbín
Bornos
Toronjil
Emb. de Bornos
E. de Arcos
Los Barrancos
Ermita de Fuensanta
Las Montañas
Prado del Rey
Parque Natural de la Sierra de Grazalema
Sa Margarita
Arroyo Mo
Iglesia de la Garganta
Pinar 1648
Benamahoma
El Bosque
Mesas de Santiago
La Garrapata
El Concejo
La Sierpe
Arcos de la Frontera
Jédula
El Guijo
Castillo Melgarejo
Torre Melgarejo
Junta de los Ríos
Sa Vallejas
Sa del Aznar
Venta de la Perdiz
Cuartillo
Salto al Cielo
José Antonio
San Isidro de Guadalete
La Barca de la Florida
Embalse de Guadalcacín
Tempul
Algar
Emb. de los Hurones
Castillo de Fátima
Benaocaz
Villaluenga del Rosario
Ubrique
108
125
134
A
B
C
D
1
2

Valverde del Camino
El Pozuelo
Berrocal
Dique de los Silillos
Cumbres de Bolos
Sierra de Alcántara
Navahermosa
Tumbalejo
Beas
La Peñuela
Candón
Emb. de Corumbel Bajo
Villarrasa
La Palma del Condado
Niebla
Bonares
Lucena del Puerto
Rociana del Condado
Bollullos Par del Condado
Villares de Marchenilla
Reyerta Vieja
Colina de Santiago
Almonte
Tambor 110
Hinojos
Chucena
Manzanilla
Villalba del Alcor
Paterna del Campo
Escacena del Campo
Aldea Tejada
Tujena
Cejo 387
Charcofrío
Coto Nacional de la Pata del Caballo
El Campillo
Embalse del Agrio
Aznalcóllar
Gerena
Castilleja del Campo
Carrión de los Céspedes
Sanlúcar la Mayor
Huévar
Est. de Benacazón
Benacazón
Umbrete
Albaida del Aljarafe
Olivares
Villanueva del Ariscal
Bollullos de la Mitación
Pilas
Aznalcázar
Villamanrique de la Condesa
El Corchuelo
La Matilla
Los Bodegones
Los Cabezudos
La Mediana
Laguna Carrizosa
El Abalario
Palacio del Acebrón
El Rocío
Parque Natural de Doñana
Alfonso XII
Villafranco del Guadalquivir
Marisma de Aznalcázar
Torre del Oro
El Alamillo
Torre del Asperillo
Asperillo
Bombo 78
Laguna Pozas
El Acebuche
Torre de la Higuera
Matalascañas
Pueblo Andaluz
Palacio de Doñana
Laguna Santa Olalla
Madre de las Marismas del Rocío
Marisma de Hinojos
Parque Nacional de Doñana
Marisma Gallega
Lucios de la Esparragosilla
Isla Mayor
GUADALQUIVIR
Torre Carbonero
Lucio del Membrillo
Torre Zalabar
Parque Natural Entorno de Doñana
Palacio de las Marismillas
Torre de San Jacinto
Trebujena
Cortijo Cápita
La Algaida
Bonanza
SANLÚCAR DE BARRAMEDA
Playa Bajo de Guía
Playa de La Jara
Playa de Montijo
Playa Cruz del Mar
La Jara
Punta del Perro
Chipiona
Pl. La Regla
Pl. Camarón-Tres Piedras
Torre Breva 77
Cortijo de Alijar
Mesas de Asta
Pl. La Ballena
Las Tablas
JEREZ DE LA FRONTERA
Sierra de San Cristóbal
Laguna Salada
Castillo de la Almadraba
Rota
La Mata
107
122
133

110
127
136
A
B
C
D
1
2
La Rambla
Montemayor
La Salud
Montilla
El Arenal
Montalbán de Córdoba
El Fontanar
Jarata
Cerro del Hierro
Aguilar de la Frontera
Riofrío
La Benita
La Sierra o Buenavista
Atanores
Llanos del Espinar
El Macho
696
Los Arandas
La Esperanza
La Alcaldía
Las Beatas
Baena
Nueva Carteya
Doña Mencía
Iponuba
La Estación
Luque
Fuente Alhama
El Esparragal
El Tarajal
Zagrilla
Genilla
Zuheros
Favencia
Murciélagos
Parque Natural de la Sierra Subbética
Lobatejo
1379
La Nava
Bernabé
Navazuelo
Virgen de la Sierra
Sª de Cabra
Sª Alcaide
Cabra
El Martinete
Sª de Gaena
Zagrilla
Gaena-Casas Gallegas
Cañada del Hornillo
Carcabuey
Algar
Priego de Córdoba
Los Villares
El Nacimiento
Laguna de Zóñar
Laguna del Rincón
Monturque
Los Llanos
La Alcantarilla
Moriles
Navas del Selpillar
Los Santos
LUCENA
Puerto Alegre
Arenales
Ribera Baja
Ribera Alta
PUENTE GENIL
Palomar
Anzur
Sotogordo
Cordobilla
Las Piedras
Dehesa del Cañaveral
Anjarón
Campo de Aras
Llanos de Don Juan
N. Sra. de Araceli
Martín González
Zambra
Palomares
Burbunera
Sª de la Horconera
Sierra de Rute
Las Lagunillas
El Salado
La Poyata
Rute
La Hoz
Lorite
El Higueral
Algarinejo
Los Juncares
Solerche
La Saucedilla
Palancar
La Celada
Arroyo de Priego
Iznájar
Fuentes de Cesna
Emb. de Iznájar
La Mina
Emb. de Cordobilla
Huertas de La Manga
La Amarga
Casariche
La Salada
Jauja
Emb. de Malpasillo-Jauja
Jarales
Corcoya
GENIL
Virgen de Gracia
Benamejí
Encinas Reales
Vadofresno
Cuevas de S. Marcos
Cuevas Altas
906
Lora de Estepa
Riguelo
Becerro
Palenciana
Los Perenos
Cuevas Bajas
El Tejar
Pto. de Mateo
700
El Adelantado
Montes Claros
Ventorros de Balerma
Arrozuelas
Los Pechos
Fuentes del Conde
Sª de Campo Agro
Ventorros de la Laguna
Venta Sta. Bárbara
Torre Agricampo
Los Pérez
La Roda de Andalucía
Laguna de la Ratosa
Alameda
Los Carvajales
Gaén
Villanueva de Algaidas
Necrópolis
La Atalaya
Parrilla Zamarra
El Albaicín
Villanueva de Tapia
Dehesa de los Montes
Plines
Fuente de Piedra
Mollina
Humilladero
Sª del Humilladero
Estación de Archidona
Sª de Arcas
Cuesta de La Palma
Cuesta Blanca
Riofrío
Venta del Rayo
Cartaojal
Los Llanos de Antequera
Las Grajas
Virgen de Gracia
Archidona
Lag. de Archidona
Fuentes Camacho
Huertas del Río
Sierra Gorda
1670
Los Alazores
Sª de Gibalto
Bobadilla
Singilia Barba
Cueva del Romeral
Menga
Sepulcros Megalíticos
ANTEQUERA
Emb. de Guadalhorce
Emb. de Guadalteba
P. N. Torcal de Antequera
Guadalhorce
Villanueva del Trabuco
Pto. de los Alazores
1040
Villanueva del Rosario
Alfarnate
Alfarnatejo
Sª de Chimenea
Camorro Alto
1378
El Torcal Antequera
Torcal de Antequera
Los Nogales
La Hoya
Villanueva de la Concepción
Pto. de Las Pedrizas
1040
Villanueva de Cauche
Aratispi
Sierra de Camarolos
Pto. de Sabar
590
Sª del Valle de Abdalajís
Valle de Abdalajís
El Chorro
Garganta del Chorro (Desfiladero de los Gaitanes)
Emb. de Gaitanejo
Bobastro
Los Chivos
Riogordo
Mondrón
Periana
Casabermeja
Colmenar
Las Cuevas
Romo
Solano
Emb. de Viñuela
Sª de la Pizarra
Dña. Trinidad
Balneario de Carratraca
Sª del Agua
Sabinal
Cjo. Pacheco
Camino Real
Necrópolis Megalítica
Montes de Málaga
El Conejo
Los Romanes
Las Rozas
La Zubía
Salto del Negro
Comares
Cerro del Moro
Masmullar
Cútar
Benamargosa
Parque Natural Montes de Málaga
Jotrón
Santopitar
1019
El Borge
Almáchar
Sabinal
Casablanquilla
E. del Tajo de la Encantada
Álora
Arroyo Ancón
Almogía
Ayo. Corrales
Vega Sta. María
Los Lagares
Pto. del León
960
La Serrezuela
Villamorma
Zalea
Huertas y Lomas
Rivera
Pizarra
Verdiales
Las Molineras
Villalón
Gibralgaiva
Estación de Cártama
Aljaima
Cerralba
Puerta del Sol
La Esperanza
E. del Agujero
Emb. de El Limonero
Olías
Moclinejo
Totalán
Despoblado Medieval de Maximiliana
Vadés
Benaque
Macharaviaya
Cajiz
Benagalbón
Chilches
Cerrada de Calderón
Gibralfaro
Sta. Rosalía
Campanillas
Cártama
Villafranco de Guadalhorce
Ampliación de Cártama
Doña Ana
Alquería
Romeral
Torrealquería
Sta. Amalia
Peñón-Zapata-Molina
EL PALO
MÁLAGA
Playa de San Andrés
Playa de la Misericordia
Ensenada de Málaga
Playa de la Araña
La Cala del Moral
Rincón de la Victoria
Torre de Benagalbón
Benajarafe
Churriana
Coín

112
128
138
Los Ciruelos
Cortijo Nuevo
Dehesas de Guadix
Valdemanzanos
Villanueva de las Torres
Balneario de Alicún de la Torre
Cuevas del Campo
Las Cucharetas
Baños de Zújar
Santuario de N. Sra. de la Cabeza
E. de Negratín
Bácor-Oliva
Freila
Zújar
A 315
Puente Arriba
Cuevas de San Marcos
Cuevas de Fuente Abajo
Cuevas de Luna
Benamaurel
El Margen
Cúllar
A 92 N
Pulpite
Venta del Peral
Río de Baza
A 92 N
Salazar
Baza
Gorafe
Los Balcones
Baúl
Rambla de Valdiquín
Cenascuras
Las Viñas
Hernán-Valle
Gor
A 92 N
N 342
Sierra de Gor
Sierra de Baza
Parque Natural Sierra de Baza
Las Juntas
Charches
El Raposo
GR 820
GR 800
A 323
La Vega
Caniles
Los Gallardos
Loma de la Vizcaína
Balax
Los Olmos
Rejano
El Hijate
Ramal Alto
Higueral
Los Caveros
Los Donatos
Los Zoilos
Los Collados
AL 8721
Serón
El Reconco
Alcóntar
El Valle
Aldeire
Las Menas
Los Santos
Guadix
Alcudia de Guadix
La Estación
Observatorio Astronómico Calar Alto
Lacalahorra
Ferreira
Dólar
Huéneja
Fiñana
La Estación
San Antón
Pago de Escuchagranos
Abla
Abrucena
Ocaña
Doña María Ocaña
Escúllar
Aulago
El Almendral
Olula de Castro
Las Aneas
Gérgal
La Estación
Las Alcubillas
Paraje Natural Desierto de Tabernas
Sierra Nevada
Pto. de la Ragua 2000
Chullo 2611
A 331
Santillana
Nacimiento
Tices
Ohanes
Alboloduy
AL 451
AL 450
A 324
Bayárcal
Paterna del Río
Laujar de Andarax
Beires
AL 441
Canjáyar
Rágol
Instinción
Alsodux
Sta. Cruz
Bentarique
Alhabia
Cueva de los Millares
Nechite
Mairena
Laroles
GR 431
Guarros
Picena
Válor
Mecina Alfahar
Yegen
Benecid
Almócita
Padules
A 332
Fuente Victoria
Fondón
La Barriada de Alcora
Íllar
Terque
Huécija
Alicún
Sta. Fe de Mondújar
Pechina
Alhama de Almería
Gádor
El Ruini
Las Minas
Benahadux
Cherín
Ugíjar
Alcolea
Lucainena
Darrícal
Las Canteras
Cojáyar
Mecina-Tedel
Murtas
Emb. de Beninar
Beninar
Himes
El Cid
Chirán
Castala
Sierra de Gádor
El Marchal de Antón López
Enix
AL 412
Félix
Ejido de Callejón
Turón
GR 461
Las Angustias
La Peñarrodada
Ermita Virgen de Gádor
Berja
ALMERÍA
La Garrofa
Castell del Rey
El Palmer
La Noria
San Roque
Alcaudique
Celín
Dalías
Vícar
Los Clementes
El Río Grande
El Río Chico
Beneji
Aguadulce
El Parador
Los Pérez
Calar
Sª Alamilla
AL 358
Sta. Mª del Águila
Venta El Viso
N 340
E 15
Gangosa-Vistasol
La Ribera de la Algaida
Salinas de San Rafael
Playa de las Salinas
La Alquería
La Fuente del Ahijado
La Parra
Los Escuderos
La Alcazaba
El Pardo
Venta Nueva
Tarambana
Pampanico
El Ejido
Loma del Bosque
Roquetas de Mar
El Puerto
Pl. Romanillas
Pl. de la Bajadilla
Pl. Urbanización Roquetas de Mar
Urb. Roquetas de Mar
Pl. Serena
Cortijada de Marín
Las Salinas
La Mojonera
El Solanillo
Las Norias
Guainos Bajos
Adra
El Puente del Río
Pl. Real
Pl. de Banaluquete
Pl. de S. Nicolás
Pl. de Levante
Salinas
Balanegra
Balerma
Matagorda
Salinas de Guardias Viejas
Guardias Viejas
Almerimar
Laja del Palo
Salinas Viejas
Salinas de Cerrillo
Pl. de Cerrillos
Pl. Entinas
Pl. del Príncipe
Pl. Poniente
Pl. Bolaños
Pl. La Caracola
Pl. Fuente Ahijado
Pl. La Gaviota
Pl. Vieja
Albufera Nueva
Pl. de Berja
Pl. Balerma
Pl. de Guardias Viejas
Pl. Piedra del Moro
Punta de los Baños
Punta de Entinas

1
2
111
129
137
A
B
C
D
Carchalejo
Arbuniel
Puerta Arenas
Santa Lucía
Sierra Lucena
Montejícar
Guadahortuna
Pto. de Torre-Cardela 1220
Torre-Cardela
Cotilfar Baja
Domingo Pérez
Campotéjar
Dehesas Viejas
Cortijo del Fistel
Pto. de Onitar 1040
Onitar
Poloria
Terre
Piñar
Pto. del Zagrí 1080
Iznalloz
Faucena
Barcinas
Bogarre
Moreda
Gobernador
Laborcillas
Delgadillo
Pedro-Martínez
Alamedilla
Fuente Caldera
Cortijo de los Ciruelos
El Peñón
Alicún de Ortega
Dehesas de Guadix
Valdemanzanas
Villanueva de las Torres
Balneario de Alicún de la Torre
Mencal 1449
Gorafe
Cortijo de Becerra
Fonelas
Huélago
Cenascuras
Las Viñas
Hernán-Valle
HOYA DE
Sierra Arana
Belerda
Benalúa de Guadix
Darro
Los Villares
Sillar Alta
Sillar Baja
Prado Negro
Diezma
Lopera
Cortés
Graena
Los Baños
Marchal
Purullena
Estación de Guadix
Guadix
Orduña 1940
El Molinillo
Deifontes
Arenales
Sª de Cogollos
Parque Natural de Huétor
Cogollos Vega
Güevéjar
Nívar
Alfacar
Víznar
Sª de la Yedra
La Peza
Beas de Guadix
Policar
GUADIX
Esfiliana
Alcudia de Guadix
Lugros
Cogollos de Guadix
Albuñán
Emb. de Cogollos de Guadix
Emb. de Quentar
Beas de Granada
Huétor-Santillán
Alquería del Fargue
GRANADA
Cenes de la Vega
Dúdar
Quéntar
Pinos-Genil
Güéjar Sierra
El Peñón
Canales
E. de Canales
Jeres del Marquesado
Minas del Marquesado
San Hermegildo
Alquife
Lanteira
Virgen de Begoña
Aldeire
Lacalahorra
Ferreira
Armilla
Huétor-Vega
Cájar
Monachil
Ogíjares
La Zubia
Gójar
Otura
Dílar
Reserva Nacional de Sierra Nevada
Parque Nacional de Sierra Nevada
NEVADA
San Jerónimo
Prado Llano
Est. Inv. Sol y Nieve
Pto. del Veleta
Pico Veleta 3392
Mulhacén 3479
Albergue
Refugio
Lag. de las Yeguas
SIERRA
Pto. de la Ragua 2000
Pto. del Suspiro del Moro 860
Santuario Virgen de las Nieves
Lomas de Padul
Padul
Marchena
Dúrcal
Cozvíjar
Nigüelas
Acequias
Cónchar
Mondújar
Lecrín
Murchas
Melegís
Restabal
Saleres
Chite
Béznar
Lanjarón
Emb. de Béznar
Pinos del Valle
Ízbor
Trevélez
Los Caballeros
Capileira
Bubión
Pampaneira
Pórtugos
Pitres
Busquístar
Juviles
Bérchules
Alcútar
Mecina-Bombarón
Yegen
Nechite
Mairena
Laroles
Válor
Mecina Alfahar
Bayárcal
Narila
Galco
Yátor
Ugíjar
Timar
Cádiar
Nieles
Lobras
Cástaras
Notáez
Ferreirola
Mecina Fondales
Soportújar
Cáñar
Carataunas
Bayacas
Cerro Negro
Órgiva
Almegíjar
Baños de Panjuila
Jorairátar
Las Canteras
Darrical
Cojáyar
Mecina-Tedel
Murtas
Emb. de Beninar
Beninar
Lucainena
Los Guájares
Agustines y Tíjola
Pago
La Umbría
Torvizcón
ALPUJARRAS
Sierra de Contraviesa
Los Cózares
Las Angustias
Turón
La Peñarrodada
Guájar Faragüit
Guájar Alto
Guájar Fondón
Vélez de Benaudalla
Alcázar
Salas-Contraviesa
Fregenite
Olías
Albondón
Cerrón 1240
La Noria
Los Clementes
El Río Grande
Sierra de Lújar
Rubite
Haza del Lino
Alfornón
El Maurel
Los Murciélagos
Los Gálvez
Albuñol
Los Pérez
Molvízar
La Gorgoracha
Polopos
Sorvilán
Los Chaulines
El Cortijo Bajo
Los Moras
Sierra de Gádor
La Parra
Los Escuderos
La Alquería
La Fuente del Ahijado
Lobres
Lújar
Monte Almendras
Los Tablones
Haza del Trigo
La Guapa
Los Carlos
Los Garcías
Melicena
La Haza Mora
El Campillo
La Alcazaba
Salobreña
Salomar 2000
MOTRIL
Las Ventanillas
La Garnatilla
Gualchos
Sierra de Carchuna
Los Yesos
La Mamola
Castillo de Baños
Los Pastores
Castell de Ferro
Barriada del Romeral
La Rábita
El Pozuelo
Guainos Bajos
Adra
Peñón de Salobreña
El Varadero
Puntalón
Torrenueva
Calahonda
Carchuna
Cabo Sacratif
Pl. de Granada
Pl. de Salobreña
Pl. de la Guardia
Pl. Barranco de Enmedio
Pl. de Cabria-Corrumbico
Pl. Calabajío
Pl. La Joya
Pl. de Carchuna
Pl. de Torrenueva
Pl. de las Azucenas
Pta. de Carchuna
Punta del Cerrón
Punta del Melonar
Pl. Castell de Ferro
Pl. El Lance
Pl. Castillo de los Baños
Pl. Melicena
Pl. de la Mamola
Peñón de San Patricio
Punta Negra
Playa La Juana
Playa Robaiza
Playa Cabite
Pl. de la Calderilla
Pl. de la Alcazaba
Pl. de las Conchas
Pl. de los Guainos
Pl. de Barranco de Malo
Cala Junco
Pl. del Lance de la Virgen
Pl. El Ramblón Periano
Pl. Poniente
Pl. Bolaños
Pl. La Caracola
Pl. Fuente Ahijado
Pl. La Gaviota
Pl. Vieja
A 321
A 323
A 340
A 325
A 92
A 92 N
N 323
E 902
A 395
A 331
A 332
A 333
A 4132
L 451
N 340
E 15
GR 130
GR 411
GR 413
GR 421
GR 431
GR 433
GR 443
GR 461

Las Beatas
Baena
Iponuba
CV 104
N 432
La Estación
Luque
Zuheros
Murciélagos
CO 241
CO 230
Zamoranos
Parque Natural de la Sierra Subbética
Lobatejo 1379
Fuente Alhama
El Esparragal
El Cañuelo
Nava
Bernabé
Navazuelo
Sª Alcaide
El Tarajal
Zagrilla
CO 230
A 333
Castil de Campos
El Poleo
Genilla
La Concepción
Zagrilla
Cañada del Hornillo
Carcabuey
Algar
CO 220
Priego de Córdoba
A 340
Novasequilla
Almedinilla
CV 234
Los Villares
Sª de la Horconera
Burbunera
El Salado
El Castellar
Las Lagunillas
Sierra de Rute
CV 220
La Poyata
Sª Albayate
Laguna del Conde
Guadajoz
Campo Nubes
Fuente-Tójar
Todosaires
Las Higueras
Alcaudete
Víboras
Las Casillas
La Carrasca
Valdohornillo
Fuensanta de Martos
Sª de la Caracolera
Ahillo 1452
Sª Ahillo
El Reguelo
Sierra del Grana
Sierra de la P
Valdepeñas de Jaén
Víboras
Salado
C 3221
La Sierra
Sierra Alta Coloma
Sierra del Trigo
Sª de Montillana
Castillo de Locubín
Cueva de la Campana
Sabariego
Ventas del Carrizal
Sª San Pedro
La Rábita
Las Grageras
San José
Fuente Álamo
Caserías
Sileras
Fortaleza de la Mota
Alcalá la Real
Charilla
Frailes
Santa Ana
Ribera Alta
Trujillos
Los Rosales
A 340
A 335
N 432
Mures
Las Puertas
E. de Colomera
La Viñuela
Hortichuela
La Pedriza
La Fuente Grande
Venta Valero
Lojilla
Las Navas
Villalobos
Ermita Nueva
Venta de Agramaderos
La Cazuela
Limones
Iznájar
Colomera
Sª del Marqués
El Serval
Rosal Bajo
Cortijo de los Gitanos
Sª de Parapanda
Sª de Madrid
Puerto Lope
Moclín
Olivares
Tiena
Algarinejo
Montefrío
Cortijo de Barbas
Sª de las Chanzas
Parapanda 1608
Íllora
Sª de Obeitar
A 336
N 432
La Hoz
Lorite
El Higueral
Los Juncares
Palancar
La Saucedilla
Solerche
Celada
Arroyo de Priego
Fuentes de Cesna
La Carrera de la Viña
Pto. de Ventorros de Zagra 900
Zagra
Ventorros de S. José
Arroyo Pinares
Alomartes
La Estación
Zujaira
Caparacena
Pinos Puente
Iznájar
Montes Claros
Ventorros de Balarma
Milanos
Tocón
Brácana
Apeadero La Loma
Escóznar
Casa Nueva
Valderrubio
Sierra Elvira
Los Pechos
Arrozuelas
Fuentes del Conde
Sª de Campo Agro
Ventorros de la Laguna
Los Arenales
Estación de Huétor-Tájar
Huétor Tájar
Villanueva de Mesía
GENIL
Tiasmulas
Cijuela
Fuente Vaqueros
Romilla
Pedro Ruiz
Chauchina
Torre Agricampo
Venta Sta. Bárbara
A 328
Villanueva de Tapia
Dehesa de los Montes
Los Infiernos
La Esperanza
Plines
Loja
Riofrío
A 92
Venta Nueva
Loreto
Fuensant
El Chaparral
Láchar
Peñuelas
Santa Fe
Moraleda de Zafayona
Salar
Las Rozuelas
Cuesta de la Palma
Cuesta Blanca
Venta del Rayo
Sierra de Loja
A 335
El Turro
Castillo de Tajarja
Romilla la Nueva
Cúllar-Vega
Chimeneas
Churriana de la Vega
Las Gabias
Lag. de Archidona
Fuentes Camacho
GR 115
Sierra Gorda 1670
Buenavista
Alhama
Cacín
Valenzuela
Santa Cruz del Comercio
Cacín
GR 112
Ácula
Ventas de Huelma
Escúzar
A 340
GR 101
Agrón
MA 225
Sª de Gibalto
Los Alazores
Pto. de los Alazores 1040
Villanueva del Trabuco
GR 100
Alhama de Granada
C 340
Pantano de los Bermejales
Embalse de los Bermejales
Venta del Fraile
Camarolos
Alfarnate
MA 155
Alfarnatejo
El Almendral
Zafarraya
Pilas de Algaida
Pto. de Zafarraya 920
GR 141
Arenas del Rey
Fornes
Jayena
Játar
Sierra del Chaparral
Rosario
MA 115
Pto. de Sabar 590
MA 157
Las Mesas de Zalia
Ventas de Zafarraya
A 340
Loma de las Víboras
Periana
Mondrón
Riogordo
Colmenar
Las Cuevas
Romo
Solano
MA 159
A 356
Emb. de Viñuela
El Conejo
Los Romanes
Las Rozas
Venta Baja
C 335
Los Cortijillos
Alcaucín
Sierra de Tejeda
Sierra de Almijara
Puente de Salia
MA 125
Carrillas de Aceituno
Sedella
Salares
Viñuela
Portugalejo
Los Paulas
MA 158
Canillas de Albaida
Parque Natural de Tejeda, Alhama y Almijara
Cjo. de los Prados de Lobera
Sierra Lújar 1878
La Cabra Montés
Peñón de los Castillejos 992
Cerro del Moro
Comares
La Zubia
Salto del Negro
Masmullar
Santopitar 1019
Cútar
Benamargosa
Triana
Camino Real
Rubite
Archez
Corumbela
Daimalos
Arenas
Cómpeta
El Borge
Almáchar
La Serrezuela
MA 165
Trapiche
MA 117
MA 111
MA 137
Sayalonga
MA 105
Frigiliana
Río de la Miel
Higuerón
Chíllar
Benamocarra
Iznate
Benaque
Macharaviaya
Moclinejo
Totalán
Vadés
Olías
Despoblado Medieval de Maximiliana
MA 149
MA 108
Cajiz
Cabrillas
MA 176
Necrópolis Fenicia
VÉLEZ-MÁLAGA
Algarrobo
Hipogeos Fenicios
Torrox
Cuevas de Nerja
Nerja
Maro
N 340
Benagalbón
Almayate Bajo
Torre del Mar
La Caleta
Huit
El Morche
E 15
La Torrecilla
La Herradura
La Caleta de La Guardia
Chilches
Benajarafe
Torre Moya
Torre del Jaral
Lagos
Santa Rosa
Faro de Punta de Torrox
La Cala del Moral
Rincón de la Victoria
Torre de Benagalbón
MA 113
Playa de Benajarafe
Playa Almayate-Bajo
Playa Torre del Mar-La Caleta
Playa de Los Lagos
Playa de Ferrara (El Morche)
Playa de El Peñón
Playa El Playazo
Playa del Salón
Playa de La Calaceite
Playa de Calahonda
Playa de El Pino
Playa de Las Alberquillas
Pl. de la Herradura
Pta. de la Mona
Pl. El Muerto
Torrecuevas
Otívar
110
126
136
1
2
A
B
C
D

113
131
139
Puerto Lumbreras
Huércal- Overa
Albox
Olula del Río
Macael
Cantoria
Fines
Purchena
Cuevas de Almanzora
Vera
Garrucha
Mojácar
Turre
Sorbas
Tabernas
Níjar
Carboneras
Chirivel
El Contador
Pto. de El Contador
Las Casas
La Rambla de Abajo
La Rambla de Arriba
El Jalí
El Róquez
La Aspilla
Los Álamos
Madroñal
La Yegua Baja
El Cantal
Los Cerricos
Saliente Alto
Virgen del Saliente
El Margen
Sierra de las Estancias
El Barranco de Quiles
La Fuente del Negro
Oria
El Puntal
La Rambla
La Ermita
Los Chacones
Las Pocicas
Taberno
Los Simones
Llano del Espino
El Llano de las Ánimas
Llano de los Olleres
Marcelinos
Partaloa
Locarba
Aljara
Urracal
Huitar Mayor
La Hojilla
El Dirá
La Torreta
Las Casicas
El Olivar
Almanzora
Belaimí
Los Tonosas
San Francisco
El Charche
Pto. de Sta. María de Nieva
Las Estalactitas
Los Gázquez
Las Cabreras
Los Torrentes
El Puertecico
Los Pardos
Los Gateros
La Hoya
Santopétar
La Perulera
La Loma
La Parata
La Fuensanta
Abejuela
Góñar
Sta. Mª. de Nieva
Úrcal
Las Norias
Almendricos
San Francisco
García
La Estación
El Saltador
La Fuente
Almajalejo
Los Carasoles
Los Menas
Santa Bárbara
Arboleas
La Alfoquia
Nra. Sra. de los Dolores
Sierra Almagro
Embalse de Cuevas de Almanzora
Canalejas
Guazamara
San Miguel
El Arroyo Aceituno
El Palacés
Zúrgena
El Alhanchete
Las Cupillas
Jucainí
El Martinete
La Muleria
La Portilla
Bujulú
Las Cunas
Las Herrerías
Villaricos
Los Lobos
Palomares
El Real
Antas
Sª Lisbona
Sufli
Sierro
Laroya
Chercos
Lijar
Albánchez
Los Utreras
Los Molinas
Cóbdar
Los Herreras
La Rambla Aljibe
Los Dioses
El Pocico
Los Llanos del Mayor
Ermita de la Cabeza
Benitorafe
Alcudia de Monteagud
Benitagla
Tahal
Senés
Velefique
Benizalón
Los Filabres
Lubrín
El Marchal
Bédar
El Pilar
Uleila del Campo
El Chive
Los Javielos
La Serena
Los Gallardos
La Fuente de la Higuera
El Puntal
La Mela
Los Castaños
Alfaix
Los Giles
La Alcantarilla
Paraje Natural Karst en Yesos
La Huelga
Las Herrerías
El Mayordomo
El Barranco de los Lobos
Los Perales
La Carrasca
Sierra Cabrera
Agua del Medio
Macenas
Gafarillos
Venta de los Yesos
Lucainena de las Torres
Turrillas
La Rambla Honda
Polopos
La Cueva del Pájaro
El Saltador Bajo
El Cumbrero
La Islica
El Llano de Don Antonio
El Argamasón
Venta del Pobre
Paraje Natural Sierra Alhamilla
Sierra Alhamilla
Huebro
Embalse de Níjar
Campo de Níjar
Saladar y Leche
Mesa Roldán
Agua Amarga
Faro de Mesa Roldán
Pta. de los Muertos
Pta. de la Media Naranja
Baños de Sª Alhamilla
Las Cuevas de los Úbeda
Hornillo
Campohermoso
S. Isidro de Níjar
Pueblo Blanco
Fernán Pérez
Parque Natural Cabo de Gata Níjar
Punta Javana
Las Negras
San Ramón
Hortichuelas
Viator
Las Cuevas de los Medina
El Viso
Atochares
Los Jiménez
El Alquián
Los Martínez
Rodalquilar
Pta. Piedra Negra
Cabeza del Negro
Los Nietos
Los Albaricoques
El Barranquete
Costacabana
El Retamar
El Boba
Ermita de Torre García
Rambla de Morales
Ruescas
La Isleta
Los Escullos
San Felipe
Pujaire
El Cabo de Gata
Torre de S. Miguel
Salinas de Cabo de Gata
El Pozo de los Frailes
Punta de Loma Pelada
Punta de los Frailes
San José
El Romeral
Almadrava de Montelva
La Fabriquilla
El Monsul
Morrón de los Genoveses
CABO DE GATA
Torre de la Vela Blanca
Punta de Laja
Punta Negra
Sierra de Cabo de Gata
Golfo de Almería
Playa de la Rumina
Playa del Cargador
Playa del Cantal
Punta del Cantal
Playa Cueva del Lobo
Playa Castillo de Macenas
Playa del Sombrerico
Pl. Granatillas
Punta del Santo
Pl. de los Algarrobicos
Pl. La Galera
Pl. del Lancón
Isla de S. Andrés
Pl. de los Barquicos (Los Cocones)
Pl. de las Martinicas
Pl. de los Muertos
Pl. de Agua Amarga
Cala de Enmedio
Cala del Plomo
Cala de San Pedro
Pl. de las Negras
Cala del Plomo
El Playazo de Rodalquilar
Cala del Bergantín
Cala de Polacra
Cala de Carnaje
Pl. del Peñón Blanco (La Isleta)
Pl. del Arco
Pl. del Embarcadero (El Esparto)
Cala Higuera
Pl. de San José
Pl. de los Genoveses
Cala Chica
Cala Príncipe
Cala de los Amarillos
Cala Arena
Cala Rajá
Cala Carbón
Pl. Media Luna
Pl. Monsul
Pl. Casa Fuerte
Pl. del Retamar
Pl. de Torre García
Pl. las Amoladeras
Pl. de Cabo de Gata
Almadrava de Monteleva
Pl. Quitapellejo
Pl. El Playazo
Puerto del Rey
Pl. Puerto Rey
Pl. Las Marinas
Pl. Garrucha
Playa Narina de la T.
A 92
A 92 N
N 340
A 321
A 332
A 350
AL 8831
AL 842
AL 8901
AL 811
AL 810
AL 820
AL 610
A 323
C 3325
C 3327
AL 3325
AL 8123
AL 151
A 370
E 15
AL 1011
AL 104
C 341
AL 9031
AL 1009
D 19
D 17

123
1
2
A
B
C
D
Chipiona
La Jara
Rota
La Ballena
Castillo de la Almadraba
Pl. Peguina
Pl. Punta Cóndor
Pl. la Costilla
Pl. El Rompillido
La Mata
Fuentebravía
Torre Breva
Cortijo de Alijar
Mesas de Asta
Las Tablas
JEREZ DE LA FRONTERA
La Parra
Guadalcacín
Mesas de Santiago
Jédula
Torre Melgarejo
Cuartillo
Estella del Marqués
Los Repostaderos
José Antonio
La Barca de la Florida
Junta de los Ríos
San Isidro de Guadalete
El Torno
Torrecera
Los Isletes
La Cartuja
Sierra de San Cristóbal
El Portal
San Ignacio
Berbén
Galvecito
Vistahermosa
Punta de la Cruz
Valdelagrana
Puerto Sherry
EL PUERTO DE SANTA MARÍA
Pl. Fuentebravía
Pl. Sta Catalina
Pl. La Calita
Pl. La Puntilla
Pl. de Valdelagrana
Pl. de La Caleta
Pl. Sta. Mª del Mar
Pl. de La Victoria-Cortadura
Playa de Levante
CÁDIZ
Castillo de San Sebastián
Matagorda
PUERTO REAL
Jarana
Arsenal de la Carraca
Bahía de Cádiz
Parque Natural de la Bahía de Cádiz
Castillo de Berroquejo
San José del Pedroso
SAN FERNANDO
Pl. El Chato-Torregorda
El Marquesado
Medina Sidonia
El Berrueco
Laguna de Jeli
Pl. de Urrutia
Pl. Camposoto
CHICLANA DE LA FRONTERA
Sancti-Petri-La Barrosa
Novo Sancti Petri
La Barrosa
Balneario de Fuente Amarga
Campano
Playa de la Barrosa
Torre del Puerco
Playa del Puerco
Urbanización Roche
Roche
El Colorado
Barrio Nuevo
Los Naveros
Cantarranas
Nájara
El Parralejo
Casa Postas
Libreros
Las Lomas
Jandilla
Cala Encendida
Cala Aspero
Cala Medina
Cabo Roche
El Puntalejo
Conil de la Frontera
Patria
La Muela
Vejer de la Frontera
Barelo
Cala del Aceite
Cala Melchor
Cala Pitones
Cala Sudano
Cala Camacho
Pl. de La Fontanilla
Pl. Los Bateles
Pl. Castilnovo
Pl. El Palmar-Zahora
Torre Nueva
El Palmar
San Ambrosio
Ermita de Porquera
Zahora
Faro Cabo de Trafalgar
Cabo Trafalgar
Los Caños de Meca
Torre del Tajo
Barbate
Parque Natural de la Breña y Marismas de Barbate
Playa de los Caños de Meca
Pl. de El Carmen
Pl. Cañillos y Pajares
Zahara de los Atunes
Atlanterra
OCÉANO ATLÁNTICO
Costa de la Luz
A 480
A 491
A 4
A 382
A 381
A 393
A 390
N IV
N 443
N 340
E 5
CA 201
CA 501
CA 614
CA 2012
CA 2021
CA 4011
31
37
38
27

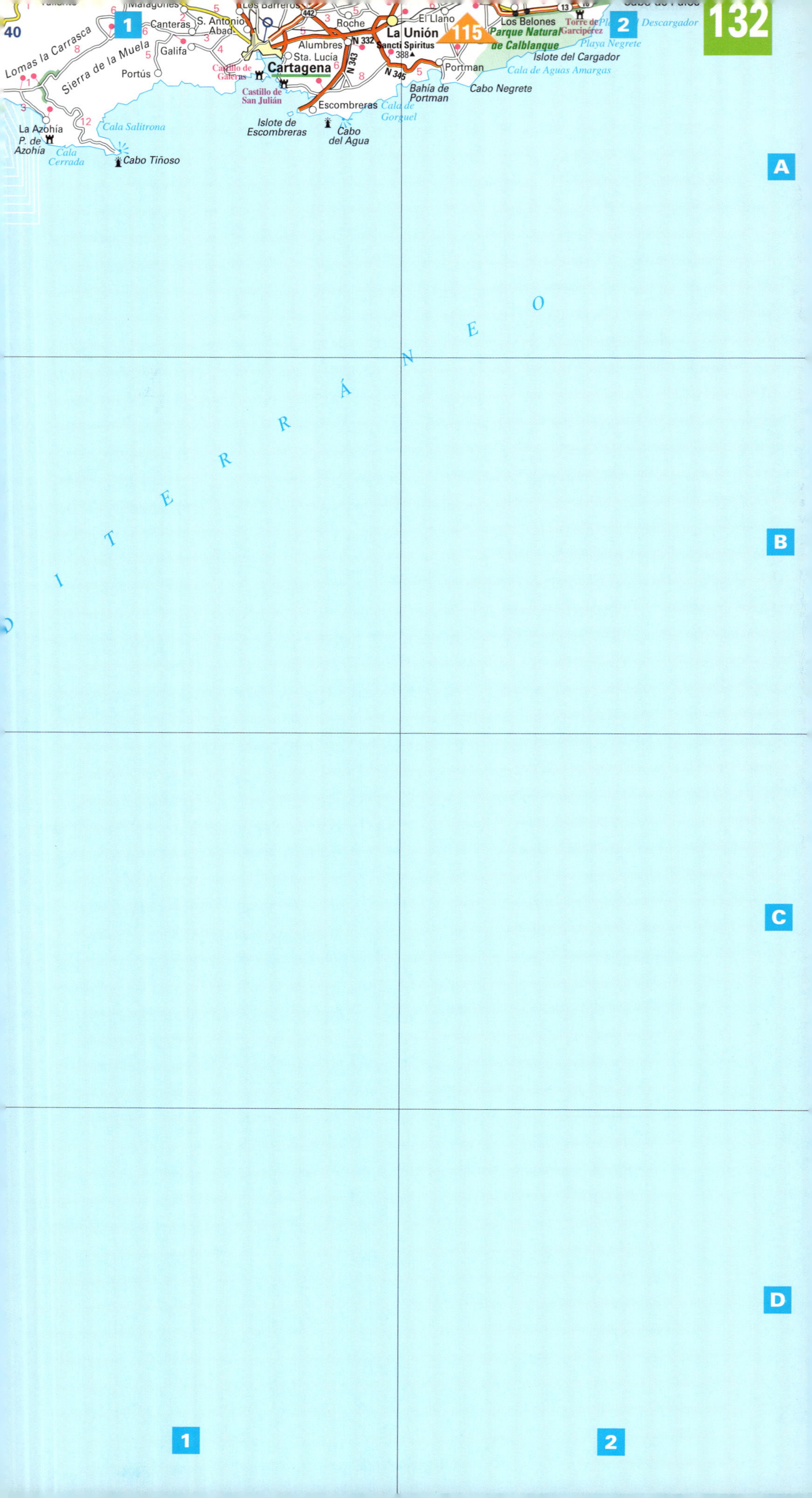
Lomas la Carrasca
Sierra de la Muela
Canteras
S. Antonio Abad
Galifa
Portús
Castillo de Galeras
Cartagena
Castillo de San Julián
Alumbres
Sta. Lucía
Roche
La Unión
Sancti Spiritus
388
El Llano
115
Los Belones
Parque Natural de Calblanque
Torre de Garcipérez
Descargador
Playa Negrete
Islote del Cargador
Cala de Aguas Amargas
Portman
Bahía de Portman
Cabo Negrete
Escombreras
Cala de Gorguel
Islote de Escombreras
Cabo del Agua
La Azohía
P. de Azohía
Cala Cerrada
Cala Salitrona
Cabo Tiñoso
N 332
N 343
N 345
40
I T E R R Á N E O
A
B
C
D
1
2

1
2
A
B
C
D
114
130
Mazarrón
Puerto de Mazarrón
Gredas de Bolnuevo
Bolnuevo
Isla de Adentro
Leiva
La Atalaya
Sierra de La Almenara
Sierra de las Moreras
Las Moreras
Morata
Campo López
La Torre
Castillo de Félix
Altobordo
Purias
Tebar
Talayón
879
Ramonete
Pastrana
Cañada de Gallego
Lomo de Bas
Puntas de Calnegre
Parque Natural de Calnegre y Cabo Cope
Garrobillo
Castillo de Cope
Cope
Cabo Cope
Cabezo de los Mayorales
Puerto Lumbreras
Rambla de Casarejos
Sierra de Enmedio
Sierra Carrasquilla
Abejuela
Góñar
Urcal
Las Norias
Almendricos
El Cabildo y La Campana
Los Arejos
Pozo de la Higuera
San Francisco
García
Pulpí
La Estación
El Saltador
El Cocón
Águilas
San Juan
Isla del Fraile
Punta del Poniente
Pilar de Jaravia
La Fuente
Sierra Almagro
Canalejas
Guazamara
El Pozo del Esparto
El Largo
San Juan de Terreros
S. Juan
I. de Terreros
Embalse de Cuevas de Almanzora
Cuevas de Almanzora
El Alhanchete
Las Cupillas
Jucainí
Martinete
La Portilla
Los Lobos
La Mulería
Bujulú
Las Cunas
Las Herrerías
Sierra Almagrera
Almanzora
Vera
Palomares
Villaricos
Pta. de los Hornicos
Antas
Puerto del Rey
Garrucha
Gallardos
Turre
Mojácar
La Alcantarilla
Punta del Cantal
Sierra Cabrera
Agua del Medio
Macenas
Punta del Santo
El Cumbrero
La Islica
Carboneras
Isla de S. Andrés
Pta. de los Muertos
Pta. de la Media Naranja
Roldán
Cerro de Mesa Roldán
Pl. de Calnegre
Pl. Baño de las Mujeres
Pl. de S. Pedro
Pl. Larga
Pl. de la Galera
Pl. de las Pulgas
Pl. Pozo Huertas
Pl. del Abejorro
Pl. Caletón del Pozo
Pl. Pozo del Animal
Pl. Elena
Pl. del Rafal
Pl. del Charco
Pl. del Hoyo
Pl. El Sombrerico
Pl. Ensenada de la Fuente
Pl. de la Fuente de Cope
Pl. P. del Fraile
Pl. Calabardina
Pl. La Cola
Pl. del Piro
Pl. Arroz
Pl. Todosol
Pl. Hornillo
Pl. Cocedor
Pl. Delicias
Pl. Levante
Pl. Poniente
Pl. Prolongación de Poniente
Pl. del Piojo
Pl. de la Casa Verde
Pl. Cañada del Negro
Pl. Matalentisco
Pl. Herradura
Pl. Calamijo
Pl. Cocederos
Pl. la Cabaña
Pl. las Tortugas
Pl. la Higuera
Pl. los Ingleses
Cala Cerrada
Pl. La Carolina
Cala Cuartel
Cala Tía Antonia
Pl. Mar Rabiosa
Pl. Mar Serena
Pl. Calipso
Pl. Entrevista
Pl. Los Nardos
Pl. Pozo de Esparto
Cala Panizo
Cala Cabezo Negro
Cala El Calón
Cala Dos Hermanas
Cala Machuela
Cala Mal Paso
Cala Cristal
Cala Embarcadero Viejo
Cala del Peñón Cortado
Cala La Invencible
Cala Dolores
Cala Esperanza
Cala Verde
Pl. Villaricos
Pl. Fábrica Duro
Pl. Quitapellejos
Pl. El Playazo
Pl. Puerto Rey
Pl. Las Marinas
Pl. Garrucha (Las Escobetas)
Playa Narina de la Torre
Playa de la Rumina
Playa del Cargador
Playa del Cantal
Playa Cueva del Lobo
Playa Castillo de Macenas
Playa del Sombrerico
Pl. Granatillas
Pl. de los Algarrobicos
Pl. La Galera
Pl. del Lancón
Pl. de los Barquicos (Los Cocones)
Pl. de las Martinicas
Pl. de los Muertos
Pl. de Agua Amarga
MAR
E 15
A 92 N
N 340
N 332
C 3211
MU 620
D 19
D 17
AL 620
A 350
D 24
AL 610
C 3327
A 370
AL 151
AL 1011
36
37
40
48

Prado del Rey
Toronjil
Emb. de Bornos
Los Barrancos
Ermita de Fuensanta
La Sierpe
la Frontera
El Bosque
Benamahoma
Pinar
1648
Parque Natural de la Sierra de Grazalema
124
Pto. de las Palomas
1357
Gaidovar
Grazalema
Pto. del Boyar
1103
Arriate
Los Morales-Sta. María
Hoyo Tabares
El Hundidero
E. de Montejaque
Montejaque
Cueva del Gato
Benaoján
Rosalejo
Sa del Aznar
Sa Vallejas
Venta de la Perdiz
Embalse de Guadalcacín
Algar
Tavizna
Sa del Endrinal
Benaocaz
Emb. de los Hurones
Castillo de Fátima
Ubrique
Villaluenga del Rosario
Sa Blanquilla
Cueva de la Pileta
Sa de Líbar
Sa de los Pinos
Jimena de Líbar
SERRANÍA
Cartajima
Atajate
Alpandeire
Igualeja
Júzcar
Faraján
Pujerra
Tempul
Sierra de la Sal
San José del Valle
Sa de las Cabras
Cjo. El Romero
Loma de Poyales
La Alcaría
Álamos
Parque Natural Sierra de Grazalema
La Jarda
Cortes de la Frontera
Cañada del Real Tesoro
Benadalid
Benalauría
Algatocín
Jubrique
Pto. de Galis
417
Reserva Nacional de Cortes de la Frontera
El Tajo de la Butrera
Benarrabá
Genalguacil
El Colmenar
La Sauceda
Sierra del Aljibe
Aljibe
1091
Gaucín
Genal
Sierra Bermeja
Hacho
Sa Crestellina
Reales
1452
los Gazules
Molino Castro
Patrite
Nra. Sra. de los Santos
Las Cabatillas
Parque Natural de los Alcornocales
Diego Díaz
S. Pablo de Buceite
Jimena de la Frontera
Los Ángeles
Loma de la Sangre
Lacipo
Casares
ESTEPONA
Los Llanos
La Gaspara
Salada Vieja
Bahía Dorada
Faro Punta de la Doncella
Manilva
Guadiaro
Rosario
Marchenilla
Embalse de Barbate
Sierra Momia
El Jautor
Barbate
Guadarranque
S. Luis de Sabinillas
La Duquesa
Martagina
Playa del Negro
Playa de Arenas
La Chullera
Playa del Cabrero
San Martín del Tesorillo
Castellar
El Tajo de las Figuras
Embalse de Guadarranque
Hozgarganta
S. Enrique de Guadiaro
Punta de la Chullera
Torre Guadiaro
Sotogrande
Embalse de Celemín
El Cuervo
Sierra Blanquilla
Puerto de la Cebada
Sierra de Montecoche
Embalse de Charco-Redondo
Palmones
La Almoraima
Castellar de la Frontera
Sa del Arca
Playa Torreguadiaro
Playa Sotogrande
Punta Mala
Torre Nueva
Playa de Los Portichuelos
Playa de Levante
Sa Sequilla
Emb. de Acicar
Acicar
Sierra del Niño
La Estación
San Roque
Taraguilla
La Atunara
Cartella-Guadarranque
Almodóvar
Embalse de Almodóvar
Puerto de Ojén
Los Barrios
Puente Mayorga
Palmones
Pl. Guadarranque
Pl. El Rinconcillo
Pl. de Poniente
LA LÍNEA DE LA CONCEPCIÓN
Facinas
Sierra Fates
Cañada de la Jara
Sa de Saladavieja
El Rinconcillo
ALGECIRAS
GIBRALTAR
Isla Verde
PEÑÓN DE GIBRALTAR
Punta de Europa
Nra. Sra. de la Luz
Las Caheruelas
Luna
786
Sa de Luna
Sa del Cabrito
Puerto del Bujeo
657
Punta de S. García
Pl. de Getares
El Pelayo
Betis
Lentiscal
La Herrumbosa
La Peña
Punta Carnero
El Bujeo
Alto El Cabrito
340
Punta del Fraile
Punta Palomas
Punta de la Peña
Pl. Valdevaqueros
Pl. La Plata
Pl. Los Lances
Pedro Valiente
La Costa
Punta Acebuche
Ensenada del Tolmo
Lances de Tarifa
Tarifa
Pl. Chica
Punta de Tarifa o Marroquí
ESTRECHO DE GIBRALTAR
Punta de Benzú
Bahía de Ceuta
Punta de Sta. Catalina
Monte Hacho
203
CEUTA
135
A
B
C
D
1
2

Sierra de Tejeda
Sierra Lújar
1878
La Cabra Montes
Lentejí
Guajar Faragüit
Peñón de los Castillejos
992
Otívar
128
Itrabo
Guájar Fondón
Vélez de Benaudalla
Sierra de Lújar
Molvízar
Jete
MA 105
Frigiliana
Río de la Miel
Torrecuevas
Velilla-Tamaray
Monte Almendras
Lobres
La Gorgoracha
Los Tablones
Lújar
Los Carlos
Haza del Trigo
Los Garcías
Gualchos
Polopos
Cuevas de Nerja
Torrox
Nerja
Maro
N 340
E 15
La Torrecilla
La Herradura
La Caleta-Guardia
Almuñécar
Velilla
Torre del Diablo
Salobreña
Salomar 2000
MOTRIL
Las Ventanillas
La Garnatilla
Barriada del Romeral
Los Pastores
Castell de Ferro
Peñón y Punta de S. Cristóbal
Peñón de Salobreña
El Varadero
Puntalón
Torrenueva
Calahonda
Carchuna
Cabo Sacratif
Sa. de Carchuna
Pta. de la Mona
Punta del Cerrón
Punta del Melonar
Playa de El Peñón
Playa El Playazo
Playa del Salón
Playa de La Calahonda
Playa de La Caletilla
Playa de El Pino
Playa de Las Alberquillas
Pl. de la Herradura
Pl. El Muerto-Cotobro
Pl. de Granada
Pl. de Salobreña
Pl. de la Guardia
Pl. Barranco de Enmedio
Pl. de Cabria-Corrumbico
Pl. Calabajío
Pl. Pozuelo
Pl. Velilla-Tesorillo
Pl. Puerta del Mar
Pl. San Cristóbal
Pl. La Joya
Pl. de Carchuna
Pl. de Torrenueva
Pl. de las Azucenas
H. de Poniente
Pl. de Carchuna
Pl. de Calahonda
Pl. Rijana
Pl. Castell de Ferro-Cambriles
Costa Tropical
MAR MEDITERRÁNEO
136
A
B
C
D
1
2
Illa dels Porros
Cap de Cavalleria
Platja de Ferragut
Platja Binimel-la
Cala Pregonda
Illes Bledes
Cala del Pilar
Cap Gros
Badia de Fornells
Cala Algaiarens
Ses Fontanelles
Cala Morell
Punta de s'Escullar
Punta Nati
Cala Morell
Falconera
205
Tramuntana
Punta de na Guillemassa
Cala Tirant
Fornells
Atalaya
123
Punta Roja
Playas de Fornells
Ses Salines
Punta Codolar
Cala Morts
Na Macaret
Illes d'Addaia
Arenal d'en Castell
Addaia
Cap de Menorca
Bajolí
79
Ciutadella de Menorca
16
C 721
Naveta des Tudons
Torretrencada
Santa Águeda
Es Mercadal
St. Joan des Horts
Santuario
Toro
358
Binifabini
Cap de Favàritx
Cala Presili
Capifort
81
Cala en Blanes
Cala en Brut
Santandria
Cala Santandria
Cala Blanca
Cala Blanca
Barranc d'Algendar
Ferreries
45
PM 713
PM 711
PM 712
PM 714
PM 722
PM 723
PM 710
PM 715
PM 707
PM 720
PM 721
Illa d'en Colom
S'Albufera
Es Grau
Es Grau
Punta de Sa Galera
Cap Negre
Covas de Parella
Son Catlar
Son Olivar Vell
Sta. Galdana
Migjorn
Es Migjorn Gran
Alaior
Shangril-La
Mila
95
Tamarinda
Artrutx
14
Artuiz
62
Cala Turqueta
Cap d'Artrutx
Torre-Saura
Cala en Bosc
Platjes de Son Saura
Sant Tomàs
Sant Jaume
Son Bou
Talaiot de sa Torre d'en Galmés
Binimac
Can Rubi
Sa Mesquida
Cala Mesquida
Cala en Murta
Cap Negre
Cala Llonga
Maó
La Mola
Punta S'Esperó
Es Castell
Cala de St. Esteve
Trepucó
Talati de Dalt
Torelló
Sant Climent
PM 704
Valveya
75
Coves d'en Xoroi
Cala en Porter
Cala en Porter
PM 709
PM 702
Sant Lluís
S'Uestra
S'Algar
Cala d'Alcaufar
Alcaufar
Torret
73
Binibèquer
Binidalí
Cap d'en Font
Cap d'en Font
Cala Binibèca
Punta Prima
Cap des Bisbe
Illa de l'Aire
Cala Macarella
Cala Sta. Galdana
Platja de Trebaluger
Platja de St. Tomàs
Platja de Son Bou
Cala Llucalari
MENORCA

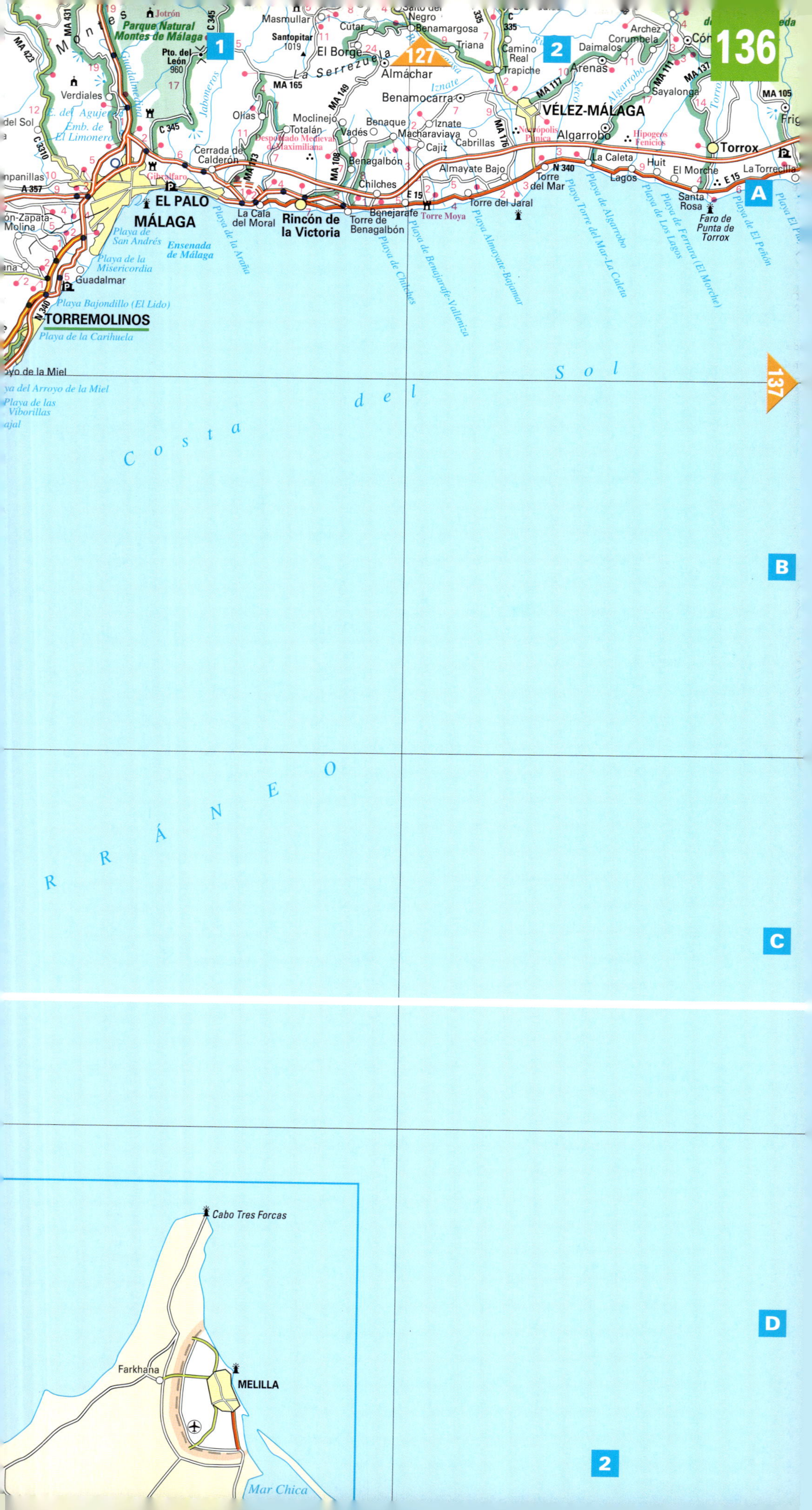
Parque Natural
Montes de Málaga
Montes
Jotrón
Masmullar
Cútar
Benamargosa
Santopitar
1019
El Borge
La Serrezuela
Almáchar
127
Triana
Camino Real
Trapiche
Archez
Corumbela
Daimalos
Arenas
Sayalonga
Pto. del León
960
Verdiales
E. del Agujero
Emb. de El Limonero
del Sol
Olías
Moclinejo
Totalán
Despoblado Medieval de Maximiliana
Benamocarra
Benaque
Iznate
Vadés
Macharaviaya
Cajiz
Cabrillas
VÉLEZ-MÁLAGA
Necrópolis Púnica
Algarrobo
Hipogeos Fenicios
Torrox
Cerrada de Calderón
Gibralfaro
Benagalbón
Chilches
Almayate Bajo
La Caleta
Lagos
Huit
El Morche
La Torrecilla
Torre del Mar
Santa Rosa
Faro de Punta de Torrox
EL PALO
MÁLAGA
La Cala del Moral
Rincón de la Victoria
Torre de Benagalbón
Benejarafe
Torre Moya
Torre del Jaral
Playa de San Andrés
Ensenada de Málaga
Playa de la Misericordia
Guadalmar
Playa Bajondillo (El Lido)
TORREMOLINOS
Playa de la Carihuela
Playa de la Araña
Playa de Chilches
Playa de Benajarafe-Valleniza
Playa Almayate-Bajamar
Playa Torre del Mar-La Caleta
Playa de Algarrobo
Playa de Los Lagos
Playa de Ferrara (El Morche)
Playa de El Peñón
Rincón-Zapata-Molina
A 357
MA 431
MA 423
C 345
MA 165
MA 149
MA 108
MA 173
MA 176
MA 117
MA 111
MA 137
MA 105
C 3310
N 340
E 15
1
2
A
B
C
D
137
Costa del Sol
MEDITERRÁNEO
Playa del Arroyo de la Miel
Playa de las Viborillas
Cabo Tres Forcas
Farkhana
MELILLA
Mar Chica
2

A
B
C
D
1
2
126
134
134
RONDA
Arriate
Parchite
La Cimada
Montejaque
Los Morales
Sta. María
Hoyo Tabares
Navares y Tejares
El Tajo
Rosalejo
Benaoján
Cartajima
Parauta
Igualeja
Atajate
Alpandeire
Júzcar
Faraján
Pujerra
Jubrique
Genalguacil
Pto. del Viento
1190
Sª Blanquilla
El Burgo
Sierra Prieta
Casarabonela
Pto. de las Abejas
820
Yunquera
Alozaina
Balneario de Tolox
Tolox
Sª del Oreganal
Sª de las Nieves
Horcajos
Torrecilla
1917
Sª de Tolox
Parque Natural Sierra de las Nieves
Sierra Real
Sª Palmitera
Sª de las Apretadas
Istán
Sierra Bermeja
Reales
1452
Benahavís
E. de la Leche
E. de Medranas
Embalse de La Concepción
Los Monjes
Sª Blanca
Ojén
Pto. de Ojén
410
Monda
Guaro
Ntra. Sra. de la Fuensanta
Coín
Álora
Arroyo
Ayo. Corrales
Vega Sta. María
Pizarra
Rivera
Los Lagares
Las Mollineras
Villalón
Aljaima
Estación de Cártama
Cártama
Sta. Rosa
Villamorma
Zalea
Huertas y Lomas
Gibralgalia
Cerralba
Villafranco de Guadalhorce
Ampliación de Cártama
Alquería
Torrealquería
Alhaurín el Grande
Pto. de los Pescadores
305
Mijas
1150
Sierra de Mijas
Valtocado-Alquería
Peña Blanquilla
Osunillas
Sª de Alpujata
Entrerríos
Torreblanca del Sol
FUENGIROLA
Castillo de Fuengirola
El Faro
Punta de Calaburras
MARBELLA
Nueva Andalucía
S. Pedro de Alcántara
Guadalpín
Río Verde
Puerto Banús
Cancelada
Guadalmina
Atalaya-Isdabe
Playa del Sol-Villacana
Punta del Saladillo
Boladilla
Los Llanos
Reinoso
El Velerín
Resinera
El Padrón
Punta del Castor
Punta Pinillos
ESTEPONA
La Gaspara
Salada Vieja
Bahía Dorada
Faro Punta de la Doncella
S. Luis de Sabinillas
La Duquesa
Martagina
Playa de Arenas
Artola
Calahonda
El Chaparral
La Cala
Torre de Calahonda
Elviria
Punta y Torre de los Ladrones
Ensenada de Marbella
Playa de Venus
Playa Nueva Andalucía
Playa de Cortijo Blanco
Playa de Guadalmina
Playa de El Saladillo
Playa de El Castor
Playa de El Padrón
Playa de La Plata
Playa de La Rada
Playa de Las Chapas
Playa de Real de Zaragoza
Playa de Los Monteros
Playa de Calahonda
Playa de Butibamba
E 15
N 340
A 473
A 366
A 367
C 337
C 344
MA 412
MA 413
MA 403
MA 426
MA 485
MA 422
MA 516
MA 557
MA 546
38
54
M A R
M E D I

Berja
La Noria
San Roque
Albondón
Cerrón 1240
Los Clementes
El Río Grande
El Río Chico
Alcaudique
Beneji
Celín
Dalías
129
Los Murciélagos
Los Pérez
Los Gálvez
Albuñol
Los Moras
Sª Alamilla
La Alquería
La Parra
La Fuente del Ahijado
Los Escuderos
El Cortijo Bajo
La Haza Mora
El Campillo
La Alcazaba
Melicena
El Pardo
Venta Nueva
Tarambana
Pampanico
El Ejido
Sta. Mª del Águila
AL 358
N 340
Venta El Viso
Gangosa-Vistasol
El Parador
Loma del Bosque
Las Norias
La Mojonera
Cortijada de Marín
El Solanillo
Las Salinas
Urb.
La Rábita
El Pozuelo
Guainos Bajos
Adra
El Puente del Río
Balanegra
Balerma
Matagorda
Salinas de Guardias Viejas
Guardias Viejas
Almerimar
Punta Negra
Peñón de San Patricio
Playa La Juana
Playa Robaiza
Playa Cabite
Pl. de la Calderilla
Pl. de la Alcazaba
Pl. de las Conchas
Pl. de los Guainos
Pl. de Barranquillo Malo
Cala Junco
Pl. del Lance de la Virgen
Pl. El Ramblón Periano
Pl. Poniente
Pl. Bolaños
Pl. La Caracola
Pl. Fuente Ahijado
Pl. La Gaviota
Pl. Vieja
Pl. Real
Pl. de Banaluquete
Pl. de S. Nicolás de Levante
Albufera Nueva
Pl. de La Habana
Pl. de Berja
Pl. Balerma
Pl. de Guardas Viejas
Pl. Piedra del Moro
P. Culo de Perros
Pl. de los Baños
Pl. San Miguel de Poniente
Pl. San Miguel de Levante
Punta Entinas
Pl. Entinas
Pl. del Príncipe (El Sabinar)
Punta del Sabinar
Salinas de Cerrillo
Pl. de Cerrillos
Salinas Viejas
Laja del P.
139
MEDITERRÁNEO
Cala de Portinatx
Cala Xarraca
Punta del Gost
Portinatx
Illa d'en Calders
Cala d'en Serra
Cova d'es Culleram
Punta de Sa Creu
Port de S. Miquel
Sant Vicent
Cala S. Vicent
Cala d'Aubarca
Cap d'Aubarca
Na Xamena
Punta Grossa
Punta de Sa Torreta
Camp-Vell 400
Sant Joan de Labritja
Cala de S. Vicent
Els Amunts
Furnás 410
Sª de la Mola
Es Figueral
Platja des Figueral
Santa Agnès
Sant Miquel
Illa de Tagomago
Cap Nunó
Sant Mateu
Sant Llorenç
Sant Carles
Serra dels
Can Germà
La Joya
Cap Roig
Cala Salada
Cala Mastella
Cala Llenya
Santa Gertrudis
29
S'Argamassa
Es Canar
Sa Conillera
Cala Gració
Sant Antoni de Portmany
Sta. Eulària des Riu
Platja des Canar
Punta Arabí
Badia de S. Antoni
Illa de Sta. Eulària
Ses Bledes
Illa des Bosc
Cala Bassa
C 731
PM 810
Can Creu
Cala Prada
Platja de Sta. Eulària
S'Estanyol
Siesta
Illa de S'Espart
Port des Torrent
Sant Rafel
Can Clavo
Cala Blanca
Cala Llonga
Cala Tarida
Sant Agustí
16
Cap des Llibrel
Sa de Beniferri
Es Moli
Sant Josep
Puig d'en Valls
Jesús
Roca Llisa
Cala Vedella
Talamanca
Cap Martinet
Cala Talamanca
Cala Vedella
Atalayosa 475
Puig Gros 419
Sa Grossa
Can Misses
Faro Botafoch
Palau 232
PM 803
Eivissa
Cala d'Hort
Sant Jordi
Platja d'en Bossa
EIVISSA
Es Cubells
Cova Santa
Cala des Cubells
PM 801
Sant Francesc de ses Salines
Es Vedrà
Cap Llentrisca
Salines
Platja es Codolar
Platja des Cavallet
Sa Canal
PM 802
Cap des Falcó
Punta de Portes
Es Caragoler
Illa dels Penjats
Es Freus
Illa des Porc
S'Espardell
S'Espalmador
Punta des Pas
Punta des Borronar
Cala Savina
Ses Salines
Punta de Sa Pedrera
Peix
Es Pujols
Punta Prima
Punta de Sa Gavina
Sa Savina
Sant Francesc Xabier
Es Pudent
Sant Ferran
Cala Saona
Punta Rasa
Platja de Tramuntana
Punta de Sa Creu
PM 820
Es Caló de S. Agustí
Puig Guillem 107
Platja de Migjorn
Poblado Romano
Faro de la Mola
Maryland
Es Pilar de la Mola
Punta de Sa Ruda
Mola 192
Cala Codolar
Cala de Mort
Punta Rotja
Cap de Barbaria
FORMENTERA
A
B
C
D
1
2

1
2
A
B
C
D
LA PALMA
Punta les Maderas
Caleta la Zorriza
Punta del Mudo
El Palmar
Caleta de la Manga
Punta Gaviotas
Punta y Prois de Sto. Domingo
Don Pedro
Punta Cumplida
Faro de Punta Cumplida
Caleta de la Hoya
Juan Adalid
Franceses
Gallegos
Barlovento
Garafía
Llano Negro
S. Antonio
Laguna de Barlovento
Cueva del Agua
Roque del Faro
Los Sauces
Pto. Espíndola
Charco Azul
San Andrés
Punta Gorda
Las Tricias
Los Tilos
Cumbre de los Andenes
Roque de los Muchachos
2426
La Galga
Punta del Serradero
El Granel
Puntagorda
Parque Nacional de la Caldera de Taburiente
Pico de la Cruz
2351
Puntallana
Punta Salinas
Tinizara
Puerto Paja
Caleta de Camariño
Playa de La Veta
Caldera de Taburiente
Tenagua
Punta Sta. Lucía
Tijarafe
Lomo de las Chozas
Mirca
Roque de Idafe
Caleta de las Vinagreras
Las Nieves
Miranda
Cueva Bonita
La Cumbrecita
Las Tierritas
Santa Cruz de la Palma
Bejenao
Mirador El Risco de La Concepción
Punta de Juan Graje
Los Llanos de Aridane
Breña Alta
Playa de los Cancajos
Mirador de El Time
Virgen del Pino
El Fuerte
La Punta
TF 812
Breña Baja
Puerto
Triana
El Paso
Punta de San Carlos
Tazacorte
Tafuya
Playa de la Viña
La Laguna
Cumbre Nueva
Playa del Perdido
Todoque
Volcán de San Juan
Las Mesitas
Playa Nueva
Fátima
Corazón de Jesús
El Pueblo (Mazo)
Playa del Hoyo
Las Manchas
Puerto Naos
San Simón
Playa de Puerto Naos
Jedey
Bco. Cuevas
Playa del Pozo
Playa Charco Verde
Malpaises
Cueva de Belmaco
Santa Cecilia
Tiguerorte
Playa Arenas Blancas
Cumbre Vieja
Tigalate
Playa del Azufre
49
El Charco
Playa del Río
Punta de Pori
Punta Banco
Monte de Luna
Playa y Fajas de la Zamora
El Puertito
Las Indias
Las Caletas
Los Quemados
Fuencaliente de la Palma
Volcán de S. Antonio
Volcán Teneguía
Punta Fuencaliente
C 830
C 832
TF 812
EL HIERRO
Punta Norte
Pozo de las Calcosas
Punta del Guanche
Echedo
Roca de las Gaviotas
Mocanal
Roques y Punta de Salmor
Erese
Guarazoca
S. Pedro
Playa de Tamaduste
Cantadal
Valverde
La Caleta
El Golfo
Virgen de la Peña
Roque del Palo
Los Mocanes
R. de Tibataje
Tiñor
Puerto de la Estaca
Punta de la Dehesa
S. Andrés
Pl. de los Palos
Pozo de la Salud
TF 911
Las Rosas
Punta de Timirague
Punta del Verodal
Los Llanillos
Los Llanos
Bahía de los Reyes
Sabinosa
Frontera
Cruz de los Humilladeros
Tigaday
Puntas Bermejas
Los Reyes
1501
Malpaso
TF 912
Isora
Roque y Punta de la Bonanza
Punta Orchilla
La Dehesa
El Pinar
Las Playas
Las Casas
El Julán
Taibique
Playa de los Mozos
Playa de los Cardones
Cala de Lirés
Punta de Miguel
Cueva del Gaterón
Cala de Tecorón
Playa del Cantandal
Punta de El Lajial
Playa de la Herradura
La Restinga
Punta Restinga

a. Piedra Negra
a del Negro
ala de Carnaje
L. del Peñón Blanco (La Isleta)
(El Esparto)
1
2
A
B
C
D
Cala Figuera
Cap de Formentor
Cap de Catalunya
Fumat
113
Cala St. Vicenç
Morro de Bóquer
Punta de Coves Blanques
Cases Novas
PM 221
Cases Vellas de Formentor
Mirador des Colomer
Punta Beca
Castell del Rey
Cornavacas
500
Cala S. Vicenç
Cala Murta
Platja de Formentor
Cala Pi de la Posada
Port de Pollença
Ariant
Sa de St. Vicenç
Ternelles
PM 220
PM 222
Punta de l'Avançada
Cap des Pinar
Badia de Pollença
Atalaya de Alcúdia
451
La Victòria
Pollença
Son Marc
Sant Jordi
Na Sa del Puig
Alcúdia
Es Mal Pas
Cap de Menorca
Tomir
1102
Port d'Alcúdia
Pollentia
Aucanada
Illa d'Aucanada
Lago Menor
Llac Gran
Mascord
Crestatx
29
24
de Sabataia
Coves de Campanet
Sant Miquel
C 713
C 712
Badia d'Alcúdia
S'Albufera
P. Natural de S'Albufera
Platja de Muro
Campanet
Moscari
Sa Pobla
Illot dels Porros
Can Picafort
Cap Ferrutx
el Faralló d'Albarca
Cala Torta
Morey
562
Cala Platja de Sa Mesquida
Mesquida
Cap des Freu
Búger
Son Serra de Marina
Son Real
Colonia de Sant Pere
Betlem
E. de Betlem
M 216
Punta de na Foguera
Sta. Magdalena
304
Muro
PM 341
PM 340
Baulo
44
Isla Ravenna
Jaumell
271
Cala Agulla
Cala Moltó
Punta de Capdepera
PM 350
PM 343
Son Serra
Capdepera
Cala Ratjada
PM 324
Llubí
Santa Margalida
Binicaubell
PM 333
Artà
C 715
Son Moll
C 712
PM 352
PM 334
Na Borges
Coves d'Artà
Cap Vermell
PM 312
Costitx
María de la Salud
Ariany
Petra
Calicant
472
PM 404
Jordi
315
Canyamel
Costa de Canyamel
Costa des Pins
Sineu
PM 314
PM 351
PM 331
PM 313
PM 330
Riuet
30
Son Servera
Port Verd
Cap des Pinar
Cala Bona
Sant Llorenç des Cardassar
Lloret de Vista Alegre
Sant Joan
Bonany
317
PM 403
Cala Millor
Son Moro
Cala Nao
Punta de n'Amer
PM 323
PM 332
Llevant
Son Carrió
Sa Coma
Cala Moreia
S'Illot
Cala Morlanda
Punta Rasa
PM 313
Montuïri
PM 322
C 715
Vilafranca de Bonany
Manacor
PM 402
50
S. Miquel
PM 511
S'Ermita
Coves des Hams
Cala Petita
Portocristo
Coves del Drac
Portocristo Novo
S'Estany d'en Mas
PM 503
Santuari de Nª Sª de Cura
Randa
548
Randa
PM 502
Porreres
C 714
Cala Falcó
Santuari de Mont-sion
PM 510
Cala Magraner
Cales de Mallorca
50
Felanitx
30
Sant Salvador
Serres de Llevant
PM 504
PM 512
S. Salvador
509
Es Domingos
Cala Domingos
Cala Murada
Santueri
Campos del Port
Cas Concos
PM 401
Sa Punta
S'Algar
Portocolom
Punta de Ses Crestes
PM 606
PM 604
C 714
Calonge
Cala Marçal
Cala Sa Nau
Cala Mitjana
Cala Ferrera
Es Palmer
Alquería Blanca
C 717
Cala d'Or
Sa Ràpita
Ses Covetes
Porto Petro
Es Corb Marí
P. Natural de Mondragó
Santanyí
Es Salobrar de sa Font Santa
Banyos de Sant Joan
Es Llombards
Cala Mondragó
Platja des Trenc
Ses Salines
Cala Santanyí
Cala Figuera
Colònia de Sant Jordi
E. des Tamarells
PM 611
Cala Santanyí
Punta dels Bous
Sa Vall
E. de ses Gambes
Cala Figuereta
Cala d'En Tugores
Costa
64
Cap de ses Salines
Freu de Cabrera
Na Foradada
Illot Pla
Na Pobra
Nacional
hipiélago
abrera
Illa dels Conills o Conillera
Na Rodona
Gandulf
Cap Ventós
PM 620
CABRERA
Cap des Falcó

Vícar
AL 412
E 15
Castel del Rey
La Garrofa
El Palmer
ALMERÍA
La Cañada de S. Urbano
El Boba
Costacabana
El Retamar
130
Punta del Río
Pl. de Bobar
Pl. El Perdigal
Pl. de Costa Cabana
Aguadulce
El Parador
Gangosa-Vistasol
La Ribera de la Algaida
Salinas de San Rafael
Playa de las Salinas
Roquetas de Mar
Cortijada de Marín
El Puerto
La Mojonera
Pl. Romanillas
Pl. de la Bajadilla
Las Salinas
Pl. Urbanización Roquetas de Mar
El Solanillo
Urb. Roquetas de Mar
Pl. Serena
Laja del Palo
Salinas Viejas
Salinas de Cerrillo
Pl. de Cerrillos
Punta del Sabinar
Golfo de Almería
Pl. de Zapillo
Pl. de San Miguel
Pl. de Almadrabilla
Pl. las Olas
Pl. de San Telmo
Pl. de la Garrofa
Pl. de la Cueva del Cura
Pl. del Palmer
Pl. de Aguadulce
Pl. El Rompillo (Los Bajos)
Pl. Casa Fuerte
Pl. del Retamar
Pl. de Torre García
Pl. las Amoladeras
Pl. de San Miguel de Cabo de Gata
Pl. de Cabo de Gata
Pl. Almadrava de Monteleva
Pl. La Fabriquilla
El Barranquete
Los Nietos
Ermita de Torre García
Rambla de Morales
Ruescas
Fujair
El Cabo de Gata
Torre de S. Miguel
Salinas de Cabo de Gata
Sierra de
El Pozo de los Frailes
San José
El Romeral
Almacén de Montelva
La Fabriquilla
El Monsul
CABO DE GATA
Torre de la Vela Blanca
Punta de Laja
Punta Negra
Cala Arena
Cala Rajá
Cala Carbón
Pl. Media Luna
Pl. Monsul
Cala Barronal
138
Es Morro de Sa Vaca
Cala Sa Calobra
Cala Tuent
Es Morro de Cala Rotja
Sa Calobra
Puig Major
445
Port de Sóller
Cap Gros
Mirador de ses Barques
C 710
Cala de Deià
Punta de Deià
Fornalutx
Biniaraix
Sóller
Punta de Sa Foradada
Llucalcari
Son Marroig
Miramar
Deià
Pto. de Sóller
500
Teix
1.064
Cala de Valldemossa
Port de Valldemossa
Platja de Son Bunyola
Es Cavall
Valldemossa
Son Moragues
Cartuja
Bunyola
Port des Canonge
Banyalbufar
Mirador de ses Ànimes
La Granja
Esporles
Palmanyola
Mola de Planicia
932
Estellencs
Galatzó
1.026
Maristella
Ram
833
S'Esglaieta
PM 104
PM 203
36
Santa María del Camí
Consell
31
33
Son Sardina
Establiments
Puigpunyent
Mirador Ricardo Roca
Punta d'Es Fabioler
Cala Bassel
Cap de Tramuntana
Illa sa Dragonera
Parque Natural de Dragonera
Cap Llebeig
Sant Elm
Es Pantaleu
S'Arracó
Punta Galinda
Cala en Tió
Galilea
Es Capdellà
Andratx
Calvià
La Villeta
PALMA
Sa Cabaneta
Pòrtol
Es Pont d'Inca
MARRATXÍ
Sa Cabaneta
Port d'Andratx
Cap de sa Mola
Cap des Llamp
Es Camp de Mar
Peguera
Cap Andritxol
Costa de sa Calma
Cala Fornells
Cala Peguera
Es Malgrat
Santa Ponça
El Toro
Cala Penyes Roges
Illa del Toro
Sant Agustí
Cas Català
Gènova
Coves de Gènova
Bellver
Ses Illetes
Bendinat
Portals Nous
Palmanova
Punta de sa Porrassa
Magaluf
Illa de Sec
Portals Vells
Cala Figuera
Cap de Cala Figuera
Badia de Palma
Es Coll d'en Rabassa
Cala Gamba
Can Pastilla
Platja de Palma
Ses Meravelles
Platja de S'Arenal
S'Arenal
Cala Blava
Cap Enderrocat
Son Ferriol
Sant Jordi
S'Aranjassa
Sant Francesc
Las Palmeras
Sa Torre
Bahía Grande
S'Alapassa
Cap de Regana
Capocorb
Cala Pi
Cap Blanc
Punta de Cala Beltran
MALLORCA
MAR MEDITERRÁNEO
A
B
C
D
1
2

1 2

SITUACIÓN GEOGRÁFICA DE LAS ISLAS CANARIAS

A

B

C

LA GOMERA

D

1 2

1
2
A
B
C
D
OCÉANO ATLÁNTICO
FUERTEVENTURA
Punta Aguda
Faro de Tostón
P. de la Ballena o de Tostón
Tostón
Suerte de las Pal
Roque
Cotillo
El Tostón
Playas de El Cotillo
Montañas de la Blanca
Punta de los Caletones
Lomas de Esquinzo
Taca
Tindaya
397
Tindaya
Monumento a Unamuno
Playa de Jarubío
Puerto de Los Molinos
Colonia García Escámez
Bco. de Los Molinos
Caleta Grande
FV 221
Tefía
San Agustín
Emb. de Los Molinos
Casillas del Áng
Playa de los Pozos
Llanos de la Concepción
Playa de El Valle
Valle de Sta. Inés
La Ampuy
FV 610
Parque Natural de Betancuria
Punta de la Herradura
Triquivijate
Betancuria
Filo de la Galga
Betancuria
724
Lara
FV 413
Antigua
Ajuy
Vega del Río Palmas
Puerto de la Peña
FV 620
San Francis
Ntra. Sra. de la Peña
Valles de Ortega
Emb. de Las Peñitas
Agua de Bueyes
Majad
Casillas de Morales
FV 621
Toto
Punta de Don Blas
Pájara
FV 605
FV 620
Tiscamanita
Punta del Peñón Blanco
Tuineje
Morro de la Fuente
Filo de Tejeda
Malpaís Grande
Las Casitas
Punta Amanay
Tesejerague
Montaña Hendida
Bco. de Chilegua
Playas Negras
Cardón
Morro de la Cruzada
Tequital
Montaña Cardones
Filo de los Cuchillos
El Charco
Las Playas
Playa del Viejo Rey
FV 605
FV 56
Gran Tarajal
FV 4
La Pared
Tarajalejo
Giniguinámar
La Lajita
P. de Tarajalejo
Matas Blancas
Punta de los Molinillos
Punta Paloma
Istmo de la Pared
Pl. de Barlovento de Jandía
El Jable
El Islote
Caleta de la Madera
Playa de Cofete
Cofete
Jandía
807
Punta Pesebre
Punta Cotillo
Península de Jandía
Parque Natural de Jandía
Faro de Jandía
Pl. de las Pilas
Punta de Jandía
Pl. de Sotavento de Jandía
Pl. del Puertito
Morro del Jable
Punta del Morro Jable

1
2
A
B
C
D
Roque de Fuera
Roque de Dentro
Playa de Tamadite
Playa del Roque
Chamorga
Punta de Anaga
Roque Bermejo
Lomo de las Bodegas
Punta y Roque de Antequera
Punta del Hidalgo
La Hoya
Punta Fagana
Benijo
Almáciga
Taganana
Afur
Las Mercedes
El Batán
Taborno
Pedro Alvarez
Tegueste
Macizo de Anaga
Igueste de S. Andrés
TF 114
TF 112
Valle-Brosque
Punta del Roquete
Las Mercedes
E. de Tahodio
Las Canteras
E. de Campos
Mirador Pico del Inglés
S. Andrés
Punta de los Órganos
Portezuelo
Playa de las Teresitas
La Laguna
Dique Muelle del Este
TF 111
Los Rodeos
Geneto
SANTA CRUZ DE TENERIFE
C 824
Hoya Fría
El Sobradillo
Taco
Refinería
Puerto Caballo
Tablero
C 822
Añaza
Sta. Mª del Mar
Playa del Lomo Alto
Playa de la Nea
Punta de Guadampjete
Tabaiba
Playa de las Caletillas
Playa de las Arenas
Candelaria
Playa de la Viuda
Playa de la Entrada
Volcán de Güimar
276
de Güimar
Playa del Pico
de la Caleta
de la Margallera
Puerto del Escobonal
Mondura
OCÉANO ATLÁNTICO
GRAN CANARIA
Isleta
239
El Roque
La Isleta
Castillo de la Luz
Faro de la Isleta
Punta del Confital
Faro de Sardina
Punta Sardina
Necrópolis de la Guancha
Punta de Guanarteme
Punta del Camello
Sardina
GC 140
Gáldar
Sta. Mª. de Guía
Casa Blanca
Bañaderos
Punta de Arucas
Roque Partido
Trasmontaña
Pl. de las Canteras
Puerto de la Luz
C 810
Cenobio de Valerón
Cardones
Montaña de Arucas
Playa de las Alcaravaneras
Calabozo
Mondragones
Arucas
Tenoya
GC 2
LAS PALMAS DE GRAN CANARIA
Puerto de las Nieves
Agaete
Las Cruces
Moya
Firgas
Cortijo
Playa de Las Nieves
Valle de Agaete
Bco. Hondo
Parrales
Tamaraceite
Playa de Guayedra
Tamadaba
Playa de La Palma
Los Berrazales
Fontanales
S. Lorenzo
Playa de la Laja
Punta Marfea
Playa del Risco
Tamadaba
1444
Jardín Canario
La Umbría
Teror
Tafira Alta
C 811
El Risco
Juncalillo
Pino Santo
Monte Coello
Punta Góndora
Pinar de Tamadaba
Lugarejos
Valsendero
Valleseco
Jinámar
Marzagán
La Atalaya
Caldera de Bandama
Punta de las Arenas
El Vaquero
Artenara
Vega de S. Mateo
Sta. Brígida
Malpaso
de La Aldea
Montaña de Tirma
E. Candelaria
S. Roque
Borondón
Playa del Hombre
Punta de las Cuevas
de La Aldea
Cruz de Tejeda
Valdesequillo de Gran Canaria
GC 814
Morro de los Pinos
Acusa
Tejeda
Roque Bentaiga
1412
E. Parralillo
La Lechucilla
Melenara
Telde
Nicolás de Tolentino
La Cumbre
E. Caidero de la Niña
Tenteniguada
Artejévez
Tocodomán
Siberio
Roque Nublo
1813
Rincón
El Valle de los Nueve
Pico de las Nieves
1949
Roque Redondo
1919
C 812
Playa de la Hullera
El Juncal
Ayacata
Inagua
1426
Cuatro Puertas
Playa Ojos de Garza
Tasartico
Morro de la Negra
Morro de Pajonales
1434
Pasadilla
Gando
Bco. de Guayadeque
Punta de Gando
de Güigüí
El Mulato
Cueva de las Niñas
C 815
S. Bartolomé de Tirajana
Ingenio
Aeropuerto Nac. de Gando
C 816
Tasarte
Lomo de la Degollada Honda
Sorio
Emb. de Chira
Santa Lucía
Carrizal
Agüimes
Temisas
Ingenio
Mogán
Macizo de Tauro
Bco. de Veneguera
Playa de Veneguera
Lomo de Veneguera
E. Excusabarajas
Fataga
Tirajana
C 815
Playa de las Cruces
E. Gambuesa
Cumbre de Amurga
Cruce de Arinaga
Arinaga
199
Faro de Arinaga
Lomo Taurito
Ayagaures
Bco. de Tirajana
Cruce de Sardina
Sardina
Arinaga
Lomo de Tauro Alto
La Negra
Chamoriscán
Barranco de Fagata
Aldea Blanca
Llanos de Arinaga
Bco. de Mogán
El Doctoral
La Playa de Mogán
La Montaña
Juan Grande
Punta Tenefé
Castillo del Romeral
Playa del Cura
Playa Puerto Rico
Bco. de Arguineguín
C 812
Caleta
Playa del Cardón
Playa del Tarajalillo
Playa de Arguineguín
Playa Patalavaca
El Tablero
Playa de San Agustín
San Agustín
GC 1
Arguineguín
Maspalomas
Playa de las Burras
Playa del Inglés
Punta del Perchel
Pl. de las Meloneras
El Oasis
Playa de Maspalomas
Punta de Maspalomas
Faro de Maspalomas
Playa del Cabrito
1
2

OCÉANO ATLÁNTICO
TENERIFE
Puerto de la Cruz
La Orotava
Los Realejos
Icod de los Vinos
Santiago del Teide
Buenavista del Norte
Los Silos
Garachico
Roque de Garachico
S. Marcos
S. Juan de la Rambla
La Romántica
Castillo de S. Felipe
Jardín Botánico
Sta. Úrsula
La Victoria de Acentejo
Puerta de Sol
Caleta de la Negra
Los Ángeles
Sauzal
Tacor
Mesa del
S. Juan
Punta del V
Pto. del Buen Jesús
El Puerto
Tanque
Punta de la Gaviota
Punta de Teno
Macizo de Teno
E. de Garcés
Baracán
1003
Valle de El Palmar
La Tierra del Trigo
El Palmar
Erjos
Ruigómez
Drago Milenario
La Vega
El Amparo
La Guancha
La Cruz del Tronco
Feal
Bajo
Cruz Santa
La Perdoma
Palo Blanco
Agua Mansa
Valle de La Orotava
Playa del Carrizal
Cruz de Gilda
Puntilla de los Abades
Masca
Valle de Arriba
Valle de Icod
Ladera Tigaiga
Laderas del Teide
Pto. de Izaña
2300
Izaña
2387
El Portillo
2030
Ladera de Güímar
Cumbre de Abeque
Arguayo
Acantilado de los Gigantes
Tamaimo
Playa de Bco. Seco
Pto. de Santiago
Montaña Blanca
2750
Refugio de Altavista
Teide
3718
Teleférico
Cueva del Hielo
Pto. de las Cañadas
2300
Pico Viejo
3134
Las Cañadas
Llano de Ucanca
Parque Natural de las Cañadas del Teide
El Escobonal
La Zarza
Chío
Chiguergue
Chirche
Guía de Isora
Playa de la Arena
Pto. de Alcalá
Alcalá
Boca de Tauce
Las Nieves
Montaña Colorada
El Jaral
Tejina
San Juan
Playa de S. Juan
El Bueno
La Sabinita
Arico el Viejo
Arico el Nuevo
Arico
El Río
Vera de Erques
La Quinta
Bco. del Infierno
Pto. de los Mozos
Callao Salvaje
Playa Paraíso
Ifonche
Vilaflor
Las Coloradas
Las Vegas
Chimiche
Granadilla de Abona
Adeje
Conde
1003
Arona
Jama
E. de Tamaide
S. Miguel
Las Palomas
San Miguel
La Caleta
San Sebastián
Valle de S. Lorenzo
La Centinela
E. de el Saltadero
S. Isidro
Punta del Camello
Emb. de Hocán
Playa del Cabezo
Urb. Playa de las Américas
El Guincho
Cabo Blanco
Aldea Blanca
Los Cristianos
Playa de los Cristianos
Guaza
Valle de San Lorenzo
Aeropuerto Reina Sofía
El Médano
Playa del Médano
Roja
171
Punta Roja
El Abrigo
Playa de la Tejita
Palm-Mar
Punta de la Rasca
Las Galletas
Ten-Bel
Costa del Silencio
Playa de S. Marcos
Playa de Sto. Domingo
Playa de las Aguas
TF 5
TF 1
TF 212
TF 222
TF 511
TF 614
TF 6237
C 820
C 821
C 822
C 823
C 824
1
2
A
B
C
D

1
2
A
B
C
D
ISLA LOS LOBOS
Punta Martiño
Faro de Martiño
P. Salinero
Lobos
127
El Puertito
Solyplayas
Punta Bajo Negro
Playa de los Matos
Parque Natural de las Dunas de Corralejo
Playa del Moro
FV 1
Roja
312
Playa del Perchel
Punta del Tarajalito
Caldereta
Caleta de la Tabaida
FV 214
Punta de la Tiñosa
Puerto de Lajas
Puerto del Rosario
Playa Blanca
FV 2
Punta Gonzalo
Playa de El Matorral
Punta del Cangrejito
Caleta de Fustes
Las Salinas
Playa del Muellito
Playa de Caleta Blanca
Pozo Negro
Ensenada de Pozo Negro
ALEGRANZA
Punta Mosegos
Faro de Alegranza
Punta delgada
El Cortijo
Punta Trabuco
Punta de la Mareta
Roque del Oeste
ISLA DE MONTAÑA CLARA
Punta de la Camella
Montaña Clara
256
Roque del Este
GRACIOSA
Playa de las Conchas
Las Agujas
266
Pedro Barba
Punta del Bajío
Playa de las Conchas
Punta Fariones
Caleta del Sebo
El Río
Punta de las Carreras
Orzola
Mirador
Playa del Caleto Blanco
Punta Prieta
Punta Marrajos
Pl. Francesa
Playa del Risco
Ye
Malpaís de la Corona
Monte Corona
609
LZ 1
LANZAROTE
Risco de Famara
Los Lomillos
Máguez
Jameos del Agua
Las Bajas
Haría
GC 700
Punta de Mujeres
Punta de Penedo
Pl. de Famara
Peñas del Chache
670
Arrieta
Playa de la Garita
La Isleta
San Juan
Caleta de Famara
Tabayesco
E. del Mala
La Santa
Las Nieves
Mala
Punta Pasito
Playa de las Malvas
Sóo
Los Valles
GC 710
Caletón de las Ánimas
El Cuchillo
San José
Muñique
Tinajo
Guatiza
Teneza
368
GC 740
Teguise
El Mojón
Casas del Islote
Caldera Blanca
485
Tiagua
La Vegueta
Teseguite
Playa del Tío Joaquín
Punta de la Ensenada
Castillo de Guanapay
Bco. de la Espoleta
Tinguatón
Tao
Nazaret
Cabo Rosso
Los Dolores
GC 730
Fundación César Manrique
Parque Natural de Timanfaya
Islote de Hilario
Mozaga
Tahiche
327
Punta de Tierra Negra
Tahiche
510
Masdache
S. Bartolomé
Costa Teguise
Las Salinas
Montañas de Fuego
Montaña Blanca
Montaña Blanca
596
LZ-3
Punta de Tope
Ensenada de la Caleta
El Golfo
Vegas de Tegoyo
Güime
Los Mármoles
Montaña Bermeja
Los Hervideros
La Asomada
Conil
LZ-2
Castillo de S. José
Arrecife
Castillo de S. Gabriel
Isla del Amor
Uga
La Geria
Tías
Yaiza
El Mesón
Playa Honda
Salinas de Janubio
Playa de Janubio
Playa Guasimeta
Femés
608
Pto. Calero
Pto. del Carmen
Playa de los Pocillos
Las Breñas
Femés
Playa Blanca
Playa Quemada
Playa Quemada
Hacha Grande
560
Macizo de los Ajaches
Montaña Roja
194
Castillo de las Coloradas
Punta Gorda
Caleta Larga
Playa Blanca
Punta Limones
Berrugo
Playa del Papagayo
Playa de Berrugo
Punta del Papagayo
OCÉANO ATLÁNTICO